CALMANN LÉVY, ÉDITEUR

OUVRAGES

D'HECTOR BERLIOZ

FORMAT GRAND-8°

MÉMOIRES D'HECTOR BERLIOZ, comprenant ses voyages en Italie, en Allemagne, en Russie et en Angleterre, 1803-1865, avec un beau portrait de l'auteur............ 1 vol.

FORMAT GRAND IN-18

A TRAVERS CHANTS...................... 1 vol.
LES GROTESQUES DE LA MUSIQUE............. 1 vol.
LES SOIRÉES DE L'ORCHESTRE............... 1 vol.
HISTORIETTES ET SCÈNES MUSICALES (sous presse)..... 1 vol.
LES MUSICIENS ET LA MUSIQUE (sous presse)........ 1 vol.

F. AUREAU. — IMPRIMERIE DE LAGNY.

LES SOIRÉES

DE

L'ORCHESTRE

PAR

HECTOR BERLIOZ

TROISIÈME ÉDITION

ENTIÈREMENT REVUE ET CORRIGÉE

PARIS

CALMANN LÉVY, ÉDITEUR

ANCIENNE MAISON MICHEL LÉVY FRÈRES

RUE AUBER, 3, ET BOULEVARD DES ITALIENS, 15

A LA LIBRAIRIE NOUVELLE

—

1878

Droits de reproduction et de traduction réservés

BIBLIOTHÈQUE CONTEMPORAINE

HECTOR BERLIOZ

LES SOIRÉES
DE
L'ORCHESTRE

NOUVELLE ÉDITION

ENTIÈREMENT REVUE ET CORRIGÉE

PARIS
CALMANN LÉVY, ÉDITEUR
ANCIENNE MAISON MICHEL LÉVY FRÈRES
RUE AUBER, 3, ET BOULEVARD DES ITALIENS, 15
A LA LIBRAIRIE NOUVELLE

1878

LES SOIRÉES
DE L'ORCHESTRE

A

MES BONS AMIS

LES ARTISTES DE L'ORCHESTRE

DE X***

VILLE CIVILISÉE

LES SOIRÉES DE L'ORCHESTRE

PROLOGUE

Il y a dans le nord de l'Europe un théâtre lyrique où il est d'usage que les musiciens, dont plusieurs sont gens d'esprit, se livrent à la lecture et même à des causeries plus ou moins littéraires et musicales pendant l'exécution de tous les opéras médiocres. C'est dire assez qu'ils lisent et causent beaucoup. Sur tous les pupitres, à côté du cahier de musique, se trouve, en conséquence, un livre tel quel. De sorte que le musicien qui paraît le plus absorbé dans la contemplation de sa partie, le plus occupé à compter ses pauses, à suivre de l'œil sa réplique, est fort souvent acquis tout entier aux merveilleuses scènes de Balzac, aux charmants tableaux de mœurs de Dickens, et même à l'étude de quelque science. J'en sais un qui, pendant les quinze premières représentations d'un opéra célèbre, a lu, relu, médité et compris les trois volumes du *Cosmos* de Humboldt; un autre qui, durant le long succès d'un sot ouvrage très-obscur aujourd'hui, est parvenu à apprendre l'anglais, et un autre encore qui, doué d'une mémoire exceptionnelle, a raconté à ses voisins plus de dix volumes de contes, nouvelles, anecdotes et gaillardises.

Un seul des membres de cet orchestre ne se permet aucune distraction. Tout à son affaire, actif, infatigable, les yeux fixés sur ses notes, le bras toujours en mouvement, il se croirait déshonoré s'il venait à omettre une croche ou à mériter un reproche sur sa qualité de son. A la fin de chaque acte, rouge, suant, exténué, il respire à peine; et pourtant il n'ose profiter des instants que lui laisse la suspension des hostilités musicales pour aller boire un verre de bière au café voisin. La crainte de manquer, en s'attardant, les premières mesures de l'acte suivant, suffit pour le clouer à son poste. Touché de son zèle, le directeur du théâtre auquel il appartient lui envoya un jour six bouteilles de vin à *titre d'encouragement*. L'artiste, qui a la conscience de sa *valeur*, loin de recevoir ce présent avec gratitude, le renvoya superbement au directeur avec ces mots : « Je n'ai pas besoin d'encouragement! » On devine que je veux parler du joueur de grosse caisse.

Ses confrères, au contraire, ne font guère trêve à leurs lectures, récits, discussions et causeries, qu'en faveur des grands chefs-d'œuvre, ou quand, dans les opéras ordinaires, le compositeur leur a confié une partie principale et dominante auquel cas leur distraction volontaire serait trop aisément remarquée et les compromettrait. Mais alors encore, l'orchestre ne se trouvant jamais mis en évidence tout entier, il s'ensuit que si la conversation et les études littéraires languissent d'une part, elles se raniment de l'autre, et que les beaux parleurs du côté gauche reprennent la parole quand ceux du côté droit reprennent leur instrument.

Mon assiduité à fréquenter en amateur ce club d'instrumentistes, pendant le séjour que je fais annuellement dans la ville où il est institué, m'a permis d'y entendre narrer un assez bon nombre d'anecdotes et de petits romans; j'y ai même souvent, je l'avoue, rendu leur politesse aux conteurs, en faisant quelque récit ou lecture à mon tour. Or, le musicien d'orchestre est naturellement rabâcheur, et quand il a intéressé ou fait rire une fois son auditoire par un bon mot ou une historiette quelconque, fût-ce le 25 décembre, on peut être bien sûr que, pour rechercher un nouveau succès par le même moyen, il n'attendra pas la fin de l'année. De sorte, qu'à force d'écouter ces jolies choses, elles ont fini par m'obséder presque autant que les plates partitions auxquelles on les faisait servir d'accompagnement; et je me décide à les écrire, à les publier même, ornées des dialogues épisodiques des auditeurs et des narrateurs, afin d'en donner un exemplaire à chacun d'eux et qu'on n'en parle plus.

Il est entendu que le joueur de grosse caisse seul n'aura point part à mes largesses bibliographiques. Un homme aussi laborieux et aussi fort dédaigne les exercices d'esprit.

PERSONNAGES DU DIALOGUE

LE CHEF D'ORCHESTRE.
CORSINO, premier violon, compositeur.
SIEDLER, chef des seconds violons.
DIMSKI, première contre-basse.
TURUTH, seconde flûte.
KLEINER aîné, timbalier.
KLEINER jeune, premier violoncelle.
DERVINCK, premier hautbois.
WINTER, second basson.
BACON, alto. (Ne descend point de celui qui inventa la poudre.)
MORAN, premier cor.
SCHMIDT, troisième cor.
CARLO, garçon d'orchestre.
UN MONSIEUR, habitué des stalles du parquet.
L'AUTEUR.

PREMIÈRE SOIRÉE

LE PREMIER OPÉRA, nouvelle du passé. — VINCENZA, nouvelle sentimentale. — VEXATIONS DE KLEINER l'aîné.

On joue un opéra français moderne très-plat.

— Les musiciens entrent à l'orchestre avec un air évident de mauvaise humeur et de dégoût. Ils dédaignent de prendre l'accord ; ce à quoi leur chef paraît ne point faire attention. A la première émission du *la* d'un hautbois, les violons s'aperçoivent pourtant qu'ils sont d'un grand quart de ton au-dessus du diapason des instruments à vent. « Tiens, dit l'un d'eux, l'orchestre est agréablement discordant ! jouons ainsi l'ouverture, ce sera drôle ! » En effet, les musiciens exécutent bravement leur partie, sans faire grâce au public d'une note. Sans lui faire *tort*, voulais-je dire ; car l'auditoire, ravi de ce plat charivari rhythmé, a crié *bis*, et le chef d'orchestre se voit contraint de recommencer. Seulement, par politique, il exige que les instruments à cordes veuillent bien prendre le ton des instruments à vent. C'est un intrigant ! On est d'accord. On répète l'ouverture qui, cette fois, ne produit aucun effet. L'opéra commence, et peu à peu les musiciens cessent de jouer. « Sais-tu, dit Siedler, le chef des seconds violons, à son voisin de pupitre, ce qu'on a fait de notre camarade Corsino qui manque ce soir à l'orchestre ? — Non. Que lui est-

Il arrivé? — On l'a mis en prison. Il s'était permis d'insulter le directeur de notre théâtre, sous prétexte que, ce digne homme lui ayant commandé la musique d'un ballet, quand cette partition a été faite, on ne l'a ni exécutée ni payée. Il était dans une rage... — Parbleu! il n'y a pas de quoi perdre patience, peut-être?... Je voudrais bien te voir berner de la sorte, pour apprécier ta force d'âme et ta résignation... — Oh! moi, je ne suis pas si sot : je sais trop que la parole de notre directeur ne vaut pas plus que sa signature. Mais bah! on rendra bientôt la liberté à Corsino; on ne remplace pas aisément un violon de sa force! — Ah! c'est pour cela qu'il a été arrêté? dit un alto en déposant son archet. Pourvu qu'il trouve quelque jour à prendre sa revanche, comme cet Italien qui fit au seizième siècle le premier essai de musique dramatique! — Quel Italien? — Alfonso della Viola, un contemporain du fameux orfèvre, statuaire, ciseleur, Benvenuto Cellini. J'ai là dans ma poche une nouvelle qu'on vient de publier et dont ils sont les héros, je veux vous la lire. — Voyons la nouvelle! — Recule un peu ta chaise, toi, tu m'empêches d'approcher. — Ne fais donc pas tant de bruit avec ta contre-basse, Dimski; ou nous n'entendrons rien. N'es-tu pas encore las de jouer cette stupide musique? — Il y a une histoire? attendez; j'en suis. » Dimski s'empresse de quitter son instrument. Tout le centre de l'orchestre se dispose alors autour du lecteur qui déroule sa brochure, et, le coude appuyé sur une caisse de cor, commence ainsi à demi-voix.

LE PREMIER OPÉRA.

NOUVELLE DU PASSÉ

1555

Florence, 27 juillet 1555*.

ALFONSO DELLA VIOLA A BENVENUTO CELLINI

Je suis triste, Benvenuto; je suis fatigué, dégoûté ou plutôt, à dire vrai, je suis malade, je me sens maigrir, comme tu maigrissais avant d'avoir vengé la mort de Francesco. Mais tu fus bientôt guéri, toi, et le jour de ma guérison arrivera-t-il jamais!... Dieu le sait. Pourtant quelle souffrance fut plus que la mienne digne de pitié? A quel malheureux le Christ et sa sainte Mère feraient-ils plus de justice en lui accordant ce remède souverain, ce baume précieux, le plus puissant de tous pour calmer les douleurs amères de l'artiste outragé dans son art et dans sa personne, la vengeance. Oh! non, Benvenuto, non, sans vouloir te contester le droit de poignarder le misérable officier qui avait tué ton frère, je ne puis m'empêcher de mettre entre ton offense et la mienne une distance infinie. Qu'avait fait, après tout, ce pauvre

---

* La première édition de l'ouvrage de M. Berlioz, intitulé *Voyage musical en Allemagne et en Italie*, étant épuisée, l'auteur s'est refusé à en publier une seconde; toute la partie autobiographique de ce voyage devant être introduite et complétée par lui dans un autre travail plus important dont il s'occupe. (Ce travail n'était autre que ses *Mémoires*, qui ont paru depuis sa mort.) Il a cru, en conséquence, pouvoir reproduire dans les *Soirées de l'orchestre* des fragments de cet essai, tels que: *Le premier Opéra*, et quelques autres, considérant le *Voyage musical* comme un livre détruit dont il a seulement conservé les matériaux.

(*Note de l'éditeur.*)

diable? versé le sang du fils de ta mère, il est vrai. Mais l'officier commandait une ronde de nuit; Francesco était ivre; après avoir insulté sans raison, assailli à coups de pierres le détachement, il en était venu, dans son extravagance, à vouloir enlever leurs armes à ces soldats; ils en firent usage, et ton frère périt. Rien n'était plus facile à prévoir, et, conviens-en, rien n'était plus juste.

Je n'en suis pas là, moi. Bien qu'on ait fait pis que de me tuer, je n'ai en rien mérité mon sort; et c'est quand j'avais droit à des récompenses, que j'ai reçu l'outrage et l'avanie.

Tu sais avec quelle persévérance je travaille depuis longues années à accroître les forces, à multiplier les ressources de la musique. Ni le mauvais vouloir des anciens maîtres, ni les stupides railleries de leurs élèves, ni la méfiance des dilettanti qui me regardent comme un homme bizarre, plus près de la folie que du génie, ni les obstacles matériels de toute espèce qu'engendre la pauvreté, n'ont pu m'arrêter, tu le sais. Je puis le dire, puisqu'à mes yeux le mérite d'une telle conduite est parfaitement nul.

Ce jeune Montecco, nommé Roméo, dont les aventures et la mort tragique firent tant de bruit à Vérone, il y a quelques années, n'était certainement pas le maître de résister au charme qui l'entraînait sur les pas de la belle Giulietta, fille de son mortel ennemi. La passion était plus forte que les insultes des valets Capuletti, plus forte que le fer et le poison dont il était sans cesse menacé; Giulietta l'aimait, et pour une heure passée auprès d'elle, il eût mille fois bravé la mort. Eh bien! ma Giulietta à moi, c'est la musique, et, par le ciel! j'en suis aimé.

Il y a deux ans, je formai le plan d'un ouvrage de théâtre sans pareil jusqu'à ce jour, où le chant, accompagné de divers instruments, devait remplacer le langage parlé et faire naître, de son union avec le drame, des impressions telles que la plus haute poésie n'en produisait jamais. Par malheur, ce projet était fort dispendieux; un souverain ou un juif pouvait seul entreprendre de le réaliser.

Tous nos princes d'Italie ont entendu parler du mauvais

effet de la prétendue tragédie en musique exécutée à Rome à la fin du siècle dernier; le peu de succès de l'*Orfeo* d'Angelo Politiano, autre essai du même genre, ne leur est pas inconnu, et rien n'eût été plus inutile que de réclamer leur appui pour une entreprise où de vieux maîtres avaient échoué si complétement. On m'eût de nouveau taxé d'orgueil et de folie.

Pour les juifs, je n'y pensai pas un instant; tout ce que je pouvais raisonnablement espérer d'eux, c'était, au simple énoncé de ma proposition, d'être éconduit sans injures et sans huées de la valetaille; encore n'en connaissais-je pas un assez intelligent, pour qu'il ne fût permis de compter avec quelque certitude sur une telle générosité. J'y renonçai donc, non sans chagrin, tu peux m'en croire; et ce fut le cœur serré que je repris le cours des travaux obscurs qui me font vivre, mais qui ne s'accomplissent qu'aux dépens de ceux dont la gloire et la fortune seraient peut-être le prix.

Une autre idée nouvelle, bientôt après, vint me troubler encore. Ne ris pas de mes déconvenues, Cellini, et garde-toi surtout de comparer mon art naissant à ton art depuis longtemps formé. Tu sais assez de musique pour me comprendre. De bonne foi, crois-tu que nos traînants madrigaux à quatre parties soient le dernier degré de perfection où la composition et l'exécution puissent atteindre? Le bon sens n'indique-t-il pas que, sous le rapport de l'expression, comme sous celui de la forme musicale, ces œuvres tant vantées ne sont qu'enfantillages et niaiseries.

Les paroles expriment l'amour, la colère, la jalousie, la vaillance; et le chant, toujours le même, ressemble à la triste psalmodie des moines mendiants. Est-ce là tout ce que peuvent faire la mélodie, l'harmonie, le rhythme? N'y a-t-il pas de ces diverses parties de l'art mille applications qui nous sont inconnues? Un examen attentif de ce qui est ne fait-il pas pressentir avec certitude ce qui sera et ce qui devrait être? Et les instruments, en a-t-on tiré parti? Qu'est-ce que notre misérable accompagnement qui n'ose quitter la voix et la suit continuellement à l'unisson ou à l'octave? La musique instrumentale, prise individuellement, existe-t-elle? Et dans la manière d'employer la vocale, que de préjugés, que de routine! Pourquoi toujours chanter à quatre parties, lors même qu'il s'agit d'un personnage qui se plaint de son isolement?

Est-il possible de rien entendre de plus déraisonnable que ces *canzonnette* introduites depuis peu dans les tragédies, où un acteur, qui parle en son nom et paraît seul en scène, n'en est pas moins accompagné par trois autres voix placées dans la coulisse, d'où elles suivent son chant tant bien que mal?

Sois-en sûr, Benvenuto, ce que nos maîtres, enivrés de leurs œuvres, appellent aujourd'hui le comble de l'art, est aussi loin de ce qu'on nommera musique dans deux ou trois siècles, que les petits monstres bipèdes, pétris avec de la boue par les enfants, sont loin de ton sublime Persée ou du Moïse de Buonarotti.

Il y a donc d'innombrables modifications à apporter dans un art aussi peu avancé... des progrès immenses lui restent donc à faire. Et pourquoi ne contribuerais-je pas à donner l'impulsion qui les amènera?...

Mais, sans te dire en quoi consiste ma dernière invention, qu'il te suffise de savoir qu'elle était de nature à pouvoir être mise en lumière à l'aide des moyens ordinaires et sans avoir recours au patronage des riches et des grands. C'était du temps seulement qu'il me fallait; et l'œuvre, une fois terminée, l'occasion de la produire au grand jour eût été facile à trouver, pendant les fêtes qui allaient attirer à Florence l'élite des seigneurs et des amis des arts de toutes les nations.

Or, voilà le sujet de l'âcre et noire colère qui me ronge le cœur :

Un matin que je travaillais à cette composition singulière dont le succès m'eût rendu célèbre dans toute l'Europe, monseigneur Galeazzo, l'homme de confiance du grand-duc, qui, l'an passé, avait fort goûté ma scène d'Ugolino, vient me trouver et me dit : « Alfonso, ton jour est venu. Il ne

» s'agit plus de madrigaux, de cantates, ni de chansonnettes.
» Écoute-moi; les fêtes du mariage seront splendides, on
» n'épargne rien pour leur donner un éclat digne des deux
» familles illustres qui vont s'allier; tes derniers succès ont
» fait naître la confiance; à la cour maintenant on croit en
» toi.

« J'avais connaissance de ton projet de tragédie en mu-
» sique, j'en ai parlé à monseigneur; ton idée lui plaît. A
» l'œuvre donc, que ton rêve devienne une réalité. Écris
» ton drame lyrique et ne crains rien pour son exécution;
» les plus habiles chanteurs de Rome et de Milan seront
» mandés à Florence; les premières virtuoses en tout genre
» seront mis à ta disposition; le prince est magnifique, il
» ne te refusera rien; réponds à ce que j'attends de toi, ton
» triomphe est certain et ta fortune est faite. »

Je ne sais ce qui se passa en moi à ce discours inattendu; mais je demeurai muet et immobile. L'étonnement, la joie me coupèrent la parole, et je pris l'attitude d'un idiot. Galeazzo ne se méprit pas sur la cause de mon trouble, et me serrant la main : « Adieu, Alfonso; tu consens, n'est-ce pas?
» Tu me promets de laisser toute autre composition pour
» te livrer exclusivement à celle que Son Altesse te de-
» mande? Songe que le mariage aura lieu dans trois mois! »
Et comme je répondais toujours affirmativement par un signe de tête, sans pouvoir parler : « Allons, calme-toi, Vé-
» suve; adieu. Tu recevras demain ton engagement, il sera
» signé ce soir. C'est une affaire faite. Bon courage; nous
» comptons sur toi. »

Demeuré seul, il me sembla que toutes les cascades de Terni et Tivoli bouillonnaient dans ma tête.

Ce fut bien pis quand j'eus compris mon bonheur, quand je me fus représenté de nouveau la grandeur et la beauté de ma tâche. Je m'élance sur mon libretto, qui jaunissait abandonné dans un coin depuis si longtemps; je revois Paule, Francesca, Dante, Virgile, et les ombres et les damnés; j'entends cet amour ravissant soupirer et se plaindre; de tendres et gracieuses mélodies pleines d'abandon, de mélancolie, de chaste passion, se déroulent au dedans de moi; l'horrible cri de haine de l'époux outragé retentit; je vois deux cadavres enlacés rouler à ses pieds; puis je retrouve les âmes toujours unies des deux amants, errantes et battues des vents aux profondeurs de l'abîme; leurs voix plaintives se mêlent au bruit sourd et lointain des fleuves infernaux, aux sifflements de la flamme, aux cris forcenés des malheureux qu'elle poursuit, à tout l'affreux concert des douleurs éternelles...

Pendant trois jours, Cellini, j'ai marché sans but, au hasard, dans un vertige continuel; pendant trois nuits j'ai été privé de sommeil. Ce n'est qu'après ce long accès de fièvre, que la pensée lucide et le sentiment de la réalité me sont revenus. Il m'a fallu tout ce temps de lutte ardente et désespérée pour dompter mon imagination et dominer mon sujet. Enfin je suis resté le maître.

Dans ce cadre immense, chaque partie du tableau, disposée dans un ordre simple et logique, s'est montrée peu à peu revêtue de couleurs sombres ou brillantes, de demi-teintes ou de tons tranchés; les formes humaines ont apparu, ici pleines de vie, là sous le pâle et froid aspect de la mort. L'idée poétique, toujours soumise au sens musical, n'a jamais été pour lui un obstacle; j'ai fortifié, embelli et grandi l'une par l'autre. Enfin j'ai fait ce que je voulais, comme je le voulais, avec tant de facilité, qu'à la fin du deuxième mois l'ouvrage entier était déjà terminé.

Le besoin de repos se faisait sentir, je l'avoue; mais en songeant à toutes les minutieuses précautions qui me restaient à prendre pour assurer l'exécution de mon œuvre, la vigueur et la vigilance me sont revenues. J'ai surveillé les chanteurs, les musiciens, les machinistes, les décorateurs.

Tout s'est fait en ordre, avec la plus étonnante précision; et cette gigantesque machine musicale allait se mouvoir majestueusement, quand un coup inattendu est venu en briser les ressorts et anéantir à la fois, et la belle tentative, et les légitimes espérances de ton malheureux ami.

Le grand-duc, qui de son propre mouvement m'avait demandé ce drame en musique; lui qui m'avait fait abandonner l'autre composition sur laquelle je comptais pour populariser mon nom; lui dont les paroles dorées avaient gonflé un cœur, enflammé une imagination d'artiste, il se joue de tout cela maintenant; il dit à cette imagination de se refroidir, à ce cœur de se calmer ou de se briser; que lui importe! Il s'oppose, enfin, à la représentation de *Francesca*; l'ordre est donné aux artistes romains et milanais de retourner chez eux; mon drame ne sera pas mis en scène; le grand-duc n'en veut plus; IL A CHANGÉ D'IDÉE... La foule qui se pressait déjà à Florence, attirée moins encore par l'appareil des noces que par l'intérêt de curiosité que la fête musicale annoncée excitait dans toute l'Italie, cette foule avide de sensations nouvelles, trompée dans son attente, s'enquiert bientôt du motif qui la prive ainsi brutalement du spectacle qu'elle était venue chercher, et ne pouvant le découvrir, n'hésite pas à l'attribuer à l'incapacité du compositeur. Chacun dit: « Ce fameux drame était absurde, sans doute; le grand-duc, informé à temps de la vérité, n'aura pas voulu que l'impuissante tentative d'un artiste ambitieux vînt jeter du ridicule sur la solennité qui se prépare. Ce ne peut être autre chose. Un prince ne manque pas ainsi à sa parole. Della Viola est toujours le même vaniteux extravagant que nous connaissions; son ouvrage n'était pas présentable, et par égard pour lui, on s'abstient de l'avouer. » O Cellini! ô mon noble et fier et digne ami! réfléchis un instant, et d'après toi-même juge de ce que j'ai dû éprouver à cet incroyable abus de pouvoir, à cette violation inouïe des promesses les plus formelles, à cet horrible affront qu'il était impossible de redouter, à cette calomnie insolente d'une production que personne au monde, excepté moi, ne connaît encore.

Que faire? que dire à cette tourbe de lâches imbéciles qui rient en me voyant? que répondre aux questions de mes partisans? à qui m'en prendre? quel est l'auteur de cette machination diabolique? et comment en avoir raison? Cellini! Cellini! pourquoi es-tu en France? que ne puis-je te voir, te demander conseil, aide et assistance? Par Bacchus, ils me rendront réellement fou... Lâcheté! honte! je viens de sentir des larmes dans mes yeux. Arrière toute faiblesse! c'est la force, l'attention et le sang-froid qui me sont indispensables, au contraire, car je veux me venger, Benvenuto, je le veux. Quand et comment, il n'importe; mais je me vengerai, je te le jure, et tu seras content. Adieu. L'éclat de tes nouveaux triomphes est venu jusqu'à nous; je t'en félicite et m'en réjouis de toute mon âme. Dieu veuille seulement que le roi François te laisse le temps de répondre à ton ami *souffrant et non vengé.*

ALFONSO DELLA VIOLA

Paris, 20 août 1555

BENVENUTO A ALFONSO

J'admire, cher Alfonso, la candeur de ton indignation. La mienne est grande, sois-en bien convaincu; mais elle est plus calme. J'ai trop souvent rencontré de semblables déceptions pour m'étonner de celle que tu viens de subir. L'épreuve était rude, j'en conviens, pour ton jeune courage, et les révoltes de ton âme contre une insulte si grave et si peu méritée sont justes autant que naturelles. Mais, pauvre enfant, tu entres à peine dans la carrière. Ta vie retirée, tes méditations, tes travaux solitaires, ne pouvaient rien t'apprendre des intrigues qui s'agitent dans les hautes régions de l'art, ni du caractère réel des hommes puissants, trop souvent arbitres du sort des artistes.

Quelques événements de mon histoire, que je t'ai laissé ignorer jusqu'ici, suffiront à t'éclairer sur notre position à tous et sur la tienne propre.

Je ne redoute rien pour ta constance de l'effet de mon récit; ton caractère me rassure; je le connais, je l'ai bien étudié. Tu persévéreras, tu arriveras au but malgré tout; tu es un homme de fer, et le caillou lancé contre ta tête par les basses passions embusquées sur ta route, loin de briser ton front, en fera jaillir le feu. Apprends donc tout ce que j'ai souffert, et que ces tristes exemples de l'injustice des grands te servent de leçon.

L'évêque de Salamanque, ambassadeur de Rome, m'avait demandé une grande aiguière, dont le travail, extrêmement minutieux et délicat, me prit plus de deux mois, et qui, en raison de l'énorme quantité de métaux précieux nécessaires à sa composition, m'avait presque ruiné. Son Excellence se répandit en éloges sur le rare mérite de mon ouvrage, le fit emporter, et me laissa deux grands mois sans plus parler de paiement que si elle n'eût reçu de moi qu'une vieille casserole ou une médaille de Floretti. Le bonheur voulut que le vase revînt entre mes mains pour une petite réparation ; je refusai de le rendre.

Le maudit prélat, après m'avoir accablé d'injures dignes d'un prêtre et d'un Espagnol, s'avisa de vouloir me soutirer un reçu de la somme qu'il me devait encore ; mais comme je ne suis pas homme à me laisser prendre à un piége aussi grossier, Son Excellence en vint à faire assaillir ma boutique par ses valets. Je me doutai du tour ; aussi, quand cette canaille s'avança pour enfoncer ma porte, Ascanio, Paulino et moi, armés jusqu'aux dents, nous lui fîmes un tel accueil que le lendemain, grâce à mon escopette et à mon long poignard, je fus enfin payé [1].

Plus tard il m'arriva bien pis, quand j'eus fait le célèbre bouton de la chape du pape, travail merveilleux que je ne puis m'empêcher de te décrire. J'avais situé le gros diamant précisément au milieu de l'ouvrage, et j'avais placé Dieu assis dessus, dans une attitude si dégagée, qu'il n'embarrassait pas du tout le joyau, et qu'il en résultait une très-belle harmonie ; il donnait la bénédiction en élevant la main droite. J'avais disposé, au-dessous, trois petits anges qui le soutenaient en élevant les bras en l'air. Un de ces anges, celui du milieu, était en ronde bosse, les deux autres en bas-relief. Il y avait à l'entour une quantité d'autres petits anges disposés avec d'autres pierres fines. Dieu portait un manteau qui voltigeait, et d'où sortaient un grand nombre de chérubins et mille ornements d'un admirable effet.

1. Historique.

Clément VII, plein d'enthousiasme quand il vit le bouton, me promit de me donner tout ce que je demanderais. La chose cependant en resta là ; et comme je refusais de faire un calice qu'il me demandait en outre, toujours sans donner d'argent, ce bon pape, devenu furieux comme une bête féroce, me fit loger en prison pendant six semaines. C'est tout ce que j'en ai jamais obtenu [1]. Il n'y avait pas un mois que j'étais en liberté quand je rencontrai Pompeo, ce misérable orfévre qui avait l'insolence d'être jaloux de moi, et contre lequel, pendant longtemps, j'ai eu assez de peine à défendre ma pauvre vie. Je le méprisais trop pour le haïr ; mais il prit, en me voyant, un air railleur qui ne lui était pas ordinaire, et que, cette fois, aigri comme je l'étais, il me fut impossible de supporter. A mon premier mouvement pour le frapper au visage, la frayeur lui fit détourner la tête, et le coup de poignard porta précisément au-dessous de l'oreille. Je ne lui en donnai que deux, car au premier il tomba mort dans ma main. Mon intention n'avait pas été de le tuer, mais dans l'état d'esprit où je me trouvais, est-on jamais sûr de ses coups? Ainsi donc, après avoir subi un odieux emprisonnement, me voilà de plus obligé de prendre la fuite pour avoir, sous l'impulsion de la juste colère causée par la mauvaise foi et l'avarice d'un pape, écrasé un scorpion.

Paul III, qui m'accablait de commandes de toute espèce, ne me les payait pas mieux que son prédécesseur ; seulement, pour mettre en apparence les torts de mon côté, il imagina un expédient digne de lui et vraiment atroce. Les ennemis que j'avais en grand nombre autour de Sa Sainteté, m'accusent un jour auprès d'elle d'avoir volé des bijoux à Clément.

Paul III, sachant bien le contraire, feint cependant de me croire coupable, et me fait enfermer au château Saint-Ange ; dans ce fort que j'avais si bien défendu quelques années auparavant pendant le siége de Rome ; sous ces remparts d'où j'avais tiré plus de coups de canon que tous les canonniers ensemble, et d'où j'avais, à la grande joie du pape, tué moi-

---

1. Historique.

même le connétable de Bourbon. Je viens à bout de m'échapper, j'arrive aux murailles extérieures; suspendu à une corde au-dessus des fossés, j'invoque Dieu qui connaît la justice de ma cause, je lui crie, en me laissant tomber : « Aidez-moi donc, Seigneur, puisque je m'aide! » Dieu ne m'entend pas, et dans ma chute, je me brise une jambe. Exténué, mourant, couvert de sang, je parviens, en me traînant sur les mains et sur les genoux, jusqu'au palais de mon ami intime, le cardinal Cornaro. Cet infâme me livre traîtreusement au pape pour obtenir un évêché.

Paul me condamne à mort, puis, comme s'il se repentait de terminer trop promptement mon supplice, il me fait plonger dans un cachot fétide tout rempli de tarentules et d'insectes venimeux, et ce n'est qu'au bout de six mois de ces tortures que, tout gorgé de vin, dans une nuit d'orgie, il accorde ma grâce à l'ambassadeur français [1].

Ce sont là, cher Alfonso, des souffrances terribles et des persécutions bien difficiles à supporter; ne t'imagine pas que la blessure faite récemment à ton amour-propre puisse t'en donner une juste idée. D'ailleurs, l'injure adressée à l'œuvre et au génie de l'artiste te semblât-elle plus pénible encore que l'outrage fait à sa personne, celle-là m'a-t-elle manqué, dis, à la cour de notre admirable grand-duc, quand j'ai fondu Persée? Tu n'as oublié, je pense, ni les surnoms grotesques dont on m'appelait, ni les insolents sonnets qu'on placardait chaque nuit à ma porte, ni les cabales au moyen desquelles on sut persuader à Côme que mon nouveau procédé de fonte ne réussirait pas, et que c'était folie de me confier le métal. Ici même, à cette brillante cour de France, où j'ai fait fortune, où je suis puissant et admiré, n'ai-je pas une lutte de tous les instants, sinon avec mes rivaux (ils sont hors de combat aujourd'hui), au moins avec la favorite du roi, madame d'Étampes, qui m'a pris en haine, je ne sais pourquoi! Cette méchante chienne dit tout le mal possible de mes ouvrages [2];

---

1. Historique.
2. Id.

cherche, par mille moyens, à me nuire dans l'esprit de Sa Majesté; et, en vérité, je commence à être si las de l'entendre aboyer sur ma trace, que, sans un grand ouvrage récemment entrepris, dont j'espère plus d'honneur que de tous mes précédents travaux, je serais déjà sur la route d'Italie.

Va, va, j'ai connu tous les genres de maux que le sort puisse infliger à l'artiste. Et je vis encore, cependant. Et ma vie glorieuse fait le tourment de mes ennemis. Et je l'avais prévu. Et maintenant je puis les abîmer dans mon mépris. Cette vengeance marche à pas lents, il est vrai, mais pour l'homme inspiré, sûr de lui-même, patient et fort, elle est certaine. Songe, Alfonso, que j'ai été insulté plus de mille fois, et que je n'ai tué que sept ou huit hommes; et quels hommes! je rougis d'y penser. La vengeance directe et personnelle est un fruit rare, qu'il n'est pas donné à tous de cueillir. Je n'ai eu raison ni de Clément VII, ni de Paul III, ni de Cornaro, ni de Côme, ni de madame d'Étampes, ni de cent autres lâches puissants; comment donc te vengerais-tu, toi, de ce même Côme, de ce grand-duc, de ce Mécène ridicule qui ne comprend pas plus ta musique que ma sculpture, et qui nous a si platement offensés tous les deux? Ne pense pas à le tuer, au moins; ce serait une insigne folie, dont les conséquences ne sont pas douteuses. Deviens un grand musicien, que ton nom soit illustre, et si quelque jour sa sotte vanité le portait à t'offrir ses faveurs, repousse-les, n'accepte jamais rien de lui et ne fais jamais rien pour lui. C'est le conseil que je te donne; c'est la promesse que j'exige de toi; et, crois-en mon expérience, c'est aussi, cette fois, l'unique vengeance qui soit à ta portée.

Je t'ai dit tout à l'heure que le roi de France, plus généreux et plus noble que nos souverains italiens, m'avait enrichi; c'est doux à moi, artiste, qui t'aime, te comprends et t'admire, à tenir la parole du prince sans esprit et sans cœur qui te méconnaît. Je t'envoie dix mille écus. Avec cette somme tu pourras, je pense, parvenir à monter dignement ton drame en musique; ne perds pas un instant. Que ce soit à Rome, à Naples, à Milan, à Ferrare, partout, excepté à

Florence ; il ne faut pas qu'un seul rayon de ta gloire puisse se
refléter sur le grand-duc. Adieu, cher enfant, la vengeance
est bien belle, et pour elle on peut être tenté de mourir ; —
mais l'art est encore plus beau, n'oublie jamais que, *malgré
tout, il faut vivre pour lui.*

    Ton ami.   Benvenuto Cellini

                                                    Paris, 10 juin 1557.

BENVENUTO CELLINI A ALFONSO DELLA VIOLA

Misérable ! baladin ! saltimbanque ! cuistre ! castrat ! joueur
de flûte [1]. C'était bien la peine de jeter tant de cris, de souffler
tant de flammes, de tant parler d'offense et de vengeance,
de rage et d'outrage, d'invoquer l'enfer et le ciel, pour arriver
enfin à une aussi vulgaire conclusion ! Ame basse et sans
ressort ! fallait-il proférer de telles menaces puisque ton
ressentiment était de si frêle nature, que deux ans à peine
après avoir reçu l'insulte à la face, tu devais t'agenouiller
lâchement pour baiser la main qui te l'infligea.

Quoi ! ni la parole que tu m'avais donnée, ni les regards de
l'Europe aujourd'hui fixés sur toi, ni ta dignité d'homme et
d'artiste, n'ont pu te garantir des séductions de cette cour, où
règnent l'intrigue, l'avarice et la mauvaise foi ; de cette cour
où tu fus honni, méprisé, et qui te chassa comme un valet
infidèle ! Il est donc vrai ! tu composes pour le grand-duc ! Il
s'agit même, dit-on, d'une œuvre plus vaste et plus hardie
encore que celles que tu as produites jusqu'ici. L'Italie musicale tout entière doit prendre part à la fête. On dispose les
jardins du palais Pitti ; cinq cents virtuoses habiles, réunis
sous ta direction dans un vaste et beau pavillon décoré par
Michel-Ange, verseront à flots la splendide harmonie sur un
peuple haletant, éperdu, enthousiasmé. C'est admirable ! Et
tout cela pour le grand-duc, pour Florence, pour cet homme

---

[1]. On sait que Cellini professait une singulière aversion pour cet instrument.

et cette ville qui t'ont si indignement traité! Oh! quelle ridicule bonhomie était la mienne quand je cherchais à calmer ta puérile colère d'un jour! oh! la miraculeuse simplicité qui me faisait prêcher la continence à l'eunuque, la lenteur au colimaçon! Sot que j'étais!

Mais quelle puissante passion a donc pu t'amener à ce degré d'abaissement? La soif de l'or? tu es plus riche que moi aujourd'hui. L'amour de la renommée? quel nom fut jamais plus populaire que celui d'Alfonso, depuis le prodigieux succès de ta tragédie de *Francesca*, et celui, non moins grand, des trois autres drames lyriques qui l'ont suivie. D'ailleurs, qui t'empêchait de choisir une autre capitale pour le théâtre de ton nouveau triomphe? Aucun souverain ne t'eût refusé ce que le *grand* Côme vient de t'offrir. Partout, à présent, tes chants sont aimés et admirés; ils retentissent d'un bout de l'Europe à l'autre; on les entend à la ville, à la cour, à l'armée, à l'église: le roi François ne cesse de les répéter; madame d'Étampes, elle-même, trouve que *tu n'es pas sans talent pour un Italien*; justice égale t'est rendue en Espagne; les femmes, les prêtres surtout, professent généralement pour ta musique un culte véritable; et si ta fantaisie eût été de porter aux Romains l'ouvrage que tu prépares pour les Toscans, la joie du pape, des cardinaux et de toute la fourmilière *enrabattée* des monsignori n'eût été surpassée, sans doute, que par l'ivresse et les transports de leurs innombrables catins.

L'orgueil, peut-être, t'aura séduit... quelque dignité bouffie... quelque titre bien vain... Je m'y perds.

Quoi qu'il en soit, retiens bien ceci : tu as manqué de noblesse, tu as manqué de fierté, tu as manqué de foi. L'homme, l'artiste et l'ami sont également déchus à mes yeux. Je ne saurais accorder mes affections qu'à des gens de cœur, incapables d'une action honteuse; tu n'es pas de ceux-là, mon amitié n'est plus à toi. Je t'ai donné de l'argent, tu as voulu me le rendre; nous sommes quittes. Je vais partir de Paris; dans un mois je passerai à Florence; oublie que tu m'as connu et ne cherche pas à me voir. Car, fût-ce le jour même de ton succès, devant le peuple, devant les princes, et devant l'assemblée bien autrement imposante pour moi de tes cinq cents artistes, si tu m'abordais, je te tournerais le dos.

BENVENUTO CELLINI

Florence, 25 juin 1557.

ALFONSO A BENVENUTO

Oui, Cellini, c'est vrai. Au grand-duc je dois une impardonnable humiliation, à toi je dois ma célébrité, ma fortune, et peut-être ma vie. J'avais juré que je me vengerais de lui, je ne l'ai pas fait. Je t'avais promis solennellement de ne jamais accepter de sa main ni travaux, ni honneurs; je n'ai pas tenu parole. C'est à Ferrare que *Francesca* a été entendue (grâce à toi) et applaudie pour la première fois; c'est à Florence qu'elle a été traitée d'ouvrage dénué de sens et de raison. Et cependant Ferrare, qui m'a demandé ma nouvelle composition, ne l'a point obtenue, et c'est au grand-duc que j'en fais hommage. Oui, les Toscans, jadis si dédaigneux à mon égard, se réjouissent de la préférence que je leur accorde; ils en sont fiers; leur fanatisme pour moi dépasse de bien loin tout ce que tu me racontes de celui des Français.

Une véritable émigration se prépare dans la plupart des villes toscanes. Les Pisans et les Siennois eux-mêmes, oubliant leurs vieilles haines, implorent d'avance, pour le grand jour, l'hospitalité florentine. Côme, ravi du succès de celui qu'il appelle *son artiste*, fonde en outre de brillantes espérances sur les résultats que ce rapprochement des trois populations rivales peut avoir pour sa politique et son gouvernement. Il m'accable de prévenances et de flatteries. Il a donné hier, en mon honneur, une magnifique collation au palais de Pitti, où toutes les familles nobles de la ville se trouvaient réunies. La belle comtesse de Vallombrosa m'a prodigué ses plus doux sourires. La grande-duchesse m'a fait l'honneur de chanter un madrigal avec moi. Della Viola est l'homme du jour, l'homme de Florence, l'homme du grand-duc; il n'y a que lui.

Je suis bien coupable, n'est-ce pas, bien méprisable, bien vil? Eh bien! Cellini, si tu passes à Florence le 28 juillet prochain, attends-moi de huit à neuf heures du soir devant la porte du Baptistaire, j'irai t'y chercher. Et si, dès les premiers mots, je ne me justifie pas complétement de tous les griefs que tu me reproches, si je ne te donne pas de ma conduite une explication dont tu puisses de tout point t'avouer satisfait, alors redouble de mépris, traite-moi comme le dernier des hommes, foule-moi aux pieds, frappe-moi de ton fouet, crache-moi au visage, je reconnais d'avance que je l'aurai mérité. Jusque-là, garde-moi ton amitié : tu verras bientôt que je n'en fus jamais plus digne.

A toi,   ALFONSO DELLA VIOLA.

Le 28 juillet au soir, un homme de haute taille, à l'air sombre et mécontent, se dirigeait à travers les rues de Florence, vers la place du Grand-Duc. Arrivé devant la statue en bronze de Persée, il s'arrêta et la considéra quelque temps dans le plus profond recueillement : c'était Benvenuto. Bien que la réponse et les protestations d'Alfonso eussent fait peu d'impression sur son esprit, il avait été longtemps uni au jeune compositeur par une amitié trop sincère et trop vive, pour qu'elle pût ainsi en quelques jours s'effacer à tout jamais. Aussi ne s'était-il pas senti le courage de refuser d'entendre ce que della Viola pouvait alléguer pour sa justification; et c'est en se rendant au Baptistaire, où Alfonso devait venir le rejoindre, que Cellini avait voulu revoir, après sa longue absence, le chef-d'œuvre qui lui coûta naguère tant de fatigues et de chagrins. La place et les rues adjacentes étaient désertes, le silence le plus profond régnait dans ce quartier, d'ordinaire si bruyant et si populeux. L'artiste contemplait son immortel ouvrage, en se demandant si l'obscurité et une intelligence commune n'eussent pas été préférables pour lui à la gloire et au génie.

— Que ne suis-je un bouvier de Nettuno ou de Porto d'Anzio! pensait-il; semblable aux animaux confiés à ma garde, je mènerais une existence grossière, monotone, mais inaccessible au moins aux agitations qui, depuis mon enfance, ont tourmenté ma vie. Des rivaux perfides et jaloux... des princes injustes ou ingrats... des critiques acharnés... des flatteurs imbéciles... des alternatives incessantes de succès et de revers, de splendeur et de misère... des travaux excessifs et toujours renaissants... jamais de repos, de bien-être, de loisirs... user son corps comme un mercenaire et sentir constamment son âme transir ou brûler... est-ce là vivre?...

Les exclamations bruyantes de trois jeunes artisans, qui débouchaient rapidement sur la place, vinrent interrompre sa méditation.

— Six florins! disait l'un, c'est cher.

— En vérité, en eût-il demandé dix, répliqua l'autre, il eût bien fallu en passer par là. Ces maudits Pisans ont pris toutes les places. D'ailleurs, pense donc, Antonio, que la maison du jardinier n'est qu'à vingt pas du pavillon; assis sur le toit, nous pourrons entendre et voir à merveille : la porte du petit canal souterrain sera ouverte et nous arriverons sans difficulté.

— Bah! ajouta le troisième, pour entendre ça, nous pouvons bien jeûner un peu pendant quelques semaines. Vous savez l'effet qu'a produit hier la répétition. La cour seule y avait été admise; le grand-duc et sa suite n'ont cessé d'applaudir; les exécutants ont porté della Viola en triomphe, et enfin, dans son extase, la comtesse de Vallombrosa l'a embrassé : ce sera miraculeux.

— Mais voyez donc comme les rues sont dépeuplées; toute la ville est déjà réunie au palais Pitti. C'est le moment. Courons! courons!

Cellini apprit seulement alors qu'il s'agissait de la grande fête musicale, dont le jour et l'heure étaient arrivés. Cette circonstance ne s'accordait guère avec le choix qu'avait fait Alfonso de cette soirée pour son rendez-vous. Comment en un pareil moment, le maestro pourrait-il abandonner son orchestre et quitter le poste important où l'attachait un si grand intérêt? c'était difficile à concevoir.

Le ciseleur, néanmoins, se rendit au Baptistaire, où il trouva ses deux élèves Paolo et Ascanio, et des chevaux; il devait partir le soir même pour Livourne, et de là s'embarquer pour Naples le lendemain.

Il attendait à peine depuis quelques minutes, quand Alfonso, le visage pâle et les yeux ardents, se présenta devant lui avec une sorte de calme affecté, qui ne lui était pas ordinaire.

— Cellini! tu es venu, merci.
— Eh bien?
— C'est ce soir!
— Je le sais; mais parle, j'attends l'explication que tu m'as promise.
— Le palais Pitti, les jardins, les cours, sont encombrés. La foule se presse sur les murs, dans les bassins à demi pleins d'eau, sur les toits, sur les arbres, partout.
— Je le sais.
— Les Pisans sont venus, les Siennois sont venus.
— Je le sais.
— Le grand-duc, la cour et la noblesse sont réunis, l'immense orchestre est rassemblé.
— Je le sais.
— Mais la musique n'y est pas, cria Alfonso en bondissant, le maestro n'y est pas non plus, le sais-tu aussi?
— Comment! que veux-tu dire?
— Non, il n'y a pas de musique, je l'ai enlevée; non, il n'y a pas de maestro, puisque me voilà; non, il n'y aura pas de fête musicale, puisque l'œuvre et l'auteur ont disparu. Un billet vient d'avertir le grand-duc que mon ouvrage ne serait pas exécuté. *Cela ne me convient plus,* lui ai-je écrit, en me servant de ses propres paroles, *moi aussi, à mon tour,* J'AI CHANGÉ D'IDÉE. Conçois-tu à présent la rage de ce peuple désappointé pour la première fois! de ces gens qui ont quitté leur ville, laissé leur travaux, dépensé leurs argent pour entendre ma musique, et qui ne l'entendront pas? Avant de

venir te joindre, je les épiais, l'impatience commençait à les gagner, on s'en prenait au grand-duc. Vois-tu mon plan, Cellini.

— Je l'aperçois.

— Viens, viens, approchons un peu du palais, allons voir éclater ma mine. Entends-tu déjà ces cris, ce tumulte, ces imprécations? ô mes braves Pisans, je vous reconnais à vos injures! Vois-tu voler ces pierres, ces branches d'arbres, ces débris de vases? il n'y a que des Siennois pour les lancer ainsi! Prends garde, ou nous allons être renversés. Comme ils courent! ce sont des Florentins; ils montent à l'assaut du pavillon. Bon! voilà un bloc de boue dans la loge ducale, bien a pris au *grand* Côme de l'avoir quittée. A bas les gradins! à bas les pupitres, les banquettes, les fenêtres! à bas la loge! à bas le pavillon! le voilà qui s'écroule. Ils abîment tout, Cellini! c'est une magnifique émeute! honneur au grand-duc!!! Ah! damnation! tu me prenais pour un lâche! Es-tu satisfait, dis donc, est-ce là de la vengeance? »

Cellini, les dents serrées, les narines ouvertes, regardait, sans répondre, le terrible spectacle de cette fureur populaire; ses yeux où brillait un feu sinistre, son front carré que sillonnaient de larges gouttes de sueur, le tremblement presque imperceptible de ses membres, témoignaient assez de la sauvage intensité de sa joie. Saisissant enfin le bras d'Alfonso:

— Je pars à l'instant pour Naples, veux-tu me suivre?

— Au bout du monde, à présent.

— Embrasse-moi donc, et à cheval! tu es un héros.

Siedler. — Eh bien! voulez-vous parier que si Corsino trouvait jamais l'occasion de se venger de la même manière, il se garderait de la saisir?... C'est bon pour un homme célèbre qui peut déjà faire de la gloire *litière pour ses chevaux*, pour parler comme l'empereur Napoléon; mais qu'un débutant ou même un artiste passablement connu se donne un luxe pareil, je l'en défie! Il n'y en a pas d'assez fou, ou d'assez vindicatif. Pourtant la farce est bonne. J'aime aussi la modération de Benvenuto dans les coups de poignard : « *Je ne lui* en donnai que deux, car au premier il tomba mort, » est touchante.

Winter. — Ce damné opéra ne finira pas! (La première chanteuse pousse des cris déchirants.) Qui sait quelque chose d'amusant pour nous faire oublier les clameurs de cette créature? — Moi, dit Turuth, la seconde flûte, je puis vous raconter un petit drame dont j'ai été témoin en Italie; mais l'histoire n'est pas gaie. — Oh! tu es sensible, on le sait; le plus sensible des lauréats que l'Institut de France a envoyés à Rome depuis vingt ans, pour y désapprendre la musique, si toutefois ils l'ont jamais sue. — Eh bien! si c'est le genre français, dit Dervinck, laisse-le nous attendrir. Va pour dix minutes de sensibilité. Mais tu nous assures que ton histoire est véritable? — Aussi vraie qu'il est vrai que j'existe! — Voyez-vous le puriste, qui ne veut pas dire comme tout le monde aussi vraie que j'existe! — Chut! au fait! au fait! — M'y voilà!

VINCENZA

NOUVELLE SENTIMENTALE

Un de mes amis, G***, peintre de talent, avait inspiré un amour profond à une jeune paysanne d'Albano, nommée Vincenza, qui venait quelquefois à Rome offrir pour modèle sa tête virginale aux pinceaux de nos plus habiles dessinateurs. La grâce naïve de cette enfant des montagnes et l'expression candide de ses traits, lui avaient valu une espèce de culte que lui rendaient les peintres, et que sa conduite décente et réservée justifiait d'ailleurs complétement.

Depuis le jour où G*** parut prendre plaisir à la voir, Vincenza ne quitta plus Rome; Albano, son beau lac, ses sites ravissants, furent échangés contre une petite chambre sale et obscure qu'elle occupait dans le Transtevero, chez la femme d'un artisan dont elle soignait les enfants. Les prétextes ne lui manquaient jamais pour faire de fréquentes visites à l'atelier de son *bello Francese*. Un jour je l'y trouvai, G*** était gravement assis devant son chevalet, la brosse à la main ; Vincenza, accroupie à ses pieds comme un chien à ceux de son maître, épiait son regard, aspirait sa moindre parole, par intervalles se levait d'un bond, se plaçait en face de G***, le contemplait avec ivresse, et se jetait à son cou en faisant des éclats de rire de convulsionnaire, sans songer le moins du monde à déguiser sa délirante passion.

Pendant plusieurs mois le bonheur de la jeune Albanaise fut sans nuages, mais la jalousie vint y mettre fin. On fit concevoir à G*** des doutes sur la fidélité de Vincenza ; dès ce moment, il lui ferma sa porte et refusa obstinément de la voir. Vincenza, frappée d'un coup mortel par cette rupture, tomba dans un désespoir effrayant. Elle attendait quelquefois G*** des journées entières sur la promenade du Pincio, où elle espérait le rencontrer, refusait toute consolation, et devenait de plus en plus sinistre dans ses paroles et brusque dans ses manières. J'avais déjà essayé inutilement de lui ramener son inflexible ; quand je la trouvais sur mes pas, noyée de pleurs, le regard morne, je ne pouvais que détourner les yeux et m'éloigner en soupirant. Un jour pourtant je la rencontrai, marchant avec une agitation extraordinaire au bord du Tibre, sur un escarpement élevé qu'on nomme la promenade du Poussin...

— Eh bien ! où allez-vous donc, Vincenza ?... Vous ne voulez pas me répondre ?... Vous n'irez pas plus loin ; je prévois quelque folie..

— Laissez-moi, monsieur, ne m'arrêtez pas.

— Mais que venez-vous faire ici, seule ?

— Eh ! ne savez-vous donc pas qu'il ne veut plus me voir, qu'il ne m'aime plus, qu'il croit que je le trompe ? Puis-je vivre, après cela ? Je venais me noyer.

Là-dessus, elle commença à pousser des cris désespérés. Je la vis quelque temps se rouler à terre, s'arracher les cheveux, s'exhaler en imprécations furieuses contre les auteurs de ses maux ; puis, quand elle fut un peu fatiguée, je lui demandai si elle voulait me promettre de rester tranquille jusqu'au lendemain, m'engageant à faire auprès de G*** une dernière tentative.

— Écoutez bien, ma pauvre Vincenza, je le verrai ce soir, je lui dirai tout ce que votre malheureuse passion et la pitié qu'elle m'inspire me suggéreront pour qu'il vous pardonne. Venez demain matin chez moi, je vous apprendrai le résultat de ma démarche et ce que vous devez faire pour achever de le fléchir. Si je ne réussis pas, comme il n'y aura effectivement rien de mieux pour vous... le Tibre est toujours là.

— Oh! monsieur, vous êtes bon, je ferai ce que vous me dites.

Le soir, en effet, je pris G*** en particulier, je lui racontai la scène dont j'avais été témoin, en le suppliant d'accorder à cette malheureuse une entrevue qui, seule, pouvait la sauver.

— Prends de nouvelles et sévères informations, lui dis-je en finissant; je parierais mon bras droit que tu la rends victime d'une erreur. D'ailleurs, si toutes mes raisons sont sans force, je puis t'assurer que son désespoir est admirable, et que c'est une des plus dramatiques choses que l'on puisse voir; prends-la comme objet d'art.

— Allons, mon cher Mercure, tu plaides bien; je me rends. Je verrai dans deux heures quelqu'un qui peut me donner de nouveaux éclaircissements sur cette ridicule affaire. Si je me suis trompé, qu'elle vienne, je laisserai la clef à ma porte. Si, au contraire, la clef n'y est pas, c'est que j'aurai acquis la certitude que mes soupçons étaient fondés : alors, je te prie, qu'il n'en soit plus question. Parlons d'autres choses. Comment trouves-tu mon nouvel atelier?

— Incomparablement préférable à l'ancien; mais la vue en est moins belle. A ta place, j'aurais gardé la mansarde, ne fût-ce que pour pouvoir distinguer Saint-Pierre et le tombeau d'Adrien.

— Oh! te voilà bien avec tes idées nuageuses! A propos de nuages, laisse-moi allumer mon cigare... Bon!... A présent, adieu, je vais à l'enquête; dis à ta protégée ma dernière résolution. Je suis *curieux* de voir lequel de nous deux est joué.

Le lendemain, Vincenza entra chez moi de fort bonne heure; je dormais encore. Elle n'osa pas d'abord interrompre mon sommeil; mais son anxiété l'emportant enfin, elle saisit ma guitare et me jeta trois accords qui me réveillèrent. En me retournant dans mon lit, je l'aperçus à mon chevet, mourante d'émotion. Dieu! qu'elle était jolie!!! L'espoir éclatait sur sa ravissante figure. Malgré la teinte cuivrée de sa peau, je la voyais rougir de passion; tous ses membres frémissaient.

— Eh bien! Vincenza, je crois qu'il vous recevra. Si la clef est à sa porte, c'est qu'il vous pardonne, et...

La pauvre fille m'interrompt par un cri de joie, se jette sur ma main, la baise avec transport en la couvrant de larmes, gémit, sanglote, et se précipite hors de ma chambre, en m'adressant pour remercîment un divin sourire qui m'illumina comme un rayon des cieux. Quelques heures après, je venais de m'habiller, G*** entre, et me dit d'un air grave:

— Tu avais raison, j'ai tout découvert; mais pourquoi n'est-elle pas venue? je l'attendais.

— Comment, pas venue? Elle est sortie d'ici ce matin à demi folle de l'espoir que je lui donnais; elle a dû être chez toi en deux minutes.

— Je ne l'ai pas vue; et pourtant la clef était bien à ma porte.

— Malheur! malheur! j'ai oublié de lui dire que tu avais changé d'atelier. Elle sera montée au quatrième étage, ignorant que tu étais au premier.

— Courons.

Nous nous précipitons à l'étage supérieur, la porte de l'atelier était fermée; dans le bois était fichée avec force la *spada* d'argent que Vincenza portait dans ses cheveux, et que G*** reconnut avec effroi: elle venait de lui. Nous courons au Transtevera, chez elle, au Tibre, à la promenade du Poussin; nous demandons à tous les passants: personne ne l'avait vue. Enfin nous entendons des voix et des interpellations violentes... Nous arrivons au lieu de la scène... Deux bouviers se battaient pour le fazzoletto blanc de

Vincenza, que la malheureuse Albanaise avait arraché de sa tête et jeté sur le rivage avant de se précipiter...

. . . .

Le premier violon sifflant doucement entre ses dents : Sst! sst! ssss! Elle est courte et mauvaise, ton anecdote ; et fort peu touchante d'ailleurs. Allons, flûte française et sensible, retourne à tes pipeaux. J'aime mieux la sensibilité originale de notre timballer, ce sauvage Kleiner, dont l'unique ambition est d'être le premier de la ville pour le trémolo serré et pour le culottage des pipes. Un jour... — Mais la pièce est finie, garde ton histoire pour demain. — Non, c'est bref, vous l'avalerez tout de suite. Un jour donc je rencontre Kleiner, accoudé sur la table d'un café et seul, selon sa coutume. Il avait l'air plus sombre qu'à l'ordinaire. Je m'approche : Tu parais bien triste, Kleiner, lui dis-je, qu'as-tu? — Oh! je suis... je suis vexé! — As-tu encore perdu onze parties de billard comme la semaine dernière? as-tu cassé une paire de baguettes ou une pipe culottée? — Non, j'ai perdu... ma mère. — Pauvre camarade! j'ai regret de t'avoir questionné et d'apprendre une aussi fâcheuse nouvelle. — (Kleiner, s'adressant au garçon du café) : Garçon! une bavaroise au lait. — Tout de suite, monsieur. — (Puis continuant) : Oui mon vieux, je suis bien vexé, va! ma mère est morte hier soir, après une agonie affreuse qui a duré quatorze heures. — (Le garçon revient) : Monsieur, il n'y a plus de bavaroises. — (Kleiner frappant sur la table un violent coup de poing, qui en fait tomber avec fracas deux cuillers et une tasse) : Allons!!! autre vexation!!! — Voilà de la sensibilité naturelle et bien exprimée!

Les musiciens partent d'un éclat de rire tel, que le chef d'orchestre, qui les écoutait, est forcé de s'en apercevoir et de les regarder d'un œil courroucé. Son autre œil sourit.

DEUXIÈME SOIRÉE

LE HARPISTE AMBULANT, nouvelle du présent. — EXÉCUTION D'UN ORATORIO. — LE SOMMEIL DES JUSTES.

Il y a concert au théâtre

Le programme se compose exclusivement d'un immense oratorio, que le public vient entendre par devoir religieux, qu'il écoute avec un silence religieux, que les artistes subissent avec un courage religieux, et qui produit sur tous un ennui froid, noir et pesant comme les murailles d'une église protestante.

Le malheureux joueur de grosse caisse, qui n'a rien à faire là-dedans, s'agite avec inquiétude dans son coin. Il est le seul aussi qui ose parler avec irrévérence de cette musique, écrite, selon lui, par un pauvre compositeur, assez étranger aux lois de l'orchestration pour ne pas employer le roi des instruments, la grosse caisse.

Je me trouve à côté d'un alto ; celui-ci fait assez bonne contenance pendant la première heure. Après quelques minutes de la seconde, toutefois, son archet n'attaque plus que mollement les cordes, puis l'archet tombe... et je sens un poids inaccoutumé sur mon épaule gauche. C'est celui de la tête du martyr qui s'y repose sans s'en douter. Je m'approche, pour lui fournir un point d'appui plus solide et plus commode. Il s'endort profondément. Les pieux auditeurs, voisins de l'orchestre, jettent sur nous des regards indignés. Grand scandale !..... Je persiste à le prolonger en servant d'oreiller au dormeur. Les musiciens rient. « Nous allons sommeiller aussi, me dit Moran, si vous ne nous tenez éveillés de quelque façon. Voyons, un épisode de votre dernier voyage en Allemagne ! C'est un pays que nous aimons, bien que ce terrible oratorio vienne de là. Il doit vous y être arrivé plus d'une aventure originale. Parlez, parlez vite, les bras de Morphée s'ouvrent déjà pour nous recevoir. — Je suis chargé ce soir, à ce qu'il paraît, de tenir les uns endormis et les autres éveillés ? Je me dévouerai donc, s'il le faut, mais quand vous répéterez l'histoire que je m'en vais vous dire, histoire peut-être un peu décolletée par-ci par-là, ne dites pas de qui vous l'avez apprise ; cela achèverait de me perdre dans l'esprit des saintes personnes dont les yeux de hibou me fusillent en ce moment. — Soyez tranquille, répond Corsino, qui est sorti de prison, je dirai qu'elle est de moi. »

LE HARPISTE AMBULANT

NOUVELLE DU PRÉSENT

Pendant une de mes excursions en Autriche, au tiers de la distance à peu près qui sépare Vienne de Prague, le convoi dans lequel je me trouvais fut arrêté sans pouvoir aller plus avant. Une inondation avait emporté un viaduc : une immense étendue de la voie étant couverte d'eau, de terre et de gravois, les voyageurs durent se résigner à faire un long détour en voiture pour aller rejoindre l'autre tronçon du chemin de fer rompu. Le nombre des véhicules confortables n'était pas grand et je dus même m'estimer heureux de trouver un chariot de paysan garni de deux bottes de paille, sur lequel j'arrivai au point de ralliement du convoi, moulu et gelé. Pendant que je tâchais de me dégeler dans un salon de la station, je vis entrer un de ces harpistes ambulants, si nombreux dans le sud de l'Allemagne, qui possèdent quelquefois un talent supérieur à leur modeste condition. Celui-ci s'étant placé à l'un des angles du salon en face de moi, me considéra attentivement pendant quelques minutes, et, prenant sa harpe comme pour l'accorder, répéta tout doucement plusieurs fois, en forme de prélude, les quatre premières mesures du thème de mon scherzo de la *Fée Mab*; il m'examinait en dessous, en murmurant ce petit dessin mélodique. Je crus d'abord à un hasard qui avait amené ces quelques notes sous les doigts du harpiste, et pour m'en assurer, je ripostai en chantonnant les quatre mesures suivantes, auxquelles, à mon grand étonnement, il répliqua par la fin de la période très-exactement. Alors nous nous regardâmes tous les deux en souriant. « — Dove avete inteso questo pezzo? lui dis-je. Mon premier mouvement dans les pays dont je ne possède pas la langue est toujours de parler italien, m'imaginant en pareil cas que les gens qui ne savent pas le français doivent comprendre la seule langue étrangère dont j'aie appris quelques mots. Mais mon homme : « Je ne sais pas l'italien, monsieur, et ne comprends pas ce que vous m'avez fait l'honneur de me dire. — Ah! vous parlez français! Je vous demandais où vous avez entendu ce morceau. — A Vienne, à l'un de vos concerts. — Vous me reconnaissez? — Oh! très-bien! — Par quel hasard, et comment êtes-vous entré à ce concert? — Un soir, dans un café de Vienne où j'allais jouer ordinairement, je fus témoin d'une querelle qui s'éleva entre des habitués du café au sujet de votre musique, querelle si violente que je crus un instant les voir argumenter à coups de tabouret. Il y fut surtout beaucoup question de la symphonie de *Roméo et Juliette*, et cela me donna une grande envie de l'entendre. Je me dis alors : Si je gagne aujourd'hui plus de trois florins, j'en emploierai un à acheter demain un billet pour le concert. J'eus le bonheur de recevoir trois florins et demi, et je satisfis ma curiosité. — Ce scherzo vous est donc resté dans la mémoire? — J'en sais la première moitié et les dernières mesures seulement, je n'ai jamais pu me rappeler le reste. — Quel effet vous a-t-il produit quand vous l'avez entendu? dites-moi la vérité. — Oh! un singulier, très-singulier effet! Il m'a fait rire, mais rire tout de bon et sans pouvoir m'en empêcher. Je n'avais jamais pensé que les instruments connus pussent produire des sons pareils, ni qu'un orchestre de cent musiciens pût se livrer à de si amusantes petites cabrioles. Mon agitation était extrême, et je riais toujours. Aux dernières mesures du morceau, à cette phrase rapide où les violons partent en montant comme une flèche, je fis même un si grand éclat de rire, qu'un de mes voisins voulut me faire mettre à la porte, pensant que je me moquais de vous. En vérité pourtant je ne me moquais pas, au contraire; mais c'était plus fort que moi. — Parbleu, vous avez une manière originale de sentir la musique, je suis curieux de savoir comment vous l'avez apprise. Puisque vous parlez si bien le français et que le train de Prague ne part que dans deux heures, vous devriez en déjeûnant avec moi me conter cela. — C'est une histoire très-simple, monsieur, et peu digne de votre attention; mais si vous voulez bien l'écouter, je suis à vos ordres.

Nous nous mîmes à table, on apporta l'inévitable vin du Rhin, nous bûmes quelques rasades, et voici, à peu d'expressions près, en quels termes mon convive me fit l'histoire de son éducation musicale, ou plutôt le récit des événements de sa vie.

HISTOIRE DU HARPISTE AMBULANT

Je suis né en Styrie : mon père était musicien ambulant, comme je suis aujourd'hui. Après avoir parcouru pendant dix ans la France et y avoir amassé un petit pécule, il revint dans son pays, où il se maria. Je vins au monde un an après son mariage, et huit mois après ma naissance, ma mère mourut. Mon père ne voulut pas me quitter, prit soin de moi, et éleva mon enfance avec cette sollicitude dont les femmes seules sont capables en général. Persuadé que, vivant en Allemagne, je ne pouvais manquer de savoir l'allemand, il eut l'heureuse idée de m'apprendre d'abord la langue française, en s'en servant exclusivement avec moi. Il m'enseigna ensuite, aussitôt que mes forces me le permirent, l'usage des deux instruments qui lui étaient le plus familiers, la harpe et la carabine. Vous savez que nous tirons bien en Styrie, aussi devins-je bientôt un chasseur estimé dans notre village, et mon père était-il fier de moi. J'étais arrivé en même temps à une assez belle force sur la harpe, quand mon père crut remarquer que mes progrès s'arrêtaient. Il m'en demanda la raison; ne voulant pas la lui dire, je répondis en l'assurant qu'il n'y avait pas de ma faute, que je travaillais chaque jour comme de coutume, mais dehors, me sentant incapable de bien jouer de la harpe enfermé dans notre pauvre maison. La vérité était que je ne travaillais plus du tout. Voici pourquoi : J'avais une jolie voix d'enfant, forte et bien timbrée; le plaisir que je trouvais à jouer de la harpe dans les bois et parmi les sites les plus sauvages de nos contrées, m'avait amené à chanter aussi en m'accompagnant, à chanter à pleine voix, en déployant toute la force de mes poumons. J'écoutais alors avec ravissement les sons que je produisais, rouler et se perdre au loin dans les vallées, et cela m'exaltait d'une manière extraordinaire, et j'improvisais les paroles et la musique de chansons mêlées d'allemand et de français, dans lesquelles je cherchais à peindre le vague enthousiasme qui me possédait. Ma harpe, toutefois, ne répondait point à ce que je désirais pour l'accompagnement de ces chants étranges ; j'avais beau en briser les accords de vingt manières, cela me paraissait toujours petit, misérable et sec, à tel point qu'un jour, à la fin d'un couplet où je voulais un accord fort et retentissant, je saisis instinctivement ma carabine, qui ne me quittait jamais et la tirai en l'air pour obtenir l'explosion finale que la harpe me refusait. C'était bien pis quand je voulais trouver de ces sons soutenus, gémissants et doux, que recherche la rêverie et qui la font naître; la harpe se montrait là plus impuissante encore.

Dans l'impossibilité d'en rien tirer de pareil, un jour où j'improvisais plus mélancoliquement que de coutume, je cessai de chanter, et, découragé, je demeurai en silence, couché sur la bruyère, la tête appuyée sur mon instrument imparfait. Au bout de quelques instants, une harmonie bizarre, mais douce, voilée, mystérieuse comme l'écho des cantiques du paradis, sembla poindre à mon oreille... J'écoutai tout ravi... et je remarquai que cette harmonie, qui s'exhalait de ma harpe, sans que les cordes parussent vibrer, croissait en richesse et en puissance, ou diminuait, selon le degré de force du vent. C'était le vent, en effet, qui produisait ces accords extraordinaires dont je n'avais jamais entendu parler!

— Vous ne connaissiez pas les harpes éoliennes?

— Non, monsieur. Je crus avoir fait une découverte réelle, je me passionnai pour elle, et dès ce moment, au lieu de m'exercer au mécanisme de mon instrument, je ne fis que me livrer à des expériences qui m'absorbèrent tout entier. J'essayai vingt façons différentes de l'accorder pour éviter la confusion produite par la vibration de tant de cordes diverses, et j'en vins enfin, après bien des recherches, à en accorder le plus grand nombre possible à l'unisson et à l'octave, en supprimant toutes les autres. Alors seulement j'obtins des séries d'accords vraiment magiques qui réalisèrent mon idéal; harmonies célestes, sur lesquelles je chantais des hymnes sans fin, qui tantôt me transportaient en des palais de cristal, au milieu de millions d'anges aux ailes blanches, couronnés d'étoiles et chantant avec moi dans une langue inconnue; tantôt, me plongeant dans une tristesse profonde, me faisaient voir au milieu des nuages de pâles jeunes filles aux yeux bleus, vêtues de leur longue chevelure blonde, plus belles que les Séraphins, qui souriaient en versant des larmes et laissaient échapper d'harmonieux gémissements emportés avec elles par l'orage jusqu'aux extrémités de l'horizon; tantôt je m'imaginais voir

Napoléon, dont mon père m'avait si souvent raconté l'étonnante histoire; je me croyais dans l'île où il est mort, je voyais sa garde immobile autour de lui; puis c'était la sainte Vierge et sainte Madeleine et notre Seigneur Jésus-Christ dans une église immense, le jour de Pâques : d'autres fois, il me semblait être isolé bien haut dans l'air et que le monde entier avait disparu; ou bien, je sentais des chagrins horribles, comme si j'eusse perdu des êtres infiniment chers, et je m'arrachais les cheveux, je sanglotais en me roulant à terre. Je ne puis exprimer la centième partie de ce que j'éprouvais. Ce fut pendant une de ces scènes de poétique désespoir que je fus rencontré un jour par des chasseurs du pays. En voyant mes larmes, mon air égaré, les cordes de ma harpe en partie détendues, ils me crurent devenu fou et bon gré mal gré me ramenèrent chez mon père. Lui, qui depuis quelque temps s'était imaginé, d'après mes façons d'être et mon inexplicable exaltation, que je buvais de l'eau-de-vie (qu'il m'eût fallu voler alors, car je ne pouvais la payer), n'adopta point leur idée. Persuadé que j'étais allé m'enivrer quelque part, il me roua de coups et me tint enfermé au pain et à l'eau pendant deux jours. Je supportai cette injuste punition sans rien vouloir dire pour me disculper; je sentais qu'on n'eût point cru ni compris la vérité. D'ailleurs, il me répugnait de mettre qui que ce fût dans ma confidence; j'avais découvert un monde idéal et sacré, et je ne voulais en dévoiler le mystère à personne. M. le curé, un brave homme dont je ne vous ai rien dit encore, avait, au sujet de mes extases, une tout autre manière de voir. « Ce sont peut-être, disait-il, des visitations de l'esprit céleste. Cet enfant est sans doute destiné à devenir un grand saint. »

L'époque de ma première communion arriva et mes visions harmoniques devinrent plus fréquentes en augmentant d'intensité. Mon père alors commença à perdre la mauvaise opinion qu'il avait conçue de moi et à penser, lui aussi, que j'étais fou. M. le curé, au contraire, persistant dans la sienne me demanda si je n'avais jamais songé à être prêtre. « Non,

monsieur, répondis-je, mais j'y songe maintenant, et il me semble que je serais bien heureux d'embrasser ce saint état. »
— « Eh bien ! mon enfant, examinez-vous, réfléchissez, nous en reparlerons. » Sur ces entrefaites, mon père mourut après une courte maladie. J'avais quatorze ans ; je ressentis un grand chagrin, car il ne m'avait que rarement battu, et je lui devais bien de la reconnaissance pour m'avoir élevé et m'avoir appris trois choses : le français, la harpe et la carabine. J'étais seul au monde, M. le curé me prit chez lui, et bientôt après, sur l'assurance que je lui donnai de ma vocation pour l'état ecclésiastique, il commença à me préparer aux connaissances qu'il exige. Cinq années s'écoulèrent ainsi à étudier le latin, et j'étais sur le point d'entreprendre mes études de théologie, quand un jour je tombai brusquement amoureux, mais amoureux fou de deux filles à la fois ! Vous ne croyez peut-être pas cela possible, monsieur ?

— Comment donc ! mais je le crois parfaitement... Tout est possible en ce genre aux organisations telles que la vôtre.

— Eh bien donc ! ce fut comme je vous le dis... J'en aimai deux d'un coup, une gaie et une sentimentale.

— Comme les deux cousines de *Freyschutz* ?

— Précisément. Oh ! le *Freyschutz* ! il y a une de mes phrases là-dedans !.. Et dans les bois, aux jours d'orage, bien souvent... (Ici le narrateur s'arrêta, regardant fixement en l'air, immobile, prêtant l'oreille ; il semblait entendre ses chères harmonies éoliennes, unies sans doute à la romantique mélodie de Weber, dont il venait de parler. Il pâlit, quelques larmes parurent sur ses paupières... Je n'avais garde de troubler son rêve extatique, je l'admirais, je l'enviais même. Nous gardâmes quelque temps le silence tous les deux. Enfin, essuyant rapidement ses yeux et vidant son verre) : Pardon, monsieur, reprit-il, je vous ai malhonnêtement laissé seul pour suivre un instant mes souvenirs. C'est que, voyez-vous, Weber m'aurait compris, lui, comme je le comprends ; il ne m'aurait pris ni pour un ivrogne, ni pour un fou, ni pour un sot. Il a réalisé mes rêves, ou du moins il a rendu sensibles au vulgaire quelques-unes de mes impressions.

— Au vulgaire, dites-vous! cherchez un peu, camarade, combien il y a d'individus qui aient remarqué la phrase dont le souvenir seul vient de vous émouvoir, et que je suis sûr d'avoir devinée : le solo de clarinette sur le trémolo, dans l'ouverture, n'est-ce pas?

— Oui, oui, chut!

— Eh bien! citez à qui vous voudrez cette mélodie sublime, et vous verrez que, sur cent mille personnes qui ont entendu le *Freyschutz*, il n'y en a peut-être pas dix qui l'aient seulement remarquée.

— C'est fort possible. Mon Dieu, quel monde!... Bref, mes deux maîtresses étaient donc les vraies héroïnes de Weber, et qui plus est, l'une s'appelait Annette et l'autre Agathe, encore comme dans le *Freyschutz*. Je n'ai jamais pu savoir laquelle des deux j'aimais le mieux, seulement avec la gaie j'étais toujours triste, et la mélancolique m'égayait.

— Cela devait être, nous sommes ainsi faits.

— Ma foi, s'il faut vous l'avouer, je me trouvai diablement heureux. Ce double amour me fit oublier un peu mes concerts célestes, et quant à ma vocation sacrée, elle disparut en un clin d'œil. Il n'y a rien de tel que l'amour de deux jeunes filles, l'une gaie et l'autre rêveuse, pour vous ôter l'envie de devenir prêtre et le goût de la théologie. M. le curé ne s'apercevait de rien, Agathe ne soupçonnait pas mon amour pour Annette, ni celle-ci ma passion pour Agathe, et je continuais à m'égayer et à m'attrister successivement, de deux jours l'un.

— Diable! il y a sans doute en vous un fond de tristesse et de gaieté inépuisable, si cette agréable existence a duré longtemps.

— Je ne sais si j'étais aussi favorisé que vous le dites, car un nouvel incident, plus grave que tous les événements antérieurs de ma vie, vint m'arracher bientôt aux bras de mes bonnes amies et aux leçons de M. le curé. J'étais un jour à faire de la poésie rêveuse auprès d'Annette, qui riait de tout son cœur de ce qu'elle appelait mon air de *chien couchant affligé*; je chantais, en m'accompagnant de la harpe, un de mes poëmes les plus passionnés, improvisé au temps où ni mon cœur ni mes sens n'avaient encore parlé. Je cessai un instant de chanter... la tête sur l'épaule d'Annette, baisant avec tendresse une de ses mains; je me demandais ce que pouvait être cette faculté mystérieuse qui m'avait fait trouver en musique l'expression de l'amour, avant que la moindre lueur de ce sentiment m'eût été révélée, quand Annette, contenant mal un nouvel accès d'hilarité : « Oh! que tu es bête! s'écria-t-elle en m'embrassant, mais c'est égal, je t'aime encore mieux, si peu divertissant que tu sois, que ce drôle de corps de Franz, l'amant d'Agathe. — L'amant de?... — D'Agathe, tu ne le savais donc pas? il va la voir justement aux heures où nous sommes ensemble; elle m'a tout confié. » Vous croyez peut-être, monsieur, que je m'élançai d'un bond hors de la maison en poussant un cri de fureur, pour aller exterminer Franz et Agathe. Point du tout, pris d'une de ces rages froides plus terribles cent fois que les grands emportements, j'allai attendre mon rival à la porte de *notre* maîtresse, et sans réfléchir qu'elle nous trompait tous les deux et qu'il avait à se plaindre de moi autant que j'avais à me plaindre de lui, sans vouloir même qu'il se doutât du motif de mon agression, je l'insultai de telle façon que nous convînmes de nous battre sans témoins le lendemain matin. Et nous nous battîmes, monsieur, et je... donnez-moi un verre de vin, et je... à votre santé... et je lui crevai un œil...

— Ah! vous vous battîtes à l'épée?

— Non, monsieur, à la carabine, à cinquante pas; je lui envoyai dans l'œil gauche une balle qui le rendit borgne

— Et mort, sans doute?

— Oh! très-mort, il tomba roide sur le coup.

— Et vous l'aviez visé à l'œil gauche?

— Hélas! non, monsieur; je sais que vous allez me trouver bien maladroit... à cinquante pas... J'avais visé l'œil droit... Mais en le tenant en joue, je vins à penser à cette drôlesse d'Agathe, et il faut croire que ma main trembla, car en toute autre occasion, je vous le jure sans vanité, j'eusse été incapable d'une erreur aussi grossière. Quoi qu'il en soit, je ne le vis pas plus tôt à terre que ma colère et mes deux amours s'envolèrent de compagnie... Je n'eus plus qu'une idée, celle d'échapper à la justice que je croyais déjà voir à mes trousses; car nous nous étions battus sans témoins, et je pouvais aisément passer pour un assassin. Je détalai donc dans la montagne au plus vite, sans m'inquiéter d'Annette ni d'Agathe. Je fus guéri à l'instant même de ma passion pour elles, comme elles m'avaient guéri de ma vocation pour la théologie. Ce qui me démontra clairement que, pour moi, l'amour des femmes est à l'amour de Dieu comme l'amour de la vie est à celui des femmes, et que le meilleur parti à prendre pour oublier deux maîtresses, c'est d'envoyer une balle dans l'œil gauche du premier venu de leurs amants. Si jamais vous avez un double amour comme le mien, et qu'il vous incommode, je vous recommande mon procédé. »

Je vis que mon homme commençait à s'exalter, il mordait sa lèvre inférieure en parlant, et riait sans bruit d'une façon étrange. « Vous êtes fatigué, lui dis-je, si nous allions dehors fumer un cigare, vous pourriez plus aisément tout à l'heure reprendre et achever votre récit. — Volontiers, dit-il. » Alors s'approchant de sa harpe, il joua d'une main le thème entier de *la Fée Mab*, qui parut lui rendre sa bonne humeur, et nous sortîmes, moi, grommelant à part : Quel drôle d'homme ! et lui : Quel drôle de morceau !...

« Je vécus pendant quelques jours dans les montagnes, reprit en rentrant mon original ; le produit de ma chasse me suffisait ordinairement, et les paysans, d'ailleurs, ne refusent jamais au chasseur un morceau de pain. J'arrivai enfin à Vienne, où je vendis, bien à contre-cœur, ma fidèle carabine pour acheter cette harpe dont j'avais besoin pour gagner ma vie. A partir de ce jour, j'embrassai l'état de mon père, je fus musicien ambulant. J'allais sur les places publiques, dans les rues, sous les fenêtres surtout des gens que je connaissais pour n'avoir point le sentiment de la musique ; je les obsédais avec mes mélodies sauvages, et ils me jetaient toujours quelque monnaie pour se débarrasser de moi. J'ai reçu ainsi bien de l'argent de M. le conseiller K***, de madame la baronne C***, du baron S***, et de vingt autres Midas habitués de l'Opéra italien. Un artiste viennois, avec qui je m'étais lié, m'avait fait connaître leur nom et leur demeure. Quant aux amateurs de musique de profession, ils m'écoutaient avec intérêt à l'exception de deux ou trois, il était rare cependant que l'idée leur vînt de me donner la moindre chose. Ma collecte principale se faisait le soir dans les cafés, parmi les étudiants et les artistes; et c'est ainsi, je crois vous l'avoir dit, que je fus témoin de la querelle excitée par une de vos compositions, et que le désir me vint d'aller entendre la *Fée Mab*. Quel drôle de morceau! J'ai depuis lors beaucoup fréquenté les bourgs et les villages répandus sur la route que vous suivez, et fait de nombreuses visites à cette belle Prague. Ah! Monsieur, voilà une ville musicale.

— Vraiment?

— Vous verrez. Mais cette vie errante fatigue à la longue; je pense quelquefois à mes deux bonnes amies, je me figure que j'aurais bien du plaisir à pardonner à Agathe, dût Annette me tromper à son tour. D'ailleurs, je gagne à peine de quoi vivre; ma harpe me ruine; ces maudites cordes qu'il faut sans cesse remplacer... à la plus légère pluie, ou elles se rompent, ou il leur vient dans le milieu une grosseur qui en altère le timbre et les rend sourdes et discordantes. Vous n'avez pas l'idée de ce que cela me coûte.

— Ah! cher confrère, ne vous plaignez pas trop. Si vous saviez, dans les grands théâtres lyriques, combien de cordes plus chères que les vôtres, puisqu'il y en a de 60,000 et même de 100,000 fr., s'altèrent et se détruisent chaque jour, au grand désespoir des maîtres et des directeurs!... Nous en avons d'une sonorité exquise et puissante qui périssent, comme les vôtres, par le plus léger accident. Un peu de chaleur, la moindre humidité, un rien, et l'on voit paraître la maudite grosseur dont vous parlez, qui en détruit la justesse et le charme! Que de beaux ouvrages inexécutables alors! que d'intérêts compromis! Les directeurs éperdus prennent la poste, courent à Naples, ce pays des bonnes cordes, mais trop souvent en vain. Il faut bien du temps et

DEUXIÈME SOIRÉE

beaucoup de bonheur pour arriver à remplacer une chanterelle de premier ordre !

— C'est possible, Monsieur ; mais vos désastres me consolent mal de mes misères ; et, pour sortir de la gêne où je suis, je viens de m'arrêter à un projet que vous approuverez sans doute. J'ai acquis depuis deux ans une véritable habileté sur mon instrument, je puis maintenant me produire d'une façon sérieuse, et je ferais, je pense, de bonnes affaires en allant donner des concerts dans les grandes villes de France et à Paris.

— A Paris ! des concerts en France ! ah ! ah ! ah ! Laissez-moi rire à mon tour. Ah ! ah ! le drôle d'homme ! Ce n'est pas pour me moquer de vous ! ah ! ah ! ah ! mais c'est involontaire, comme le rire bienheureux que vous a occasionné mon scherzo !

— Pardon, qu'ai-je donc dit de si plaisant ?

— Vous m'avez dit, ah ! ah ! ah ! que vous comptiez vous enrichir en France en y donnant des concerts. Ah ! voilà bien une idée styrienne. Allons, c'est à moi de parler maintenant, écoutez : En France d'abord... attendez un peu, je suis tout essoufflé ; en France, quiconque donne un concert est frappé par la loi d'un impôt. Saviez-vous cela ?

— Sacrament !

— Il y a des gens dont l'état est de percevoir (c'est-à-dire de prendre) *le huitième* de la recette brute de tous les concerts, et la latitude même leur est laissée d'en prendre *le quart* si cela leur convient... Ainsi, vous venez à Paris, vous organisez à vos risques et périls une soirée ou une matinée musicale ; vous avez à payer la salle, l'éclairage, le chauffage, les affiches, le copiste, les musiciens. Comme vous n'êtes pas connu, vous devez vous estimer heureux de faire 800 fr. de recette ; vous avez, au minimum, 600 fr. de frais ; il devrait vous rester 200 fr. de bénéfice ; pourtant il ne vous restera rien. Le percepteur s'arrange de vos 200 fr. que la loi lui donne, les empoche et vous salue ; car il est très-poli. Si, comme cela est plus probable, vous ne faites que tout juste les 600 fr. nécessaires pour les frais, le perceptour n'en perçoit pas moins son huitième sur cette somme, et vous êtes de cette façon puni d'une amende de 75 fr. pour avoir eu l'insolence de vouloir vous faire connaître à Paris et de prétendre y vivre honnêtement du produit de votre talent.

— Ce n'est pas possible !

— Non, certes, ce n'est pas possible ; mais cela est. Encore ma politesse seule suppose-t-elle pour vous des recettes de 800 et de 600 fr. Inconnu, pauvre et harpiste, vous n'auriez pas vingt auditeurs. Voilà la vérité vraie. Les plus grands, les plus célèbres virtuoses, ont eux-mêmes, d'ailleurs, éprouvé en France les effets du caprice et de l'indifférence du public. On m'a montré au foyer du théâtre, à Marseille, une glace que Paganini brisa de colère, en trouvant la salle vide à l'un de ses concerts.

— Paganini ?

— Paganini. Il faisait peut-être trop chaud ce jour-là. Car il faut vous apprendre ceci : dans notre pays, il y a telles circonstances que le génie même le plus extraordinaire en musique, le plus foudroyant, le plus incontesté, ne saurait combattre avec succès. Ni à Paris ni dans les provinces, le public n'aime assez la musique pour braver, dans le seul but d'en entendre, la chaleur, la pluie, la neige, pour retarder ou avancer de quelques minutes l'heure de ses repas ; il ne va à l'Opéra et au concert que s'il peut s'y rendre sans peine, sans dérangement quelconque, sans trop de dépense, bien entendu, et s'il n'a absolument rien de mieux à faire. On ne trouverait pas un individu sur mille, j'en ai la ferme conviction, qui consentît à aller entendre le plus étonnant virtuose, le chef-d'œuvre le plus rare, s'il était obligé de l'écouter *seul* dans une salle *non éclairée*. Il n'y en a pas un sur mille qui, prêt à faire à un artiste une politesse qui lui coûtera 50 fr., veuille en payer 25 pour entendre quelque prodige de l'art, à moins que la mode ne l'y oblige ; car les chefs-d'œuvre même sont quelquefois à la mode. On ne sacrifie à la musique ni un dîner, ni un bal, ni une simple promenade, bien moins encore une course de chevaux ou une séance de cour d'assises. On va voir un opéra s'il est nouveau, et s'il est exécuté par la diva ou le ténor en vogue ; on va au concert s'il y a quelque intérêt de curiosité tel que celui d'une rivalité, d'un combat public entre deux virtuoses célèbres. Il ne s'agit pas d'admirer leur talent, mais de savoir lequel des deux sera vaincu ; c'est une autre espèce de course au clocher ou de boxe à armes courtoises. On va dans un théâtre s'ennuyer pendant quatre heures, ou dans une salle de concerts classiques jouer la plus fatigante comédie d'enthousiasme, parce qu'il est de bon ton d'avoir là sa loge, que les places y sont fort recherchées. On va à certaines premières représentations surtout, on paie même alors sans hésiter un prix exorbitant, si le directeur ou les auteurs jouent ce soir-là une de ces parties terribles qui décident de leur fortune ou de leur avenir. Alors l'intérêt est immense ; on se soucie peu d'étudier l'ouvrage nouveau, d'y chercher des beautés et d'en jouir ; on veut savoir s'il tombera ou non ; et selon que la chance lui sera favorable ou contraire, selon que le mouvement sera imprimé dans un sens ou dans un autre par une de ces causes occultes et inexplicables que le moindre incident peut faire naître en pareil cas, on va pour prendre noblement le parti du plus fort, pour écraser le vaincu si l'ouvrage est condamné, ou pour porter l'auteur en triomphe s'il réussit ; sans avoir pour cela compris la moindre parcelle de l'œuvre. Oh ! alors, qu'il fasse chaud ou froid, qu'il vente, qu'il en coûte cent francs ou cent sous, il faut voir cela ; c'est une bataille ! c'est souvent même une exécution. En France, mon cher, il faut *entraîner* le public comme on entraîne les chevaux de course ; c'est un art spécial. Il y a des artistes entraînants qui n'y parviendront jamais, et d'autres, d'une plate médiocrité, qui sont d'irrésistibles *entraîneurs*. Heureux ceux qui possèdent à la fois ces deux rares qualités ! Et encore les plus prodigieux sous ce rapport rencontrent-ils parfois leurs maîtres dans les flegmatiques habitants de certaines villes aux mœurs antédiluviennes, cités endormies qui ne furent jamais éveillées, ou vouées par l'indifférence pour l'art au fanatisme de l'économie.

Ceci me rappelle une vieille anecdote, qui sera peut-être nouvelle pour vous, dans laquelle Liszt et Rubini figurèrent, il y a sept ou huit ans, d'une façon assez originale. Ils venaient de s'associer pour une expédition musicale contre les villes du Nord. Certes, si jamais deux entraîneurs entraînants se sont donné la main pour dompter le public, ce sont ces deux incomparables virtuoses. Eh bien donc! Rubini et Liszt (comprenez bien, Liszt et Rubini) arrivent dans une de ces Athènes modernes et y annoncent leur premier concert. Rien n'est négligé, ni les réclames mirobolantes, ni les affiches colossales, ni le programme piquant et varié, rien; et rien n'y fait. L'heure du concert venue, nos deux lions entrent dans la salle... Il n'y avait pas cinquante personnes! Rubini, indigné, refusait de chanter, la colère lui serrait la gorge. « Au contraire, lui dit Liszt, tu dois chanter de ton mieux; ce public atome est évidemment l'élite des amateurs de ce pays-ci, et il faut le *traiter* en conséquence. Faisons-nous honneur! » Il lui donne l'exemple, et joue magnifiquement le premier morceau. Rubini chante alors le second de sa voix mixte la plus dédaigneuse. Liszt revient, exécute le troisième, et aussitôt après, s'avançant sur le bord du théâtre et saluant gracieusement l'assemblée : « Messieurs, dit-il, et Madame (il n'y en avait qu'une), je pense que vous avez assez de musique; oserai-je maintenant vous prier de vouloir bien venir souper avec nous? » Il y eut un moment d'indécision parmi les cinquante conviés, mais comme, à tout prendre, cette proposition ainsi faite était engageante, ils n'eurent garde de la refuser. Le souper coûta à Liszt 1,200 fr.. Les deux virtuoses ne renouvelèrent pas l'expérience. Ils eurent tort. Nul doute qu'au second concert la foule n'eût accouru... dans l'espoir du souper.

Entraînage magistral, et à la portée du moindre millionnaire!

Un jour je rencontre un de nos premiers pianistes-compositeurs qui revenait, désappointé, d'un port de mer où il avait compté se faire entendre. « Je n'ai pu entrevoir la possibilité d'y donner un concert, me dit-il très-sérieusement, les *harengs venaient d'arriver*, et la ville entière ne songeait qu'à ce précieux comestible! » Le moyen de lutter contre un banc de harengs!

Vous voyez, mon cher, que l'entraînage n'est pas chose facile dans les villes du second ordre surtout. Mais cette large part faite à la critique du sens musical du gros public, je dois maintenant vous faire connaître combien il y a de malotrus qui l'importunent, ce pauvre public, qui le harcèlent, qui l'obsèdent sans vergogne, depuis le soprano jusqu'à la basse profonde, depuis le flageolet jusqu'au bombardon. Il n'est si mince râcleur de guitare, si lourd marteleur d'ivoire, si grotesque roucouleur de fadeurs qui ne prétende arriver à l'aisance et à la renommée en donnant concert sur la *guimbarde*... De là des tourments vraiment dignes de pitié pour les maîtres et les maîtresses de maison. Les patrons de ces virtuoses, les *placeurs de billets*, sont des frelons dont la piqûre est cuisante et dont on ne sait comment se garantir. Il n'y a pas de subterfuges, pas de rouries diplomatiques qu'ils n'emploient pour glisser aux pauvres gens riches quelque douzaine de ces affreux carrés de papier nommés billets de concert. Et quand une jolie femme surtout a été affligée de la cruelle tâche d'un placement de seconde main, il faut voir avec quel despotisme barbare elle frappe de son impôt les hommes jeunes ou vieux qui ont le bonheur de la rencontrer. « Monsieur A***, voici trois billets que madame***
» m'a chargée de vous faire accepter; donnez-moi 30 fr.
» Monsieur B***, vous êtes un grand musicien, on le sait;
» vous avez connu le précepteur du neveu de Grétry, vous
» avez habité un mois à Montmorency une maison voisine
» de celle de ce grand homme; voici deux billets pour un
» concert charmant auquel vous ne pouvez vous dispenser
» d'assister : donnez-moi 20 fr. Ma chère amie, j'ai pris,
» l'hiver dernier, pour plus de 1,000 francs de billets des
» protégés de ton mari, il ne te refusera pas, si tu les lui présentes, le prix de ces cinq stalles : donne-moi 50 fr. Allons,
» monsieur C***, vous qui êtes si véritablement artiste, il
» faut encourager le talent; je suis sûre que vous vous em-

» presserez de venir entendre ce délicieux enfant (ou cette
» intéressante jeune personne, ou cette bonne mère de fa-
» mille, ou ce pauvre garçon qu'il faut arracher à la con-
» scription, etc.); voilà deux places, c'est un louis que vous
» me devez; je vous fais crédit jusqu'à ce soir. »

Ainsi de suite. Je connais des gens qui, pendant les mois de février et de mars, ceux de l'année où ce fléau sévit le plus cruellement à Paris, s'abstiennent de mettre les pieds dans les salons pour n'être pas dévalisés tout à fait. Je ne parle pas des suites les plus connues de ces redoutables concerts; ce sont les malheureux critiques qui les supportent, et il serait trop long de vous faire le tableau de leurs tribulations. Mais, depuis peu, les critiques ne sont plus seuls à en pâtir. Comme maintenant tout virtuose, guimbardier ou autre, qui a *fait Paris*, c'est-à-dire qui y a donné un concert tel quel (cela s'appelle ainsi en France dans l'argot du métier), croit devoir voyager, il incommode beaucoup d'honnêtes gens qui n'ont pas eu la prudence de cacher leurs relations extérieures. Il s'agit d'obtenir d'eux des *lettres de recommandation*; il s'agit de les amener à écrire à quelque innocent banquier, à quelque aimable ambassadeur, à quelque généreux ami des arts, que mademoiselle C*** va donner des concerts à Copenhague ou à Amsterdam, qu'elle a un rare talent, et qu'on veuille bien l'encourager (en achetant une grande quantité de ses billets). Ces tentatives ont, en général, les plus tristes résultats pour tout le monde, surtout pour les virtuoses recommandés. On me racontait en Russie, l'hiver dernier, l'histoire d'une chanteuse de romances et de son mari, qui, après avoir *fait* sans succès Pétersbourg et Moscou, se crurent néanmoins assez recommandables pour prier un puissant protecteur de les introduire à la cour du sultan. Il fallait *faire* Constantinople. Rien que cela. Liszt lui-même n'avait pas encore songé à entreprendre un tel voyage. La Russie étant demeurée de glace pour eux, c'était une raison de plus pour tenter la fortune sous des cieux dont la clémence est proverbiale, et aller voir si, par le plus grand des hasards, les amis de la musique ne seraient pas des Turcs. En conséquence, voilà nos époux bien recommandés, suivant, comme les rois mages, l'étoile perfide qui les guidait vers l'Orient. Ils arrivent à Péra ; leurs lettres de recommandation produisent tout leur effet ; le sérail leur est ouvert. Madame sera admise à chanter ses romances devant le chef de la Sublime Porte, devant le commandeur des croyants. C'est bien la peine d'être sultan pour se voir exposé à des accidents semblables ! On permet un concert à la cour ; quatre esclaves noirs apportent un piano ; l'esclave blanc, le mari, apporte le châle et la musique de la cantatrice. Le candide sultan, qui ne s'attend à rien de pareil à ce qu'il va entendre, se place sur une pile de coussins, entouré de ses principaux officiers, et ayant son premier drogman auprès de lui. On allume son narghilé, il lance un filet d'odorante vapeur, la cantatrice est à son poste ; elle commence cette romance de M. Panseron :

> « Je le sais, vous m'avez trahi,
> Une autre a mieux su vous charmer.
> Pourtant, quand votre cœur m'oublie,
> Moi, je veux toujours vous aimer
> Oui, je conserverai sans cesse
> L'amour que je vous ai voué ;
> Et si jamais on vous délaisse,
> Appelez-moi, je reviendrai. »

Ici le sultan fait un signe au drogman, et lui dit avec ce laconisme de la langue turque dont Molière nous a donné de si beaux exemples dans *le Bourgeois gentilhomme* : Naoum ! » Et l'interprète. « Monsieur, Sa Hautesse m'or-
» donne de vous dire que madame lui ferait plaisir de se
» taire tout de suite. — Mais... elle commence à peine... ce
» serait une mortification. »

Pendant ce dialogue, la malencontreuse cantatrice continue, en roulant les yeux, à glapir la romance de M. Panseron :

> « Si jamais son amour vous quitte,
> Faible, si vous la regrettez,
> Dites un mot, un seul, et vite
> Vous me verrez à vos côtés. »

Nouveau signe du sultan, qui, en caressant sa barbe, jette par-dessus son épaule ce mot au drogman : « Zieck! » Le drogman au mari (la femme chante toujours la romance de M. Panseron) : « Monsieur, le sultan m'ordonne de vous
» dire que si madame ne se tait pas à l'instant, il va la faire
» jeter dans le Bosphore. »

Cette fois, le tremblant époux n'hésite plus, il met la main sur la bouche de sa femme, et interrompt brusquement son tendre refrain :

« Appelez-moi, je reviendrai
Appelez-moi, je..... »

Grand silence, interrompu seulement par le bruit des gouttes de sueur qui tombent du front de l'époux sur la table du piano humilié. Le sultan reste immobile; nos deux voyageurs n'osent se retirer, quand ce nouveau mot : « Boulack! » sort de ses lèvres au milieu d'une bouffée de tabac. L'interprète : « Monsieur, Sa Hautesse m'ordonne de
» vous dire qu'elle désire vous voir danser. — Danser!
» moi? — Vous-même, monsieur. — Mais je ne suis pas
» danseur, je ne suis pas même artiste, j'accompagne ma
» femme dans ses voyages, je porte sa musique, son châle,
» voilà tout... et je ne pourrai vraiment..... — Zieck!
» Boulack! » repart vivement le sultan en lançant un nuage gros de menaces. Lors, l'interprète très-vite : « Monsieur,
» Sa Hautesse m'ordonne de vous dire que si vous ne dansez
» pas tout de suite, elle va vous faire jeter dans le Bosphore. »
Il n'y avait pas à balancer, et voilà notre malheureux qui se livre aux gambades les plus grotesques, jusqu'au moment où le sultan, caressant une dernière fois sa barbe, s'écrie d'une voix terrible : « Daloum be boulack! Zieck! » L'interprète : « Assez, Monsieur; Sa Hautesse m'ordonne de
» vous dire que vous devez vous retirer avec madame et
» partir dès demain, et que si jamais vous revenez à Con-
» stantinople, elle vous fera jeter tous les deux dans le
» Bosphore. »

Sultan sublime, critique admirable, quel exemple tu as donné là! et pourquoi le Bosphore n'est-il pas à Paris?

La chronique ne m'a point appris si le couple infortuné poussa jusqu'en Chine, et si la tendre chanteuse obtint des lettres de recommandation pour le céleste empereur, chef suprême du royaume du milieu. Cela est probable, car on n'en a plus entendu parler. Le mari, en ce cas, aura péri misérablement dans la rivière Jaune, ou sera devenu premier danseur du fils du Soleil.

— Cette dernière anecdote au moins, reprit le harpiste, ne prouve rien contre Paris.

— Quoi! vous ne voyez pas ce qui en ressort évidemment?... Elle prouve que Paris, dans sa fermentation continuelle, donne naissance à tant de musiciens de toute espèce, de toutes valeurs, et même sans valeur, que, sous peine de s'entre-dévorer comme les animalcules infusoires, ils sont obligés d'émigrer, et que la garde qui veille aux portes du sérail n'en défend plus aujourd'hui même l'empereur des Turcs.

— Ceci est bien triste, dit le harpiste en soupirant; je ne donnerai pas de concert, je le vois. C'est égal, je veux aller à Paris.

— Oh! venez à Paris; rien ne s'y oppose. Bien plus, je vous prédis d'excellentes et nombreuses aubaines, si vous voulez y mettre en pratique le système si ingénieusement employé par vous à Vienne pour faire payer la musique aux gens qui ne l'aiment pas. Je puis, à cet égard, vous être d'une grande utilité, en vous indiquant la demeure des riches qui la détestent le plus; bien qu'en allant jouer au hasard devant toutes les maisons de quelque apparence vous fussiez à peu près sûr de réussir une fois sur deux. Mais, pour vous épargner des improvisations vaines, prenez toujours ces adresses dont je vous garantis l'exactitude et la haute valeur:

1° Rue Drouot, en face de la mairie;

2° Rue Favart, vis-à-vis la rue d'Amboise;

3° Place Ventadour, en face de la rue Monsigny;

4° Rue de Rivoli, je ne sais pas le numéro de la maison, mais tout le monde vous l'indiquera;

5° Place Vendôme, tous les numéros en sont excellents,

Il y a une foule de bonnes maisons rue Caumartin. Informez-vous encore des adresses de nos lions les plus célèbres, de nos compositeurs populaires, de la plupart des auteurs de livrets d'opéras, des principaux locataires des premières loges au Conservatoire, à l'Opéra et au Théâtre-Italien; tout cela pour vous est de l'or en barres. N'oubliez pas la rue Drouot, et allez-y tous les jours; c'est le quartier général de vos contribuables. »

J'en étais là quand la cloche m'avertit du départ du convoi. Je serrai la main du harpiste vagabond, et m'élançant dans une diligence : Adieu, confrère! au revoir à Paris. Avec de l'ordre et en suivant mes avis, vous y ferez fortune. Je vous recommande encore la rue Drouot.

— Et vous, pensez à mon remède contre l'amour double.
— Oui, adieu!
— Adieu!

Le train de Prague partit aussitôt. Je vis quelque temps encore le Styrien rêveur, appuyé sur sa harpe, et me suivant de l'œil. Le bruit des wagons m'empêchait de l'entendre; mais au mouvement des doigts de sa main gauche, je reconnus qu'il jouait le thème de *la Fée Mab*, et à celui de ses lèvres je devinai qu'au moment où je disais encore : « Quel drôle d'homme! » il répétait de son côté : « Quel drôle de morceau! »

. . . .

Silence... Les ronflements de mon alto et ceux du joueur de grosse caisse, qui a fini par suivre son exemple, se distinguent au travers des savants contre-points de l'oratorio. De temps en temps aussi, le bruit des feuillets tournés simultanément par les fidèles lisant le sacré livret, fait une agréable diversion à l'effet un peu monotone des voix et des instruments. — « Quoi, c'est déjà fini? me dit le premier trombone. — Vous êtes bien honnête. Ce sont les mérites de l'oratorio qui me valent ce compliment. Mais j'ai réellement fini. Mes histoires ne sont pas comme cette fugue qui durera, je le crains, jusqu'au jugement dernier. Pousse, bourreau! va toujours! C'est cela, retourne ton thème maintenant! On peut bien en dire ce que madame Jourdain dit de son mari : « Aussi sot par derrière que par devant! » — Patience, dit le trombone, il n'y a plus que six grands airs et huit petites fugues. — Que devenir! — Il faut être justes, c'est irrésistible. Dormons tous! — Tous? Oh non, cela ne serait pas prudent. Imitons les marins, laissons au moins quelques hommes *de quart*. Nous les relèverons dans deux heures. » On désigne trois contre-bassistes pour faire le premier quart, et le reste de l'orchestre s'endort comme un seul homme.

Quant à moi, je dépose doucement mon alto, qui a l'air d'avoir respiré un flacon de chloroforme, sur l'épaule du garçon d'orchestre, et je m'esquive. Il pleut à verse : j'entends le bruit des gouttières ; je cours m'enivrer de cette rafraîchissante harmonie.

TROISIÈME SOIRÉE

ON JOUE LE FREYSCHUTZ

Personne ne parle dans l'orchestre. Chacun des musiciens est occupé de sa tâche, qu'il remplit avec zèle et amour. Dans un entr'acte, l'un d'eux me demande s'il est vrai qu'à l'Opéra de Paris, on ait placé un squelette véritable dans la scène infernale. Je réponds par l'affirmative, en promettant de raconter le lendemain la biographie de ce malheureux.

QUATRIÈME SOIRÉE

UN DÉBUT DANS LE FREYSCHÜTZ. — Nouvelle nécrologique. — MARESCOT. — Étude d'expression.

On joue un opéra italien moderne très-plat.

Les musiciens sont à peine arrivés que la plupart d'entre eux, déposant leur instrument, me rappellent ma promesse de la veille. Le cercle se forme autour de moi. Les trombones et la grosse caisse travaillent avec ardeur. Tout est en ordre; nous avons pour une heure au moins de duos et de chœurs à l'unisson. Je ne puis refuser le récit réclamé.

Le chef d'orchestre, qui veut toujours avoir l'air d'ignorer nos délassements littéraires, se penche un peu en arrière pour mieux écouter. La prima donna a poussé un ré aigu si terrible, que nous avons cru qu'elle accouchait. Le public trépigne de joie; deux énormes bouquets tombent sur la scène. La diva salue et sort. On la rappelle, elle rentre, resalue et ressort. Rappelée de nouveau, elle revient, resalue de nouveau et ressort. Rappelée encore, elle se hâte de reparaître, de resaluer, et comme nous ne savons pas quand la comédie finira, je commence :

UN DÉBUT

DANS LE FREYSCHUTZ

En 1822, j'habitais à Paris le quartier latin, où j'étais censé étudier la médecine. Quand vinrent à l'Odéon les représentations du *Freyschutz*, accommodé, comme on le sait, sous le nom de *Robin des bois*, par M. Castil-Blaze, je pris l'habitude d'aller, malgré tout, entendre chaque soir le chef-d'œuvre torturé de Weber. J'avais alors déjà à peu près jeté le scalpel aux orties. Un de mes ex-condisciples, Dubouchet, devenu depuis l'un des médecins les plus achalandés de Paris, m'accompagnait souvent au théâtre et partageait mon fanatisme musical. A la sixième ou septième représentation, un grand nigaud roux, assis au parterre à côté de nous, s'avisa de siffler l'air d'*Agathe* au second acte, prétendant que c'était une musique *baroque* et qu'il n'y avait rien de bon dans cet opéra, excepté la valse et le chœur des chasseurs. L'amateur fut roulé à la porte, cela se devine ; c'était alors notre manière de discuter ; et Dubouchet, en rajustant sa cravate un peu froissée, s'écria tout haut : « Il n'y a rien d'étonnant, je le » connais, c'est un garçon épicier de la rue Saint-Jacques ! » Et le parterre d'applaudir.

Six mois plus tard, après avoir trop bien fonctionné au repas de noces de son patron, ce pauvre diable (le garçon épicier) tombe malade ; il se fait transporter à l'hospice de la Pitié ; on le soigne bien, il meurt, on ne l'enterre pas ; tout cela se devine encore.

Notre jeune homme, bien traité et bien mort, est mis par hasard sous les yeux de Dubouchet, qui le reconnaît. L'impitoyable élève de la Pitié, au lieu donner une larme à son ennemi vaincu, n'a rien de plus pressé que de l'acheter, et le remettant au garçon d'amphithéâtre :

« François, lui dit-il, voilà une *préparation sèche* à faire; soigne-moi cela, c'est une de mes connaissances. »

Quinze ans se passent (quinze ans ! comme la vie est longue quand on n'en a que faire !), le directeur de l'Opéra me confie la composition des récitatifs du *Freyschutz* et la tâche de mettre le chef-d'œuvre en scène, Duponchel étant encore chargé de la direction des costumes... — Duponchel ! s'écrient à la fois cinq ou six musiciens, est-ce le célèbre inventeur du dais ? celui qui a introduit le dais dans les opéras comme principal élément de succès ? l'auteur du dais de *la Juive* ? du dais de *la Reine de Chypre* ? du dais du *Prophète* ? le créateur du dais flottant, du dais mirobolant, du dais des dais ? — C'est lui-même, messieurs, Duponchel donc étant encore chargé de la direction des costumes, des processions et des dais, je vais le trouver pour connaître ses projets relativement aux accessoires de la scène infernale, où son dais, malheureusement, ne pouvait figurer. « Ah çà, lui dis-je, il nous faut une tête de mort pour l'évocation de Samuel, et des squelettes pour les apparitions ; j'espère que vous n'allez pas nous donner une tête de carton, ni des squelettes en toile peinte comme ceux de *Don Juan*.

— Mon bon ami, il n'y a pas moyen de faire autrement, c'est le seul procédé connu.

— Comment, le seul procédé ! et si je vous donne, moi, du naturel, du solide, une vraie tête, un véritable homme sans chair, mais en os, que direz-vous ?

— Ma foi, je dirai... que c'est excellent, parfait ; je trouverai votre procédé admirable.

— Eh bien ! comptez sur moi, j'aurai notre affaire ! »

Là-dessus je monte en cabriolet ; je cours chez le docteur Vidal, un autre de mes anciens camarades d'amphithéâtre. Il a fait fortune aussi celui-là ; il n'y a que les médecins qui vivent !

— As-tu un squelette à me prêter ?

— Non, mais voilà une assez bonne tête qui a appartenu, dit-on, à un docteur allemand mort de misère et de chagrin ; ne me l'abîme pas, j'y tiens beaucoup.

— Sois tranquille, j'en réponds !

Je mets la tête du docteur dans mon chapeau, et me voilà parti.

En passant sur le boulevard, le hasard, qui se plaît à de pareils coups, me fait précisément rencontrer Dubouchet que j'avais oublié, et dont la vue me suggère une idée lumineuse. « Bonjour ! — Bonjour ! — Très-bien, je vous remercie ! mais il ne s'agit pas de moi. Comment se porte notre amateur ?

— Quel amateur ?

— Parbleu ! le garçon épicier que nous avons mis à la porte de l'Odéon pour avoir sifflé la musique de Weber, et que François a si bien *préparé*.

— Ah ! j'y suis; il se porte à merveille ! Certes ! il est propre et net dans mon cabinet, tout fier d'être si artistement articulé et chevillé. Il ne lui manque pas une phalange, c'est un chef-d'œuvre ! La tête seule est un peu endommagée.

— Eh bien ! il faut me le confier ; c'est un garçon d'avenir, je veux le faire entrer à l'Opéra, il y a un rôle pour lui dans la pièce nouvelle.

— Qu'est-ce à dire ?

— Vous verrez !

— Allons, c'est un secret de comédie, et puisque je le saurai bientôt, je n'insiste pas. On va vous envoyer l'amateur.

Sans perdre de temps, le mort est transporté à l'Opéra ; mais dans une boîte beaucoup trop courte. J'appelle alors le garçon ustensilier : Gattino !

— Monsieur,

— Ouvrez cette boîte. Vous voyez bien ce jeune homme ?

— Oui, monsieur.

— Il débute demain à l'Opéra. Vous lui préparerez une jolie petite loge où il puisse être à l'aise et étendre ses jambes.

— Oui, monsieur.

— Pour son costume, vous allez prendre une tige de fer que

vous lui planterez dans les vertèbres, de manière à ce qu'il se tienne aussi droit que M. Petipa, quand il médite une pirouette.

— Oui, monsieur.

— Ensuite, vous attacherez ensemble quatre bougies que vous placerez allumées dans sa main droite; c'est un épicier, il connaît ça.

— Oui, monsieur.

— Mais, comme il a une assez mauvaise tête, voyez, toute cornée, nous allons la changer contre celle-ci.

— Oui, monsieur.

— Elle a appartenu à un savant, n'importe! qui est mort de faim, n'importe encore! Quant à l'autre, celle de l'épicier, qui est mort d'une indigestion, vous lui ferez, tout en haut, une petite entaille (soyez tranquille, il n'en sortira rien) propre à recevoir la pointe du sabre de Gaspard dans la scène de l'évocation.

— Oui, monsieur. »

Ainsi fut fait; et depuis lors, à chaque représentation du *Freyschutz*, au moment où Samuel s'écrie : « Me voilà ! » la foudre éclate, un arbre s'abîme, et notre épicier, ennemi de la musique de Weber, apparaît aux rouges lueurs des feux du Bengale, agitant, plein d'enthousiasme, sa torche enflammée.

Qui pouvait deviner la vocation dramatique de ce gaillard-là? Qui jamais eût pensé qu'il débuterait précisément dans cet ouvrage? il a une meilleure tête et plus de bon sens à cette heure. Il ne siffle plus :

. . . . *Alas! poor Yorick!* . . . .

. . . .

— Eh bien, cela m'attriste, dit Corsino naïvement. Si épicier qu'il ait été, ce débutant était presque un homme, après tout. Je n'aime pas qu'on joue ainsi avec la mort. S'il siffla de son vivant la partition de Weber, je connais des individus bien plus coupables et dont on n'a pourtant pas vilipendé les restes avec cette cynique impiété. Moi aussi j'ai habité Paris et le quartier latin; et j'y ai vu à l'œuvre un de ces malheureux qui, profitant de l'impunité que leur assure la loi française, se livrent sur les œuvres musicales à des excès infâmes. Il y a de tout dans ce Paris. On y voit des gens qui trouvent leur pain au coin des bornes, la nuit, une lanterne d'une main, un crochet de l'autre; ceux-ci le cherchent en grattant le fond des ruisseaux des rues; ceux-là en déchirant le soir les affiches qu'ils revendent aux marchands de papiers; de plus utiles équarrissent les vieux chevaux à Montfaucon.

Celui-là équarrissait les œuvres des compositeurs célèbres.

Il se nommait Marescot, et son métier était d'*arranger* toute musique pour deux flûtes, pour une guitare, et surtout pour deux flageolets, et de la publier. La musique du *Freyschutz* ne lui appartenant pas (tout le monde sait qu'elle *appartenait* à l'auteur des paroles et des perfectionnements qu'elle avait dû subir pour être digne de figurer dans le *Robin des bois* à l'Odéon), Marescot n'osait en faire commerce. Et c'était un grand crève-cœur pour lui; car, disait-il, il avait *une idée* qui, appliquée à un certain morceau de cet opéra, devait lui *rapporter gros*. Je voyais quelquefois ce praticien, et je ne sais pourquoi il m'avait pris en affection. Nos tendances musicales n'étaient pas pourtant précisément les mêmes, vous devez, j'espère, le supposer. Il m'arriva, en conséquence, de lui laisser soupçonner que je l'appréciais. Je m'oubliai même une fois jusqu'à lui dire le demi-quart de ma pensée au sujet de son industrie. Ceci nous brouilla un peu, et je demeurai six mois sans mettre les pieds dans son atelier.

Malgré tous les attentats commis par lui sur les grands maîtres, il avait un aspect assez misérable et des vêtements passablement délabrés. Mais voilà qu'un beau jour je le rencontre marchant d'un pas leste sous les arcades de l'Odéon, en habit noir tout neuf, en bottes entières et en cravate blanche; je crois même, tant la fortune l'avait changé, qu'il avait les mains propres ce jour-là. « Ah! mon Dieu! m'écriai-je, tout ébloui en l'apercevant, auriez-vous eu le malheur de perdre un oncle d'Amérique, ou de devenir collaborateur de quelqu'un dans un nouvel opéra de Weber, que je vous vois si pimpant, si rutilant, si ébouriffant? — Moi! répondit-il, collaborateur? ah bien oui! je n'ai pas besoin de collaborer; j'élabore tout seul la musique de Weber, et bien je m'en trouve. Cela vous intrigue; sachez donc que j'ai réalisé mon idée, et que je ne me trompais pas quand je vous assurais qu'elle valait gros, très-gros, extraordinairement gros. C'est Schlesinger, l'éditeur de Berlin, qui possède en Allemagne la musique du *Freyschutz*; il a eu la bêtise de l'acheter : quel niais! Il est vrai qu'il ne l'a pas payée cher. Or, tant que Schlesinger n'avait pas publié cette musique baroque, elle ne pouvait, ici en France, appartenir qu'à l'auteur de *Robin des bois*, à cause des paroles et des perfectionnements dont il l'a ornée, et je me trouvais dans l'impossibilité d'en rien faire. Mais aussitôt après sa publication à Berlin, elle est devenue propriété publique chez nous, aucun éditeur français n'ayant voulu, comme bien vous le pensez, payer une part de sa propriété à l'éditeur prussien pour une composition pareille. J'ai pu aussitôt me moquer des droits de l'*auteur* français et publier sans paroles mon morceau, d'après mon idée. Il s'agit de la prière en *la bémol* d'Agathe au troisième acte de *Robin des bois*. Vous savez qu'elle est à trois temps, d'un mouvement endormant, et accompagnée avec des parties de cor syncopées très-difficiles et bêtes comme tout. Je m'étais dit qu'en mettant le chant dans la mesure à six-huit, en indiquant le mouvement allegretto, et en l'accompagnant d'une manière intelligible, c'est-à-dire avec le rhythme propre à cette mesure (une noire suivie d'une croche, le rhythme des tambours dans le pas accéléré), cela ferait une jolie chose qui aurait du succès. J'ai donc écrit ainsi mon morceau pour flûte et guitare, et je l'ai publié, tout en lui laissant le nom de Weber. Et cela a si bien pris, que je vends, non par centaines, mais par milliers, et que chaque jour la vente en augmente. Il me rapportera à lui seul plus que l'opéra entier n'a rapporté à ce nigaud de Weber, et même à M. Castil-Blaze, qui pourtant est un homme bien adroit. Voilà ce que c'est que d'avoir des idées! — Que dites-vous de cela, messieurs? Je suis presque sûr que vous allez me prendre pour un historien, et ne pas me croire. Et c'est un fait parfaitement vrai, pourtant. Et j'ai longtemps conservé un exemplaire de la prière de Weber ainsi transfigurée par l'*idée* et pour la *fortune* de M. Marescot, éditeur de musique français, professeur de flûte et de guitare, établi rue Saint-Jacques, au coin de la rue des Mathurins, à Paris. »

L'opéra est fini; les musiciens s'éloignent en regardant Corsino d'un air d'incrédulité narquoise. Quelques-uns même laissent échapper cette vulgaire expression : Blagueur!...

Mais je garantis l'authenticité de son récit. J'ai connu Marescot. Il en a fait bien d'autres!...

CINQUIÈME SOIRÉE

L'*S* DE ROBERT LE DIABLE, nouvelle grammaticale.

On joue un opéra français moderne très-plat.

Personne ne songe à sa partie dans l'orchestre ; tout le monde parle à l'exception d'un premier violon, des trombones et de la grosse caisse. En m'apercevant, le contre-bassiste Dimsky m'interpelle : « Eh ! bon Dieu, que vous est-il donc arrivé, cher monsieur ? Nous ne vous voyons pas depuis près de huit jours. Vous avez l'air triste. J'espère que vous n'avez pas éprouvé de *vexation* comme celle de notre ami Kleiner. — Non, Dieu merci ; je n'ai point à regretter de perte dans ma famille ; mais j'étais, comme disent les catholiques, *en retraite*. En pareil cas, les personnes pieuses, pour se préparer sans distraction à l'accomplissement de quelque grave devoir religieux, se retirent dans un couvent ou dans un séminaire, et là, pendant un temps plus ou moins long, elles jeûnent, prient, et se livrent à de saintes méditations. Or, il faut vous avouer que j'ai l'habitude de faire tous les ans une *retraite* poétique. Je m'enferme alors chez moi : je lis Shakspeare ou Virgile ; quelquefois l'un et l'autre. Cela me rend un peu malade d'abord ; puis je dors des vingt heures de suite ; après quoi je me rétablis, et il ne me reste qu'une

insurmontable tristesse, dont vous voyez le reste, et que vos gais propos ne tarderont pas à dissiper. Qu'a-t-on joué, chanté, dit et narré en mon absence? Mettez-moi au courant.
— On a joué *Robert le Diable*, *I Puritani;* on n'a pas du tout chanté; et nous n'avons eu à l'orchestre que des discussions. La dernière s'est élevée à propos d'un passage de la scène du jeu dans l'opéra de Meyerbeer. Corsino soutient que les chevaliers siciliens sont tous d'accord pour dévaliser Robert. Moi je prétends que l'intention de l'auteur du livret n'a pu être de leur donner un si honteux caractère, et que leur *aparté :*

Nous le tenons ! nous le tenons !

est une licence du traducteur. Nous vous attendions pour savoir quelles sont les paroles françaises chantées par le chœur dans le texte original. — Ce sont les mêmes; votre traducteur n'a point d'infidélité à se reprocher. — Ah! j'en étais sûr, reprend Corsino, j'ai gagné mon pari. — Oui; et ceci est encore un des bonheurs de M. Meyerbeer, le plus heureux des compositeurs de cette vallée de larmes. Car, il faut bien le reconnaître, il en est de ce qu'on est convenu d'appeler les *jeux* du théâtre comme des jeux de hasard; les plus savantes combinaisons ne servent à rien pour y réussir; on y gagne parce qu'on n'y perd pas, on y perd parce qu'on n'y gagne pas. Ces deux raisons sont les seules qu'on puisse donner de la perte ou du gain, du succès ou du revers. La chance, le bonheur, la veine, la fortune! mots dont on se sert pour désigner la cause inconnue et qu'on ne connaîtra jamais. Mais cette chance, cette veine, cette *Fortune ou non propice* (ainsi que Bertram a la naïveté de l'appeler dans *Robert le Diable*) semble néanmoins s'attacher à certains joueurs, à certains auteurs, avec un acharnement incroyable. Tel compositeur, par exemple, *a piqué sa carte* pendant dix ans, a compté toutes les séries de rouges et de noires, a résisté prudemment à toutes les agaceries des chances ordinaires, à toutes les tentations qu'elles lui faisaient éprouver; puis, quand un beau jour il est arrivé à voir sortir la noire trente fois de suite, il se dit : « Ma fortune est faite ; tous les opéras donnés depuis longtemps sont tombés ; le public a besoin d'un succès, ma partition est précisément écrite dans le style opposé au style de mes devanciers ; je la place sur la rouge. » La roue tourne, la noire sort une trente et unième fois, et l'ouvrage tombe à plat. Et ces choses-là arrivent même à des gens dont la profession est d'écrire des vulgarités ; profession lucrative, on le sait, et que le succès favorise ordinairement en tous pays. Tandis que l'on voit, tels sont les caprices extravagants de l'aveugle déesse, de beaux ouvrages, des chefs-d'œuvre, des conceptions grandioses, neuves et hardies, réussir avec éclat et sans efforts.

Ainsi, nous avons vu à l'Opéra de Paris, depuis dix ans, un assez bon nombre d'ouvrages médiocres, n'obtenant qu'un médiocre succès ; nous en avons entendu d'autres entièrement nuls, dont le succès a été également nul, et *le Prophète*, qui piquait sa carte auprès du tapis vert depuis douze, treize ou quatorze ans tout au moins, *le Prophète*, qui ne trouvait jamais que la série des opéras tombés fût assez considérable, étant enfin arrivé à marquer sa trente et unième noire, a fait exactement le même calcul que le pauvre diable dont je parlais tout à l'heure, il est allé se camper sur la rouge... et la rouge est sortie. C'est que l'auteur de ce *Prophète* a non-seulement le bonheur d'avoir du talent, mais aussi le talent d'avoir du bonheur. Il réussit dans les petites choses comme dans les grandes, dans ses inspirations et dans ses combinaisons savantes, comme dans ses distractions. Exemple, celle qu'il eut en composant *Robert le Diable*. M. Meyerbeer écrivant le premier acte de sa partition célèbre, et arrivé à la scène où Robert joue aux dés avec les jeunes seigneurs siciliens, n'aperçut pas un *s*, mal formé sans doute, dans le manuscrit de M. Scribe, auteur des paroles. Il en résulta qu'au moment où le joueur, exaspéré de ses pertes précédentes, met pour enjeux *et ses chevaux et ses armures*, le compositeur lut dans la réponse des partenaires de Robert : *Nous le tenons !* au lieu de *Nous les tenons !* et donna en conséquence à la phrase qu'il mit dans la bouche des Siciiens un accent mystérieux et railleur, convenable seulement à des fripons qui se réjouissent du bon coup qu'ils vont faire en plumant une dupe. Lorsque plus tard M. Scribe, assistant aux premières répétitions de mise en scène, entendit le chœur chanter à voix basse et en accentuant chaque syllabe, ce bouffon contre-sens : *Nous-le-te-nons, nous-le-te-nons*, au lieu de la vive exclamation de joueurs hardis, répondant : « Nous les tenons! » à la proposition que Robert leur fait de ses chevaux et de ses armures pour enjeux; « Qu'est ceci? s'écria-t-il (dit-on), mes seigneurs tiennent l'enjeu, mais ils ne tiennent pas Robert, les dés ne sont pas pipés, mes chevaliers ne sont pas des chevaliers d'industrie. Il faut corriger... cette... mais... voyons un peu... Eh bien!... ma foi... non... laissons l'erreur, elle ajoute à l'effet dramatique. Oui, *Nous le tenons*, l'idée est drôle, excellente, et le parterre s'attendrira, et les bonnes âmes seront touchées, et l'on dira : Oh! ce pauvre Robert! oh! les coupeurs de bourses! les misérables! ils s'entendent comme larrons en foire, ils vont le dépouiller! » Et l's ne fut pas remis, le contre-sens eut un succès fou, et les seigneurs siciliens demeurèrent atteints et convaincus de friponnerie; et les voilà déshonorés dans toute l'Europe parce que M. Meyerbeer a la vue basse.

Autre preuve qu'il n'y a qu'heur et malheur en ce qui se rattache de près ou de loin au théâtre.

Le plus merveilleux de l'affaire est que M. Scribe, jaloux comme un tigre quand il s'agit de l'invention de quelque bonne farce à faire au public, n'a pas voulu laisser à son collaborateur le mérite de cette trouvaille, qu'il a bel et bien effacé l's de son manuscrit et qu'on lit dans le livret imprimé de *Robert le Diable*, le *Nous le tenons!* si cher au public, au lieu du : *Nous les tenons!* plus cher au bon sens . . . .

. . . .

SIXIÈME SOIRÉE

ÉTUDE ASTRONOMIQUE, révolution du ténor autour du public. — VEXATION de Kleiner le jeune.

On joue un opéra allemand moderne très-plat.
Conversation générale. « Dieu de Dieu! s'écrie Kleiner le jeune, en entrant à l'orchestre; comment tenir à de telles vexations! Ce n'est pas assez d'avoir un semblable ouvrage à endurer, il faut encore qu'il soit chanté par cet infernal ténor! Quelle voix! quel style! quel musicien et quelles prétentions! — Tais-toi, misanthrope! réplique Dervinck, le premier hautbois, tu finiras par devenir aussi sauvage que ton frère dont tu as tous les goûts, toutes les idées. Ne sais-tu donc pas que le ténor est un être à part, qui a le droit de vie et de mort sur les œuvres qu'il chante, sur les compositeurs, et, par conséquent, sur les pauvres diables de musiciens tels que nous? Ce n'est pas un habitant du monde, c'est un monde lui-même. Bien plus, les dilettanti vont jusqu'à le diviniser, et il se prend si bien pour un Dieu, qu'il parle à tout instant de ses *créations*. Et tiens, vois dans cette brochure qui m'arrive de Paris, comment ce monde lumineux fait sa révolution autour du public. Toi qui étudies toujours le *Cosmos* de Humboldt, tu comprendras ce phénomène. — Lis-nous cela, petit Kleiner, disent la plupart des

musiciens, si tu lis bien, nous te ferons apporter une bavaroise au lait. — Sérieusement? — Sérieusement. — Je le veux bien.

RÉVOLUTION DU TÉNOR

AUTOUR DU PUBLIC

AVANT L'AURORE

Le ténor obscur est entre les mains d'un professeur habile, plein de science, de patience, de sentiment et de goût, qui fait de lui d'abord un lecteur consommé, un bon harmoniste, qui lui donne une méthode large et pure, l'initie aux beautés des chefs-d'œuvre de l'art, et le façonne enfin au grand style du chant. A peine a-t-il entrevu la puissance d'émotion dont il est doué, le ténor aspire au trône; il veut, malgré son maître, débuter et régner : sa voix, cependant, n'est pas encore formée. Un théâtre de second ordre lui ouvre ses portes; il débute, il est sifflé. Indigné de cet outrage, le ténor rompt à l'amiable son engagement, et, le cœur plein de mépris pour ses compatriotes, part au plus vite pour l'Italie.

Il trouve, pour y débuter, de terribles obstacles, qu'il renverse à la fin; on l'accueille assez bien. Sa voix se transforme, devient pleine, forte, mordante, propre à l'expression des passions vives autant qu'à celle des sentiments les plus doux; le timbre de cette voix gagne peu à peu en pureté, en fraîcheur, en candeur délicieuse; et ces qualités constituent enfin un talent dont l'influence est irrésistible. Le succès vient. Les directeurs italiens, qui entendent les affaires, vendent, rachètent, revendent le pauvre ténor, dont les modestes appointements restent toujours les mêmes, bien qu'il enrichisse deux ou trois théâtres par an. On l'exploite, on le pressure de mille façons, et tant et tant, qu'à la fin sa pensée se reporte vers la patrie. Il lui pardonne, avoue même qu'elle a eu raison d'être sévère pour ses premiers débuts. Il sait que le directeur de l'Opéra de Paris a l'œil sur lui. On lui fait de sa part des propositions qui sont acceptées; il repasse les Alpes.

LEVER HÉLIAQUE

Le ténor débute de nouveau, mais à l'Opéra cette fois, et devant un public prévenu en sa faveur par ses triomphes d'Italie.

Des exclamations de surprise et de plaisir accueillent sa première mélodie; dès ce moment son succès est décidé. Ce n'est pourtant que le prélude des émotions qu'il doit exciter avant la fin de la soirée. On a admiré dans ce passage la sensibilité et la méthode unies à un organe d'une douceur enchanteresse; restent à connaître les accents dramatiques, les cris de la passion. Un morceau se présente, où l'audacieux artiste lance *à voix de poitrine, en accentuant chaque syllabe*, plusieurs notes aiguës, avec une force de vibration, une expression de douleur déchirante et une beauté de sons dont rien jusqu'alors n'avait donné une idée. Un silence de stupeur règne dans la salle, toutes les respirations sont suspendues, l'étonnement et l'admiration se confondent dans un sentiment presque semblable « la crainte; » et dans le fait, on peut en avoir pour la fin de cette période inouïe; mais quand elle s'est terminée triomphante, on juge des transports de l'auditoire.....

Nous voici au troisième acte. C'est un orphelin qui vient revoir la chaumière de son père; son cœur, d'ailleurs rempli d'un amour sans espoir, tous ses sens agités par les scènes de sang et de carnage que la guerre vient de mettre sous ses yeux, succombent accablés sous le poids du plus désolant contraste. Son père est mort; la chaumière est déserte; tout est calme et silencieux; c'est la paix, c'est la tombe. Et le sein sur lequel il lui serait si doux, en un pareil moment, de répandre les pleurs de la piété filiale, ce cœur auprès duquel seul le sien pourrait battre avec moins de douleur, l'infini l'en sépare..... *Elle* ne sera jamais à lui..... La situation est poignante et dignement rendue par le compositeur. Ici, le chanteur s'élève à une hauteur à laquelle on ne l'eût jamais cru capable d'atteindre; il est sublime. Alors, de deux mille poitrines haletantes s'élance une de ces acclamations que l'artiste entend deux ou trois fois dans sa vie, et qui suffisent à payer de longs et rudes travaux.

Puis les bouquets, les couronnes, les rappels; et le surlendemain, la presse débordant d'enthousiasme et lançant le nom du radieux ténor aux échos de tous les points du globe où la civilisation a pénétré.

C'est alors, si j'étais moraliste, qu'il me prendrait fantaisie d'adresser au triomphateur une homélie, dans le genre du discours que fit don Quichotte à Sancho, au moment où le digne écuyer allait prendre possession de son gouvernement de Barataria :

« Vous voilà parvenu, lui dirais-je. Dans quelques semaines vous serez célèbre; vous aurez de forts applaudissements et d'interminables appointements. Les auteurs vous courtiseront, les directeurs ne vous feront plus attendre dans leur antichambre, et si vous leur écrivez, ils vous répondront. Des femmes, que vous ne connaissez pas, parleront de vous comme d'un protégé ou d'un *ami intime*. On vous dédiera des livres en prose et en vers. Au lieu de cent sous, vous serez obligé de donner cent francs à votre portier le jour de l'an. On vous dispensera du service de la garde nationale. Vous aurez des congés de temps en temps, pendant lesquels les villes de province s'arracheront vos représentations. On couvrira vos pieds de fleurs et de sonnets. Vous chanterez aux soirées du préfet, et la femme du maire vous enverra des abricots. Vous êtes sur le seuil de l'Olympe, enfin; car si les Italiens appellent les cantatrices *dive* (déesses), il est bien évident que les grands chanteurs sont des dieux. Eh bien! puisque vous voilà passé dieu, soyez bon diable malgré tout ; ne méprisez pas trop les gens qui vous donneront de sages avis.

» Rappelez-vous que la voix est un instrument fragile, qui s'altère ou se brise en un instant, souvent sans cause connue ; qu'un accident pareil suffit pour précipiter de son trône élevé le plus grand des dieux, et le réduire à l'état d'homme, et à moins encore quelquefois.

» Ne soyez pas trop dur pour les pauvres compositeurs.

» Quand, du haut de votre élégant cabriolet, vous apercevrez dans la rue, à pied, Meyerbeer, Spontini, Halévy ou Auber, ne les saluez pas d'un petit signe d'amitié protectrice, dont ils riraient de pitié et dont les passants s'indigneraient comme d'une suprême impertinence. N'oubliez pas que plusieurs de leurs ouvrages seront admirés et pleins de vie, quand le souvenir de votre *ut* de poitrine aura disparu à tout jamais.

» Si vous faites de nouveau le voyage d'Italie, n'allez pas vous y engouer de quelque médiocre tisseur de cavatines, le donner, à votre retour, pour un auteur classique, et nous dire d'un air impartial que Beethoven avait *aussi du talent* ; car il n'y a pas de dieu qui échappe au ridicule.

» Quand vous accepterez de nouveaux rôles, ne vous permettez pas d'y rien changer à la représentation, sans l'assentiment de l'auteur. Car sachez qu'une seule note ajoutée, retranchée ou transposée, peut aplatir une mélodie et en dénaturer l'expression. D'ailleurs, c'est un droit qui ne saurait en aucun cas être le vôtre. Modifier la musique qu'on chante ou le livre qu'on traduit, sans en rien dire à celui qui ne l'écrivit qu'avec beaucoup de réflexion, c'est commettre un indigne abus de confiance. Les gens qui empruntent *sans prévenir* sont appelés voleurs, les interprètes infidèles sont des calomniateurs et des assassins.

» Si d'aventure, il arrive un émule dont la voix ait plus de mordant et de force que la vôtre, n'allez pas, dans un duo, jouer aux poumons avec lui, et soyez sûr qu'il ne faut pas lutter contre le pot de fer, même quand on est un vase de porcelaine de la Chine. Dans vos tournées départementales, gardez-vous aussi de dire aux provinciaux, en parlant de l'Opéra et de sa troupe chorale et instrumentale : *Mon théâtre, mes chœurs, mon orchestre.* Les provinciaux n'aiment pas plus que les Parisiens qu'on les prenne pour des niais ; ils savent fort bien que vous appartenez au théâtre, mais que le théâtre n'est pas à vous, et ils trouveraient la fatuité de votre langage d'un grotesque parfait.

» Maintenant, ami Sancho, reçois ma bénédiction ; va gouverner Barataria ; c'est une île assez basse, mais la plus fertile peut-être qu'il y ait en terre ferme. Ton peuple est fort médiocrement civilisé ; encourage l'instruction publique ; que dans deux ans on ne se méfie plus, comme de sorciers maudits, des gens qui savent lire : ne t'abuse pas sur les louanges de ceux à qui tu permettras de s'asseoir à ta table ; oublie tes damnés proverbes ; ne te trouble point quand tu auras un discours important à prononcer ; ne manque jamais à ta parole ; que ceux qui te confieront leurs intérêts puissent être assurés que tu ne les trahiras pas ; et que ta voix soit juste pour tout le monde ! »

LE TÉNOR AU ZÉNITH

Il a cent mille francs d'appointements et un mois de congé. Après son premier rôle, qui lui valut un éclatant succès, le ténor en essaye quelques autres avec des fortunes diverses. Il en accepte même de nouveaux qu'il abandonne après trois ou quatre représentations s'il n'y excelle pas autant que dans les rôles anciens. Il peut briser ainsi la carrière d'un compositeur, anéantir un chef-d'œuvre, ruiner un éditeur et faire un tort énorme au théâtre. Ces considérations n'existent pas pour lui. Il ne voit dans l'art que de l'or et des couronnes ; et le moyen le plus propre à les obtenir promptement est pour lui le seul qu'il faille employer.

Il a remarqué que certaines formules mélodiques, certaines vocalisations, certains ornements, certains éclats de voix, certaines terminaisons banales, certains rhythmes ignobles, avaient la propriété d'exciter instantanément des applaudissements tels quels, cette raison lui semble plus que suffisante pour en désirer l'emploi, pour l'exiger même dans ses rôles, en dépit de tout respect pour l'expression, l'originalité, la dignité du style, et pour se montrer hostile aux productions d'une nature plus indépendante et plus élevée. Il connaît l'effet des vieux moyens qu'il emploie habituellement. Il ignore celui des moyens nouveaux qu'on lui propose, et, ne se considérant point comme un interprète désintéressé dans la question, dans le doute, il s'abstient autant qu'il est en lui. Déjà la faiblesse de quelques compositeurs, en donnant satisfaction à ses exigences, lui fait rêver l'introduction, dans nos théâtres, des mœurs musicales de l'Italie. Vainement on lui dit :

« Le maître, c'est le *Maître*; ce nom n'a pas injustement été donné au compositeur; c'est sa pensée qui doit agir entière et libre sur l'auditeur, par l'intermédiaire du chanteur; c'est lui qui dispense la lumière et projette les ombres; c'est lui qui est le roi et répond de ses actes; il propose et dispose; ses ministres ne doivent avoir d'autre but, ambitionner d'autres mérites que ceux de bien concevoir ses plans, et, en se plaçant exactement à son point de vue, d'en assurer la réalisation. »

(Ici tout l'auditoire du lecteur s'écrie : « Bravo » ! et s'oublie jusqu'à applaudir. Le ténor du théâtre, qui, en ce moment, criait plus faux que de coutume, prend ces applaudissements pour lui, et jette un regard satisfait sur l'orchestre...) Le lecteur continue :

Le ténor n'écoute rien; il lui faut des vociférations en style de tambour-major, traînant depuis dix ans sur les théâtres ultramontains, des thèmes communs entrecoupés de repos, pendant lesquels il peut s'écouter applaudir, s'essuyer le front, rajuster ses cheveux, tousser, avaler une pastille de sucre d'orge. Ou bien, il exige de folles vocalises, mêlées d'accents de menace, de fureur, de tendresse, diaprées de notes basses, de sons aigus, de gazouillements de colibri, de cris de pintade, de fusées, d'arpéges, de trilles. Quels que soient le sens des paroles, le caractère du personnage, la situation, il se permet de presser ou de ralentir le mouvement, d'ajouter des gammes dans tous les sens, des broderies de toutes les espèces, des *ah!* des *oh!* qui donnent à la phrase un sens grotesque; il s'arrête sur les syllabes brèves, court sur les longues, détruit les élisions, met des *h* aspirées où il n'y en a pas, respire au milieu d'un mot. Rien ne le choque plus; tout va bien, pourvu que cela favorise l'émission d'une de ses notes favorites. Une absurdité de plus ou de moins serait-elle remarquée en si belle compagnie? L'orchestre ne dit rien ou ne dit que ce qu'il veut; le ténor domine, écrase tout; il parcourt le théâtre d'un air triomphant; son panache étincelle de joie sur sa tête superbe; c'est un roi, c'est un héros, c'est un demi-dieu, c'est un dieu! Seulement, on ne peut découvrir s'il pleure ou s'il rit, s'il est amoureux ou furieux; il n'y a plus de mélodie, plus d'expression, plus de sens commun, plus de drame, plus de musique; il y a émission de voix, et c'est là l'important; voilà la grande affaire; il va au théâtre courre le public, comme on va au bois courre le cerf. Allons donc! ferme! donnons de la voix! Tayaut! tayaut! faisons curée de l'art.

Bientôt l'exemple de cette fortune vocale rend l'exploitation du théâtre impossible; il éveille et entretient chez toutes les médiocrités chantantes des espérances et des ambitions folles. « Le premier ténor a cent mille francs, pourquoi, dit le second, n'en aurais-je pas quatre-vingt mille? — Et moi, cinquante mille? » réplique le troisième.

Le directeur, pour alimenter ces orgueils béants, pour combler ces abîmes, a beau rogner sur les masses, déconsidérer et détruire l'orchestre et les chœurs, en donnant aux artistes qui les composent des appointements de portiers; peines perdues, sacrifices inutiles; et un jour que, voulant se rendre un compte exact de sa situation, il essaye de comparer l'énormité du salaire avec la tâche du chanteur, il arrive en frémissant à ce curieux résultat :

Le premier ténor, aux appointements de 100,000 francs, jouant à peu près sept fois par mois, figure en conséquence dans quatre-vingt-quatre représentations par an, et touche un peu plus de 1,100 francs par soirée. Maintenant, en supposant un rôle composé de onze cents notes ou syllabes, ce sera 1 fr. par syllabe.

Ainsi, dans *Guillaume Tell* :

Ma (1 fr.) présence (3 fr.) pour vous est peut-être un outrage (9 fr.).
Mathilde (3 fr.), mes pas indiscrets (cent sous)
Ont osé jusqu'à vous se frayer un passage (13 fr.)!

Total, 34 francs. — Vous parlez d'or, monseigneur!

Étant donnée une prima donna aux misérables appointements de 40,000 francs, la réponse de Mathilde *revient* nécessairement *à meilleur compte* (style du commerce), chacune de ses syllabes *n'allant que dans les prix* de huit sous; mais c'est encore assez joli.

On pardonne aisément (2 fr. 40 c.) des torts (16 s.) que l'on partage (2 fr.).
Arnold (16 s.), je (8 s.) vous attendais (32 s.)

Total, 8 francs.

Puis il paye, il paye encore, il paye toujours ; il paye tant, qu'un beau jour il ne paye plus, et se voit forcé de fermer son théâtre. Comme ses confrères ne sont pas dans une situation beaucoup plus florissante, quelques-uns des immortels doivent alors se résigner à donner des leçons de solfège (ceux qui le savent), ou à chanter sur des places publiques avec une guitare, quatre bouts de chandelle et un tapis vert.

LE SOLEIL SE COUCHE

CIEL ORAGEUX

Le ténor s'en va ; sa voix ne peut plus ni monter ni descendre. Il doit décapiter toutes les phrases et ne chanter que dans le médium. Il fait un ravage affreux dans les anciennes partitions, et impose une insupportable monotonie pour condition d'existence aux nouvelles. Il désole ses admirateurs.

Les compositeurs, les poëtes, les peintres, qui ont perdu le sentiment du beau et du vrai, que le vulgarisme ne choque plus, qui n'ont plus même la force de pourchasser les idées qui les fuient, qui se complaisent seulement à tendre des pièges sous les pas de leurs rivaux dont la vie est active et florissante, ceux-là sont morts et bien morts. Pourtant ils croient toujours vivre, une heureuse illusion les soutient, ils prennent l'épuisement pour de la fatigue, l'impuissance pour de la modération. Mais la perte d'un organe ! qui pourrait s'abuser sur un tel malheur ? quand cette perte surtout détruit une voix merveilleuse par son étendue, sa force, la beauté de ses accents, les nuances de son timbre, son expression dramatique et sa parfaite pureté ! Ah ! je me suis senti quelquefois ému d'une profonde pitié pour ces pauvres chanteurs, et plein d'une grande indulgence pour les caprices, les vanités, les exigences, les ambitions démesurées, les prétentions exorbitantes et les ridicules infinis de quelques-uns d'entre eux. Ils ne vivent qu'un jour et meurent tout entiers. C'est à peine si le nom des plus célèbres surnage ; et encore, c'est à l'illustration des maîtres dont ils furent les interprètes, trop souvent infidèles, qu'ils doivent, ceux-là, d'être sauvés de l'oubli. Nous connaissons Cafforiello, parce qu'il chanta à Naples dans *le Tito* de Gluck ; le souvenir de mesdames Saint-Huberti et Branchu s'est conservé en France, parce qu'elles ont créé les rôles de Didon, de la Vestale, d'Iphigénie en Tauride, etc. Qui de nous eût entendu parler de la *diva* Faustina, sans Marcello qui fut son maître, et sans Hasse qui l'épousa ? Pardonnons-leur donc, à ces dieux mortels, de faire leur Olympe aussi brillant que possible, d'imposer aux héros de l'art de longues et rudes épreuves, et de ne pouvoir être apaisés que par des sacrifices d'idées.

Il est si cruel pour eux de voir l'astre de la gloire et de la fortune descendre incessamment à l'horizon. Quelle douloureuse fête que celle d'une dernière représentation ! comme le grand artiste doit avoir le cœur navré en parcourant et la

scène et les secrets réduits de ce théâtre, dont il fut longtemps le génie tutélaire, le roi, le souverain absolu ! En s'habillant dans sa loge, il se dit : « Je n'y rentrerai plus ; ce casque, ombragé d'un brillant panache, n'ornera plus ma tête ; cette mystérieuse cassette ne s'ouvrira plus pour recevoir les billets parfumés des belles enthousiastes. » On frappe, c'est l'avertisseur qui vient lui annoncer le commencement de la pièce. « Eh bien, mon pauvre garçon, te voilà donc pour toujours à l'abri de ma mauvaise humeur ! Plus d'injures, plus de bourrades à craindre. Tu ne viendras plus me dire : « Mon
» sieur, l'ouverture commence? Monsieur, la toile est levée!
» Monsieur, la première scène est finie ! Monsieur, voilà votre
» entrée ! Monsieur, on vous attend ! » Hélas ! non ; c'est moi qui te dirai maintenant : « Santiquet, efface mon nom qui est
» encore sur cette porte ; Santiquet, va porter ces fleurs à
» Fanny ; vas-y tout de suite, elle n'en voudrait plus de-
» main ; Santiquet, bois ce verre de vin de Madère et emporte
» la bouteille ; tu n'auras plus besoin de faire la chasse aux
» enfants de chœur pour la défendre ; Santiquet, fais-moi un
» paquet de ces vieilles couronnes, enlève mon petit piano,
» éteins ma lampe et ferme ma loge, tout est fini. »

Le virtuose entre dans les coulisses sous le poids de ces tristes pensées ; il rencontre le second ténor, son ennemi intime, sa doublure, qui pleure aux éclats en dehors et rit aux larmes en dedans.

— Eh bien, *mon vieux*, lui dit le demi-dieu d'une voix dolente, tu vas donc nous quitter? Mais quel triomphe t'attend ce soir ! C'est une belle soirée !

— Oui, pour toi, répond le chef d'emploi d'un air sombre.

Et, lui tournant le dos :

— Delphine, dit-il à une jolie petite danseuse à qui il permettait de l'adorer, donne-moi *ma* bonbonnière?

— Oh ! *ma* bonbonnière est vide ; répond la folâtre en pirouettant, j'ai donné tout à Victor.

Et cependant il faut étouffer son chagrin, son désespoir, sa rage : il faut sourire, il faut chanter. Le ténor paraît en scène ; il joue pour la dernière fois ce drame dont il fit le succès, ce rôle qu'il a *créé*; il jette un dernier coup d'œil sur ces décors qui réfléchirent sa gloire, qui retentirent tant de fois de ses accents de tendresse, de ses élans de passion, sur le lac aux bords duquel il attendit Mathilde, sur ce Grutly, d'où il cria : *Liberté!* sur ce pâle soleil que depuis tant d'années il voyait se lever à neuf heures du soir. Et il voudrait pleurer, pleurer à sanglots; mais la réplique est donnée, il ne faut pas que la voix tremble, ni que les muscles du visage expriment d'autre émotion que celle du rôle : le public est là, des milliers de mains sont disposées à t'applaudir, mon pauvre dieu; et, si elles restaient immobiles, oh! alors, tu reconnaîtrais que les douleurs intimes que tu viens de sentir et d'étouffer, ne sont rien auprès de l'affreux déchirement causé par la froideur du public en pareille circonstance; le public, autrefois ton esclave, aujourd'hui ton maître, ton empereur! Allons, incline-toi, il t'applaudit... *Moriturus salutat*.

Et il chante, et, par un effort surhumain, retrouvant sa voix et sa verve juvéniles, il excite des transports jusqu'alors inconnus; on couvre la scène de fleurs comme une tombe à demi fermée. Palpitant de mille sensations contraires, il se retire à pas lents; on veut le voir encore; on l'appelle à grands cris. Quelle angoisse douce et cruelle pour lui, dans cette dernière clameur de l'enthousiasme! et qu'on doit bien lui pardonner s'il en prolonge un peu la durée! C'est sa dernière joie, c'est sa gloire, son amour, son génie, sa vie, qui frémissent en s'éteignant à la fois. Viens donc, pauvre grand artiste, météore brillant au terme de ta course, viens entendre l'expression suprême de nos affections admiratives et de notre reconnaissance pour les jouissances que nous t'avons dues si longtemps; viens et savoure-les, et sois heureux et fier; tu te souviendras de cette heure toujours, et nous l'aurons oubliée demain. Il s'avance haletant, le cœur gonflé de larmes; une vaste acclamation éclate à son aspect; le peuple bat des mains, l'appelle des noms les plus beaux et les plus chers; César le couronne. Mais la toile s'abaisse enfin, comme le froid et lourd couteau des supplices; un abîme sépare le triomphateur d son char de triomphe, abîme infranchissable et creusé par le temps. Tout est consommé! le dieu n'est plus!

. . . .
Nuit profonde.
. . . .
. . . .
. . . .
Nuit éternelle.
. . . .
. . . .

— Convenons que voilà un portrait peu flatté, mais prodigieusement ressemblant, du dieu-chanteur! s'écrie Corsino. La brochure est-elle signée? — Non. — L'auteur ne peut être qu'un musicien; il est amer, mais vrai; et encore on voit qu'il contient sa colère.

———

« Tenons notre promesse maintenant. Le petit Kleiner s'est bien acquitté de sa tâche; il doit être enroué. — Oui, et je suis en outre altéré et gelé. — Carlo! — Monsieur? — Va chercher pour M. Kleiner une bavaroise au lait bien chaude. — ...urs, monsieur. » (Le garçon d'orchestre sort.) Dimsky p... ..ant la parole: « Il faut rendre justice aux instrumentistes; malgré quelques exceptions que l'on pourrait citer, ils sont bien plus fidèles que les chanteurs, bien plus respectueux pour les maîtres, bien mieux dans leur rôle, et par conséquent bien plus près de la vérité. Que dirait-on si, dans un quatuor de Beethoven, par exemple, le premier violon s'avisait de désarticuler ainsi ses phrases, d'en changer la disposition rhythmique et l'accentuation? On dirait que le quatuor est impossible ou absurde, et on aurait raison.

» Pourtant ce premier violon est quelquefois joué par des virtuoses d'une réputation et d'un talent immenses, qui doivent se croire, en musique, des hommes souverainement intelligents, qui le sont en effet beaucoup plus que tous les dieux du chant; et c'est justement pour cela qu'ils se gardent de ce travers. »

(Le garçon d'orchestre revenant) : « Messieurs, il est trop tard, il n'y a plus de bavaroises au lait ! » (Rire général.) Kleiner cassant sur son pupitre l'archet de son violoncelle : « Décidément, c'est une vexation spéciale prédestinée à ma famille ! Et voilà un excellent archet brisé ! Allons !... je boirai de l'eau... N'y pensons plus ! »

La toile tombe.

On ne rappelle pas le ténor ; on applaudit à peine son dernier cri. Scène de rage et de désespoir au *post-scenium*. Le demi-dieu s'arrache les cheveux. Les musiciens en passant près de lui haussent les épaules, et s'éloignent.

SEPTIÈME SOIRÉE

ÉTUDE HISTORIQUE ET PHILOSOPHIQUE
De viris illustribus urbis Romæ.
UNE ROMAINE. Vocabulaire de la langue des Romains.

On joue un opéra italien moderne très-plat.
Un habitué des stalles du parquet, qui, les soirs précédents, a paru s'intéresser beaucoup aux lectures et aux récits des musiciens, se penche dans l'orchestre, et, s'adressant à moi : « Monsieur, vous habitez ordinairement Paris, n'est-ce pas? — Oui, monsieur, je l'habite même extraordinairement et souvent plus que je ne voudrais. — En ce cas, vous devez être familiarisé avec la langue singulière qu'on y parle et dont vos journaux se servent, eux aussi, quelquefois. Expliquez-moi donc, s'il vous plaît, ce qu'ils veulent dire, quand, en rendant compte de certains incidents assez fréquents, à ce qu'il paraît, dans les représentations dramatiques, ils parlent des Romains. — Oui, disent à la fois plusieurs musiciens, qu'entend-on en France par ce mot? — Ce n'est pas moins qu'un cours d'histoire romaine, messieurs, que vous me demandez. — Pourquoi pas? — Je crains de n'avoir pas le talent d'être bref. — Qu'à cela ne tienne! l'opéra est en quatre actes, et nous sommes à vous jusqu'à onze heures. »

Alors, pour vous mettre tout de suite en rapport avec les grands hommes de cette histoire, je ne remonterai pas jusqu'aux fils de Mars, ni à Numa Pompilius ; je sauterai à pieds joints par-dessus les rois, les dictateurs et les consuls ; et pourtant je dois intituler le premier chapitre de mon histoire :

DE VIRIS ILLUSTRIBUS URBIS ROMÆ

Néron — (vous voyez que je passe sans transition à l'époque des empereurs), Néron ayant institué une corporation d'hommes chargés de l'applaudir quand il chantait en public, on donne aujourd'hui en France le nom de *Romains* aux applaudisseurs de profession, vulgairement appelés claqueurs, aux jeteurs de bouquets et généralement à tous les entrepreneurs de succès et d'enthousiasme. Il y en a de plusieurs espèces :

La mère qui fait si courageusement remarquer à chacun l'esprit et la beauté de sa fille, médiocrement belle et fort sotte ; cette mère qui, malgré son extrême tendresse pour cette enfant, se résoudra néanmoins le plus tôt possible à une séparation cruelle en la remettant aux bras d'un époux, est une Romaine.

L'auteur qui, dans la prévision du besoin qu'il aura l'an prochain des éloges d'un critique qu'il déteste, s'acharne à chanter partout les louanges de ce même critique, est un Romain.

Le critique assez peu Spartiate pour se laisser prendre à ce piége grossier, devient à son tour un Romain.

Le mari de la cantatrice qui... — C'est compris. — Mais les Romains vulgaires, la foule, le peuple romain enfin, se compose surtout de ces hommes que Néron enrégimenta le premier. Ils vont le soir dans les théâtres, et même ailleurs aussi, applaudir, sous la direction d'un chef et de ses lieutenants, les artistes et les œuvres que ce chef s'est engagé à soutenir.

Il y a bien des manières d'applaudir.

La première, ainsi que vous le savez tous, consiste à faire le plus de bruit possible en frappant les deux mains l'une contre l'autre. Et dans cette première manière, il y a encore des variétés, des nuances : le bout de la main droite frappant dans le creux de la gauche, produit un son aigu et retentissant que préfèrent la plupart des artistes ; les deux mains appliquées l'une contre l'autre sont, au contraire, d'une sonorité sourde et vulgaire ; il n'y a que des élèves claqueurs de première année, ou des garçons barbiers, qui applaudissent ainsi.

Le claqueur ganté, habillé en dandy, avance ses bras avec affectation hors de sa loge, et applaudit lentement presque sans bruit, et pour les yeux seulement ; il dit ainsi à toute la salle : « Voyez ! je daigne applaudir. »

Le claqueur enthousiasmé (car il y en a) applaudit, vite, fort et longtemps : sa tête, pendant l'applaudissement, se tourne à droite et à gauche ; puis ces démonstrations ne lui suffisant plus, il trépigne, il crie : « Bravô ! bravô ! » (remarquez bien l'accent circonflexe de l'o) ou : « Bravà ! » (celui-là est le savant, il a fréquenté les Italiens, il sait distinguer le féminin du masculin,) et redouble de clameurs au fur et à mesure que le nuage de poussière que ses trépignements soulèvent augmente d'épaisseur.

Le claqueur déguisé en vieux rentier ou en colonel en retraite, frappe le plancher du bout de sa canne d'un air paterne et avec modération.

Le claqueur violoniste, car nous avons beaucoup d'artistes dans les orchestres de Paris, qui, pour faire leur cour, soit au directeur de leur théâtre, soit à leur chef d'orchestre, soit à une cantatrice aimée et puissante, s'enrégimentent momentanément dans l'armée romaine ; le claqueur violoniste, dis-je, frappe avec le bois de son archet sur le corps de son violon. Cet applaudissement, plus rare que les autres, est, en conséquence, plus recherché. Malheureusement, de cruels désillusionnements ont appris aux dieux et aux déesses qu'il ne leur était guère possible de savoir quand l'applaudissement des violonistes est ironique ou sérieux. De là le sourire inquiet des divinités en recevant cet hommage.

Le timbalier applaudit en frappant sur ses timbales ; ce qui ne lui arrive pas une fois en quinze ans.

Les dames romaines applaudissent quelquefois de leurs mains gantées, mais leur influence n'a tout son effet que lorsqu'elles jettent leur bouquet aux pieds de l'artiste qu'elles soutiennent. Comme ce genre d'applaudissement est assez dispendieux, c'est ordinairement le plus proche parent, le plus intime ami de l'artiste, ou l'artiste lui-même, qui en fait les frais. On donne tant aux jeteuses de fleurs pour les fleurs, et tant pour leur enthousiasme ; de plus, il faut payer un homme ou un enfant agile pour, après la première averse de fleurs, courir au théâtre les reprendre et les rapporter aux Romaines placées dans les loges d'avant-scène, qui les utilisent une seconde et souvent une troisième fois.

Nous avons encore la Romaine sensible, qui pleure, tombe en attaque de nerfs, s'évanouit. Espèce rare, presque introuvable, appartenant de très-près à la famille des girafes.

Mais, pour nous renfermer dans l'étude du peuple romain proprement dit, voici comment et à quelles conditions il travaille :

Un homme étant donné qui, soit par l'impulsion d'une vocation naturelle irrésistible, soit par de longues et sérieuses études, est parvenu à acquérir un vrai talent de Romain ; il se présente au directeur d'un théâtre et lui tient à peu près ce langage : « Monsieur, vous êtes à la tête d'une entreprise dramatique dont je connais le fort et le faible ; vous n'avez personne encore pour la direction des *succès*, confiez-la-moi ; je vous offre 20, 000 francs comptant et une rente de 10, 000. — J'en veux 30, 000 comptant, répond ordinairement le directeur. — Dix mille francs ne doivent pas nous empêcher de conclure ; je vous les apporterai demain. — Vous avez ma parole : mais j'exige cent hommes pour les représentations ordinaires, et cinq cents au moins pour toutes les premières et pour les débuts importants. — Vous les aurez, et plus encore. » — « Comment ! dit un musicien en m'interrompant, c'est le directeur qui est payé !... J'avais toujours cru le contraire ! — Oui, monsieur, ces charges-là s'achètent comme une charge d'agent de change, un cabinet de notaire, une étude d'avoué.

Une fois nanti de sa *commission*, le chef du bureau des succès, l'empereur des Romains, recrute aisément son armée parmi les garçons coiffeurs, les commis voyageurs, les conducteurs de cabriolet *à pied*[1], les pauvres étudiants, les choristes aspirants au surnumérariat, etc., etc., qui ont la passion du théâtre. Il choisit pour eux un lieu de rendez-vous, qui, d'ordinaire, est un café borgne ou un estaminet voisin du centre de leurs opérations. Là, il les compte, leur donne ses instructions et des billets de parterre ou de troisième galerie, que ces malheureux payent trente ou quarante sous, ou moins, selon le degré de l'échelle théâtrale qu'occupe leur établissement. Les lieutenants seuls ont toujours des billets gratuits. Aux grands jours, ils sont payés par le chef. Il arrive même, s'il s'agit de faire *mousser à fond* un ouvrage nouveau qui a coûté à la direction du théâtre beaucoup d'argent, que le chef, non-seulement ne trouve plus assez de Romains payants, mais qu'il manque de soldats dévoués prêts à livrer bataille pour l'amour de l'art. Il est alors obligé de payer le complément de sa troupe et de donner à chaque homme jusqu'à trois francs et un verre d'eau-de-vie.

Mais, dans ce cas, l'empereur, de son côté, ne reçoit pas uniquement des billets de parterre ; ce sont des billets de banque qui tombent dans sa poche, et en nombre à peine croyable. Un des artistes qui figurent dans la pièce nouvelle, veut se faire *soutenir* d'une façon exceptionnelle ; il propose quelques billets à l'empereur. Celui-ci prend son air le plus froid, et, tirant de sa poche une poignée de ces carrés de papier : « Vous voyez, dit-il, que je n'en manque pas. Ce qu'il me faut ce soir, ce sont des hommes, et, pour en avoir, je suis

---

[1]. Quand un conducteur de cabriolet a encouru le mécontentement de M. le préfet de police, celui-ci lui interdit pendant deux ou trois semaines de faire son métier de cocher, auquel cas, le malheureux qui ne gagne rien, ne va certes pas en voiture. Il est à pied. Il entre alors souvent dans l'infanterie romaine.

obligé de les payer. » — L'artiste comprend l'insinuation et glisse dans la main du César un chiffon de cinq cents francs. Le chef d'emploi de l'acteur qui s'est ainsi exécuté ne tarde pas à apprendre cette générosité; la crainte alors de n'être pas *soigné* en proportion de son mérite, vu les *soins* extraordinaires qui vont être donnés à son second, le porte à offrir à l'entrepreneur des succès un vrai billet de 1,000 francs et quelquefois davantage. Ainsi de suite, du haut en bas de tout le personnel dramatique. Vous comprenez maintenant pourquoi et comment le directeur du théâtre est payé par le directeur de la claque, et combien il est facile à celui-ci de s'enrichir.

Le premier grand Romain que j'ai connu à l'Opéra de Paris se nommait Auguste : le nom est heureux pour un César. J'ai vu peu de majestés plus imposantes que la sienne. Il était froid et digne, parlant peu, tout entier à ses méditations, à ses combinaisons et à ses calculs de haute stratégie. Il était bon prince néanmoins, et, habitué du parterre comme je l'étais alors, j'eus souvent à me louer de sa bienveillance. D'ailleurs, ma ferveur à applaudir spontanément Gluck et Spontini, madame Branchu et Dérivis, m'avait valu son estime particulière. Ayant fait exécuter à cette époque dans l'église de Saint-Roch ma première partition (une messe solennelle); les vieilles dévotes, la loueuse de chaises, le donneur d'eau bénite, les bedeaux et tous les badauds du quartier s'en montrèrent fort satisfaits, et j'eus la simplicité de croire à un succès. Mais, hélas! ce n'était qu'un quart de succès tout au plus; je ne fus pas longtemps à le découvrir. En me revoyant, deux jours après cette exécution : « Eh bien, me dit l'empereur Auguste, vous avez donc débuté à Saint-Roch avant-hier ? pourquoi diable ne m'avez-vous pas prévenu de cela? nous y serions tous allés! — Ah! vous aimez à ce point la musique religieuse? — Eh non! quelle idée! mais nous vous aurions *chauffé solidement*. — Comment? on n'applaudit pas dans les églises. — On n'applaudit pas, non; mais on tousse, on se mouche, on remue les chaises, on frotte les pieds contre terre, on dit : « Hum! Hum! » on lève les yeux au ciel; le *tremblement*, quoi! nous vous eussions fait *mousser* un peu bien; un *succès entier*, comme pour un prédicateur à la mode. »

Deux ans plus tard, j'oubliai encore de l'avertir quand je donnai mon premier concert au Conservatoire. Néanmoins, Auguste y vint avec deux de ses aides de camp; et, le soir, quand je reparus au parterre de l'Opéra, il me tendit sa main puissante en me disant avec un accent paternel et convaincu (en français, bien entendu) : « Tu Marcellus eris! »

(Ici Bacon pousse du coude son voisin et lui demande tout bas ce que ces trois mots signifient. « Je ne sais, répond celui-ci. — C'est dans Virgile, dit Corsino, qui a entendu la demande et la réponse. Cela signifie : « Tu seras Marcellus! » — Eh bien... qu'est-ce donc que d'être Marcellus? — Ne pas être une bête, tais-toi!)

Pourtant les maîtres ès claque n'aiment guère, en général, les bouillants amateurs tels que j'étais; ils professent une méfiance qui va jusqu'à l'antipathie pour ces aventuriers, condottieri, enfants perdus de l'enthousiasme, qui viennent à l'étourdie et *sans répétitions*, applaudir dans leurs rangs. Un jour de première représentation, où il devait y avoir, pour parler la langue romaine, un *fameux tirage*, c'est-à-dire une grande difficulté pour les soldats d'Auguste à vaincre le public, je m'étais placé par hasard sur un banc du parterre que l'empereur avait marqué sur la carte de ses opérations, comme devant lui appartenir exclusivement. J'étais là depuis une bonne demi-heure, subissant les regards hostiles de tous mes voisins, qui avaient l'air de se demander comment ils pourraient se débarrasser de moi, et je m'interrogeais avec un certain trouble, malgré la pureté de ma conscience, sur ce que je pouvais avoir fait à ces officiers, quand l'empereur Augusto, s'élançant au milieu de son état-major, vint me mettre au courant en me disant avec une certaine vivacité, mais sans violence toutefois (j'ai déjà dit qu'il me protégeait) : « Mon cher monsieur, je suis obligé de vous déranger; vous ne pouvez pas rester là. — Pourquoi donc? — Eh non! c'est impossible; vous êtes au milieu de ma première ligne, et vous *me coupez.* » — Je me hâtai, on peut le croire, de laisser le champ libre à ce grand tacticien.

Un autre étranger, méconnaissant les nécessités de la position, eût résisté à l'empereur et compromis ainsi le succès de ses combinaisons. De là cette opinion parfaitement motivée par une longue série d'observations savantes, opinion ouvertement professée par Auguste et par toute son armée : *Le public ne sert à rien dans un théâtre; non-seulement il ne sert à rien, mais il gâte tout. Tant qu'il y aura du public à l'Opéra, l'Opéra ne marchera pas.* Les directeurs de ce temps-là le traitaient de fou, à l'énoncé de ces fières paroles. Grand Auguste ! Il ne se doutait pas que, peu d'années après sa mort, une justice si éclatante serait rendue à ses doctrines ! C'est le sort de tous les hommes de génie, d'être méconnus de leurs contemporains et exploités ensuite par leurs successeurs.

Non, jamais plus intelligent ni plus brave dispensateur de gloire ne trôna sous le lustre d'un théâtre.

En comparaison d'Auguste, celui qui règne maintenant à l'Opéra n'est qu'un Vespasien, un Claude. Il se nomme David. Aussi qui voudrait lui donner le titre d'empereur? personne. C'est tout au plus si ses flatteurs osent l'appeler roi, à cause de son nom seulement.

Le chef illustre et savant des Romains de l'Opéra-Comique s'appelle Albert; mais, comme pour son ancien homonyme, on dit en parlant de lui : Albert le Grand.

Il a, avant tous, mis en pratique l'audacieuse théorie d'Auguste, en excluant sans pitié le public des premières représentations. Ces jours-là, maintenant, si l'on en excepte les critiques, qui, pour la plupart, appartiennent encore d'une ou d'autre façon *viris illustribus urbis Romæ,* du haut jusques en bas la salle n'est remplie que de claqueurs.

C'est à Albert le Grand que l'on doit la coutume touchante de rappeler à la fin de chaque pièce nouvelle tous les acteurs. Le roi David l'a promptement imité en ceci; et, enhardi par le succès de ce premier perfectionnement, il y a joint celui de rappeler le ténor jusqu'à trois fois dans la soirée. Un dieu qui, dans une représentation d'apparat, ne serait rappelé comme un simple mortel qu'une fois à la fin de la pièce, *ferait four*. D'où il suit que, si, malgré tous ses efforts, David n'a pu arriver pour un ténor généreux qu'à ce mince résultat, ses rivaux du Théâtre-Français et de l'Opéra-Comique se moquent de lui le lendemain, et disent : « Hier, David *a chauffé le four*. » Je donnerai tout à l'heure l'explication de ces termes romains. Malheureusement, Albert le Grand, las du pouvoir sans doute, a cru devoir déposer son sceptre. En le remettant aux mains de son obscur successeur, il eût volontiers dit comme Sylla, dans la tragédie de M. de Jouy :

J'ai gouverné sans peur et j'abdique sans crainte,

si le vers eût été meilleur. Mais Albert est un homme d'esprit, il exècre la littérature médiocre; ce qui, à la rigueur, pourrait expliquer son empressement à quitter l'Opéra-Comique.

Un autre grand homme que je n'ai point connu, mais dont la célébrité est immense dans Paris, gouvernait et gouverne encore, je crois, au Gymnase-Dramatique. Il se nomme Sauton. Il a fait progresser l'art dans une voie large et nouvelle. Il a établi par d'amicales relations l'égalité et la fraternité entre les Romains et les auteurs; système que David encore, ce plagiaire, s'est empressé d'adopter. Maintenant, on trouve un chef de claque familièrement assis à la table, non-seulement de Melpomène, de Thalie ou de Terpsichore, mais à celle même d'Apollon et d'Orphée. Il engage pour eux et pour elles sa signature, il les aide de sa bourse dans leurs secrets embarras, il les protége, il les aime de cœur.

On cite ce mot admirable de l'empereur Sauton à l'un de nos écrivains les plus spirituels et le moins enclins à thésauriser :

A la fin d'un cordial déjeuner, où les cordiaux n'avaient point été ménagés, Sauton, rouge d'émotion, tortillant sa serviette, trouva enfin assez de courage pour dire sans trop balbutier à son amphitryon : « Mon cher D***, j'ai une prière à vous adresser... — Laquelle? parlez! — Permettez-moi de... vous tutoyer... tutoyons-nous! — Volontiers. Sauton, *prête*-moi mille écus. — Ah! cher ami, tu me ravis! » Et, tirant son portefeuille : « Les voilà! »

Je ne puis vous faire, messieurs, le portrait de tous les hommes illustres de la ville de Rome ; le temps et les connaissances biographiques me manquent. J'ajouterai seulement, au sujet des trois héros dont je viens d'avoir l'honneur de vous entretenir, qu'Auguste, Albert et Sauton, bien que rivaux, furent toujours unis. Ils n'imitèrent point, pendant leur triumvirat, les guerres et les perfidies qui déshonorent dans l'histoire celui d'Antoine, d'Octave et de Lépide. Loin de là, quand il y avait à l'Opéra une ces terribles représentations où il faut absolument remporter une victoire éclatante, formidable, épique, à rendre Pindare et Homère impuissants à la chanter, Auguste, dédaigneux des recrues inexpérimentées, faisait un appel à ses triumvirs. Ceux-ci, fiers d'en venir aux mains près d'un si grand homme, consentaient à le reconnaître pour chef, lui amenaient, Albert, sa phalange indomptable, Sauton, ses troupes légères, toutes animées de cette ardeur à laquelle rien ne résiste et qui enfante des prodiges. On réunissait en une seule armée ces trois corps d'élite, la veille de la représentation, dans le parterre de l'Opéra. Auguste, son plan, son livret, ses notes à la main, faisait faire aux troupes une répétition laborieuse, profitant quelquefois des observations d'Antoine et de Lépide, qui en avaient peu à lui adresser ; tant le coup d'œil d'Auguste était rapide et sûr, tant il avait de pénétration pour deviner les projets de l'ennemi, de génie pour les contrecarrer, de raison pour ne pas tenter l'impossible. Aussi quel triomphe le lendemain ! que d'acclamations, que de dépouilles opimes ! qu'on n'offrait point à Jupiter Stator, qui venaient de lui, au contraire, et de vingt autres dieux.

Ce sont là des services sans prix rendus à l'art et aux artistes par la nation romaine.

Croiriez-vous, messieurs, qu'il est question de la chasser de l'Opéra? Plusieurs journaux annoncent cette réforme, à laquelle nous ne croirons pas, même si nous en sommes témoins. La *claque*, en effet, est devenue un besoin de l'époque : sous toutes les formes, sous tous les masques, sous tous les prétextes, elle s'est introduite partout. Elle règne et gouverne, au théâtre, au concert, à l'Assemblée nationale, dans les clubs, à l'église, dans les sociétés industrielles, dans la presse et jusque dans les salons. Dès que vingt personnes assemblées sont appelées à décider de la valeur des faits, gestes ou idées d'un individu quelconque qui pose devant elles, on peut être sûr que le quart au moins de l'aréopage est placé auprès des trois autres quarts pour les *allumer*, s'ils sont inflammables, ou pour montrer seul son ardeur, s'ils ne le sont pas. Dans ce dernier cas, excessivement fréquent, cet enthousiasme isolé et de parti pris suffit encore à flatter la plupart des amours-propres. Quelques-uns parviennent à se faire illusion sur la valeur réelle des suffrages ainsi obtenus; d'autres ne s'en font aucune et les désirent néanmoins. Ceux-là en sont venus à ce point, que, faute d'avoir à leurs ordres des hommes vivants pour les applaudir, ils seraient encore heureux des applaudissements d'une troupe de mannequins, voire même d'un machine à claquer; ils tourneraient eux-mêmes la manivelle.

Les claqueurs de nos théâtres sont devenus des praticiens savants; leur métier s'est élevé jusqu'à l'art.

On a souvent admiré, mais jamais assez, selon moi, le talent merveilleux avec lequel Auguste *dirigeait* les grands ouvrages du répertoire moderne, et l'excellence des conseils qu'en mainte circonstance il donnait aux auteurs. Caché dans une loge du rez-de-chaussée, il assistait à toutes les répétitions des artistes, avant de faire faire la sienne à son armée. Puis, quand le maestro venait lui dire : « Ici, vous donnerez *trois* salves, là, vous crierez bis, » il lui répondait avec une assurance imperturbable, selon le cas : « Monsieur, *c'est dangereux*, » ou bien : « Cela se *fera*, » ou : « J'y réfléchirai, mes idées là-dessus ne sont pas encore arrêtées. Ayez quelques *amateurs pour attaquer*, et je les suivrai si cela *prend*. » Il arrivait même à Auguste de résister noblement à un auteur qui eût voulu lui arracher des applaudissements *dangereux*, et de lui répondre : « Monsieur, je ne le puis. Vous me compromettriez aux yeux du public, aux yeux des artistes et à ceux de mes confrères, qui savent bien que cela ne *doit pas se faire*. J'ai ma réputation à garder : j'ai, moi aussi, de l'amour-propre. Votre ouvrage est très-difficile à *diriger*, j'y mettrai tous mes soins, mais je ne veux pas me faire siffler. »

A côté des claqueurs de profession, instruits, sagaces, prudents, inspirés, artistes enfin, nous avons les claqueurs par occasion, par amitié, par intérêt personnel; et ceux-là on ne les bannira pas de l'Opéra. Ce sont : les amis naïfs, qui admirent de bonne foi tout ce qui va se débiter sur la scène *devant que les chandelles soient allumées* (il est vrai de dire que cette espèce d'amis devient de jour en jour plus rare; ceux, au contraire, qui dénigrent avant, pendant et après, multiplient énormément); les parents, ces claqueurs *donnés par la nature*; les éditeurs, claqueurs féroces, et surtout les amants et les maris. Voilà pourquoi les femmes, outre une foule d'autres avantages qu'elles possèdent sur les hommes, ont encore une chance de succès de plus qu'eux. Car une femme ne peut guère dans une salle de spectacle ou de concert applaudir d'une façon utile son mari ou son amant; elle a, d'ailleurs, toujours quelque autre chose à faire; tandis que ceux-ci, pourvu qu'ils aient les moindres dispositions naturelles ou les notions élémentaires de l'art peuvent au théâtre, au moyen d'un habile coup de main, et en moins de trois minutes, amener un *succès de renouvellement*, c'est-à-dire un succès grave et capable d'obliger un directeur à renouveler un engagement. Les maris, pour ces sortes d'opérations, valent même mieux que les amants. Ces derniers craignent d'ordinaire le ridicule; il craignent aussi *in petto* de se créer par un succès éclatant un trop grand nombre de rivaux; ils n'ont pas non plus d'intérêt d'argent dans les triomphes de leurs maîtresses; mais le mari, qui tient les cordons de la bourse, qui sait ce que peuvent rapporter un bouquet bien lancé, une salve bien reprise, une émotion bien communiquée, un rappel bien enlevé, celui-là seul ose tirer parti des facultés qu'il possède. Il a le don de ventriloquie et d'ubiquité. Il applaudit un instant à l'amphithéâtre en criant : *Brava !* avec une voix de ténor, en sons de poitrine ; de là, il s'élance d'un bond au couloir des premières loges, et, passant la tête par l'ouverture dont leurs portes sont percées, il jette en passant un *Admirable !* en voix de basse profonde, et vole pantelant au troisième étage, d'où il fait retentir la salle des exclamations : « Délicieux ! ravissant ! Dieu ! quel talent ! cela fait mal ! » en voix de soprano, en sons féminins étouffés par l'émotion. Voilà un époux modèle, un père de famille laborieux et intelligent. Quant au mari homme de goût, réservé, qui reste tranquillement à sa place pendant tout un acte, qui n'ose applaudir même les plus beaux élans de sa moitié, on peut le dire sans crainte de se tromper : c'est un mari... perdu, ou sa femme est un ange.

N'est-ce pas un mari qui inventa le *sifflet succès* ; le sifflet à grand enthousiasme, le sifflet à haute pression ? qu'on emploie de la manière suivante :

Si le public, trop familiarisé avec le talent d'une femme qui paraît chaque jour devant lui, semble tomber dans l'apathique indifférence qu'amène la satiété, on place dans la salle un homme dévoué et peu connu pour le réveiller. Au moment précis où la diva vient de donner une preuve manifeste de talent, et quand les claqueurs artistes travaillent avec le plus d'ensemble au centre du parterre, un bruit aigu et insultant part d'un coin obscur. L'assemblée alors se lève tout entière en proie à un accès d'indignation, et les applaudissements vengeurs éclatent avec une frénésie indescriptible. « Quelle infamie ! crie-t-on de toutes parts, quelle ignoble cabale ! Bravo ! bravissimo ! charmante ! délirante ! etc., etc. » Mais ce tour hardi est d'une exécution délicate ; il y a, d'ailleurs, très-peu de femmes qui consentent à subir l'affront fictif d'un coup de sifflet, si productif qu'il doive être ensuite.

Telle est l'impression inexplicable que ressentent presque tous les artistes des bruits approbateurs ou improbateurs, lors même que ces bruits n'expriment ni l'admiration ni le blâme. L'habitude, l'imagination et un peu de faiblesse d'esprit leur font ressentir de la joie ou de la peine, selon que l'air, dans une salle de spectacle, est mis en vibration d'une ou d'autre façon. Le phénomène physique, indépendamment de toute idée de gloire ou d'opprobre, y suffit. Je suis certain qu'il y a des acteurs assez enfants pour souffrir quand ils voyagent en chemin de fer, à cause du sifflet de la locomotive.

L'art de la claque réagit même sur l'art de la composition musicale. Ce sont les nombreuses variétés de claqueurs italiens, amateurs ou artistes, qui ont conduit les compositeurs à finir chacun de leurs morceaux par cette période redondante, triviale, ridicule et toujours la même, nommée *cabaletta*, petite cabale, qui provoque les applaudissements. La *cabaletta* ne leur suffisant plus, ils ont amené l'introduction dans les orchestres de la grosse caisse, grosse cabale qui détruit en ce moment la musique et les chanteurs. Blasés sur la grosse caisse et impuissants à *enlever* les succès avec les vieux moyens, ils ont enfin exigé des pauvres maestri des duos, des trios, des chœurs à l'unisson. Dans quelques passages, il a même fallu mettre à l'unisson les voix et l'orchestre; produisant ainsi un morceau d'ensemble à *une* seule partie, mais où l'énorme force d'émission du son parait préférable à toute harmonie, à toute instrumentation, à toute idée musicale enfin, pour *entraîner* le public et lui faire croire qu'il est électrisé.

Les exemples analogues abondent dans la confection des œuvres littéraires.

Pour les danseurs, leur affaire est toute simple; elle se règle avec l'*impresario* : « Vous me donnerez tant de mille francs par mois, tant de *billets de service* [1] par représentation, et la claque me fera *une entrée*, *une sortie*, et deux salves à chacun de mes *échos* [2]. »

Par la claque, les directeurs font ou défont à volonté ce

---

[1]. Les billets de service sont ceux auxquels un acteur a droit les jours où il joue.

[2]. Les échos sont les solos d'un danseur dans un morceau d'ensemble chorégraphique.

qu'on appelle encore des succès. Un seul mot au chef du parterre leur suffit pour tuer un artiste qui n'a pas un talent hors ligne. Je me souviens d'avoir entendu un soir à l'Opéra Auguste dire, en parcourant les rangs de son armée avant le lever du rideau : « Rien pour M. Dérivis! rien pour M. Dérivis! » Le mot d'ordre circula, et de toute la soirée Dérivis, en effet, n'eut pas un seul applaudissement. Le directeur qui veut se débarrasser d'un sujet pour quelque raison que ce soit, emploie cet ingénieux moyen, et, après deux ou trois représentations où il *n'y a rien eu* pour M... ou pour Madame... : « Vous le voyez, dit-il à l'artiste, je ne puis vous conserver, votre talent n'est pas sympathique au public. » Il arrive, en revanche, que cette tactique échoue quelquefois à l'égard d'un virtuose de premier ordre. « Rien pour lui! » a-t-on dit dans le centre officiel. Mais le public, étonné d'abord du silence des Romains, devinant bientôt de quoi il s'agit, se met à fonctionner lui-même officieusement et avec d'autant plus de chaleur, qu'il y a une cabale hostile à contrecarrer. L'artiste alors obtient un succès exceptionnel, un succès *circulaire*, le centre du parterre n'y prenant aucune part. Mais je n'oserais dire s'il est plus fier de cet enthousiasme spontané du public, que courroucé de l'inaction de la claque.

Songer à détruire brusquement une pareille institution dans le plus grand de nos théâtres, me paraît donc aussi impossible et aussi fou que de prétendre anéantir du soir au lendemain une religion.

Se figure-t-on le désarroi de l'Opéra? le découragement, la mélancolie, le marasme, le spleen où tomberait tout son peuple dansant, chantant, marchant, rimant, peignant et composant? le dégoût de la vie qui s'emparerait des dieux et des demi-dieux, quand un affreux silence succéderait à des cabalettes qui n'auraient pas été chantées ou dansées d'une façon irréprochable? Songe-t-on bien à la rage des médiocrités en voyant les vrais talents quelquefois applaudis, quand elles, qu'on applaudissait toujours auparavant, n'auraient plus un coup de main? Ce serait reconnaître le principe de l'inégalité, en rendre l'évidence palpable; et nous sommes en république; et le mot *Égalité* est écrit sur le fronton de l'Opéra ! D'ailleurs, qui est-ce qui rappellerait le premier sujet après le troisième et le cinquième acte ? Qui est-ce qui crierait : *Tous ! tous !* à la fin de la représentation ? Qui est-ce qui rirait quand un personnage dit une sottise ? Qui est-ce qui couvrirait par d'obligeants applaudissements la mauvaise note d'une basse ou d'un ténor, et empêcherait ainsi le public de l'entendre. C'est à faire frémir. Bien plus, les exercices de la claque forment une partie de l'intérêt du spectacle ; on se plaît à la voir opérer. Et c'est tellement vrai, que, si on expulsait les claqueurs à certaines représentations, il ne resterait personne dans la salle.

Non, la suppression des Romains en France est un rêve insensé, fort heureusement. Le ciel et la terre passeront, mais Rome est immortelle, et la claque ne passera pas.

Écoutez !... voici notre prima donna qui s'avise de chanter avec âme et avec une simplicité de bon goût, la seule mélodie distinguée qui se trouve dans ce pauvre opéra. Vous verrez qu'elle n'aura pas un applaudissement......... Ah ! je me suis trompé ; oui, on l'applaudit ; mais comment ! Comme cela est mal fait ! quelle salve avortée, mal attaquée et mal reprise !! Il y a de la bonne volonté dans le public, mais point de savoir, point d'ensemble, et par suite il n'y a point d'effet. Si Auguste avait eu cette femme *à soigner*, il vous eût enlevé la salle d'emblée, et vous-même qui ne songez point à applaudir, vous eussiez partagé bon gré mal gré son enthousiasme.

Je ne vous ai pas fait encore, messieurs, le portrait en pied de la Romaine ; je profiterai pour cela du dernier acte de notre opéra, qui va bientôt commencer. Faisons un court entr'acte ; je suis fatigué.

(Les musiciens s'éloignent de quelques pas, se communiquant tout bas leurs réflexions, pendant que le rideau est baissé. Mais trois coups du bâton du chef d'orchestre sur son pupitre, indiquant la reprise de la représentation, mon auditoire revient et se groupe attentif autour de moi.)

MADAME ROSENHAIN

AUTRE FRAGMENT DE L'HISTOIRE ROMAINE

Un opéra en cinq actes fut, il y a quelques années, *commandé* par M. Duponchel à un compositeur français que vous ne connaissez pas. Pendant qu'on en faisait les dernières répétitions, je réfléchissais au coin de mon feu aux angoisses que le malheureux auteur de cet opéra était *occupé* à éprouver. Je songeais à ces tourments de toute nature et sans cesse renaissants auxquels nul n'échappe en pareil cas à Paris, ni le grand, ni le petit, ni le patient, ni l'irritable, ni l'humble, ni le superbe, ni l'Allemand, ni le Français, ni même l'Italien. Je me représentais ces atroces lenteurs des études, où tout le monde emploie le temps à des niaiseries, quand chaque heure perdue peut amener la perte de l'œuvre; les bons mots du ténor et de la prima donna, dont le triste auteur se croit obligé de rire aux éclats quand il a la mort dans l'âme, pointes ridicules auxquelles il s'empresse de riposter par les stupidités les plus lourdes qu'il peut trouver, afin de faire ressortir celles de ses chanteurs et de leur donner ainsi l'air de saillies spirituelles. J'entendais la voix du directeur lui adresser des reproches, le traiter du haut en bas, lui rappeler l'honneur extrême qu'on fait à son œuvre de s'en occuper si longuement; le menacer d'un abandon définitif et complet si tout n'est pas prêt au jour fixé; je voyais l'esclave transir et rougir aux réflexions excentriques de son maître (le directeur) sur la musique et les musiciens, à ses théories mirobolantes sur la mélodie, le rhythme, l'instrumentation, le style; théories dans l'exposé desquelles notre cher directeur traitait, comme à l'ordinaire, les grands maîtres de crétins, les crétins de grands maîtres, et prenait le Pirée pour un homme. Puis on venait annoncer le congé du mezzo-soprano et la maladie de la basse; on proposait de remplacer l'artiste par un débutant, et de faire répéter le premier rôle par un choriste. Et le compositeur se sentait égorger et n'avait garde de se plaindre. Oh ! la grêle, la pluie, le vent glacial, les sombres rafales, les forêts sans feuilles criant sous l'effort de la bise d'hiver, les fondrières de boue, les fossés recouverts d'une croûte perfide, l'obsession croissante de la fatigue, les morsures de la faim, les épouvantement de la solitude et de la nuit, qu'il est doux d'y songer dans un gîte, fut-il aussi exigu que celui du lièvre de la fable, dans la quiétude d'une tiède inaction; de sentir son repos *redoubler au bruit lointain de la tempête*, et de répéter, en hérissant sa barbe et fermant béatement les yeux, comme un chat de curé, cette prière du poëte allemand, Henri Heine, prière, hélas! si peu exaucée : « O mon Dieu ! vous le savez, je possède un cœur excellent, ma sensibilité est vive et profonde, je suis plein de commisération et de sympathie pour les souffrances d'autrui; veuillez donc, s'il vous plaît, donner à mon prochain mes maux à endurer, je l'environnerai de tant de soins, d'attentions si délicates; ma pitié sera si active, si ingénieuse, qu'il bénira votre droite, Seigneur, en recevant de tels soulagements, de si douces consolations. Mais m'accabler du poids de mes propres douleurs ! me faire souffrir moi-même ! oh ! ce serait affreux ! éloignez de mes lèvres, grand Dieu ! ce calice d'amertume ! »

J'étais ainsi plongé en de pieuses méditations quand on frappa légèrement à la porte de mon oratoire. Mon valet de chambre étant en mission dans une cour étrangère, je me demandai si j'étais visible, et, sur ma réponse affirmative, je fis entrer. Une dame parut, fort bien mise et point trop jeune, ma foi; elle était dans tout l'épanouissement de sa quarante-cinquième année. Je vis à l'instant que j'avais affaire à une artiste; il y a des signes infaillibles pour reconnaître ces malheureuses victimes de l'inspiration. « Monsieur, me dit-elle, vous avez dirigé récemment un grand concert à Versailles, et jusqu'au dernier jour j'ai espéré y prendre part...; enfin, ce qui est fait est fait. — Madame, le programme avait été arrêté par le comité de l'Association des musiciens, je n'en suis point coupable. D'ailleurs, madame Dorus-Gras et madame Widemann... — Oh! ces dames n'auront rien dit sans doute; mais il n'en est pas moins vrai qu'elles auront été fort mécontentes. — De quoi, s'il vous plaît? — De ce que je n'avais pas été engagée. — Vous le croyez? — J'en suis sûre. Mais ne récriminons pas là-dessus. Je venais, monsieur, vous prier de vouloir bien me recommander à MM. Roqueplan et Duponchel : mon intention serait d'entrer à l'Opéra. J'ai été attachée au Théâtre-Italien jusqu'à la saison dernière, et, certes, je n'ai eu qu'à me louer des excellents procédés de M. Vatel; mais, depuis la révolution de Février..., vous comprenez qu'un pareil théâtre ne saurait me convenir. — Madame a sans doute de bonnes raisons pour se montrer sévère dans le choix de ses partenaires; si j'osais émettre une opinion... — Inutile, monsieur, mon parti est pris, irrévocablement pris; il m'est impossible, à aucunes conditions, de rester au Théâtre-Italien. Tout m'y est profondément antipathique; les artistes, le public qui y vient, le public qui n'y vient pas; et, quoique l'état actuel de l'Opéra ne soit guère brillant, comme mon fils et mes deux filles y ont été engagés l'an dernier par la nouvelle direction, à des conditions, je puis le dire, fort avantageuses, je serais bien aise d'y être admise, et je ne chicanerai pas sur les appointements. — Vous oubliez, je le vois, que MM. les directeurs de l'Opéra, n'ayant que des connaissances excessivement superficielles et un sentiment très-vague de la musique, ont naturellement au sujet de notre art des idées arrêtées, et qu'ils font, en conséquence, peu de cas des recommandations, des miennes surtout. Pourtant, veuillez me dire quel est votre genre de voix. — Je ne chante pas. — Alors, j'aurai bien moins de crédit encore, puisqu'il s'agit de danse. — Je ne danse pas. — C'est seulement parmi les dames marcheuses que vous désirez être admise? — Je ne marche pas, monsieur, vous vous méprenez étrangement. *(Souriant avec un peu d'ironie.)* Je suis madame Rosenhain. — Parente du pianiste? — Non, mais mesdames Persiani, Grisi, Alboni,

6.

MM. Mario et Tamburini, ont dû vous parler de moi, car j'ai, depuis six ans, pris une bien grande part à leurs triomphes. J'avais eu un instant la pensée d'aller donner des leçons à Londres, où l'on est, dit-on, assez médiocrement avancé; mais, je vous le répète, mes enfants étant à l'Opéra..., et puis la grandeur du théâtre ouvert à mon ambition... — Excusez mon peu de sagacité, madame, et veuillez enfin me dire quel est votre genre de talent. — Monsieur, je suis une artiste qui fit gagner à M. Vatel plus d'argent que Rubini lui-même, et je me flatte d'amener aussi sur les recettes de l'Opéra une réaction des plus favorables, si mes deux filles, qui déjà s'y sont fait remarquer, profitent bien de mes exemples. Je suis, monsieur, *jeteuse de fleurs*. — Ah! très-bien! vous êtes dans l'Enthousiasme? — Précisément. Cette branche de l'art musical commence à peine à fleurir. Autrefois, c'étaient les dames du beau monde qui s'en occupaient, et cela gratuitement ou à peu près. Vous pouvez vous rappeler les concerts de M. Liszt et les débuts de M. Duprez. Quelles volées de bouquets! quels applaudissements! On voyait des jeunes personnes et même des femmes mariées s'enthousiasmer sans pudeur; plusieurs d'entre elles se sont gravement compromises plus d'une fois. Mais quel tumulte! quel désordre! que de belles fleurs perdues! Cela faisait pitié! Aujourd'hui, le public ne se mêlant plus de rien, grâce au ciel et aux artistes, nous avons réglé les ovations d'après mon système, et c'est tout différent. Sous la dernière direction de l'Opéra, notre art faillit se perdre ou tout au moins rétrograder. On confiait la partie de l'Enthousiasme à quatre jeunes danseuses inexpérimentées, et, de plus, connues personnellement de tous les abonnés; ces enfants, novices comme on l'est à cet âge, se plaçaient constamment dans la salle aux mêmes endroits, et jetaient toujours au même instant les mêmes bouquets à la même cantatrice; si bien qu'on finit par tourner en dérision l'éloquence de leurs fleurs. Mes filles, d'après mes leçons, ont réformé cela, et maintenant l'administration a lieu, je pense, d'être entièrement satisfaite. — Monsieur votre fils est-il aussi dans les fleurs? — Oh! pour mon fils, il excite l'enthousiasme d'une autre façon : il a une voix superbe. — Alors, pourquoi son nom m'est-il encore inconnu ? — Il n'est jamais sur l'affiche. — Il chante cependant ? — Non, monsieur, il crie. — C'est ce que je voulais dire. — Oui, il crie, et sa voix a bien souvent, dans les circonstances difficiles, suffi pour entraîner les masses les plus récalcitrantes ; mon fils, monsieur, est pour le *rappel*. — Comment ! seriez-vous compatriotes d'O'Connell ? — Je ne connais pas cet acteur-là. Mon fils est pour le rappel des premiers sujets quand le public reste froid et ne redemande personne. Vous voyez qu'il n'a point une sinécure et qu'il gagne bien son argent. Il a eu le bonheur, lors de ses débuts au Théâtre-Français, d'y trouver une tragédienne dont le nom commence par une syllabe excellente, la syllabe *Ra !* Dieu sait tout le parti qu'on peut tirer de ce *Ra !* J'aurais eu de grandes inquiétudes pour son succès à l'Opéra quand vint la retraite de la fameuse cantatrice dont l'*O* unique retentissait si bien en dépit des cinq consonnes tudesques qui l'entourent, s'il n'était survenu une autre prima donna, dont la syllabe plus avantageuse encore, la syllabe *Ha*, mit mon fils au pinacle du premier coup. Aussi, l'enfant, qui a de l'esprit, prétend-il, en escamotant le calembour, que c'est une syllabe... de Cocagne. Vous êtes au fait maintenant. — Complétement. Je vous dirai donc que votre talent est la meilleure de toutes les recommandations ; que sans doute la direction de l'Opéra saura l'apprécier, mais qu'il faut vous présenter le plus tôt possible, car on cherche des sujets, et, depuis plus de huit jours, on s'occupe de la composition d'un grand enthousiasme pour un troisième acte auquel on s'intéresse vivement. — En vous remerciant, monsieur, je cours à l'Opéra. » Et la jeune artiste disparut. Je n'ai point eu de ses nouvelles depuis lors, mais j'ai acquis la preuve du plein succès de sa démarche et la certitude qu'elle a contracté avec la direction de l'Opéra un excellent engagement. A la première représentation du nouvel ouvrage, commandé par M. Duponchel, une véritable averse de fleurs est tombée après le troisième acte, et l'on pouvait reconnaître qu'elle partait d'une main exercée. Malheureusement, cette gracieuse ovation n'a pas empêché la pièce et la musique d'en faire autant. — « De faire... quoi ? dit encore Bacon, le naïf questionneur. — De tomber, idiot, réplique brutalement Corsino. Ah ça ! ton esprit est énormément plus obtus que de coutume, ce soir ! Va te coucher, Basile. »

J'ai maintenant, messieurs, à vous donner l'explication des termes le plus fréquemment employés dans la langue romaine, termes que les Parisiens seuls comprennent bien.

Faire four signifie ne pas produire d'effet, tomber à plat devant l'indifférence du public.

Chauffer un four, c'est applaudir inutilement un artiste dont le talent est impuissant à émouvoir le public ; cette expression est le pendant du proverbe : *Donner un coup d'épée dans l'eau*.

Avoir de l'agrément, c'est être applaudi et par la claque et par une partie du public. Duprez, le jour de son début dans *Guillaume Tell*, eut un agrément extraordinaire.

Egayer quelqu'un, c'est le siffler. Cette ironie est cruelle, mais elle présente un sens caché qui lui donne plus de mordant encore. Sans doute, le malheureux artiste qu'on siffle n'éprouve par le fait qu'une gaieté fort contestable, mais son rival dans l'emploi qu'il occupe s'égaye de l'entendre siffler, mais bien d'autres encore rient *in petto* de l'accident. De sorte qu'à tout prendre, quand il y a quelqu'un de sifflé, il y a toujours aussi quelqu'un d'égayé.

Tirage est pris, en langue romaine, pour difficulté, labeur, peine. Ainsi le Romain dit : « C'est un bel ouvrage, mais il y aura du *tirage* pour le faire marcher. » Ce qui signifie que, malgré tout son mérite, l'ouvrage est ennuyeux, et que ce ne sera pas sans de grands efforts que la claque parviendra à lui faire un simulacre de succès.

Faire une entrée, c'est applaudir un acteur au moment où il entre en scène avant qu'il ait ouvert la bouche

Faire une sortie, c'est le poursuivre d'applaudissements et de bravos quand il rentre dans la coulisse, quels qu'aient pu être son dernier geste, son dernier mot, son dernier cri.

Mettre à couvert un chanteur, c'est l'applaudir et l'acclamer violemment à l'instant précis où il va donner un son faux ou éraillé, afin que sa mauvaise note soit ainsi couverte par le bruit de la claque et que le public ne puisse l'entendre.

Avoir des égards pour un artiste, c'est l'applaudir modérément, lors même qu'il n'a pu donner de billets à la claque. C'est l'encourager d'AMITIÉ ou A L'ŒIL. Ces deux derniers mots signifient *gratuitement*.

Faire mousser solidement ou *à fond*, c'est applaudir avec frénésie, des mains, des pieds, de la voix et de la parole. Pendant les entr'actes, on doit alors prôner l'œuvre ou l'artiste dans les corridors, au foyer, au café voisin, chez le marchand de cigares, partout. On doit dire : « C'est un chef-d'œuvre, un talent unique, ébouriffant! une voix inouïe! on n'a jamais rien entendu de pareil! » Il y a un professeur très-connu que les directeurs de l'Opéra de Paris font toujours venir de l'étranger, aux occasions solennelles, pour faire ainsi *mousser à fond* les grands ouvrages, en *allumant* magistralement le foyer et les corridors. Le talent de ce maître romain est sérieux ; son sérieux est admirable.

L'ensemble de ces dernières opérations s'exprime par les mots *soins*, *soigner*.

Faire empoigner, c'est applaudir hors de propos une chose ou un artiste faible, ce qui provoque alors la colère du public. Il arrive quelquefois qu'une cantatrice médiocre, mais puissante sur le cœur du directeur, chante d'une façon déplorable. Assis au centre du parterre, l'air morne, accablé, l'empereur baisse la tête, indiquant ainsi à ses prétoriens qu'ils doivent garder le silence, ne donner aucune marque de satisfaction, se conformer enfin à ses tristes pensées! Mais la diva goûte peu cette réserve prudente, elle rentre indignée dans la coulisse et court se plaindre au directeur de l'ineptie ou de la trahison du chef de la claque. Le directeur ordonne alors que l'armée romaine donne vigoureusement à l'acte suivant. A son grand regret, le César se voit contraint d'obéir. Le second acte commence, le déesse courroucée chante plus faux qu'auparavant ; trois cents paires de mains dévouées l'applaudissent quand même, et le public furieux répond à ces manifestations par une symphonie de sifflets instrumentée à la façon moderne, et de la plus déchirante sonorité. La diva l'a voulu, elle est empoignée.

Je crois que l'usage de cette expression remonte seulement au règne de Charles X, et à la mémorable séance de la chambre des députés dans laquelle, Manuel s'étant permis de dire que la France avait vu revenir les Bourbons avec *répugnance*, un orage parlementaire éclata, et M. de Foucault, appelant ses gendarmes, leur dit, en montrant Manuel :

— *Empoignez-moi cet homme-là !*

On dit aussi, pour désigner cette désastreuse évocation des sifflets, *faire appeler Azor* ; de l'habitude où sont les vieilles femmes de siffloter en appelant leur chien, qui porte toujours le nom d'*Azor*.

J'ai vu, après une de ces catastrophes, Auguste, désespéré, prêt à se donner la mort, comme Brutus à Philippes... Une seule considération le retint : il était nécessaire à l'art et à son pays ; il sut vivre pour eux.

Conduire un ouvrage, c'est, pendant les représentations de cet ouvrage, diriger les opérations de l'armée romaine.

Brrrrrr !! ce bruit que fait l'empereur avec sa bouche en dirigeant certains mouvements des troupes, et qui est entendu de tous ses lieutenants, indique qu'il faut donner une rapidité extraordinaire aux claquements et les accompagner de trépignements. C'est l'ordre de *faire mousser solidement*.

Le mouvement de droite à gauche et de gauche à droite de la tête impériale éclairée d'un sourire indique qu'il faut rire modérément.

Les deux mains de César appliquées avec vigueur l'une contre l'autre et s'élevant un instant en l'air, ordonnent un brusque éclat de rire.

Si les deux mains restent en l'air plus longtemps que de coutume, le rire doit se prolonger et être suivi d'une salve d'applaudissements.

Hum! lancé d'une certaine façon, provoque l'émotion des soldats de César; ils doivent alors prendre l'air attendri, et laisser échapper, avec quelques larmes, un murmure approbateur.

Voilà, messieurs, tout ce que je puis vous dire sur les hommes et les femmes illustres de la ville de Rome. Je n'ai pas vécu assez longtemps parmi eux pour en savoir davantage. Excusez les fautes de l'historien.

L'amateur des stalles me remercie avec effusion; il n'a pas perdu un mot de mon récit, et je l'ai vu prendre furtivement des notes. On éteint le gaz, nous partons. En descendant l'escalier: « Vous ne savez pas quel est ce curieux qui vous a questionné sur les Romains, me dit Dimsky d'un air de mystère? — Non. — C'est le directeur du théâtre de***; soyez sûr qu'il va profiter de tout ce qu'il a entendu ce soir et fonder chez lui une institution semblable à celle de Paris. — Très-bien! en ce cas, je suis fâché de ne l'avoir pas averti d'un fait assez important. Les directeurs de l'Opéra, de l'Opéra-Comique et du Théâtre-Français, de Paris, se sont associés pour fonder un Conservatoire de claque, et notre curieux, afin de placer à la tête de son institution un homme exercé, un tacticien, un César véritable, ou tout au moins un jeune Octave, pourrait engager l'élève de ce Conservatoire qui vient d'obtenir le premier prix. — Je lui écrirai cela, je le connais. — Vous ferez bien, mon cher Dimsky. — *Soignons* notre art, et veillons au salut de l'empire. Bonsoir! »

HUITIÈME SOIRÉE

ROMAINS DU NOUVEAU MONDE. — M. BARNUM. — VOYAGE DE JENNY LIND EN AMÉRIQUE.

On joue un opéra italien moderne, etc.

L'amateur des stalles, que Dimsky nous a dénoncé comme étant directeur du théâtre de ***, ne paraît pas. Il faut qu'il soit réellement parti pour aller mettre à profit ses nouvelles connaissances en histoire romaine.

« Avec le système ingénieux dont vous nous expliquiez hier la pratique, me dit Corsino, et l'absence du public aux premières représentations, toute œuvre de théâtre doit réussir à Paris. — Toutes y réussissent, en effet. Ouvrages anciens, ouvrages modernes, pièces et partitions médiocres, détestables, excellentes même, obtiennent ces jours-là un égal succès. Malheureusement, il était aisé de le prévoir, ces applaudissements obstinés ôtent un peu de son importance à l'incessante production de nos théâtres. Les directeurs gagnent quelque argent, ils font gagner leur vie aux auteurs; mais ceux-ci, médiocrement flattés de réussir là où personne n'échoue, travaillent en conséquence, et le mouvement littéraire et musical de Paris ne reçoit aucune impulsion en avant ni en arrière par le fait de tant de *travailleurs*. D'un autre côté, pour les chanteurs et acteurs plus de succès réels possibles. A force de se faire redemander *tous*, l'ovation, devenue banale, a perdu *toute* sa valeur, on pourrait même dire qu'elle commence à exciter le rire méprisant du public. Les borgnes, ces rois du pays des aveugles, ne peuvent régner dans un pays où tout le monde est roi... En voyant les résultats de cet enthousiasme à jet continu, on en vient à mettre en doute la vérité du nouveau proverbe : *L'excès en tout est une qualité*. Ce pourrait bien, en effet, être un défaut, au contraire, et même un vice des plus repoussants. Dans le doute, on ne s'abstiendra pas; tant mieux. C'est le moyen d'arriver tôt ou tard à quelque étrange résultat, et l'expérience vaut bien qu'on la poursuive jusqu'au bout. Mais nous aurons beau faire en Europe, nous serons toujours distancés par les enthousiastes du nouveau monde, qui sont aux nôtres comme le Mississipi est à la Seine.

— Comment cela? dit Winter l'Américain, qui se trouve on ne sait comment dans cet orchestre où il fait la partie de second basson, mes compatriotes seraient-ils devenus *dilettanti*?

— Certes, ils sont dilettanti, et dilettanti enragés, si l'on en croit les journaux de M. Barnum, l'entrepreneur des succès de Jenny Lind. Voyez ce qu'ils disaient, il y a deux ans, de l'arrivée de la grande cantatrice sur le nouveau continent :

« A son débarquement à New-York, la foule s'est précipitée
» sur ses pas avec un tel emportement, qu'un nombre immense de personnes ont été écrasées. Les survivants suffisaient pourtant encore pour empêcher ses chevaux d'avancer; et c'est alors qu'en voyant son cocher lever le bras
» pour écarter à coups de fouet ces indiscrets enthousiastes,
» Jenny Lind a prononcé ces mots sublimes qu'on répète
» maintenant depuis le haut Canada jusqu'au Mexique, et
» qui font venir les larmes aux yeux de tous ceux qui les
» entendent citer : *Ne frappez pas, ne frappez pas! ce sont
» mes amis, ils sont venus me voir*. On ne sait ce qu'il faut
» le plus admirer dans cette phrase mémorable, de l'élan de
» cœur qui en a suggéré la pensée, ou du génie qui a revêtu
» cette pensée d'une forme si belle et si poétique. Aussi des
» hourras frénétiques l'ont-ils accueillie. Le directeur de la

» ligne transatlantique, M. Colini, attendait Jenny au débar-
» cadère, armé d'un immense bouquet. Un arc de triomphe
» en verdure s'élevait au milieu du quai, surmonté d'un
» *aigle empaillé* qui semblait l'attendre pour lui souhaiter
» la bienvenue. A minuit, l'orchestre de la Société philhar-
» monique a donné à mademoiselle Lind une sérénade, et
» pendant deux heures l'illustre cantatrice a été obligée de
» rester à sa fenêtre, malgré la fraîcheur de la nuit. Le len-
» demain, M. Barnum, l'habile oiseleur qui a su mettre en
» cage pour quelques mois le rossignol suédois, l'a conduite
» au Muséum, dont il lui a montré toutes les curiosités, sans
» oublier un cacatoès ni un orang-outang ; et plaçant enfin
» un miroir devant les yeux de la déesse : *Voici, madame,*
» *a-t-il dit avec une galanterie exquise, ce que nous avons*
» *ici en ce moment de plus rare et de plus ravissant à vous*
» *montrer !* A sa sortie du Muséum, un chœur de jeunes et
» belles filles vêtues de blanc s'est avancé au-devant de l'im-
» mortelle et lui a fait un virginal cortége, chantant des
» hymnes et semant des fleurs sur ses pas. Plus loin, une
» scène frappante et d'un genre tout neuf attendrit la célèbre
» promeneuse : les dauphins, les baleines, qui depuis plus de
» huit cents lieues (d'autres disent neuf cents) avaient pris
» part au triomphe de cette Galathée nouvelle et suivi son
» navire en lançant par leurs évents des gerbes d'eau de
» senteur, s'agitaient convulsivement dans le port, en proie
» au désespoir de ne pouvoir l'accompagner encore à terre ;
» des veaux marins, versant de grosses larmes, se livraient
» aux plus lamentables gémissements. Puis on a vu (spectacle
» plus doux pour son cœur) des mouettes, des frégates, des
» fous de mer, sauvages oiseaux qui habitent les vastes soli-
» tudes de l'Océan, plus heureux voltiger sans crainte autour
» de l'adorable, se poser sur ses épaules pures, planer au-
» dessus de sa tête olympienne, tenant dans leur bec des
» perles d'une grosseur monstrueuse, qu'ils lui offraient de
» la plus gracieuse façon, avec un doux roucoulement. Les
» canons tonnaient, les cloches chantaient *Hosanna !* et de
» magnifiques éclats de tonnerre faisaient, par intervalles,

» retentir un ciel *sans nuages* dans sa radieuse immensité. »
Tout cela, d'une réalité aussi incontestable que les prodiges
opérés jadis par Amphion et par Orphée, n'est mis en doute
que par nous autres vieux Européens, usés, blasés, sans
flamme et sans amour de l'art.

M. Barnum, toutefois, ne trouvant pas suffisant cet élan
spontané des créatures du ciel, de la terre et des eaux, et
voulant, par un peu d'innocent charlatanisme, lui donner
plus d'énergie encore, avait prétendu, dit-on, employer un
mode d'*excitement* qu'on pourrait, n'était la vulgarité de
l'expression, appeler *la claque à mort*. Ce grand excitateur,
informé de la misère profonde où se trouvent plusieurs familles de New-York s'était proposé de leur venir en aide généreusement, désireux de rattacher à la date de l'arrivée de
Jenny Lind le souvenir de bienfaits dignes d'être cités. Il
avait donc pris à part les chefs de ces familles malheureuses
et leur avait dit : « Quand on a tout perdu et qu'on n'a plus
d'espoir, la vie est un opprobre, » et vous savez ce qu'il reste
à faire. Eh bien, je vous fournirai l'occasion de le faire d'une
façon utile à vos pauvres enfants, à vos épouses infortunées,
qui vous devront une reconnaissance éternelle. *Elle* est
arrivée !!! — *Elle???* — Oui, *elle*, elle-même ! En conséquence, j'assure à vos héritiers deux mille dollars qui leur
seront religieusement comptés le jour où l'action que vous
méditez aura été accomplie, mais accomplie de la façon que
je vais vous indiquer. C'est un hommage délicat qu'il s'agit
de *lui* rendre. Nous y parviendrons aisément si vous me
secondez. Écoutez : Quelques-uns d'entre vous auront seulement à monter au dernier étage des maisons voisines de la
salle des concerts, pour de là se précipiter sur le pavé quand
elle passera, en criant : *Vive Lind!* D'autres se jetteront,
mais sans mouvements désordonnés, sans cris, avec gravité,
avec grâce, s'il est possible, sous les pieds de ses chevaux,
ou sous les roues de sa voiture ; le reste sera admis *gratuitement* dans la salle même : ceux-ci devront entendre une
partie du concert. — Ils l'entendront??? — Ils l'entendront.
A la fin de la seconde cavatine, chantée par elle, ils décla-

reront hautement qu'après de telles jouissances, il ne leur est plus possible de supporter un reste d'existence prosaïque ; puis, avec les poignards que voici, ils se perceront le cœur. Pas de pistolets ; c'est un instrument qui n'a rien de noble, et son bruit, d'ailleurs, pourrait *lui* être désagréable. » Le marché était conclu, et ces conditions, sans aucun doute, eussent été remplies honnêtement par les parties, si la police américaine, police tracassière et inintelligente s'il en est, ne fût intervenue pour s'y opposer. Ce qui prouve bien que, même chez les peuples artistes, il y a toujours un certain nombre d'esprits étroits, de cœurs froids, d'hommes grossiers, et, tranchons le mot, d'envieux. C'est ainsi que le système de la *claque à mort* n'a pu être mis en pratique, et que bon nombre de pauvres gens ont été privés d'un nouveau moyen de gagner leur vie.

Ce n'est pas tout ; on croyait généralement à New-York (pouvait-on en douter, en effet ?) que, le jour de *son* débarquement, un *Te deum laudamus* serait chanté dans les églises catholiques de la ville. Mais, après s'être longuement consultés, les desservants des diverses paroisses sont tombés d'accord qu'une semblable démonstration était peu compatible avec la dignité du culte, qualifiant même la petite variante introduite dans le texte sacré de blasphématoire et d'impie. De sorte que pas un *Te deum* n'a été entonné dans les églises de l'Union. Je vous livre ce fait sans commentaires, dans sa brutale simplicité.

Autre tort grave, m'a dit un amateur, dont l'administration des travaux publics de cet étrange pays s'est rendue coupable : les journaux nous ont souvent entretenus de l'immense chemin de fer entrepris pour établir, au travers du continent américain, une communication directe entre l'océan Atlantique et la Californie. Nous autres gens simples d'Europe, supposions qu'il s'agissait uniquement de faciliter par là le voyage des explorateurs du nouvel Eldorado. Erreur. Le but était, au contraire, plus artiste encore que philanthropique et commercial. Ces centaines de lieues de voie ferrée furent votées par les États afin de permettre aux

pionniers errants parmi les montagnes Rocheuses et sur les bords du Sacramento, de venir entendre Jenny Lind, sans employer trop de leur temps à ce pèlerinage indispensable. Mais, par suite de quelque odieuse cabale, les travaux, loin d'être finis, étaient à peine commencés quand *elle* est arrivée. L'incurie du gouvernement américain est inqualifiable, et l'on conçoit qu'*elle*, si humaine et si bonne, ait pu s'en plaindre amèrement. Il en résulte que ces pauvres chercheurs d'or de tout âge et de tout sexe, déjà épuisés par leur rude labeur, ont été obligés de faire à pied, à dos de mulet, et avec des souffrances inouïes, cette longue et dangereuse traversée continentale. Les placers ont été abandonnés, les fouilles sont restées béantes, les constructions de San-Francisco inachevées, et Dieu sait quand les travaux auront été repris. Ceci peut amener dans le commerce du monde entier les plus terribles perturbations... — « Ah çà ! dit Bacon, vous prétendez nous faire croire...? — Non, je m'arrête ; vous seriez en droit de penser que je fais ici une réclame rétroactive pour M. Barnum, quand, dans la simplicité de mon cœur, je me borne à traduire en vile prose les poétiques rumeurs qui nous sont venues de la trop heureuse Amérique. — Pourquoi dites-vous *réclame rétroactive*? M. Barnum ne fonctionne-t-il pas toujours? — Je ne saurais vous l'assurer, bien que l'inaction d'un tel homme soit chose peu probable ; mais il ne fait plus *mousser* Jenny Lind. Ignorez-vous donc que l'admirable virtuose (je parle sérieusement cette fois), lasse sans doute d'être forcément mêlée aux exploits excentriques des Romains qui l'exploitaient, s'est brusquement retirée du monde pour se marier, et vit heureuse hors des atteintes de la réclame ! Elle vient d'épouser à Boston M. Goldshmidt, jeune pianiste compositeur de Hambourg, que nous avons applaudi à Paris il y a quelques années. Mariage artiste qui a valu à la diva ce bel éloge d'un grammairien français de Philadelphie : « Elle a vu à ses pieds des princes et des ar-
» chevêques, et *n'a pas voulu l'être*. » C'est une catastrophe pour les directeurs des théâtres lyriques des deux mondes. Elle explique la promptitude avec laquelle les impresarii de

Londres viennent d'envoyer des hommes de confiance *en course*, en Italie et en Allemagne, pour y capturer tous les soprani ou contralti de quelque valeur qui leur tomberont sous la main. Malheureusement, dans ce genre de prises, la quantité ne saurait jamais remplacer la qualité. D'ailleurs, le contraire fût-il vrai, il n'y a pas dans le monde assez de cantatrices médiocres pour compléter la monnaie de Jenny Lind.

— C'est donc fini! me dit Winter d'un air piteux, en serrant son basson qui n'a pas donné un son de la soirée : nous ne l'entendrons plus!... — J'en ai peur. Et ce sera la faute de l'empereur Barnum, et la preuve décisive du bon sens du proverbe :

L'excès en tout est un défaut. »

NEUVIÈME SOIRÉE

L'OPÉRA DE PARIS. — LES THÉATRES LYRIQUES DE LONDRES

ÉTUDE MORALE

On joue un opéra-comique français, etc. ; suivi d'un ballet italien, également, etc.

Les musiciens sont encore préoccupés du cours d'histoire romaine que nous avons fait ensemble les soirs précédents. Ils se livrent sur ce sujet aux plus singuliers commentaires. Mais Dimski, plus avide que ses confrères de connaître ce qui se rattache aux habitudes musicales de Paris, m'interpelle de nouveau : « Maintenant, dit-il, que vous nous avez dépeint les mœurs des Romains, dites-nous donc quelque chose du principal théâtre de leurs opérations. Vous devez avoir là-dessus de curieuses révélations à faire. — Révélations? pour vous peut-être, ce mot convient, mais pour vous seulement ; car, je vous l'assure, les mystères de l'*Opéra* de Paris sont depuis longtemps révélés. — Nous ne sommes pas au courant ici de ce que vous prétendez être connu de tout le monde. Ainsi parlez. »

Les autres musiciens : « Parlez ! racontez-nous l'Opéra.

Si tantus amor casus cognoscere nostros.....

— Que dit-il? demande Bacon, pendant que le cercle se forme autour de moi. — Il dit, répond Corsino, que, si nous avons tant de désir de connaître les malheurs des Parisiens..., il faut nous taire et prier notre joueur de grosse caisse de ne pas frapper si fort. — C'est encore dans Virgile? — Précisément. — Pourquoi parle-t-il ainsi grec de temps en temps? — Parce que cela donne un air savant qui impose. C'est un petit ridicule que nous devons lui passer. — Il commence, chut!

— Connaissez-vous, messieurs, une fable de notre la Fontaine commençant par ces deux vers :

Un jour sur ses longs pieds allait je ne sais où
Le héron au long bec emmanché d'un long cou. »

— Oui, oui! qui ne connaît pas cela? Vous nous prenez pour des Botocudos! — Eh bien, l'Opéra, ce grand théâtre avec son grand orchestre, ses grands chœurs, la grande subvention que lui paye le gouvernement, son nombreux personnel, ses immenses décors, imite en plus d'un point le piteux oiseau de la fable. Tantôt on le voit immobile, *dormant sur une patte;* tantôt il chemine d'un air agité et va on ne sait où, cherchant pâture dans les plus minces ruisseaux, ne faisant point fi du goujon qu'il dédaigne d'ordinaire et dont le nom seul irrite sa gastronomique fierté.

Mais le pauvre oiseau est blessé dans l'aile, il marche et ne peut voler, et ses enjambées, si précipitées qu'elles soient, le conduiront d'autant moins au but de son voyage, qu'il ne sait pas lui-même vers quel point de l'horizon il doit se diriger.

L'Opéra voudrait, comme le veulent tous les théâtres, de l'argent et des honneurs; il voudrait gloire et fortune. Les grands succès donnent l'une et l'autre; les beaux ouvrages obtiennent quelquefois les grands succès; les grands compositeurs et les auteurs habiles font seuls de beaux ouvrages. Ces œuvres, où rayonnent l'intelligence et le génie, ne paraissent vivantes et belles qu'au moyen d'une exécution vivante et belle aussi, et chaleureuse, et délicate, et fidèle, et grandiose, et brillante, et animée. L'excellence de l'exécution dépend, non-seulement du choix des exécutants, mais de l'esprit qui les anime. Or, cet esprit pourrait être bon, si tous n'avaient fait depuis longtemps une découverte qui, en les décourageant, a amené chez eux l'indifférence et à sa suite l'ennui et le dégoût. Ils ont découvert qu'une passion profonde dominait tous les penchants, enchaînait toutes les ambitions et absorbait toutes les pensées de l'Opéra; que l'Opéra enfin était amoureux fou de la médiocrité. Pour posséder, établir chez lui, choyer, honorer et glorifier la médiocrité, il n'est rien qu'il ne fasse, pas de sacrifice devant lequel il recule, pas de labeur qu'il ne s'impose avec transport. Avec les meilleures intentions, de la meilleure foi du monde, il s'anime jusqu'à l'enthousiasme pour la platitude, il rougit d'admiration pour la pâleur, il brûle, il bouillonne pour la tiédeur : il deviendrait poëte pour chanter la prose. Comme il a remarqué, d'ailleurs, que le public, tombé de l'ennui dans l'indifférence, s'est depuis longtemps résigné à tout ce qu'on veut lui présenter, sans rien approuver ni blâmer, l'Opéra en a conclu avec raison qu'il était maître chez lui, et qu'il pouvait sans crainte se livrer à tous les emportements de sa fougueuse passion, et adorer, sur le piédestal où il l'encense, la médiocrité.

Pour obtenir un si beau résultat, et aidé par ceux de ses ministres dont l'heureux naturel ne demande que d'être abandonné à lui-même pour agir en ce sens, il a tellement lassé, blasé, entravé, englué tous ses artistes, que plusieurs, suspendant leurs harpes aux saules du rivage, se sont arrêtés et ont pleuré. « Que pouvions-nous faire? disent-ils maintenant; *illic stetimus et flevimus!* »

D'autres se sont indignés et ont pris en haine leur tâche, beaucoup se sont endormis; les philosophes touchent leurs appointements et parodient en riant le mot de Mazarin : « L'Opéra ne chante pas, mais il paye. » L'orchestre seul donne beaucoup de peine à l'Opéra pour le réduire. La plupart de ses membres, étant des virtuoses de premier ordre, font partie du célèbre orchestre du Conservatoire; ils se trouvent ainsi naturellement en contact avec l'art le plus pur et un public d'élite ; de là les idées qu'ils conservent et la résistance qu'ils opposent aux efforts qui tendent à les asservir. Mais, avec du temps et de mauvais ouvrages, il n'y a pas d'organisation musicale dont on ne parvienne à briser l'élan, à éteindre le feu, à détruire la vigueur, à ralentir la fière allure. « Ah ! vous raillez mes chanteurs, leur dit souvent l'Opéra, vous vous moquez de mes partitions nouvelles, messieurs les habiles ! Je saurai bien vous mettre à la raison, voici un ouvrage en une foule d'actes dont vous allez savourer les beautés. Trois répétitions générales suffiraient pour le monter, c'est du style d'antichambre, vous en ferez douze ou quinze ; j'aime qu'on se hâte lentement. Vous le jouerez une dizaine de fois, c'est-à-dire jusqu'à ce qu'il n'attire plus personne, et nous passerons à un autre du même genre et d'un mérite égal. Ah ! vous trouvez cela fade, commun, froid et plat ! J'ai l'honneur de vous présenter un opéra plein de de galops et fait en poste, que vous voudrez bien étudier avec le même amour que le précédent, et dans quelque temps vous en aurez un autre d'un compositeur qui n'a jamais rien composé, et qui vous déplaira, je l'espère, bien davantage encore. Vous vous plaignez que les chanteurs sortent du ton et de la mesure ; ils se plaignent, eux, de la rigueur de vos accompagnements ; vous devrez, à l'avenir, assouplir votre rhythme, attendre sur n'importe quelle note qu'ils aient fini de gonfler leur son favori, et leur accorder des temps supplémentaires pour la respiration. Maintenant, voici un ballet qui doit durer de neuf heures jusqu'à minuit. Il faut de la grosse caisse partout ; j'entends que vous luttiez contre elle et que vous vous fassiez entendre quand même. Morbleu ! messieurs, il ne s'agit pas ici d'accompagnements, et je ne vous paye pas pour compter des pauses. » Et tant et tant, que le pauvre noble orchestre, je le crains bien, finira par tomber dans le chagrin, puis dans une somnolence maladive, de là dans le marasme et la langueur, et enfin dans le médiocre, ce gouffre où l'Opéra pousse tout ce qui lui est soumis.

Les chœurs sont élevés, eux, d'une autre façon ; afin de n'avoir pas à leur appliquer le pénible système employé pour l'orchestre avec si peu de succès jusqu'à présent, l'Opéra cherche à remplacer ses anciens choristes par des choristes tout formés, c'est-à-dire tout médiocres. Mais ici il dépasse le but, car, au bout de très-peu de temps, ils deviennent pires et abandonnent ainsi la spécialité pour laquelle ils ont été engagés. De là les miraculeux charivaris qu'on entend fréquemment, dans les partitions de Meyerbeer surtout, et qui, seuls capables de tirer le public de sa léthargie, excitent ces cris de réprobation, ces gestes d'épouvante indignée dont l'effet n'est pas médiocre et devrait, au moins sous ce rapport, fortement déplaire à l'Opéra.

Et pourtant on l'a aujourd'hui complétement dompté, ce pauvre public, je vous l'ai déjà dit, on l'a maté; il est soumis, timide et doux comme un charmant enfant. Autrefois, on lui donnait des chefs-d'œuvre entiers, des opéras dont tous les morceaux étaient beaux, dont les récitatifs étaient vrais, admirables, les airs de danse ravissants; où rien ne brutalisait l'oreille, où la langue même était respectée, et il s'y ennuyait... On en vint alors aux grands moyens pour secouer sa somnolence, on lui donna des *ut* de poitrine de toute espèce, des grosses caisses, des tambours, des orgues, des musiques militaires, des trompettes antiques, des tubas grands comme des cheminées de locomotives, des cloches, des canons, des chevaux, des cardinaux sous un dais, des empereurs couverts d'or, des reines portant leur diadème, des pompes funèbres, des noces, des festins, et encore le dais, et toujours le fameux dais, le dais magnifique, le dais emplumé, empanaché et porté par quatre-z-officiers comme Malbrouck, des jongleurs, des patineurs, des enfants de chœur, des encensoirs, des ostensoirs, des croix, des bannières, des processions, des orgies de prêtres et de femmes nues, le bœuf Apis, une foule de veaux, des chouettes, des chauves-souris, les cinq cents diables de l'enfer, en veux-tu, en voilà, le tremblement général, la fin du monde... mêlés par-ci par-là de quelques fades cavatines et de beaucoup de claqueurs. Et le pauvre public, abasourdi au milieu d'un tel cataclysme, a fini par ouvrir de grands yeux, une bouche immense, par rester éveillé en effet, mais muet, se regardant comme vaincu, sans espoir de revanche, et obligé de donner sa démission.

Aussi à cette heure, éreinté, brisé, rompu, après une mêlée pareille, comme Sancho après le siége de Barataria, s'épanouit-il de bonheur aussitôt qu'on a l'air de vouloir lui procurer le moindre plaisir tranquille. Il boit avec délices un morceau de musique rafraîchissant, il s'en délecte, il l'aspire. Oui, on l'a maté à ce point, qu'il ne songe pas même à se plaindre du terrible régime auquel il a été mis. On lui servirait, en un festin, de la soupe au savon, des écrevisses vivantes, un rôti de corbeaux, une crème au gingembre, que si, parmi tant de ragoûts atroces, il trouvait seulement un pauvre petit morceau de sucre d'orge à sucer, il s'en délecterait et dirait en pourléchant ses lèvres : « Notre hôte est magnifique, bravo ! je suis plus que content ! » Maintenant, voici le bon côté de la chose : la soumission du public devenue évidente, comme elle l'est, ses erreurs de jugement n'étant plus à craindre, puisqu'il ne juge plus, les auteurs se sont décidés tous, dit-on, à risquer le paquet, et à ne plus produire que des chefs-d'œuvre. — Bonne idée ! s'écrie Corsino, il y a longtemps que nous appelions ce coup d'État de tous — nos vœux ! Néanmoins, ce serait dommage qu'on donnât trop de chefs-d'œuvre à l'Opéra ; il faut espérer que les auteurs se montreront raisonnables et mettront de justes bornes à leur fécondité inspirée. On a déjà, dans ce théâtre, assez abîmé de belles partitions. Après les quatre ou cinq premières représentations, dès que l'influence de l'auteur n'agit plus directement sur ses interprètes, l'exécution va trop souvent du médiocre au pire, pour les œuvres soignées surtout. Ce n'est pas qu'en général on épargne le temps pour les apprendre ; car voici comment on a procédé jusqu'ici, et comment on procède encore probablement à l'étude d'une composition nouvelle.

D'abord on n'y pense pas du tout ; puis, quand on en est venu à reconnaître qu'il ne serait peut-être pas hors de propos d'y réfléchir un peu, on se repose ; et on a raison.

Diable! Il ne faut pas s'exposer, par excès de travail, à un épuisement prématuré de l'intelligence! Par une série d'efforts ainsi sagement calculés, on arrive à annoncer une répétition. Ce jour-là, le directeur se lève de bonne heure, se rase de très-près, gourmande plusieurs fois ses domestiques sur leur lenteur, boit à la hâte une tasse de café, et... part pour la campagne. A cette répétition, plusieurs acteurs ont la bonté de se rendre; peu à peu il s'en réunit jusqu'à cinq. L'heure indiquée étant midi et demi, on cause fort tranquillement politique, industrie, chemins de fer, modes, bourse, danse, philosophie, jusqu'à deux heures. Alors, l'accompagnateur ose faire remarquer à ces messieurs et à ces dames qu'il attend depuis longtemps qu'on veuille bien ouvrir les rôles et en prendre connaissance. Sur cette observation, chacun se décide à demander le sien, le feuillette un instant, on secoue le sable en pestant contre les copistes, et on commence... à jaser un peu moins. « Mais, pour chanter, comment faire? Le premier morceau est un sextuor, et nous ne sommes que cinq! C'est-à-dire nous n'étions tout à l'heure que cinq, car L...... vient de sortir; son avoué l'a fait demander pour une affaire importante. Or, nous ne pouvons pas répéter un sextuor à quatre. Si nous remettions la partie à une autre fois? » Et tous de se retirer lentement comme ils sont venus. On ne peut répéter le lendemain, c'est un dimanche; ni le surlendemain, c'est un lundi, jour de représentation. On ne fait ordinairement rien à l'Opéra, ces jours-là; les acteurs même qui ne figurent pas dans la pièce qu'on donne le soir, se reposent de toutes leurs forces en songeant à la peine que vont avoir leurs camarades. A mardi donc! Une heure sonne; entrent les deux acteurs qui ont manqué à la première répétition; mais des autres aucun ne paraît. C'est trop juste; ils ont attendu le premier jour; les absents leur ont fait *perdre leur temps*, il est de leur dignité de leur rendre la pareille. A trois heures moins un quart, tout le monde y est, moins le second ténor et la première basse. Ces dames sont charmantes, d'une adorable humeur, et l'une d'elles propose, en conséquence, d'entamer le sextuor sans basse. « N'importe! nous verrons au moins ce que dit isolément notre partie? — Encore un instant, messieurs, dit l'accompagnateur, je cherche à comprendre... cet... accord, j'ai peine à distinguer les notes. Que voulez-vous! on ne peut accompagner une partition de vingt lignes à première vue. — Ah! vous ne savez pas ce qu'il y a dans la partition, et vous venez nous apprendre nos rôles, dit madame S..., qui a son franc parler. Mon cher, si vous vouliez bien l'étudier un peu chez vous avant de venir ici. — Comme vous n'en pourriez faire autant pour vos morceaux, n'étant pas lectrice, je ne puis, madame, vous adresser la même invitation. — Allons, point de personnalités! — Commençons donc! » s'écrie D... impatienté. Ritournelle, récitatif de D..., ensemble vocal sur l'accord de *fa majeur*. « Aye! aye! un *la bémol*! C'est toi, M..., qui es le coupable! — Moi! comment aurais-je fait un *la bémol*, puisque je n'ai pas ouvert la bouche? Je suis malade; je n'y tiens plus. Il faut que j'aille me coucher. — Bon! notre sextuor à quatre se trouve réduit à un trio, mais à un vrai trio, là, un trio à trois. C'est toujours quelque chose. Continuons : *La Grèce doit enfin... La Grèce doit...* — Ah! ah! ah! *La graisse d'oie!* Tu as volé celui-là à Odry! Fameux! Ah! ah! ah! — Mon Dieu, est-elle rieuse, cette madame S..., dit madame G... en rompant une aiguille dans le mouchoir qu'elle était occupée à broder. — Oh! nous autres, gens d'esprit, n'engendrons pas de mélancolie. Vous avez l'air *piqué*, madame. Il ne faut pas vous piquer pour un calembourg. Ah! ah! ah! Il y est encore, celui-là! — *Bona sera a tutti!* dit en se levant D... Mes petits agneaux, vous êtes délicieusement spirituels, mais trop studieux! Or, il est trois heures et quart; nous ne devons jamais répéter après trois heures. C'est aujourd'hui mardi; il est possible que je chante dans *les Huguenots* vendredi prochain : je dois donc me ménager. D'ailleurs, je suis enroué, et ce n'est que par excès de zèle que j'ai paru aujourd'hui à la répétition. Hum! hum! » Tout le monde part. Les huit ou dix autres séances ressemblent plus ou moins aux deux premières. Un mois se passe ainsi, après lequel on parvient à répéter à peu près sérieusement pendant une heure, trois fois par semaine ; cela fait rigoureusement douze heures d'études par mois. Le directeur met toujours le plus grand soin à stimuler les artistes par son absence ; et si un petit opéra en un acte, annoncé pour le 1er mai, peut enfin être représenté à la fin d'août, il n'aura pas tort de dire en se rengorgeant : « Oh ! mon Dieu ! c'est une bluette ; nous avons monté cela en quarante-huit heures ! »

Parlez-moi des directeurs de Londres pour employer le temps ; c'est par les Anglais que l'art des études musicales accélérées a été porté à *un degré* de splendeur inconnu chez les autres peuples. Je ne puis faire d'éloge plus pompeux de la méthode qu'ils suivent qu'en la désignant comme l'inverse de celle adoptée à Paris. D'un côté de la Manche, pour apprendre et mettre en scène un opéra en cinq actes, il faut *dix mois* : de l'autre, il faut *dix jours*. A Londres, l'important pour le directeur d'un théâtre lyrique, c'est l'affiche. L'a-t-il couverte de noms célèbres, a-t-il annoncé des œuvres célèbres, ou déclaré célèbres des œuvres obscures de compositeurs célèbres, en appuyant de toutes les forces de la presse sur cette épithète..., le tour est fait. Mais, comme le public est insatiable de nouveautés, comme c'est la curiosité surtout qui le guide, il est nécessaire au joueur qui veut le gagner de battre les cartes très-souvent. Dès lors, il faut faire vite plutôt que bien, extraordinairement vite, dût-on pousser la célérité jusqu'à l'absurde. Le directeur sait que l'auditoire ne remarquera pas les défauts de l'exécution, s'ils sont adroitement déguisés ; qu'il ne s'avisera jamais de découvrir les ravages produits dans une partition nouvelle par le défaut d'ensemble et l'incertitude des masses, par leur froideur, par les nuances manquées, les mouvements faux, les traits écorchés, les idées comprises à contre-sens. Il compte assez sur l'amour-propre des chanteurs à qui les rôles sont confiés pour être sûr que, mis en évidence comme ils le sont, ceux-là du moins feront des efforts surhumains pour paraître honorablement devant le public, malgré le peu de temps qui leur est accordé pour s'y préparer. C'est, en effet, ce qui arrive, et cela suffit. Néanmoins, il est des occasions où, en dépit de leur bonne volonté, les acteurs les plus zélés n'y peuvent parvenir. On se rappellera longtemps la première représentation du *Prophète* à Covent-Garden, où Mario resta court plus d'une fois, faute d'avoir eu le temps d'apprendre son rôle. Donc, on aurait beau dire, quand il s'agit de la première représentation d'un nouvel ouvrage : « Il n'est pas su, rien ne va, il faut encore trois semaines d'étude ! — Trois semaines ! dirait le directeur, vous n'aurez pas trois jours ; vous le jouerez après-demain. — Mais, monsieur, il y a un grand morceau d'ensemble, le plus considérable de l'opéra, dont les choristes n'ont pas encore vu une note ; ils ne peuvent pourtant pas le deviner, l'improviser en scène ! — Alors, supprimez le morceau d'ensemble, il restera toujours assez de musique. — Monsieur, il y a un petit rôle qu'on a oublié de distribuer, et nous n'avons personne pour le remplir. — Donnez-le à madame X..., et qu'elle l'apprenne ce soir. — Madame X... est déjà chargée d'un autre rôle. — Eh bien, elle changera de costume, et elle en jouera deux. Croyez-vous que je vais entraver la marche de mon théâtre pour de pareilles raisons ? — Monsieur, l'orchestre n'a pas encore pu répéter les airs de ballet. — Qu'il les joue sans répétition ! Allons, qu'on me laisse tranquille. L'opéra nouveau est affiché pour après-demain ; la salle est louée, tout est bien. »

Et c'est la crainte d'être distancés par leurs rivaux, jointe à la nécessité de couvrir chaque jour des frais énormes, qui cause chez les entrepreneurs cette fièvre, ce *delirium furens*, dont l'art et les artistes ont tant à souffrir. Un directeur de théâtre lyrique, à Londres, est un homme qui porte un baril de poudre sans pouvoir s'en débarrasser, et qu'on poursuit avec des torches allumées. Le malheureux fuit à toutes jambes, tombe, se relève, franchit ravins, palissades, ruisseaux et fondrières, renverse tout ce qu'il rencontre, et marcherait sur les corps de son père et de ses enfants s'ils lui faisaient obstacle.

Ce sont, je le reconnais, de tristes nécessités de position ; mais ce qui est plus déplorable, c'est que cette précipitation brutale des théâtres anglais dans les préparatifs de toute exécution musicale, devienne une habitude, et soit transformée elle-même par quelques personnes en talent spécial digne d'admiration. « Nous avons monté cet opéra en quinze jours, dit-on d'une part. — Et nous en dix! réplique-t-on de l'autre. — Et vous avez fait de belle besogne! » dirait l'auteur, s'il était présent. Les exemples qu'on cite de certains *succès* de cette nature font, en outre, qu'on ne doute plus de rien, et que le dédain de toutes les qualités de l'exécution, qui seules peuvent la constituer bonne, le mépris même des *nécessités* de l'art, vont croissant. Pendant la courte existence du Grand-Opéra anglais à Drury-Lane, en 1848, le directeur, dont le répertoire se trouvait à sec, ne sachant à quel saint se vouer, dit un jour à son chef d'orchestre très-sérieusement : « Un seul parti me reste à prendre, c'est de donner *Robert le Diable* mercredi prochain. Nous devrons ainsi le monter en six jours! — Parfait! lui répondit-on, et nous nous reposerons le septième. Vous avez la traduction anglaise de cet opéra ? — Non, mais elle sera faite en un tour de main. — La copie ? — Non, mais... — Les costumes ? — Pas davantage. — Les acteurs savent la musique de leurs rôles ? les chœurs possèdent bien la leur ? — Non! non! non! on ne sait rien, je n'ai rien, mais il le faut! » Et le chef d'orchestre garda son sérieux ; il vit que le pauvre homme perdait la tête, ou plutôt qu'il l'avait perdue : au moins, s'il n'eût perdu que cela! Une autre fois, l'idée étant venue à ce même directeur de mettre en scène *Linda di Chamouni* de Donizetti, dont il avait pourtant songé à se procurer la traduction, les acteurs et les chœurs ayant eu, par extraordinaire, le temps de faire les études nécessaires, on annonça une répétition générale. L'orchestre étant réuni, les acteurs et les choristes à leurs postes, on attendait. — Eh bien, pourquoi ne commencez-vous pas ? dit le régisseur. — Je ne demande pas mieux que de commencer, répondit le chef d'orchestre, mais il n'y pas de musique sur les pupitres. —

Comment! c'est incroyable! Je vais la faire apporter. » Il appelle le chef du bureau de copie : « Ah çà ! placez donc la musique ! — Quelle musique ?... — Eh ! mon Dieu, celle de *Linda di Chamouni*. — Mais je n'en ai pas. On ne m'a jamais donné l'ordre de copier les parties d'orchestre de cet ouvrage. » Là-dessus, les musiciens de se lever avec de grands éclats de rire, et de demander la permission de se retirer, puisqu'on avait négligé pour cet opéra de se procurer *la musique* seulement... — Pardon, messieurs, laissez-moi m'interrompre un instant. Ce récit m'oppresse, m'humilie, éveille en moi des tristesses... D'ailleurs, écoutez ce délicieux air de danse qui se trouve égaré dans le fatras de votre ballet italien... — Oh ! oh ! à nous ! disent les violons en saisissant leur instrument, il faut jouer cela en maîtres; c'est magistral ! » Et tout l'orchestre, en effet, exécute avec un ensemble, une expression, une délicatesse de nuances irréprochables, cet admirable andante où respire la voluptueuse poésie des féeries de l'Orient. A peine est-il fini que la plupart des musiciens se hâtent de quitter leur pupitre, laissant deux violons, une basse, les trombones et la grosse caisse fonctionner seuls, pour le reste du ballet. « Nous avions bien remarqué ce morceau, dit Winter, et nous comptions le jouer avec amour, c'est vous qui avez failli nous le faire manquer. — Mais d'où sort-il, de qui est-il, où l'avez-vous connu ? me dit Corsino. — Il sort de Paris ; je l'ai entendu dans le ballet de *la Péri*, dont la musique fut écrite par un artiste allemand, d'un mérite égal à sa modestie, et qui se nomme Burgmüller. — C'est bien beau ! C'est d'une langueur divine ! — Cela fait rêver des houris de Mahomet ! Cette musique, messieurs, est celle de l'entrée de *la Péri*. Si vous l'entendiez avec la mise en scène pour laquelle l'auteur l'écrivit, vous l'admireriez plus encore. C'est tout simplement un chef-d'œuvre. » Les musiciens sans s'être entendus pour cela, s'approchent de leurs pupitres et écrivent au crayon, sur la page des parties d'orchestre où se trouve l'andante, le nom de Burgmüller.

Je reprends mon triste récit.

Les directeurs de notre Opéra de Paris, parmi lesquels on a pu compter des gens d'intelligence et d'esprit, ont de tout temps été choisis parmi les hommes qui aimaient et connaissaient le moins la musique. Nous en avons eu même qui l'exécraient tout à fait. L'un d'eux m'a dit, parlant à ma personne, que toute partition *âgée de vingt ans* était bonne à brûler; que Beethoven fut un *vieil imbécile*, dont une poignée *de fous* affecte d'admirer les œuvres, mais qui, en réalité, *ne fit jamais rien de supportable*.

Les musiciens avec explosion : .....! .....!! ...!!! (et autres exclamations qui ne s'écrivent point). Une musique bien faite, disait un autre, est celle qui dans un opéra *ne gâte rien*. Il n'est pas étonnant alors que de tels directeurs ne sachent comment s'y prendre pour faire marcher leur immense machine musicale, et qu'ils traitent en toute occasion si cavalièrement les compositeurs dont ils croient n'avoir pas ou n'avoir plus besoin. Spontini, dont les deux chefs-d'œuvre *la Vestale* et *Cortez*, ont suffi pour alimenter le répertoire de l'Opéra pendant vingt-cinq ans, fut, sur la fin de sa vie, mis véritablement à l'index dans ce théâtre, et ne put jamais parvenir à obtenir *une audience* du directeur. Rossini aurait le plaisir, s'il revenait en France, de voir sa partition de *Guillaume Tell* entièrement bouleversée et réduite d'un tiers. Pendant longtemps, on a joué à sa barbe *la moitié du 4ᵉ acte* de *Moïse*, pour servir de lever de rideau avant un ballet. De là cette charmante repartie qu'on lui attribue. Rencontrant un jour le directeur de l'Opéra, celui-ci l'aborde avec ces mots : « Eh bien, cher maître, nous jouons demain le 4ᵉ acte de votre *Moïse*. — Bah! tout entier? » réplique Rossini.

L'exécution et les mutilations qu'on inflige de temps en temps au *Freyschutz* à l'Opéra, causent un vrai scandale, sinon dans Paris, qui ne s'indigne de rien, au moins dans le reste de l'Europe où le chef-d'œuvre de Weber est admiré.

On sait avec quel insolent dédain, vers la fin du siècle dernier, Mozart fut traité par les grands hommes qui gouvernaient alors *l'Académie royale de musique*. Ayant éconduit au plus vite ce petit joueur de clavecin qui avait l'audace de leur proposer d'écrire pour leur théâtre, ils lui promirent pourtant, comme dédommagement et par faveur particulière, d'admettre *un court morceau* instrumental de sa composition dans l'un des concerts spirituels de l'Opéra et l'engagèrent à l'écrire. Mozart eut bientôt terminé son ouvrage et se hâta de le porter au directeur.

Quelques jours après, le concert où il devait être entendu étant affiché, Mozart, ne voyant point son nom sur le programme, revient tout inquiet à l'administration; on le fait attendre longuement, comme toujours, dans une antichambre, où, en fouillant par désœuvrement au milieu d'un monceau de paperasses entassées sur une table, il trouve... quoi? son manuscrit que le directeur avait jeté là. En apercevant son Mécène, Mozart se hâte de demander une explication du fait. « Votre petite symphonie? répond le directeur; oui, c'est cela. Il n'est plus temps maintenant de la donner au copiste, *je l'avais oubliée.* »

Dix ou douze années plus tard, quand Mozart fut mort immortel, l'Opéra de Paris se crut obligé de représenter *Don Juan* et *la Flûte enchantée*, mais mutilés, salis, défigurés, travestis en pastiches infâmes, par des misérables dont il devrait être défendu de prononcer le nom. Tel est notre Opéra, tel il fut, et tel il sera.

DIXIÈME SOIRÉE

QUELQUES MOTS SUR L'ÉTAT PRÉSENT DE LA MUSIQUE
SES DÉFAUTS, SES MALHEURS ET SES CHAGRINS
L'INSTITUTION DU TACK. — UNE VICTIME DU TACK

On joue un opéra français, etc., etc.

En entrant à l'orchestre, après l'ouverture, je trouve les musiciens (le joueur de grosse caisse et les tambours exceptés) occupés à entendre la lecture d'une brochure qui excite leur hilarité. « Nous vous avons rendu morose hier, en vous mettant sur le chapitre des théâtres lyriques de Paris et de Londres, me dit Dimsky en me tendant la main; mais voici de quoi ranimer votre bonne humeur. Écoutez la plaisanterie critique que fait de l'état actuel de la musique en France, un de vos compatriotes qui ne se nomme pas. Ses idées ressemblent aux vôtres et viennent à l'appui de tout ce que vous nous avez déjà dit sur le même sujet. Recommence ta lecture, Winter. — Non, notre auditeur se moquerait de mon accent anglais. — De ton accent *américain*, veux-tu dire, Yankee! — Lis donc, toi, Corsino. — J'ai l'accent italien. — Toi, Kleiner. — J'ai l'accent allemand; lis toi-même, Dimsky. — J'ai l'accent polonais. — Allons; je vois que c'est une conspiration pour me faire lire la brochure, sous prétexte que je suis Français. Donnez. »

Winter me tend l'opuscule, et, pendant l'exécution d'un long trio chanté *comme il mérite de l'être*, je lis ce qui suit :

QUELQUES MOTS SUR L'ÉTAT PRÉSENT DE LA MUSIQUE, SES DÉFAUTS, SES MALHEURS ET SES CHAGRINS

Le moment est peu favorable, on le sait, au mouvement des arts ; aussi la musique ne se meut-elle guère, elle dort ! on la dirait morte, n'étaient les mouvements fébriles de ses mains, qui s'ouvrent toutes grandes et se referment convulsivement pendant son sommeil, comme si elles avaient à saisir quelque chose. Puis elle rêve et parle tout haut en rêvant. Son cerveau est plein de visions étranges ; elle interpelle le ministre de l'intérieur ; elle menace, elle se plaint. « Donnez-moi de l'argent, crie-t-elle d'une voix sourde et gutturale, donnez-moi beaucoup d'argent, ou je ferme mes théâtres, ou je donne un congé illimité à mes chanteurs ; et, ma foi ! Paris, la France, l'Europe, le monde et le gouvernement s'arrangeront ensuite comme ils pourront. Le public payant ne vient pas chez moi, est-ce ma faute ? Il ne veut même plus venir sans payer, est-ce ma faute ? Et si je n'ai pas d'argent pour le faire venir en le payant, est-ce ma faute ? Ah ! si j'en avais pour acheter les auditeurs, vous verriez la foule qu'il y aurait à mes fêtes, et comme le commerce et les arts refleuriraient, et comme l'univers renaîtrait à la joie et à la santé, et comme nous pourrions nous moquer ensemble de ces insolents virtuoses, de ces orgueilleux compositeurs, qui prétendent que je n'ai rien d'artiste ni de musical et que mon titre n'est qu'un mensonge. » Mais bah ! le ministre se moque de ses menaces comme de ses plaintes ; il renfonce aux profondeurs de sa poche les plus inconnues la clef de son coffre-fort, et répond tranquillement avec un terrible bon sens : « Oui, j'apprécie tes raisons, ma pauvre Musique, tu voudrais être indemnisée de tes pertes, à la condition que, si jamais tu fais des bénéfices, tu les garderas. Voilà un système commode, excellent, délicieux pour toi ; je l'admire, mais je m'abstiens de le mettre en pratique. Ces propositionslà se font à des brigands de monarques, à des scélérats d'empereurs, à d'affreux souverains absolus roulant sur l'or, gorgés des sueurs du peuple, non aux ministres d'une jeune république, affectée en naissant de certains vices de constitution qui l'obligent à se préoccuper avant tout de sa petite santé. Et dans nos temps de choléra les médecins sont chers. D'ailleurs, ces chefs des gouvernements sans liberté, sans égalité et sans paternité, ces rois eux-mêmes, puisqu'il faut les appeler par leur nom, ne se rendraient pas sans doute aux premiers mots de ton irrévérencieuse sommation. La plupart de ces fainéants ont consacré beaucoup de temps aux arts et à la littérature, quelques-uns te connaissent, ma vieille Musique, et ne feraient grâce à aucun de tes défauts. Ils seraient capables de te dire : Si les gens de la bonne compagnie s'éloignent de vous, mademoiselle, c'est que vous fréquentez trop les gens de la mauvaise. Si votre bourse est vide, c'est que vous dépensez trop en colifichets, en parures d'un goût douteux, en oripaux, clinquants de toute espèce, coûteuses inutilités qui conviennent aux danseuses de corde seulement. Si vos affaires, aujourd'hui, vont mal, si vos entreprises échouent, si l'on se moque de vous, si vous vous ruinez, ne vous en prenez qu'aux détestables conseils que vous écoutez, et à votre obstination à repousser les avertissements sensés que le hasard parfois fait parvenir jusqu'à votre oreille. D'ailleurs, où avez-vous pris vos conseillers, vos économes, vos directeurs de conscience? Sotte que vous êtes! n'est-il pas évident que ceux qui vous entourent sont vos plus cruels ennemis? Les uns, qui n'aiment rien au monde, vous haïssent d'autant plus qu'ils sont forcés d'avoir l'air de vous aimer; les autres vous détestent parce qu'ils ne connaissent rien de ce qui vous concerne, et qu'ils sentent intérieurement l'immense ridicule dont ils se couvrent en remplissant des fonctions auxquelles ils sont si complétement impropres; d'autres enfin, qui vous adoraient autrefois, vous haïssent et vous méprisent maintenant, parce qu'ils vous connaissent trop. Fi! vous êtes une prostituée sans esprit!

une vraie fille d'Opéra, une *fille d'affaires*, comme disait Voltaire, mais sans entente des affaires pourtant; absurde dans le choix de ses intendants, et d'une confiance en eux voisine de la stupidité. Que diriez-vous si un État comme l'Angleterre, par exemple, allait confier le commandement de son armée navale à un danseur parisien qui n'a jamais vu manœuvrer que les toiles et les cordages d'un théâtre, ou à un paysan bourguignon incapable de diriger une toue sur la Saône?... Assez! assez! ne nous approchez pas; vos sollicitations nous obsèdent; si vous étiez ce que vous devriez être, sensible, intelligente, passionnée, dévouée, enthousiaste, fière et courageuse; si vous aviez remis énergiquement tous ces gens-là à leur place et mieux gardé la vôtre; si vous aviez conservé quelque chose de votre extraction noble; si la princesse se révélait encore en vous, les rois pourraient vous venir en aide, vous recueillir à leur cour; mais ce n'est pas chez eux qu'est l'asile destiné aux créatures de votre espèce. Vous n'avez déjà plus la séduction des charmes vulgaires. Pâle et ridée, vous en êtes venue à vous peindre le visage en bleu, en blanc et en rouge, comme une sauvagesse. Bientôt, vous vous barbouillerez de noir les paupières et vous porterez des anneaux d'or au nez. Votre talent a subi la même métamorphose. Vous ne vocalisez plus, vous vociférez. Qu'est-ce que ces manières de pousser la voix sur chaque note, de s'arrêter en hurlant sur l'avant-dernier temps de chaque période mélodique, quels que soient la syllabe sur laquelle il repose, le sens du morceau, le mouvement imprimé à l'ensemble et l'intention de l'auteur? Qu'est-ce que ces libertés que vous prenez avec les plus beaux textes, en supprimant les notes hautes et les notes basses, pour forcer toute mélodie à rouler sur les cinq ou six sons du médium de votre voix, sons que vous gonflez alors à perdre haleine, et qui font ressembler le chant et la mélodie actuels aux lamentables chansons des rôdeurs de barrières, aux clameurs avinées des Orphées de cabaret! Dites-moi où vous avez appris, triple sotte, qu'il vous fût loisible de hacher une mélodie et de faire des vers de quatorze pieds en supprimant les élisions pour respirer plus souvent. Quelle langue parlez-vous? est-ce l'auvergnat ou le bas-breton? Les gens de Clermont et de Quimper s'en défendent. Vous êtes donc atteinte d'une phthisie au troisième degré, qu'il vous faille toujours et partout prendre des temps pour faire sortir de votre poitrine la moindre succession mélodique de quelque rapidité, d'où résulte ce continuel retard dans les entrées et dans l'attaque du son qui détruit toute régularité, tout aplomb, qui asphyxie douloureusement vos auditeurs, et qui, contrastant avec la précision des instruments de l'orchestre, amène dans les morceaux d'ensemble cet affreux tohubohu de rhythmes divers que font entendre les montres malades mises à l'hôpital chez les horlogers. Vous êtes donc bien peu soucieuse de cet accord si indispensable entre les instruments et les voix, malheureuse Muse dégénérée, que, dans vos opéras, pour faire plaisir à vos metteurs en scène qui se moquent de vous, vous laissiez placer vos choristes à une distance de l'orchestre qui les met dans l'impossibilité de s'accorder rhythmiquement avec lui? Où avez-vous la tête quand vous prétendez faire marcher ensemble les quatre parties d'un quatuor dont les dessus sont sur l'avant-scène, les basses au post-scénium, à quarante pas de là, pendant que les altos et les ténors, cachés par les portants des coulisses, ne peuvent, grâce aux processions et aux groupes dansants qui les environnent, apercevoir à l'horizon de la rampe le moindre bout de l'archet conducteur? Mais dire que vous prétendez établir l'ensemble d'un quatuor ainsi disposé, c'est vous flatter étrangement. Vous n'y prétendez en aucune façon. Les gâchis odieux, les cacophonies qui en résultent, vous trouvent fort indifférente, au contraire, et vous vous inquiétez peu de pareilles niaiseries. Pourtant, cette insouciance révolte bien des gens, et le nombre de ces révoltés, grossi de tous les mécontents que vous ennuyez seulement, a fini par constituer le formidable public qui prend l'habitude de ne pas mettre les pieds chez vous. Nous ne vous parlons là que de vos méfaits dans les théâtres : il serait trop long de remettre sous vos yeux tout ce que vous pratiquez ailleurs. Allez, vous nous faites pitié, mais nous gardons notre or pour de plus dignes. Eh quoi! des menaces!.. La déplaisante folle!... Eh! partez! qui vous retient? En votre absence, nos États n'en iront pas plus mal. Nous vous regretterons?... Non, vous êtes, ma mie,

Un peu trop forte en gueule et trop impertinente.

Voilà l'aimable compliment avec lequel, malheureuse Muse, ils pourraient bien te mettre à la porte, ces impitoyables souverains. Nous autres républicains, à l'épreuve de l'air patriotique et accoutumés à entendre chanter faux, nous te serons moins rudes. Nous ne te forcerons point à quitter la belle France, et tu seras libre d'y mourir de ta mort naturelle quand tu n'auras plus ni feu ni lieu. — La Musique ouvrant les yeux et pleurant : « Oui, je mourrai, et d'une mort lente et ignominieuse, je n'en doute plus. Vous avez cru que je dormais, je n'ai que trop bien entendu les horribles choses que vous venez de m'adresser. Et pourtant est-il humain à vous, monsieur le ministre, est-il même juste de me reprocher les accoutrances auxquelles je suis condamnée, les faux amis que je fréquente forcément, et qui, de plus, me traitant en esclave, me donnent des ordres révoltants et m'imposent leurs plus folles volontés? Est-ce moi qui me suis donné ces terribles associés? sont-ils de mon choix, ou de celui de vos prédécesseurs qui m'ont livrée à eux enchaînée et sans défense? Vous ne l'ignorez pas; de ce côté-là au moins, je suis innocente. Je sais que mes menaces de clôture sont ridicules; c'est par habitude que je les répétais tout à l'heure. Hélas! je ne l'ai que trop appris dernièrement! j'ai fermé mes théâtres sous prétexte de réparations, et les Parisiens s'en sont inquiétés comme des réparations qu'on ferait à la grande muraille de la Chine. Vous me reprochez mes excès vocaux; vous avez raison, je le sens en mon âme, mais je ne vis depuis dix ans en Italie que par eux. En France, où le public des théâtres se fait représenter par des gens à gages placés au centre du parterre, je ne puis exister qu'en flattant ces gens-là, et ces débauches de chant les ravissent. Si je n'excite pas leurs applaudissements, je n'en obtiens pas d'autres; on dit alors que je n'ai pas de succès; on en conclut que je n'ai pas de talent; le public, qui l'entend dire, le croit et ne vient pas chez moi : de là ma misère et mon désespoir! Oh! vous ne savez pas, vous ne saurez jamais, monsieur le ministre, ce que c'est que de crier dans le désert.

» Un auditoire chèrement payé par la nation vous est assuré pour vos moindres discours, et je serais bien heureuse d'avoir ce qui vous reste aux jours des plus maigres assemblées de représentants. Au moins, là, si vous êtes souvent interrompu, interpellé, injurié même, c'est la preuve qu'on vous écoute d'une manière plus ou moins tumultueuse, et qu'on se passionne pour ou contre vos idées; c'est la douleur souvent, mais c'est la vie. Dans mes théâtres, j'ai le cœur broyé par ce dédain suprême, par cette indifférence outrageante d'un public préoccupé de tout, excepté de moi; qui se croit blasé, et qui n'a jamais rien senti; qui sait tout, comme les marquis de Molière, sans avoir rien appris, d'un public habile à railler seulement, et qui ne daigne jamais siffler mes incartades, parce que cela lui paraît de mauvais goût, ou lui donne trop de peine, ou peut-être, et j'en frémis, parce qu'il ne les remarque pas. Vous allez me dire, je le sais, que toutes ces raisons sont insuffisantes à justifier les vices honteux auxquels je reconnais m'être livrée; vous citerez un aphorisme célèbre du plus grand des poëtes, et vous me répéterez avec lui *qu'il vaut mieux mériter le suffrage d'un seul homme de goût* que d'exciter par des moyens indignes de l'art *les applaudissements d'une salle pleine de spectateurs vulgaires*. Hélas! le poëte a mis cette noble phrase dans la bouche d'un jeune prince à qui les atteintes de la faim, du froid, de la misère étaient inconnues; et je répondrai comme lui eussent sans doute répondu, s'ils l'eussent osé, les comédiens auxquels il donnait ses conseils : Qui plus que moi souffre de l'avilissement où je me vois réduite? Mais les nécessités de la vie me l'imposent impérieusement, et je ne pourrais pas même obtenir le *suffrage d'un seul homme de goût* si je n'existais pas. Faites que ma vie soit assurée sans être même brillante comme l'était celle du prince danois, et je penserai comme lui, et je mettrai en pratique ses leçons excellentes. Il y a en Europe, monsieur le ministre, des États où je suis libre, sinon protégée. En France, au contraire, si l'on fait des sacrifices d'argent plus ou moins insuffisants pour quelques-uns de mes théâtres, on semble prendre à tâche de paralyser les efforts les plus désintéressés que je tente en dehors des formes dramatiques. Au lieu de m'aider, on m'entrave de mille manières, on me bâillonne, on m'oppose des préjugés dignes du moyen âge. Ici, c'est le clergé qui m'empêche de chanter dans les temples les louanges de Dieu, en interdisant aux femmes de prendre part à mes plus graves manifestations; ailleurs, c'est la municipalité de Paris qui fait donner aux enfants et aux jeunes hommes de la classe ouvrière une éducation musicale, à la condition expresse qu'ils n'en feront aucun usage. Ils apprennent pour apprendre, et non pour employer ce qu'ils savent quand ils sont parvenus à savoir : comme les ouvriers des premiers ateliers nationaux à qui on faisait creuser des trous dans le sol, en extraire la terre et la rapporter le lendemain, pour combler les trous par eux creusés la veille. Puis, quand je fais un appel au public pour l'exhibition de quelque ouvrage longuement médité, écrit à l'intention seulement de ce petit nombre d'hommes de goût dont parle le poëte, sans aucune arrière-pensée industrielle, et uniquement pour produire au grand jour ce qui me paraît beau, on me dépouille au nom de la loi, on me frappe d'une taxe exorbitante, on me tue à moitié en me jetant, comme une infernale raillerie, ces mots impies : « Vous auriez tort de vous plaindre, car la loi nous autorise » à vous tuer tout à fait. » Oui, sur des recettes destinées à couvrir à grand'peine les dépenses que je fais en pareil cas, on vient prélever le *huitième* brut, quand on pourrait légalement prélever le *quart*. On a le droit de me casser les deux jambes, on ne m'en casse qu'une, je dois me montrer reconnaissante. Tout cela est vrai, monsieur le ministre, je n'exagère rien. A l'avénement de la liberté, de l'égalité et de la fraternité, je crus un instant à mon émancipation ; je m'abusais. Quand l'heure de la délivrance des nègres sonna, je me laissai aller à un nouvel espoir ; je m'abusais encore. Il est décidé qu'en France, sous la monarchie comme sous la république, je dois être une esclave soumise à la corvée. Quand j'ai travaillé sept jours, je ne puis me reposer le huitième, puisque ce huitième je le dois au fermier, mon maître, qui pourrait même m'en demander un de plus. On n'a jamais songé à dire aux savetiers : « Vous venez de faire huit paires de » souliers, vous en devez *deux* à l'État, qui veut bien ne vous » en prendre *qu'une*. » Pourquoi, monsieur le ministre, l'art musical n'est-il pas l'égal de l'art du savetier ? Qu'ai-je fait à la France, moi, la Musique ? En quoi l'ai-je offensée ? comment ai-je mérité de sa part une oppression si dure et si persistante ? Ce qui rend cette oppression plus dure et plus inexplicable encore, c'est que la France, aux yeux du reste de l'Europe, passe pour m'entourer de soins et d'affection. Elle a fondé, en effet, des institutions, telles que notre beau Conservatoire et le prix annuel de composition décerné par l'Académie des beaux-arts, qui produisent incessamment pour moi des disciples zélés, sinon des prophètes ; mais à peine leur éducation est-elle ébauchée, à peine le sentiment du beau a-t-il de son crépuscule illuminé leurs âmes, que d'autres institutions contraires viennent réduire ces heureux résultats au néant, et donner ainsi aux bienfaits que je reçois l'air d'une mystification atroce.

» Charlet, le peintre humoriste, y songeait sans doute, quand il fit son charmant dessein des *Hussards en maraude*. On y voit deux hussards à la porte d'un poulailler : l'un tient un sac de chènevis, dont il répand le contenu devant l'étroite porte, en disant d'une voix flûtée : « Petits ! petits ! » l'autre, armé de son sabre, abat la tête des malheureux volatiles, au fur et à mesure qu'ils s'y présentent. Revoyez cette lithographie, monsieur le ministre, et méditez quelques instants sur le sens de l'allégorie. Hélas ! il n'est que trop clair. Les grains de chènevis sont les prix du Conservatoire et de l'Académie ; les coups de sabre, vous savez qui les donne, et mes enfants sont les dindons qui se laissent ainsi décapiter; mais, fussent-ils des aigles, ils n'en périraient pas moins. »

Le ministre ému : « Mon enfant, tu as peut-être raison; j'ignorais la plupart des détails que tu viens de me donner. J'y réfléchirai, et je tâcherai que tu sois au moins l'égale des savetiers à l'avenir. Ceci me paraît de toute justice, mais ne se rattache qu'au côté matériel de la question. Quant à l'autre, quant au côté moral, esthétique, comme disent tes chers Allemands, n'oublie pas ceci : le temps viendra peut-être où de folles volontés, où d'absurdes caprices ne te seront plus imposés; où tes intendants comprendront réellement tes intérêts et s'attacheront à leur défense; où tes directeurs de conscience ne t'infligeront plus de pénitences humiliantes et ridicules; où tu ne seras plus forcée de cohabiter avec tes mortels ennemis; où des gens à gages ne feront plus dans tes théâtres l'office du public; où ce public que tu décourages et dégoûtes peut-être aujourd'hui, te témoignera une sympathie chaleureuse; mais, en attendant, change d'allures, de société autant que tu pourras, de manières et de langage tout à fait. N'oublie pas que c'est une erreur grossière de croire les efforts disgracieux, les cris, les violences, le désordre rhythmique, le vague de la forme, l'incorrection du dessin, les outrages à l'expression et à la langue, l'abus des ornements, le fracas, la boursouflure ou la mignardise, seuls capables d'émouvoir une salle pleine même de *spectateurs vulgaires*. Ceux-là sont fréquemment entraînés, il est vrai, par des moyens que réprouvent le bon sens et le goût, mais ils ne résistent guère non plus à l'influence d'une inspiration véritable, quand elle se manifeste simplement, avec grandeur et énergie; ils ne t'en voudront pas trop d'être sublime. Peut-être, désappointés le premier jour, étonnés le second, charmés le troisième, ils finiront bientôt par t'en savoir un gré infini. N'avons-nous pas vu déjà, ne le voyons-nous pas même encore dans de trop rares occasions, ce public qui, après tout, n'est pas composé exclusivement de ces spectateurs tant méprisés par le poëte, applaudir de toutes ses forces et de tout son cœur des œuvres vraiment belles, des virtuoses d'un merveilleux talent? Non, de ce côté, tu n'as rien à craindre; l'éducation des habitués de tes théâtres est maintenant assez avancée; ne te contrains point, sois sublime et je réponds de tout. Tu m'engages à méditer sur un ingénieux dessin de Charlet; je te recommande, moi, la fable du *Charretier embourbé* de la Fontaine. Relis-en la fin surtout :

> « Hercule veut qu'on se remue,
> Puis il aide les gens. Regarde d'où provient
> L'achoppement qui te retient ;
> Ote d'autour de chaque roue
> Ce malheureux mortier, cette maudite boue
> Qui, jusqu'à l'essieu, les enduit.
> Prends ton pic et me romps ce caillou qui te nuit,
> Comble-moi cette ornière. As-tu fait ? — Oui, dit l'homme. —
> Or bien je vais t'aider, dit la voix ; prends ton fouet. —
> Je l'ai pris... Qu'est ceci ? mon char marche à souhait !
> Hercule en soit loué ! » Lors la voix : « Tu vois comme
> Tes chevaux aisément se sont tirés de là.
> Aide-toi, le ciel t'aidera. »

« Eh bien, qu'en dites-vous? me dit Winter en riant. » Je dis que la brochure, si pleine de bouffonnes et tristes vérités qu'elle soit, n'aura pas produit à Paris plus d'effet que mes *révélations* de la nuit dernière n'en produiraient, si elles étaient imprimées. A Paris, on laisse tout dire, parce qu'on peut ne tenir compte de rien. La critique passe, l'abus reste. Les mots piquants, les raisons, les justes plaintes, glissent sur l'esprit des gens comme des gouttes d'eau sur les plumes d'un canard. . . . .
. . . .

« Eh! messieurs, qu'a donc votre cappel meister à frapper de la sorte sur son pupitre? — Le ténor voudrait ralentir le mouvement de ce duo, et lui ne le veut pas. Il a du bon, notre chef. — Je m'en aperçois. Mais savez-vous que ces coups de bâton qu'il donne épisodiquement ce soir, sont d'un usage continuel à l'Opéra de Paris? — Bah? — Oui. Et leur effet est d'autant plus désastreux que les chefs d'orchestre frappent, non sur leur pupitre, mais sur le haut de la carapace du souffleur placée au-devant d'eux, ce qui donne à chaque coup bien plus de sonorité et tourmente horriblement le malheureux souffleur. Il y en a même un qui est mort des suites de ce supplice. — Vous plaisantez! — Non pas. Habeneck, il y a quelque vingt ans, ayant remarqué que les gens de la scène prêtaient peu d'attention à ses mouvements, ne les regardaient même presque jamais, et, par suite, manquaient fort souvent leurs entrées, imagina, faute de pouvoir parler à leurs yeux, d'avertir leur oreille en frappant, avec le bout de l'archet dont il se servait pour conduire, ce petit coup de bois sur bois : *Tack!* qui se distingue au milieu de toutes les rumeurs plus ou moins harmonieuses des autres instruments. Ce *temps* précédant le *temps* du début de la phrase, est devenu maintenant le plus impérieux besoin de tous les exécutants du théâtre. C'est lui qui avertit chacun de commencer, qui indique même les principaux effets qu'il s'agit de produire, et jusqu'aux nuances de l'exécution. S'agit-il des soprani, *tack!* à vous, mesdames! Les ténors ont-ils à reprendre le même thème deux mesures après, *tack!* à vous messieurs! Les enfants, rangés sur le milieu de la scène, ont-ils à entonner un hymne, *tack!* allons, enfants! Faut-il demander à un chanteur ou à une cantatrice de la chaleur, *tack!* de la sensibilité, *tack!* de la rêverie, *tack!* de l'esprit, *tack!* de la précision, de la verve, *tack! tack!* Le premier danseur n'oserait prendre son vol pour un *écho* sans le *tack!* La première danseuse ne se sentirait ni jarret, ni ballon, son sourire aurait l'air d'une grimace sans le *tack*. Tout le monde attend ce joli petit signal; sans lui, rien ne pourrait aujourd'hui se mouvoir ni se faire entendre sur la scène; chanteurs et danseurs y resteraient silencieux et immobiles, comme la cour de *la Belle au bois dormant*. Or, ceci est fort désagréable à l'auditoire et peu digne d'un établissement qui aspire à un rang élevé parmi les institutions musicales et chorégraphiques de l'Europe. Ceci, en outre, a causé la mort d'un excellent homme; en conséquence on n'en démordra point.

UNE VICTIME DU TACK

NOUVELLE D'AVANT-SCÈNE

La victime du tack s'appelait Moreau. Cet honnête souffleur remplissait avec une exactitude exemplaire et une parfaite tranquillité d'esprit ses fonctions plus difficiles qu'on ne pense, quand Habeneck, pour suppléer à l'insuffisance des signes télégraphiques, inventa le signe téléphonique dont il est question.

Le jour où, enivré de sa découverte, il en fit usage pour la première fois, Moreau qui, à chaque coup du savant archet, rebondissait dans son antre, fut plus surpris que fâché. Il supposa qu'une série d'accidents de l'exécution avaient excité chez Habeneck une impatience, dont la manifestation insolite le faisait souffrir, et que c'était là seulement un désagrément momentané que lui, souffleur, devait supporter sans se plaindre. Mais, aux représentations suivantes, le *tack* continua; il redoubla même, tant l'inventeur était charmé de son efficacité. Chaque coup ébranlait le crâne du malheureux qui, blotti dans son gîte, sautant de droite et de gauche, avançant la tête, la reculant, se tordant le cou, s'interrompait au milieu de ses périodes, comme un merle chantant qui reçoit un coup de fusil.

Mon fils! tu ne l'es plus; va, ma haine est trop (*tack!*)...
Dans mon âme ulcérée, oui, la (*tack!*) nature est (*tack!*)...
D'Étéocle et de toi tous les droits sont (*tack!*)...

Ainsi de suite. Le pauvre homme souffrit toute la soirée un martyre qui ne se décrit point, mais que les personnes affligées comme lui d'un organisation nerveuse, comprennent à merveille. Il n'eut garde d'en parler; telle était la crainte qu'inspirait Habeneck. Reconnaissant alors pourtant qu'il ne s'agissait pas là d'un caprice, d'une fantaisie, d'un accès de mauvaise humeur, mais d'une institution nouvelle fondée à

l'Opéra, Moreau sentit que le sang-froid, la présence d'esprit, l'attention indispensables pour la tâche qu'il avait à remplir, lui deviendraient impossibles sous la menace permanente de cet archet de Damoclès. Il alla trouver le machiniste, et, après lui avoir conté sa peine : « Si tu ne trouves pas un moyen de me garantir de ce *tack* infernal, lui dit-il, je suis un homme perdu ; il retentit jusque dans la moelle de mes os, il me trépane, il me décroche le cervelet ! — Ah diable ! c'est ma foi vrai, répond le machiniste, il est impossible que tu y tiennes. Attends ! il me vient une idée ; apporte-moi ton couvercle. » Moreau enlève le toit de son réduit, le porte dans le cabinet du machiniste, et tous les deux, après avoir soigneusement fermé leur porte, se mettent à le tamponner, à le rembourrer, à le matelasser avec force coussinets gonflés de laine, à le rendre enfin sourd comme un édredon. Voilà notre souffleur rassuré, réconforté, ravi, qui rentre chez lui et dort tout d'un somme jusqu'au lendemain ; ce qui depuis longtemps ne lui était arrivé. Le soir de la représentation suivante, il revient au théâtre avec un calme où l'on ne pouvait voir qu'une douce satisfaction exempte d'ironie. C'était un homme si bon, si inoffensif que ce pauvre Moreau !

On jouait ce soir-là *Robert le Diable*. Cet opéra, récemment monté, était alors admirablement exécuté ; le chef d'orchestre, en conséquence, n'était point obligé de recourir si souvent au moyen nouveau contre lequel le souffleur venait de se mettre en garde. Habeneck, pendant toute la première moitié du premier acte, resta donc chef d'orchestre pour les yeux seulement. Moreau respirait et soufflait avec une verve et un bonheur incomparables ; il en était même venu à regretter ses précautions, qu'il commençait à trouver calomnieuses, quand, au milieu de la scène du *jeu*, les choristes n'étant pas partis à temps, Habeneck étend le bras, et frappe un coup violent sur le toit rembourré de la maisonnette : *Pouf !* plus de son, plus de *tack*, rien. Moreau sourit doucement, et continue à dicter leurs paroles aux choristes distraits :

Nous le tenons! nous le tenons!

Mais Habeneck, étonné, redoublant : *Pouf!* « Qu'est ceci? dit-il. La planche ne résonne plus! le drôle aurait-il fait rembourrer sa carapace? Ah malheureux! tu me la donnes belle! nous allons voir beau jeu. » Et, se penchant de côté, il frappe sur la paroi latérale de l'étui de Moreau, que l'imprudent avait négligé de matelasser, et qui rend aussitôt un *tack* plus clair, plus net, plus triomphant que ne rendit jamais la paroi supérieure, et d'autant plus terrible pour le souffleur que les coups tombaient directement contre son oreille. Habeneck, avec un sourire de Méphistophélès, se vengea de sa déconvenue d'un instant en redoublant d'énergie toute la soirée, et fit subir à sa victime un supplice auprès duquel celui de la goutte d'eau des Persans ne doit être qu'un enfantillage. Bien plus, la représentation terminée, et sans avoir l'air de comprendre l'intention qu'avait eue le souffleur en faisant tapisser son appartement, il enjoignit tranquillement au machiniste d'ôter à la carapace sa doublure, et de remettre la chose dans son premier état.

Moreau comprit alors que toute résistance était désormais inutile, et qu'il assistait aux commencements de sa fin. Il rentra chez lui, si résigné, qu'il dormit encore. Mais ce fut son avant-dernier sommeil. A partir de ce jour, le *tack* redoubla, par-dessus, par côté, par devant, par derrière; le bourreau ne voulut laisser aucun point *invulnéré*. Moreau énervé, brisé, stupéfié, cessa bientôt de s'agiter; il compta les *tack*, non en Mucius Scevola, qui tient sans tressaillements sa main dans la flamme, mais en soldat autrichien recevant sur le torse son cent douzième coup de bâton. Habeneck resta le maître, l'institution du *tack*, un moment ébranlée, se consolida. Dès lors, Moreau devint triste, taciturne; ses cheveux, de blonds qu'ils étaient, devinrent blancs; peu après, ils tombèrent. Avec les cheveux la mémoire disparut, la vue s'affaiblit. Alors, le souffleur en vint à commettre des fautes énormes. Le jour de la reprise d'*Iphigénie en Aulide*, au lieu de souffler : « Que de grâces! que de majesté! » il s'écria :

« Grâce! que de cruauté! » Dans un un autre ouvrage, au lieu de « Bonheur suprême! » il laissa échapper : « Douleur extrême! » et, depuis ce *lapsus*, de mauvais plaisants sans cœur l'appelèrent le *souffle-douleur* de l'Opéra. Puis il tomba malade, il cessa de parler. Nul médecin ne put obtenir de lui l'aveu de ce qu'il ressentait. On le voyait seulement, pendant ses longs assoupissements, faire par intervalles un petit soubresaut de la tête, comme s'il eût reçu un coup sur l'occiput. Enfin, un soir, après avoir été parfaitement calme pendant quelques heures, quand ses amis commençaient à croire à une amélioration dans son état, il fit encore une fois le petit soubresaut dont je viens de parler, et, prononçant d'une voix douce ce seul mot : *Tack!* il expira.

———

. . . . Long silence. . . . .
On soupire..... Puis on entend ces exclamations (Winter) : « Poor Wretch! — (Corsino) Ohi me! povero! — (Dimsky) Pauvre diable! — (Kleiner jeune) Voilà une vexation! » Le chef d'orchestre, ce mauvais cœur, qui en écoutant mon funeste récit n'a pu contenir plusieurs accès d'un rire silencieux, décélés par les bonds précipités de son abdomen, reprend un air grave et nous dit en descendant de son estrade : « Silence, messieurs, la pièce est finie. »

ONZIÈME SOIRÉE

Les musiciens sont venus à l'orchestre en habit noir et en cravate blanche. On remarque sur leur visage une sorte d'exaltation inaccoutumée. L'admiration et le respect sont dans tous les cœurs. L'exécution de l'orchestre est admirable.

Personne ne parle.

Après le finale du second acte : « Tu pleures, toi ! dit à Corsino le premier trombone ; quant à moi, j'ai cru ne pouvoir achever ma partie, un mouvement nerveux agitait mes lèvres, et, à la fin du morceau, j'avais peine à donner un son. — Foudres du ciel ! quelle musique ! s'écrie à son tour un des contrebassistes ! voyez, mes genoux tremblent ; je suis heureux d'avoir pu m'asseoir ; sans cela, je n'eusse pas fait une note de la coda. »

Le troisième acte s'exécute avec la religieuse ferveur qu'on a mise à l'exécution des deux premiers. Le chef d'orchestre, qui a été parfait d'intelligence, de précision et de verve, mord son mouchoir à belles dents pour contenir son émotion. Il descend de son pupitre le visage enflammé, et me serre la main en passant.

DOUZIÈME SOIRÉE

LE SUICIDE PAR ENTHOUSIASME

Nouvelle vraie.

On joue un opéra italien, etc., etc.

Tout le monde parle à l'orchestre. Corsino surtout a le verbe très-haut ; il gesticule, il s'agite. « Eh bien, me dit-il, nous avons été rudement secoués hier soir ! J'ai pourtant entendu parler à Paris d'un Français plus impressionable encore que nous ne le sommes et qui adora *la Vestale* jusqu'à se tuer pour elle. Ceci est une *histoire*, non un *conte*, et prouve que l'enthousiasme musical est une passion comme l'amour. Il faut que je vous dise cela. — Volontiers ! — Écoutons ! — Tais-toi donc, cor Moran ! »

Moran, le premier cor, remet son instrument dans sa boîte et Corsino commence :

J'appelerai ma nouvelle LE SUICIDE PAR ENTHOUSIASME.

En 1808, un jeune musicien remplissait depuis trois ans, avec un dégoût évident, l'emploi de premier violon dans un théâtre du midi de la France. L'ennui qu'il apportait chaque soir à l'orchestre, où il s'agissait presque toujours d'accompagner *le Tonnelier, le Roi et le Fermier, les Prétendus*, ou quelque autre partition de la même école, l'avait fait passer dans l'esprit de la plupart de ses camarades pour un insolent fanfaron de goût et de science, qu'il s'imaginait disaient-ils, avoir seul en partage, ne faisant aucun cas de l'opinion du public dont les applaudissements lui faisaient hausser les épaules, ni de celle des artistes qu'il avait l'air de regarder comme des enfants. Ses rires dédaigneux et ses mouvements d'impatience, chaque fois qu'un pont-neuf se présentait sous son archet, lui avaient souvent attiré de sévères réprimandes de la part de son chef d'orchestre, à qui il eût depuis longtemps envoyé sa démission, si la misère, qui semble presque toujours choisir pour victimes des êtres de cette nature, ne l'avait irrévocablement cloué devant son pupitre huileux et enfumé.

Adolphe D*** était, on le voit, un de ces artistes prédestinés à la souffrance qui, portant en eux-mêmes un idéal du beau, le poursuivent sans relâche, haïssant avec fureur tout ce qui n'y ressemble pas. Gluck, dont il avait copié les partitions pour mieux les connaître, et qu'il savait par cœur, était son idole. Il le lisait, jouait et chantait à toute heure. Un malheureux amateur, auquel il donnait des leçons de solfége, eut l'imprudence de lui dire un jour que les opéras de Gluck n'étaient que des cris et du plain-chant; D***, rougissant d'indignation, ouvre précipitamment le tiroir de son bureau, en tire une dizaine de cachets de leçons, dont l'amateur lui devait le prix, et, les lui jetant à la tête : « Sortez de chez moi, dit-il, je ne veux ni de vous, ni de votre argent, et, si vous osez repasser le seuil de ma porte, je vous jette par la fenêtre. »

On conçoit qu'avec une pareille tolérance pour le goût des élèves, D*** ne dut pas faire fortune en donnant des leçons. Spontini était alors dans toute sa gloire. L'éclatant succès de *la Vestale*, annoncé par les mille voix de la presse, rendait les dilettanti de chaque province jaloux de connaître cette partition tant vantée par les Parisiens, et les malheureux directeurs de théâtre s'évertuaient à tourner, sinon à vaincre les difficultés d'exécution et de mise en scène du nouvel ouvrage.

Le directeur de D***, ne voulant pas rester en arrière du

mouvement musical, annonça bientôt à son tour que *la Vestale* était à l'étude. D***, exclusif comme tous les esprits ardents auxquels une éducation solide n'a pas appris à motiver leurs jugements, montra d'abord une prévention défavorable à l'opéra de Spontini, dont il ne connaissait pas une note. « On prétend que c'est un style nouveau, plus mélodique que celui de Gluck : tant pis pour l'auteur ! la mélodie de Gluck me suffit ; le mieux est ennemi du bien. Je parie que c'est détestable. »

Ce fut en pareilles dispositions qu'il arriva à l'orchestre le jour de la première répétition générale. Comme chef de pupitre, il n'avait pas été tenu d'assister aux répétitions partielles qui avaient précédé celle-là ; et les autres musiciens, qui, tout en admirant Lemoine, trouvaient néanmoins du mérite à Spontini, se dirent à son arrivée : « Voyons ce que va décider le grand Adolphe ! » Celui-ci répéta sans laisser échapper un mot, un signe d'admiration ou de blâme. Un étrange bouleversement s'opérait en lui. Comprenant bien, dès la première scène, qu'il s'agissait là d'une œuvre haute et puissante, que Spontini était un génie dont il ne pouvait méconnaître la supériorité, mais ne se rendant pas compte cependant de ses procédés, tout nouveaux pour lui, et qu'une mauvaise exécution de province rendait encore plus difficile à saisir, D*** emprunta la partition, en lut d'abord attentivement les paroles, étudia l'esprit, le caractère de chaque personnage, et, se jetant ensuite dans l'analyse de la partie musicale, suivit ainsi la route qui devait l'amener à une connaissance véritable et complète de l'opéra entier. Depuis lors, on observa qu'il devenait de plus en plus morose et taciturne, éludant les questions qui lui étaient adressées, ou riant d'un air sardonique quand il entendait ses camarades se récrier d'admiration : « Imbéciles ! pensait-il sans doute, vous êtes bien capables de concevoir un tel ouvrage, vous qui admirez *les Prétendus.* »

Ceux-ci ne doutaient pas, à cette expression d'ironie empreinte sur les traits de D***, qu'il ne fût aussi sévère pour Spontini qu'il l'avait été pour Lemoine, et qu'il ne confondît les deux compositeurs dans la même condamnation. Le finale du second acte l'ayant ému cependant jusqu'aux larmes, un jour que l'exécution était un peu moins exécrable que de coutume, on ne sut plus que penser de lui. « Il est fou, disaient les uns. — C'est une comédie qu'il joue, » disaient les autres. Et tous : « C'est un pauvre musicien. » D***, immobile sur sa chaise, plongé dans une rêverie profonde, essuyant furtivement ses yeux, ne répondait mot à toutes ces impertinences ; mais un trésor de mépris et de rage s'amassait dans son cœur. L'impuissance de l'orchestre, celle plus évidente encore des chœurs, le défaut d'intelligence et de sensibilité des acteurs, les broderies de la première chanteuse, les mutilations de toutes les phrases, de toutes les mesures, les coupures insolentes, en un mot les tortures de toute espèce qu'il voyait infliger à l'œuvre devenue l'objet de sa profonde adoration et dont il possédait les moindres détails, lui faisaient éprouver un supplice que je connais fort bien, mais que je ne saurais décrire. Après le second acte, la salle entière s'étant levée un soir en poussant des cris d'admiration, D*** sentit la fureur le submerger, et, comme un habitué du parquet lui adressait, plein de joie, cette question banale :

« Eh bien, monsieur Adolphe, que dites-vous de cela ?

— Je dis, lui cria D*** pâle de colère, que vous et tous ceux qui se démènent dans cette salle, êtes des sots, des ânes, des brutes, dignes tout au plus de la musique de Lemoine, puisque, au lieu d'assommer le directeur, les chanteurs et les musiciens, vous prenez part, en applaudissant, à la plus indigne profanation dont on puisse flétrir le génie. »

Pour cette fois, l'incartade était trop forte, et, malgré le talent d'exécution du fougueux artiste, talent qui faisait de lui un sujet précieux, malgré la misère affreuse où l'allait réduire une destitution, le directeur, pour venger l'injure du public, se vit forcé de le congédier.

D***, contre l'ordinaire des caractères de sa trempe, avait des goûts fort peu dispendieux. Quelques épargnes, faites sur les appointements de sa place et les leçons qu'il avait données jusqu'à cette époque, assurant pour trois mois au moins son existence, amortirent le coup de cette destitution et la lui firent même envisager comme un événement qui pouvait exercer une influence favorable sur sa carrière d'artiste, en le rendant à la liberté. Mais le charme principal de cette délivrance inattendue venait d'un projet de voyage que D*** roulait dans sa tête, depuis que le génie de Spontini lui était apparu. Entendre *la Vestale* à Paris, tel était le but constant de son ambition. Le moment d'y atteindre paraissait arrivé, quand un incident, que notre enthousiaste ne pouvait prévoir, vint y mettre obstacle. Né avec un tempérament de feu, des passions indomptables, Adolphe cependant était timide auprès des femmes, et, à part quelques intrigues fort peu poétiques avec les princesses de son théâtre, l'amour furieux, dévorant, l'amour frénésie, le seul qui pût être le véritable pour lui, n'avait point ouvert encore de cratère dans son cœur. En rentrant un soir chez lui, il trouva le billet suivant :

« Monsieur,

» S'il vous était possible de consacrer quelques heures à l'éducation musicale d'une élève, assez forte déjà pour ne pas mettre votre patience à de trop rudes épreuves, je serais heureuse que vous voulussiez bien en disposer en ma faveur. Vos talents sont connus et appréciés, beaucoup plus peut-être que vous ne le soupçonnez vous-même ; ne soyez donc pas surpris si, à peine arrivée dans votre ville, une Parisienne s'empresse de vous confier la direction de ses études dans le bel art que vous honorez et comprenez si bien.

» Hortense N***. »

Le mélange de flatterie et de fatuité, le ton à la fois dégagé et engageant de cette lettre, excitèrent la curiosité de D***, et, au lieu d'y répondre par écrit, il résolut d'aller en personne remercier la Parisienne de sa confiance, l'assurer qu'elle ne le *surprenait* nullement, et lui apprendre que, sur le point de partir lui-même pour Paris, il ne pouvait entreprendre la tâche, fort agréable sans doute, qu'elle lui proposait. Ce petit discours, répété d'avance avec le ton d'ironie qui lui convenait, expira sur les lèvres de l'artiste au moment où il entra dans le salon de l'étrangère. La grâce originale et mordante d'Hortense, sa mise élégante et recherchée, ce je ne sais quoi enfin qui fascine dans la démarche, dans tous les mouvements d'une beauté de la Chaussée-d'Antin, produisirent tout leur effet sur Adolphe. Au lieu de railler, il commençait à exprimer sur son prochain départ des regrets dont le son de sa voix et le trouble de son visage décelaient la sincérité, quand madame N***, en femme habile, l'interrompit :

« Vous partez, monsieur? J'ai donc été bien inspirée de ne pas perdre de temps. Puisque c'est à Paris que vous allez, commençons nos leçons pendant le peu de jours qui vous restent; immédiatement après la saison des eaux, je retourne dans la capitale, où je serai charmée de vous revoir et de profiter alors plus librement de vos conseils. »

Adolphe, heureux intérieurement de voir les raisons par lesquelles il avait motivé son refus si facilement détruites, promit de commencer le lendemain, et sortit tout rêveur. Ce jour-là, il ne pensa pas à *la Vestale*.

Madame N*** était une de ces femmes *adorables* (comme on dit au café de Paris, chez Tortoni et dans trois ou quatre autres foyers de dandysme) qui, trouvant *délicieusement originales* leurs moindres fantaisies, pensent que ce serait *un meurtre* de ne pas les satisfaire, et professent en conséquence une sorte de respect pour leurs propres caprices, quelque absurdes qu'ils soient.

« Mon cher Fr***, disait, il y a quelques années, une de ces charmantes créatures à un dilettante célèbre, vous connaissez Rossini, dites-lui donc de ma part que son *Guillaume Tell* est une chose mortelle; que c'est à périr d'ennui; et qu'il ne *s'avise* pas d'écrire un second opéra dans ce style, autrement madame M*** et moi, qui l'avons si bien soutenu, nous l'abandonnerions sans retour. »

Une autre fois :

« Qu'est-ce donc que ce nouveau pianiste polonais, dont les artistes raffolent et dont la musique est *si bizarre*? Je veux le voir, amenez-le-moi demain.

— Madame, je ferai mon possible pour cela, mais je dois vous avouer que je connais peu l'auteur des mazourkas et qu'il n'est point à mes ordres.

— Non, sans doute, il n'est pas à vos ordres, mais il *doit être aux miens*. Ainsi je compte sur lui. »

Cette singulière invitation n'ayant pas été acceptée, la souveraine annonça à ses sujets que M. *Chopin* était un *petit original* jouant *passablement* du piano, mais dont la musique n'était qu'un *logogriphe* perpétuel *fort ridicule*.

Une fantaisie de cette nature fut le seul motif de la lettre passablement impertinente qu'Adolphe reçut de madame N***, au moment où il s'occupait de son départ pour Paris. La belle Hortense était de la plus grande force sur le piano et possédait une voix magnifique, dont elle se servait aussi avantageusement qu'il est possible de le faire, quand l'âme n'y est pas. Elle n'avait donc nul besoin des leçons de l'artiste provençal; mais l'apostrophe lancée par celui-ci, en plein théâtre, à la face du public, avait, comme on le pense bien, retenti dans la ville. Notre Parisienne, en entendant parler de toutes parts, demanda et obtint sur le héros de l'aventure des renseignements qui lui parurent piquants. Elle *voulut le voir* aussi; comptant bien, après avoir à loisir examiné l'*original*, fait craquer tous ses ressorts, joué de lui comme d'un nouvel instrument, lui donner un congé illimité. Il en arriva tout autrement cependant, au grand dépit de la jolie *simia pariensis*. Adolphe était fort beau. De grands yeux noirs pleins de feu, des traits réguliers qu'une pâleur habituelle couvrait d'une teinte légère de mélancolie, mais où brillait par intervalles l'incarnat le plus vif, selon que l'enthousiasme ou l'indignation faisait battre son cœur; une tournure distinguée et des manières fort différentes de celles qu'on aurait pu lui supposer, à lui qui n'avait guère vu le monde que par le trou de la toile de son théâtre; un caractère emporté et timide à la fois, où se rencontrait le plus singulier assemblage de raideur et de grâce, de patience et de brusquerie, de jovialité subite et de rêverie profonde, en faisaient, par tout ce qu'il y avait en lui d'imprévu, l'homme le plus capable d'enlacer une coquette dans ses propres filets. C'est ce qui arriva, sans préméditation aucune de la part d'Adolphe pourtant ; car il fut pris avant elle. Dès la première leçon, la supériorité musicale de madame N*** se montra dans tout son éclat ; au lieu de recevoir des conseils, elle en donna presque à son maître. Les sonates de Steibelt, le Hummel du temps, les airs de Paisiello et de Cimarosa qu'elle couvrait de broderies parfois d'une audacieuse originalité, lui fournirent l'occasion de faire scintiller successivement chacune des facettes de son talent. Adolphe pour qui une telle femme et une pareille exécution étaient choses nouvelles, fut bientôt complètement sous le charme. Après la grande fantaisie de Steibelt (l'Orage,) où Hortense lui sembla disposer de toutes les puissances de l'art musical :

« Madame, lui dit-il en tremblant d'émotion, vous vous êtes moquée de moi en me demandant des leçons ; mais comment pourrais-je vous en vouloir d'une mystification qui m'a ouvert à l'improviste le monde poétique, le ciel de mes songes d'artiste, en faisant de chacun de mes rêves autant de brillantes réalités ? Continuez à me mystifier ainsi, madame, je vous en conjure, demain, après-demain, tous les jours, et je vous devrai les plus enivrantes jouissances qu'il m'ait été donné de connaître de ma vie. »

L'accent avec lequel ces paroles furent dites par D***, les larmes qui roulaient dans ses yeux, le spasme nerveux qui agitait ses membres, étonnèrent Hortense bien plus encore que son talent à elle n'avait surpris le jeune artiste. Si les arpéges, les traits, les harmonies pompeuses, les mélodies découpées en dentelle, en naissant sous les blanches mains de la gracieuse fée, causaient à Adolphe une sorte d'asphyxie d'étonnement, la nature impressionnable de celui-ci, sa vive sensibilité, les expressions pittoresques, dont il se servait, leur exagération même, ne frappèrent pas moins vivement Hortense.

Il y avait si loin des suffrages passionnés, des joies vraies de l'artiste, aux bravos tièdes et étudiés des incroyables de Paris, que l'amour-propre tout seul aurait suffi pour faire regarder sans trop de rigueur, un homme d'un extérieur moins avantageux que notre héros. L'art et l'enthousiasme se trouvaient en présence pour la première fois; le résultat d'une pareille rencontre était facile à prévoir... Adolphe, ivre d'amour, ne cherchant ni à cacher ni même à modérer les élans de sa passion toute méridionale, désorienta Hortense et déjoua ainsi, sans s'en douter, le plan de défense médité par la coquette. Tout cela était si neuf pour elle! Sans sentir réellement rien qui approchât de la dévorante ardeur de son amant, elle comprenait cependant qu'il y avait là tout un monde de sensations (sinon de sentiments), que de fades liaisons contractées antérieurement ne lui avaient jamais dévoilés. Ils furent heureux ainsi, chacun à sa manière, pendant quelques semaines; le départ pour Paris fut, on le pense bien, indéfiniment ajourné. La musique était pour Adolphe un écho de son bonheur profond, le miroir où allaient se réfléchir les rayons de sa délirante passion, et d'où ils revenaient plus brûlants à son cœur. Pour Hortense, au contraire, l'art musical n'était qu'un délassement sur lequel elle était blasée dès longtemps; il ne lui procurait que d'agréables distractions, et le plaisir de briller aux yeux de son amant était bien souvent le mobile unique qui pût l'attirer au piano.

Tout entier à sa rage de bonheur, Adolphe, dans les premiers jours, avait un peu oublié le fanatisme qui jusqu'alors avait rempli sa vie. Quoiqu'il fût loin de partager les opinions parfois étranges de madame N***, sur le mérite des différentes compositions qui formaient son répertoire, il lui faisait néanmoins d'étonnantes concessions, évitant, sans trop savoir pourquoi, d'aborder dans la conversation les points de doctrine musicale sur lesquels un vague instinct l'avertissait qu'il y aurait eu entre eux une divergence trop marquée. Il ne fallait pas moins qu'un blasphème affreux, comme celui qui lui avait fait mettre à la porte un de ses élèves, pour détruire l'équilibre existant dans le cœur d'Adolphe entre son violent amour et ses convictions d'art despotiques et passionnées. Et ce blasphème, les jolies lèvres d'Hortense le laissèrent échapper.

C'était par une belle matinée d'automne ; Adolphe, aux pieds de sa maîtresse savourait ce bonheur mélancolique, cet accablement délicieux qui succède aux grandes crises de voluptés. L'athée lui-même, en de pareils instants, entend au dedans de lui s'élever une hymne de reconnaissance vers la cause inconnue qui lui donna la mort; la mort *rêveuse et calme comme la nuit*, suivant la belle expression de Moore, est alors le bien auquel on aspire, le seul que nos yeux, voilés de pleurs célestes, nous laissent entrevoir, pour couronner cette ivresse surhumaine. La vie commune, la vie sans poésie, sans amour, la vie en prose, où l'on marche au lieu de voler, où l'on parle au lieu de chanter, où tant de fleurs aux couleurs brillantes sont sans parfum et sans grâce, où le génie n'obtient que le culte d'un jour et des hommages glacées, où l'art trop souvent contracte d'indignes alliances ; la vie enfin, se présente alors sous un aspect si morne, si désert et si triste, que la mort, fût-elle dépourvue du charme réel que l'homme noyé dans le bonheur lui trouve, serait encore pour lui désirable, en lui offrant un refuge assuré contre l'existence insipide qu'il redoute par-dessus tout.

Perdu en de telles pensées, Adolphe tenait une des mains délicates de son amie, imprimant sur chaque doigt de petites morsures qu'il effaçait par des baisers sans nombre ; pendant que, de son autre main, Hortense bouclait en fredonnant les noirs cheveux de son amant.

En écoutant cette voix si pure, si pleine de séductions, une tentation irrésistible le saisit à l'improviste.

« Oh ! dis-moi l'élégie de *la Vestale*, mon amour, tu sais :

> Toi que je laisse sur la terre,
> Mortel que je n'ose nommer.

Chantée par toi, cette belle inspiration doit être d'un sublime inouï. Je ne sais comment je ne te l'ai pas encore demandée. Chante, chante-moi Spontini ; que j'obtienne tous les bonheurs ensemble !

— Quoi ! c'est cela que vous voulez? répliqua madame N***, en faisant une petite moue qu'elle croyait charmante; cette grande lamentation monotone *vous plaît*?... Oh Dieu ! que c'est ennuyeux ! quelle psalmodie ! Pourtant, si vous y tenez... »

La froide lame d'un poignard en entrant dans le cœur d'Adolphe ne l'eût pas déchiré plus cruellement que ces paroles. Se levant en sursaut comme un homme qui découvre un animal immonde dans l'herbe sur laquelle il s'était assis, il fixa d'abord sur Hortense des yeux pleins d'un feu sombre et menaçant; puis, se promenant avec agitation dans l'appartement, les poings fermés, les dents serrées convulsivement, il sembla se consulter sur la manière dont il allait répondre et entamer la rupture; car pardonner un pareil mot était chose impossible. L'admiration et l'amour avaient fui ; l'ange devenait une femme vulgaire ; l'artiste supérieure retombait au niveau des amateurs ignorants et superficiels, qui veulent que l'art *les amuse* et n'ont jamais soupçonné qu'il eût une plus noble mission; Hortense n'était plus qu'une forme gracieuse sans intelligence et sans âme; la musicienne avait des doigts agiles et un larynx sonore... rien de plus.

Toutefois, malgré la torture affreuse qu'Adolphe ressentait d'une pareille découverte, malgré l'horreur d'un si brusque désenchantement, il n'est pas probable qu'il eût manqué d'égards et de ménagements, en rompant avec une femme dont le seul crime, après tout, était de n'avoir qu'une organisation inférieure à la sienne, d'aimer le *joli* sans comprendre le *beau*. Mais incapable, comme l'était Hortense, de croire à la violence de l'orage quelle venait de soulever, la contraction subite de tous les traits d'Adolphe, sa promenade agitée dans le salon, son indignation à peine contenue, lui parurent choses si comiques, qu'elle ne pût résister à un accès de folle gaieté, et laissa échapper un bruyant éclat de rire. Avez-vous jamais remarqué tout ce que le rire éclatant a d'odieux dans certaines femmes?... Pour moi, il est l'indice le plus sûr de la sécheresse de cœur, de l'égoïsme et de la coquetterie. Autant l'expression d'une joie vive a de charme et de pudeur chez quelques femmes, autant elle est chez d'autres pleine d'une indécente ironie. Leur voix prend alors un timbre incisif, effronté, impudique, d'autant plus haïssable que la femme est plus jeune et plus jolie; en pareille occasion, je comprends les délices du meurtre, et je cherche machinalement sous ma main l'oreiller d'Othello. Adolphe avait sans doute la même manière de sentir à cet égard. Il n'aimait déjà plus madame N*** l'instant d'auparavant; mais il la plaignait d'avoir des facultés aussi bornées; il l'eût quittée avec froideur, mais sans outrage. Ce rire sot et bruyant auquel elle s'abandonna sans réserve, au moment où le malheureux artiste sentait sa poitrine se déchirer, l'exaspéra. Un éclair de haine et d'un indicible mépris brilla soudain dans ses yeux, et, essuyant d'un geste rapide son front couvert d'une froide sueur :

« Madame, lui dit-il, d'une voix qu'elle ne lui avait jamais vu prendre, vous êtes une sotte ! »

Le soir même, il était sur la route de Paris.

Ce que pensa la moderne Ariane en se voyant ainsi délaissée, nul ne le sait. En tout cas, il est probable que le Bacchus qui devait la consoler et guérir la cruelle blessure faite à son amour-propre, ne se fit pas attendre. Hortense n'était pas femme à demeurer ainsi dans l'inaction. *Il fallait un aliment à l'activité de son esprit et de son cœur.* C'est la phrase consacrée, au moyen de laquelle ces dames poétisent et veulent justifier leurs écarts les plus prosaïques.

Quoi qu'il en soit, dès la seconde journée de son voyage, Adolphe, complètement désenchanté, était tout entier au bonheur de voir son projet favori, son idée fixe, sur le point de devenir une réalité. Il allait se trouver enfin à Paris, au centre du monde musical, il allait entendre ce magnifique orchestre de l'Opéra, ces chœurs si nombreux, si puissants, entendre madame Branchu dans *la Vestale*... Un feuilleton de Geoffroy, qu'il lut en arrivant à Lyon, vint exaspérer encore son impatience. Contre l'ordinaire du célèbre critique, il n'avait eu que des éloges à donner.

« Jamais, disait-il, la belle partition de Spontini n'a été rendue avec un pareil ensemble par les masses, ni avec une inspiration aussi véhémente par les acteurs principaux. Madame Branchu, entre autres, s'est élevée au plus haut degré du pathétique; cantatrice habile, douée d'une voix incomparable, tragédienne consommée, elle est peut-être le sujet le plus précieux dont ait pu s'enorgueillir l'Opéra depuis sa fondation; n'en déplaise aux partisans exclusifs de la Saint-Huberti. Madame Branchu est petite, malheureusement; mais le naturel de ses poses, l'énergique vérité de ses gestes et le feu de ses yeux, font disparaître ce défaut de stature; et dans ses débats avec les prêtres de Jupiter, l'expression de son jeu est si grandiose, qu'elle semble dominer le colosse Dérivis de toute la tête. Hier, un entr'acte fort long a précédé le troisième acte. La raison de cette interruption insolite dans la représentation, était due à l'état violent où le rôle de Julia et la musique de Spontini avaient jeté la cantatrice. Dans la prière (*O des infortunés*), sa voix tremblante indiquait déjà une émotion qu'elle avait peine à maîtriser, mais au finale (*De ces lieux prêtresse adultère*), son rôle, tout de pantomime, ne l'obligeant pas aussi impérieusement à contenir les transports qui l'agitaient, des larmes ont inondé ses joues, ses gestes sont devenus désordonnés, incohérents, fous, et, au moment où le pontife lui jette sur la tête l'immense voile noir qui la couvre comme un linceul, au lieu de s'enfuir éperdue, ainsi qu'elle l'avait fait jusqu'alors, madame Branchu est tombée évanouie aux pieds de la grande Vestale. Le public, qui prenait cela pour de nouvelles combinaisons de l'actrice, a couvert de ses acclamations la péroraison de ce magnifique finale; chœurs, orchestre, tamtam, Dérivis, tout a disparu sous les cris du parterre. La salle était en ébullition. »

Un cheval! un cheval! mon royaume pour un cheval! s'écriait Richard III. Adolphe eût donné la terre entière pour pouvoir à l'instant même quitter Lyon au galop. Il respirait à peine en lisant ces lignes; ses artères battaient dans son cerveau à le rendre sourd; il avait la fièvre. Force lui fut cependant d'attendre le départ de la lourde voiture, si improprement nommée diligence, où sa place était retenue pour le lendemain. Pendant les quelques heures qu'il dut passer à Lyon, Adolphe n'eut garde d'entrer dans un théâtre. En toute autre occasion, il s'en fût empressé; mais, certain aujourd'hui d'entendre bientôt le chef-d'œuvre de Spontini dignement exécuté, il voulait jusque-là rester vierge et pur de tout contact avec les muses provinciales. On partit enfin. D***, enfoncé dans un coin de la voiture, perdu dans ses pensées, gardait une farouche attitude, ne prenant aucune part au caquetage de trois dames fort attentives à entretenir avec deux militaires une conversation suivie. On parla de tout comme à l'ordinaire; et, quand vint le tour de la musique, les mille et une absurdités débitées à ce sujet purent à peine arracher à Adolphe ce laconique aparté : « Bécasses! » Il fut obligé pourtant, le lendemain, de répondre aux questions que la plus âgée des femmes s'avisa de lui adresser. Impatientées toutes les trois du mutisme obstiné du jeune voyageur et des sourires sardoniques qui se dessinaient de temps en temps sur ses traits, elles avaient décidé qu'il parlerait et qu'on saurait le but de son voyage.

« Monsieur va à Paris sans doute?
— Oui, madame.
— Pour étudier le droit?
— Non, madame.
— Ah! monsieur est étudiant en médecine?
— Vous vous trompez, madame. »

L'interrogatoire finit là pour cette fois, mais il recommença le jour suivant avec une insistance bien propre à faire perdre patience à l'homme le plus endurant.

« Il paraît que monsieur va entrer à l'École polytechnique.
— Non, madame.
— Alors, monsieur est dans le commerce?
— Oh! mon Dieu, non, madame.

— A la vérité, rien n'est plus agréable que de voyager pour son plaisir, comme fait monsieur, selon toute apparence.

— Si tel a été mon but en partant, je crois, madame, qu'il me sera difficile de l'atteindre, si l'avenir ressemble quelque peu au présent. »

Cette repartie faite d'un ton sec, imposa enfin silence à l'impertinente questionneuse, et Adolphe put reprendre le cours de ses méditations. Qu'allait-il faire en arrivant à Paris... n'emportant pour toute fortune que son violon et une bourse de deux cents francs, quels moyens employer pour utiliser l'un et épargner l'autre?... Pourrait-il tirer part de son talent?... Qu'importaient après tout de pareilles réflexions, de telles craintes pour l'avenir!... N'allait-il pas entendre *la Vestale*? N'allait-il pas connaître dans toute son étendue le bonheur si longtemps rêvé? Dût-il mourir après cette immense jouissance, avait-il le droit de se plaindre?... n'était-il pas juste, au contraire, que la vie eût un terme, quand la somme des joies qui suffit d'ordinaire à toute la durée de l'existence humaine, est dépensée d'un seul coup.

C'est dans cet état d'exaltation que l'artiste provençal arriva à Paris. A peine descendu de voiture, il court aux affiches; mais que voit-il sur celle de l'Opéra? *les Prétendus!* « Insolente mystification, s'écria-t-il; c'était bien la peine de me faire chasser de mon théâtre, de m'enfuir devant la musique de Lemoine, comme devant la lèpre et la peste, pour la retrouver encore au grand Opéra de Paris! » Le fait est que cet ouvrage bâtard, ce modèle du style rococo, poudré, brodé, galonné, qui semble avoir été écrit exclusivement pour les vicomtes de Jodelet et les marquis de Mascarille, était alors en grande faveur. Lemoine alternait sur l'affiche de l'Opéra avec Gluck et Spontini. Aux yeux d'Adolphe, ce rapprochement était une profanation; il lui semblait que la scène illustrée par les plus beaux génies de l'Europe, ne devait pas être ouverte à d'aussi pâles médiocrités, que le noble orchestre, tout frémissant encore des mâles accents d'*Iphigénie en Tauride* ou d'*Alceste*, n'aurait pas dû être ravalé jusqu'à accompagner les fredons de Mondor et de la Dandinière. Quant à un parallèle entre *la Vestale* et ces misérables tissus de ponts-neufs, il s'efforçait d'en repousser l'idée ; cette abomination lui figeait le sang dans les veines. Il y a encore aujourd'hui quelques esprits ardents ou *extravagants* (comme on voudra), qui ont exactement la même manière de voir à ce sujet.

Dévorant son désappointement, Adolphe retournait tristement chez lui, quand le hasard lui fit rencontrer un de ses compatriotes, auquel il avait autrefois donné des leçons de violon. Celui-ci, riche amateur, fort répandu dans le monde musical, s'empressa d'informer son maître de tout ce qui s'y passait et lui apprit que les représentations de *la Vestale*, suspendues par l'indisposition de madame Branchu, ne seraient vraisemblablement reprises que dans quelques semaines. Les ouvrages de Gluck eux-mêmes, quoique formant habituellement le fond du répertoire de l'Opéra, n'y figurèrent pas pendant les premiers temps du séjour d'Adolphe à Paris. Ce hasard lui rendit ainsi plus facile l'accomplissement du vœu qu'il avait fait, de conserver pour Spontini sa virginité musicale. En conséquence, il ne mit les pieds dans aucun théâtre, et s'abstint de toute espèce de musique. Cherchant une place qui pût le faire vivre, sans le condamner de nouveau à la tâche humiliante qu'il avait remplie si longtemps en province, il se fit entendre à Persuis, alors chef d'orchestre à l'Opéra. Persuis lui trouva du talent, l'engagea à revenir le voir, et lui promit la première place qui deviendrait vacante parmi les violons de l'Opéra. Tranquille de ce côté, et deux élèves, que son protecteur lui avait procurés, facilitant ses moyens d'existence, l'adorateur de Spontini sentait redoubler son impatience d'entendre la magique partition. Chaque jour, il courait aux affiches, chaque jour son attente était trompée. Le 22 mars, arrivé le matin au coin de la rue Richelieu, au moment où l'afficheur montait sur son échelle, Adolphe, après avoir vu placarder successivement le Vaudeville, l'Opéra-Comique, le Théâtre-Italien, la Porte-Saint-Martin, vit déployer lentement une grande feuille brune qui portait en tête : *Académie impériale de Musique* et faillit tomber sur le pavé en lisant enfin le nom tant désiré : *la Vestale*.

A peine Adolphe eut-il jeté les yeux sur l'affiche qui lui annonçait *la Vestale* pour le lendemain, qu'une sorte de délire s'empara de lui. Il commença une folle course dans les rues de Paris, se heurtant contre les angles des maisons, coudoyant les passants, riant de leurs injures, parlant, chantant, gesticulant comme un échappé de Charenton.

Abîmé de fatigue, couvert de boue, il s'arrêta enfin dans un café, demanda à dîner, dévora sans presque s'en apercevoir, ce que le garçon avait mis devant lui et tomba dans une tristesse étrange. Saisi d'un effroi dont il ne pouvait pas bien démêler la cause, en présence de l'événement immense qui allait s'accomplir pour lui, il écouta quelque temps les rudes battements de son cœur, pleura, et, laissant tomber sa tête amaigrie sur la table, s'endormit profondément. La journée du lendemain fut plus calme; une visite à Persuis en abrégea la durée. Celui-ci, en voyant Adolphe, lui remit une lettre avec le timbre d'administration de l'Opéra; c'était sa nomination à la place de second violon. Adolphe remercia son protecteur, mais sans empressement; cette faveur qui, dans un autre moment, l'eût comblé de joie, n'était plus à ses yeux qu'un accessoire de peu d'intérêt; quelques minutes après, il n'y songeait plus. Il évita de parler à Persuis de la représentation qui devait avoir lieu le soir même; un pareil sujet de conversation eût ébranlé jusqu'aux fibres les plus intimes de son cœur; il l'épouvantait. Persuis, ne sachant trop que penser de l'air singulier et des phrases incohérentes du jeune homme, s'apprêtait à lui demander le motif de son trouble; Adolphe, qui s'en aperçut, se leva aussitôt et sortit. Quelques tours devant l'Opéra, une revue des affiches qu'il fit pour se bien assurer qu'il n'y avait point de changement dans le spectacle, ni dans le nom des acteurs, l'aidèrent à atteindre le soir de cette interminable journée. Six heures sonnèrent enfin. Vingt minutes après, Adolphe était dans sa loge; car, pour être moins troublé dans son admiration extatique et pour mettre encore plus de solennité dans son bonheur, il avait, malgré la folie d'une telle dépense, pris une loge pour lui seul. Nous allons laisser notre enthousiaste rendre compte lui-même de cette mémorable soirée. Quelques lignes qu'il écrivit en rentrant, à la suite de l'espèce de journal d'où j'ai extrait ces détails, montrent trop bien l'état de son âme et l'inconcevable exaltation qui faisait le fond de son caractère; je vous les donne ici sans y rien changer.

« 23 mars, minuit.

» Voilà donc la vie ! je la contemple du haut de mon bonheur... impossible d'aller plus loin... je suis au faîte... Redescendre?... rétrograder?... non certes, j'aime mieux partir avant que de nauséabondes saveurs puissent empoisonner le goût du fruit délicieux que je viens de cueillir. Quelle serait mon existence, si je la prolongeais?... celle de ces milliers de hannetons que j'entends bourdonner autour de moi. Enchaîné de nouveau derrière un pupitre, obligé d'exécuter alternativement des chefs-d'œuvre et d'ignobles platitudes, je finirais comme tant d'autres par me blaser; cette exquise sensibilité qui me fait percevoir tant de sensations, me rend accessible à tant de sentiments inconnus du vulgaire, s'émousserait peu à peu; mon enthousiasme se refroidirait, s'il ne s'éteignait pas tout entier sous la cendre de l'habitude. J'en viendrais peut-être à parler des hommes de génie, comme de créatures ordinaires; je prononcerais les noms de Gluck et de Spontini sans lever mon chapeau. Je sens bien que je haïrais toujours de toutes les forces de mon âme ce que je déteste aujourd'hui; mais n'est-il pas cruel de ne conserver d'énergie que pour la haine? La musique occupe trop de place dans mon existence. Cette passion a tué, absorbé toutes les autres. La dernière expérience que j'ai faite de l'amour m'a trop douloureusement désenchanté. Trouverais-je jamais une femme dont l'organisation fût montée au diapason de la mienne?... non, je le crains, elles ressemblent toutes plus ou moins à Hortense. J'avais oublié ce nom... Hortense... comme un seul mot de sa bouche m'a désillusionné!... Oh! humiliation! avoir aimé de l'amour le plus ardent, le plus poétique, de toute la puissance du cœur et de l'âme, une femme sans âme et sans cœur, radicalement incapable de comprendre le sens des mots *amour*, *poésie!*... sotte, triple sotte! Je n'y puis penser encore sans sentir mon front se colorer. . . . . »

« . . . . J'ai eu hier l'intention d'écrire à Spontini pour lui demander la permission de l'aller voir; mais cette démarche eût-elle été bien accueillie, le grand homme ne m'aurait jamais cru capable de comprendre son ouvrage comme je le comprends. Je ne serais vraisemblablement à ses yeux qu'un jeune homme passionné qui s'est pris d'un engouement puéril, pour un ouvrage mille fois au-dessus de sa portée. Il penserait de moi ce qu'il doit nécessairement penser du public. Peut-être même attribuerait-il mes élans d'admiration à de honteux motifs d'intérêt, confondant ainsi l'enthousiasme le plus sincère avec la plus basse flatterie. Horreur!... Non, il vaut mieux en finir. Je suis seul dans le monde, orphelin dès l'enfance, ma mort ne sera un malheur pour personne. Quelques-uns diront : « Il était fou. » Ce sera mon oraison funèbre... Je mourrai après-demain... On doit donner encore *la Vestale*... que je l'entende une seconde fois!... Quelle œuvre! comme l'amour y est peint!... et le fanatisme! Tous ses prêtres-dogues, aboyant sur leur malheureuse victime... Quels accords dans ce finale de géant!... Quelle mélodie jusque dans les récitatifs! Quel orchestre! Il se meut si majestueusement... les basses ondulent comme les flots de l'Océan. Les instruments sont des acteurs dont la langue est aussi expressive que celle qui se parle sur la scène. Dérivis a été superbe dans son récitatif du second acte; c'était le Jupiter Tonnant. Madame Branchu, dans l'air : *Impitoyables dieux!* m'a brisé la poitrine; j'ai failli me trouver mal. Cette femme est le génie incarné de la tragédie lyrique; elle me réconcilierait avec son sexe. Oh oui! je la verrai encore une fois, une âme... Cette *Vestale*... production surhumaine, qui ne pouvait naître que dans un siècle de miracles comme celui de Napoléon. Je concentrerai dans trois heures toute la vitalité de vingt ans d'existence... après quoi... j'irai... ruminer mon bonheur dans l'éternité. »

Deux jours après, à dix heures du soir, une détonation se fit entendre au coin de la rue Rameau, en face de l'entrée de l'Opéra. Des domestiques en riche livrée accoururent au bruit et relevèrent un homme baigné dans son sang qui ne donnait plus signe de vie. Au même instant, une dame qui sortait du théâtre, s'approchant pour demander sa voiture, reconnut le visage sanglant d'Adolphe, et s'écria : « Oh! mon Dieu, c'est le malheureux jeune homme qui me poursuit depuis Marseille! » Hortense (car c'était elle) avait instantanément conçu la pensée de faire ainsi tourner au profit de son amour-propre, la mort de celui qui l'avait froissée par un si outrageant abandon. Le lendemain, on disait au club de la rue de Choiseul : « Cette madame N*** est vraiment une femme délicieuse! à son dernier voyage dans le Midi, un Provençal en est devenu tellement fou, qu'il l'a suivie jusqu'à Paris, et s'est brûlé la cervelle à ses pieds, hier soir, à la porte de l'Opéra. Voilà un succès qui la rendra encore cent fois plus séduisante. »

Pauvre Adolphe! . . . .
. . . .
. . . .

« Le diable m'emporte, dit Moran, si Corsino en peignant son Provençal, ne nous a pas fait son propre portrait! — C'est ce que je pensais tout à l'heure, en l'écoutant réciter la lettre d'Adolphe. Vous lui ressemblez, mon cher, dis-je à Corsino. »

Celui-ci nous jette un singulier regard... baisse les yeux et part sans répondre.

TREIZIÈME SOIRÉE

SPONTINI

Esquisse biographique.

On joue un opéra-comique français, très, etc.

Tout le monde parle. Personne ne joue, excepté les quatre fidèles musiciens, les quatre Caton, aidés ce soir-là d'un tambour. Le bruit effroyable qu'ils font à eux cinq, nous gêne beaucoup pour la conversation. Mais bientôt le tambour fatigué s'arrête, le joueur de grosse caisse est pris d'une crampe au bras droit qui rend toute son ardeur inutile; et l'on peut enfin causer.

« Croyez-vous à la réalité d'un tel fanatisme? me dit Dimsky, après avoir donné son opinion sur la nouvelle du soir précédent. — Je n'y crois pas, mais je l'ai éprouvé souvent. — Butor! reprend Corsino, tu méritais une pareille réponse. » Puis, continuant : « Avez-vous connu Spontini? me dit-il. — Beaucoup, et de l'admiration que son génie m'inspira d'abord, naquit ensuite une vive affection pour sa personne. — On dit qu'il était d'une sévérité pour ses exécutants qui passe toute croyance! — On vous a trompé sous un certain rapport; je l'ai vu souvent complimenter des chanteurs médiocres. Mais il était impitoyable pour les chefs d'orchestre, et rien ne le tourmentait aussi violemment que les mouvements de ses compositions pris à contre-sens. Un jour, dans une ville d'Allemagne que je ne veux pas nommer, il assistait à une représentation de *Cortez*, dirigée par un homme incapable; au milieu du second acte, la torture qu'il ressentait devint telle, qu'il eut une attaque de nerfs et qu'on fut obligé de l'emporter.

« Soyez bon, faites-nous de lui une esquisse biographique. Sa vie doit avoir été fort agitée et offrir plus d'un enseignement.

— Je n'ai rien à vous refuser, messieurs, mais la vie de ce maître, bien qu'agitée en effet, ne contient rien de précisément romanesque. Vous allez en juger. »

Le 14 novembre 1779, naquit à Majolati, près de Jesi, dans la Marche d'Ancône, un enfant nommé Gaspard Spontini. Je ne dirai pas de lui ce que les biographes répètent sans se lasser en racontant la vie des artistes célèbres : « Il manifesta de très-bonne heure des dispositions extraordinaires pour son art. Il avait à peine six ans, qu'il produisait déjà des œuvres remarquables, etc., etc. » Non, certes, mon admiration pour son génie est trop réfléchie pour employer à son égard les banalités de la louange vulgaire. On n'ignore pas d'ailleurs ce que sont en réalité les *chefs-d'œuvre* des enfants prodiges, et de quel intérêt il eût été, pour la gloire de ceux qui sont ensuite devenus *des hommes*, que l'on détruisît dès leur apparition les ébauches ridicules de leur enfance tant prônée. Tout ce que je sais sur les premières années de Spontini, pour l'avoir entendu raconter par lui-même, se borne à quelques faits que je vais reproduire sans y attacher plus d'importance qu'ils n'en méritent.

Il avait douze ou treize ans quand il se rendit à Naples pour entrer au Conservatoire della Pietà. Fut-ce d'après le désir de l'enfant que ses parents lui ouvrirent les portes de cette célèbre école de musique, ou son père, peu fortuné sans doute, crut-il, en l'y introduisant, le mettre sur la voie d'une carrière facile autant que modeste, et ne prétendit-il faire de lui que le maître de chapelle de quelque couvent ou de quelque église du second ordre? C'est ce que j'ignore. Je pencherais volontiers pour cette dernière hypothèse, eu égard aux dispositions pour la vie religieuse manifestées par tous les autres membres de la famille de Spontini. L'un de ses frères fut curé d'un village romain, l'autre (Anselme Spontini) mourut moine il y a peu d'années dans un couvent de Venise, si je ne me trompe, et sa sœur, également, a fini ses jours dans un monastère où elle avait pris le voile.

Quoi qu'il en soit, ses études furent assez fructueuses à la Pietà pour le mettre bientôt à même d'écrire, à peu près comme tout le monde, une de ces niaiseries décorées en Italie, comme ailleurs, du nom pompeux d'opéra, qui avait pour titre *i Puntigli delle donne*. Je ne sais si ce premier essai fut représenté. Il inspira toutefois à son auteur assez de confiance en ses propres forces et d'ambition pour le porter à s'enfuir du Conservatoire et à se rendre à Rome, où il espérait pouvoir plus aisément qu'à Naples se produire au théâtre. Le fugitif fut bientôt rattrapé, et, sous peine d'être reconduit à Naples comme un vagabond, mis en demeure de justifier son escapade et les prétentions qui l'avaient inspirée, en écrivant un opéra pour le carnaval. On lui donna un livret intitulé *gli Amanti in cimento*, qu'il mit promptement en musique, et qui fut presque aussitôt représenté avec succès. Le public se livra, à l'égard du jeune maestro, aux transports ordinaires aux Romains en pareille occasion. Son âge, d'ailleurs, et l'épisode de sa fuite avaient disposé les dilettanti en sa faveur. Spontini fut donc applaudi, acclamé, redemandé, porté en triomphe, et... oublié au bout de quinze jours. Ce court succès lui valut au moins sa liberté d'abord (on le dispensa de rentrer au Conservatoire), et un engagement assez avantageux pour aller, comme on dit en Italie, *écrire* à Venise.

Le voilà donc émancipé, livré à lui-même, après un séjour qui ne paraît pas avoir été fort long dans les classes du Conservatoire napolitain. C'est ici qu'il conviendrait d'éclaircir la question qui se présente tout naturellement : Quel fut son maître ?... Les uns lui ont donné le père Martini, qui était mort avant l'entrée de Spontini au Conservatoire, et je crois même avant que celui-ci fût né; d'autres, un nommé Baroni, qu'il aurait pu connaître à Rome; ceux-ci ont fait honneur de son éducation musicale à Sala, à Traetta, et même à Cimarosa.

Je n'ai pas eu la curiosité d'interroger Spontini à ce sujet, et il n'a jamais jugé à propos de m'en entretenir. Mais j'ai pu clairement reconnaître et recueillir comme un aveu dans ses conversations, que les vrais maîtres de l'auteur de *la Vestale*, de *Cortez* et d'*Olympie* furent les chefs-d'œuvre de Gluck, qui lui apparurent pour la première fois à son arrivée à Paris en 1803, et qu'il étudia aussitôt avec passion. Quant à l'auteur des nombreux opéras italiens dont nous donnerons tout à l'heure la nomenclature, je crois qu'il importe assez peu de savoir quel professeur lui avait appris la manière de les confectionner. Les us et coutumes des théâtres lyriques italiens de ce temps y sont fidèlement observés, et le premier venu des musicastres de son pays a pu aisément lui donner une formule qui, déjà à cette époque, était le secret de la comédie. Pour ne parler que de Spontini le Grand, je crois que non-seulement Gluck, mais aussi Méhul, qui déjà avait écrit son admirable *Euphrosine*, et Chérubini par ses premiers opéras français, ont dû développer en lui le germe demeuré latent de ses facultés dramatiques, et en hâter le magnifique développement.

Je ne trouve dans ses œuvres, au contraire, aucune trace de l'influence qu'auraient pu exercer sur lui, au point de vue purement musical, les maîtres allemands, Haydn, Mozart et Beethoven. Ce dernier même était à peine connu de nom en France quand Spontini y arriva, et *la Vestale* et *Cortez* brillaient déjà depuis longtemps sur la scène de l'Opéra de Paris, quand leur auteur visita l'Allemagne pour la première fois. Non, c'est l'instinct seul de Spontini qui le guida et lui fit soudainement découvrir dans l'emploi des masses vocales et instrumentales, et dans l'enchaînement des modulations, tant de richesses inconnues ou du moins inexploitées de ses prédécesseurs pour la composition théâtrale. Nous verrons bientôt ce qui résulta de ses innovations, et la haine qu'elles lui attirèrent de la part de ses compatriotes, autant que de celle des musiciens français.

En reprenant le fil de mon récit biographique, je dois avouer mon ignorance au sujet des faits et gestes du jeune Spontini en Italie, après qu'il eut produit à Venise son troisième opéra. Je ne sais pas même bien pertinemment sur quels théâtres il donna les ouvrages qui suivirent celui-ci. Ils lui rapportèrent sans doute aussi peu d'argent que de gloire, puisqu'il se détermina à tenter la fortune en France, sans y être appelé par la voix publique ni par un puissant protecteur.

On connaît le titre des treize ou quatorze partitions italiennes composées par Spontini pendant les sept années qui suivirent son premier et éphémère succès à Rome. Ce sont : l'*Amor secreto*, l'*Isola disabitata*, l'*Eroismo ridicolo*, *Teseo riconosciuto*, la *Finta Filosofa*, la *Fuga in maschera*, i *Quadri parlanti*, il *Finto Pittore*, gli *Elisi delusi*, il *Geloso e l'Audace*, le *Metamorfosi di Pasquale*, *Chi più guarda non vede*, la *Principessa d'Amalfi*, *Berenice*.

Il avait conservé dans sa bibliothèque les manuscrits et même les livrets imprimés de toutes ces pâles compositions, qu'il montrait quelquefois à ses amis avec un sourire de dédain, comme des jouets de son enfance musicale.

A son arrivée à Paris, Spontini, je crois, eut beaucoup à souffrir. Il y vécut tant bien que mal en donnant des leçons, et obtint la représentation au Théâtre-Italien, de sa *Finta Filosofa*, qui fut accueillie favorablement. Quoi qu'en disent la plupart de ses biographes, il faut croire que l'opéra de *Milton*, de M. de Jouy, fut le premier essai de Spontini sur des paroles françaises, et qu'il précéda le petit et insignifiant ouvrage intitulé *Julie ou le Pot de Fleurs*.

Sur le titre de ces deux partitions gravées, on lit en effet que *Milton* fut représenté à l'Opéra-Comique le 27 novembre 1804, et que *Julie* y parut seulement le 12 mars 1805. *Milton* fut assez bien reçu. *Julie*, au contraire, succomba sous le poids de l'indifférence publique, comme mille autres productions du même genre, que nous voyons journellement naître et mourir sans que personne daigne y prendre garde. Un seul morceau en a été conservé par les théâtres de vaudeville, c'est l'air *Il a donc fallu pour la gloire*. Le célèbre acteur Ellevion avait pris Spontini en affection; voulant lui fournir l'occasion d'une revanche, il lui procura un livret d'opéra-comique en trois actes : *la Petite Maison*, qui très-problablement ne valait pas mieux que *Julie*, et que l'imprudent musicien eut la faiblesse d'accepter. *La Petite Maison* s'écroula avec un tel fracas et si complétement, qu'il n'en est pas resté trace. La représentation n'en put même être achevée. Ellevion y jouait un rôle important ; indigné de quelques sifflets isolés, il s'oublia jusqu'à adresser à l'auditoire un geste méprisant. Le plus affreux tumulte s'ensuivit, le parterre en fureur s'élança dans l'orchestre, chassa les musiciens, et brisa tout ce qui lui tomba sous la main.

Après ce double échec du jeune compositeur, toutes les portes allaient nécessairement se fermer devant lui. Mais une haute protection, celle de l'impératrice Joséphine, lui restait; elle ne lui fit pas défaut, et c'est certainement à elle seule que le génie de Spontini, qu'on allait éteindre avant son lever, dut de pouvoir, deux ans plus tard, faire au ciel de l'art sa radieuse ascension. M. de Jouy conservait depuis longtemps en portefeuille un poëme de grand opéra, *la Vestale*, refusé par Méhul et par Cherubini. Spontini le sollicita avec de si vives instances, que l'auteur se décida enfin à le lui confier.

Pauvre alors, déjà décrié et haï de la tourbe des musiciens de Paris, Spontini oublia tout, en s'élançant comme un aigle sur sa riche proie. Il s'enferma dans un misérable réduit, négligea ses élèves, insoucieux des premières nécessités de la vie et travailla à son œuvre avec cette ardeur fiévreuse, cette passion frémissante, indices certains de la première éruption de son volcan musical.

La partition achevée, l'impératrice la fit mettre immédiatement à l'étude à l'Opéra; et ce fut alors que commença pour le protégé de Joséphine le supplice des répétitions supplice affreux pour un novateur sans autorité acquise, et auquel le personnel tout entier des exécutants était naturellement et systématiquement hostile; lutte de tous les instants contre des intentions malveillantes; déchirants efforts pour déplacer des bornes, échauffer des glaçons, raisonner avec des fous, parler d'amour à des envieux, de courage à des lâches. Tout le monde se révoltait contre les prétendues difficultés de l'œuvre nouvelle, contre les formes inusitées de ce grand style, contre les mouvements impétueux de cette passion incandescente allumée aux plus purs rayons du soleil d'Italie. Chacun voulait retrancher, couper, émonder, aplatir cette fière musique, aux rudes exigences, qui fatiguait ses interprètes en leur demandant sans cesse de l'attention, de la vigueur et une fidélité scrupuleuse. Madame Branchu elle-même, cette femme inspirée qui créa d'une si admirable façon le rôle de Julia, m'a avoué ensuite, non sans regretter ce coupable découragement, avoir un jour déclaré à Spontini qu'elle n'apprendrait jamais ses *inchantables récitatifs*. Les remaniements dans l'instrumentation, les suppressions, les réinstallations des phrases, les transpositions, avaient déjà causé à l'administration de l'Opéra des frais énormes de copie. Sans la bonté infatigable de Joséphine et la *volonté* de Napoléon qui exigea que l'on fît *l'impossible*, il est hors de doute que la partition de *la Vestale*, repoussée comme absurde et inexécutable, n'eût jamais vu le jour. Mais, pendant que le pauvre grand artiste se tordait au milieu des tortures qu'on lui infligeait avec une si cruelle persistance à l'Opéra, le Conservatoire faisait fondre le plomb qu'il voulait, lui, au grand jour de la représentation, verser dans ses plaies vives. Toute la marmaille des rapins contre-pointistes, jurant, sur la parole de leurs maîtres, que Spontini ne savait pas les premiers éléments de l'harmonie, que son chant était posé sur l'accompagnement *comme une poignée de cheveux sur une soupe* (j'ai entendu pendant plus de dix ans dans les classes du Conservatoire cette noble comparaison appliquée aux œuvres de Spontini), tous ces jeunes tisseurs de notes, capables de comprendre et de sentir les grandes choses de l'art musical, comme MM. les portiers, leurs pères, l'étaient de juger de littérature et de philosophie, se liguaient pour faire tomber *la Vestale*. Le système des sifflets ne fut pas admis. Celui des bâillements et des rires ayant été adopté, chacun de ces mirmidons devait, à la fin du second acte, se coiffer d'un bonnet de nuit et faire mine de s'endormir.

Je tiens ce détail du chef même de la bande des dormeurs. Il s'était adjoint, pour la direction du sommeil, un jeune chanteur de romances, devenu plus tard l'un de nos plus célèbres compositeurs d'opéras comiques. Toutefois le premier acte s'exécuta sans encombre, et les cabaleurs, ne pouvant méconnaître l'effet de cette belle musique, si mal écrite, à les en croire, se contentaient de dire avec un étonnement naïf qui n'avait plus rien d'hostile : « Cela va! » Boïeldieu, assistant vingt-deux ans après à la répétition générale de la symphonie en *ut mineur* de Beethoven, disait aussi avec le même sentiment de surprise : « Cela va! » Le scherzo lui avait paru si *bizarrement* écrit, qu'à son avis cela *ne devait pas aller!* Hélas! il y a bien d'autres choses qui sont allées, qui vont et qui iront, malgré les professeurs de contre-point et les auteurs d'opéras comiques.

Quand vint le second acte de *la Vestale*, l'intérêt toujours croissant de la scène du temple ne permit pas aux conspirateurs de songer un instant à l'exécution de la misérable farce qu'ils avaient préparée, et le finale leur arracha, tout comme au public impartial, de chaleureux applaudissements dont ils eurent sans doute à faire amende honorable le lendemain, en continuant, dans leurs classes, à vilipender cet ignorant Italien, qui avait su pourtant les émouvoir si vivement. Le temps est un grand maître! Cet adage n'est pas neuf; mais la révolution qui s'est faite en douze ou quinze ans dans les idées de notre Conservatoire est une preuve frappante de sa vérité. Il n'y a plus guère aujourd'hui dans cet établissement de préjugés ni de parti pris hostiles aux choses nouvelles; l'esprit de l'école est excellent. Je crois que la Société des concerts, en familiarisant les jeunes musiciens avec une foule de chefs-d'œuvre, écrits par des maîtres dont le génie hardi et indépendant n'a jamais connu seulement nos rêveries scolastiques, est pour beaucoup dans ce résultat. Aussi l'exécution des fragments de *la Vestale* par la Société des concerts et les élèves du Conservatoire obtient-elle toujours un succès immense, succès d'applaudissements, de cris, de larmes, qui trouble les exécutants et le public à tel point, qu'on se trouve quelquefois pendant une longue demi-heure dans l'impossibilité de continuer le concert. Un jour, en pareille circonstance, Spontini, caché au fond d'une loge, observait philosophiquement cette tempête d'enthousiasme, et se demandait sans doute, en voyant les manifestations tumultueuses de l'orchestre et des choristes, ce que sont devenus tous les petits drôles, tous les petits contre-pointistes, tous les petits-crétins de 1807, quand le parterre, l'ayant aperçu, se leva en masse en se tournant vers lui, et la salle d'éclater de nouveau en cris de reconnaissance et d'admiration. Clameur sublime dont les âmes émues saluent le vrai génie, et sa plus noble récompense! N'y a-t-il pas quelque chose de providentiel dans ce triomphe décerné au grand artiste au sein même de l'École où, pendant trente ans et plus, on enseigne la haine de sa personne et le mépris de ses ouvrages.

Et cependant, combien la musique de *la Vestale* doit perdre, ainsi privée du prestige de la scène, pour ceux des auditeurs surtout (et le nombre en est grand) qui ne l'ont jamais entendue à l'Opéra! Comment deviner au concert cette multitude d'effets divers où l'inspiration dramatique éclate avec tant d'abondance et de profondeur? Ce que ces auditeurs peuvent saisir, c'est une vérité d'expression qu'on devine dès les premières mesures de chaque rôle, c'est l'intensité de la passion qui rend cette musique lumineuse par l'ardente flamme qui y est concentrée, *sunt lacrymæ rerum*, et la valeur purement musicale des mélodies et des groupes d'accords. Mais il y a des idées qui ne peuvent s'apercevoir qu'à la représentation; il en est une, entre autres, d'une beauté rare au second acte. La voici : Dans l'air de Julia : ***Impi-***

toyables dieux! air dans le mode mineur et plein d'une agitation désespérée, se trouve une phrase navrante d'abandon et de douloureuse tendresse : *Que le bienfait de sa présence enchante un seul moment ces lieux.* Après la fin de l'air et ces mots de récitatif : *Viens, mortel adoré, je te donne ma vie,* pendant que Julia va au fond du théâtre pour ouvrir à Licinius, l'orchestre reprend un fragment de l'air précédent où les accents du trouble passionné de *la Vestale* dominent encore; mais, au moment même où la porte s'ouvre en donnant passage aux rayons amis de l'astre des nuits, un *pianissimo* subit ramène dans l'orchestre, un peu ornée par les instruments à vent, la phrase *Que le bienfait de sa présence* ; il semble aussitôt qu'une délicieuse atmosphère se répande dans le temple, c'est un parfum d'amour qui s'exhale, c'est la fleur de la vie qui s'épanouit, c'est le ciel qui s'ouvre, et l'on conçoit que l'amante de Licinius, découragée de sa lutte contre son cœur, vienne en chancelant s'affaisser au pied de l'autel, prête à donner sa vie pour un instant d'ivresse. Je n'ai jamais pu voir représenter cette scène sans en être ému jusqu'au vertige. A partir de ce morceau, cependant, l'intérêt musical et l'intérêt dramatique vont sans cesse grandissant ; et l'on pourrait presque dire que, dans son ensemble, le second acte de *la Vestale* n'est qu'un *crescendo* gigantesque, dont le *forte* éclate à la scène finale du voile seulement. Vous n'attendez pas, messieurs, que j'analyse ici les beautés de l'immortelle partition que vous admirez tous autant que je l'admire. Mais comment ne pas signaler en passant des merveilles d'expression comme celles qu'on trouve au début du duo des amants ;

LICINIUS.
Je te vois.

JULIA.
En quels lieux!

LICINIUS.
Le dieu qui nous rassembla
Veille autour de ces murs et prend soin de tes jours.

JULIA.
Je ne crains que pour toi!

Quelle différence entre les accents de ces deux personnages! les paroles de Licinius se pressent sur ses lèvres brûlantes; Julia, au contraire, n'a presque plus d'inflexions dans la voix, la force lui manque, elle meurt. Le caractère de Licinius se développe mieux encore dans sa cavatine, dont on ne saurait assez admirer la beauté mélodique ; il est tendre d'abord, il console, il adore, mais vers la fin, à ces mots :

> Va, c'est aux dieux à nous porter envie,

une sorte de fierté se décèle dans son accent, il contemple sa belle conquête, la joie de la possession devient plus grande que le bonheur même, et sa passion se colore d'orgueil. Quant au duo, et surtout à la péroraison de l'ensemble :

> C'est pour toi seul que je veux vivre !
> Oui, pour toi seule je veux vivre !

ce sont choses indescriptibles; il y a là des palpitations, des cris, des étreintes éperdues qui ne sont point connues de vous, pâles amants du Nord : c'est l'amour italien dans sa grandeur furieuse et ses volcaniques ardeurs. Au finale, à l'entrée du peuple et des prêtres dans le temple, les formes rhythmiques grandissent démesurément; l'orchestre, gros de tempêtes, se soulève et ondule avec une majesté terrible; il s'agit ici du fanatisme religieux.

> O crime! ô désespoir! ô comble de revers!
> Le feu céleste éteint! la prêtresse expirante!
> Les dieux pour signaler leur colère éclatante,
> Vont-ils dans le chaos replonger l'univers?

Ce récitatif est effrayant de vérité dans son développement mélodique, dans ses modulations et son instrumentation; c'est d'un grandiose monumental ; partout s'y manifeste la force menaçante d'un prêtre de Jupiter Tonnant. Et, parmi les phrases de Julia, successivement pleines d'accablement, de résignation, de révolte et d'audace, il y a de ces accents si naturels qu'il semble qu'on n'eût pu en employer d'autres; et si rares pourtant que les plus belles partitions en contiennent à peine quelques-uns. Tels sont ceux :

> Eh quoi! je vis encore!..........
> Qu'on me mène à la mort!..........
> Le trépas m'affranchit de ton autorité!..........
> Prêtres de Jupiter, je confesse que j'aime!..........
> Est-ce assez d'une loi pour vaincre la nature!..........
> Vous ne le saurez pas..........

A cette dernière réponse de Julia à la question du pontife, les foudres de l'orchestre éclatent avec fracas, on sent qu'elle est perdue, que la touchante prière que la malheureuse vient d'adresser à Latone ne la sauvera pas. Le récitatif mesuré : *Le temps finit pour moi*, est un chef-d'œuvre de modulation, eu égard à ce qui précède et à ce qui suit. Le grand prêtre a terminé sa phrase dans le ton de *mi majeur*, qui sera bientôt celui du chœur final. Le chant de la Vestale s'éloignant peu à peu de cette tonalité, va faire repos sur la dominante d'*ut* mineur; alors, les altos commencent seuls une sorte de trémolo sur le *si* que l'oreille prend pour la note *sensible* du ton établi en dernier lieu, et amènent, par ce même *si*, qui va redevenir tout d'un coup la note *dominante*, l'explosion des instruments de cuivre et des timbales dans le ton de *mi* majeur qui vibre de nouveau avec un redoublement de sonorité, comme ces lueurs qui, la nuit, reparaissent plus éblouissantes quand un obstacle les a pour instant dérobées à nos yeux. Pour l'anathème, maintenant, sous lequel le pontife abîme sa victime, autant que pour la stretta, toute description est aussi impuissante qu'inutile pour quiconque ne les a pas entendus. C'est là surtout qu'on reconnaît la puissance de cet orchestre de Spontini, qui, malgré les développements variés de l'instrumentation moderne, est resté debout, majestueux, beau de formes, drapé à l'antique et brillant comme au jour où il jaillit tout armé du cerveau de son auteur. On palpite avec douleur sous les incessantes répercussions du rhythme impitoyable du double chœur syllabique des prêtres, contrastant avec la gémissante mélodie des vestales éplorées. Mais la divine angoisse de l'auditeur ne parvient à son comble qu'à l'endroit où abandonnant l'emploi du rhythme précipité, les instruments et les voix, les uns en sons soutenus, les autres en tremolo, versent à torrents continus les stridents accords de la péroraison; c'est là le point culminant de ce crescendo qui s'est échauffé en grandissant pendant toute la seconde moitié du second acte, et auquel, à mon sens, aucun autre n'est comparable pour son immensité et la lenteur formidable de son progrès. Pendant les grandes exécutions de cette scène olympienne au Conservatoire et à l'Opéra de Paris, tout frémit, le public, les exécutants, l'édifice lui-même qui, métallisé de la base au faîte, semble comme un gong colossal, projeter de sinistres vibrations. Les moyens des petits théâtres semblables au vôtre, messieurs, sont insuffisants à produire cet étrange phénomène.

Remarquez maintenant, au sujet de la disposition des voix d'hommes dans cette stretta sans pareille, que loin d'être une *maladresse* et une *pauvreté*, ainsi qu'on l'a prétendu, le morcellement des forces vocales a été là profondément calculé. Les ténors et les basses sont, au début, divisés en six parties, dont trois seulement se font entendre à la fois; c'est un double chœur dialogué. Le premier chœur chante trois notes que le second répète immédiatement, de manière à produire une incessante répercussion de chaque temps de la mesure, et sans qu'il y ait jamais, par conséquent, plus d'une moitié des voix d'hommes employées à la fois. Ce n'est qu'à l'approche du *fortissimo* que toute cette masse se réunit en un seul chœur; c'est au moment où, l'intérêt mélodique et l'expression passionnée ayant atteint leur plus haute puissance, le rhythme haletant a besoin de nouvelles forces pour lancer les déchirantes harmonies dont le chant des femmes est accompagné. C'est la conséquence du vaste système de crescendo adopté par l'auteur et dont le terme extrême se trouve, je l'ai déjà dit, à l'accord dissonnant qui éclate quand le pontife jette sur la tête de Julia le fatal voile noir. C'est une admirable combinaison, au contraire, pour laquelle il n'y a pas assez d'éloges et dont il n'était permis de méconnaître la valeur qu'à un demi-quart de musicien, comme celui qui la blâmait. Mais il est naturel à la critique ainsi dirigée de bas en haut, de faire aux hommes exceptionnels qu'elle se permet de morigéner, précisément un reproche de leurs qualités et de voir de la faiblesse dans la manifestation la plus évidente de leur savoir et de leur force.

Quand donc les Paganini de l'art d'écrire ne seront-ils plus obligés de recevoir des leçons des aveugles du pont Neuf?...

Le succès de *la Vestale* fut éclatant et complet. Cent représentations ne purent suffire à lasser l'enthousiasme des Parisiens; on joua *la Vestale* tant bien que mal, sur tous les théâtres de la province; on la représenta en Allemagne; elle occupa même toute une saison la scène de Saint-Charles, à Naples, où madame Colbran, devenue depuis madame Rossini, joua le rôle de Julia; succès dont l'auteur ne fut informé que longtemps après et qui lui causa une joie profonde.

Ce chef-d'œuvre tant admiré pendant vingt-cinq ans de toute la France, serait presque étranger à la génération musicale actuelle, sans les grands concerts qui le remettent de temps en temps en lumière. Les théâtres ne l'ont pas conservé dans leur répertoire, et c'est un avantage dont les admirateurs de Spontini doivent se féliciter. Son exécution demande en effet des qualités qui deviennent de plus en plus rares. Elle exige impérieusement de grandes voix exercées dans le grand style, des chanteurs et surtout des cantatrices doués de quelque chose de plus que le talent; il faut, pour bien rendre des œuvres de cette nature, des chœurs qui sachent chanter et agir: il faut un puissant orchestre, un chef d'une grande habileté pour le conduire et l'animer, et par-dessus tout il faut que l'ensemble des exécutants soit pénétré du sentiment de l'expression, sentiment presque éteint aujourd'hui en Europe, où les plus énormes absurdités se popularisent à merveille, où le style le plus trivial et surtout le plus faux est celui qui, dans les théâtres, a le plus de chances de succès. De là l'extrême difficulté de trouver pour ces modèles de l'art pur des auditeurs et de dignes interprètes. L'abrutissement du gros public, son inintelligence des choses de l'imagination et du cœur, son amour pour les platitudes brillantes, la bassesse de tous ses instincts mélodiques et rhythmiques, ont dû naturellement pousser les artistes sur la voie qu'ils suivent maintenant. Il semble au bon sens le plus vulgaire que le goût du public devrait être formé par eux, mais c'est malheureusement au contraire celui des artistes, qui est déformé et corrompu par le public.

Il ne faut pas argumenter en sa faveur de ce qu'il adopte et fait triompher de temps en temps quelque bel ouvrage. Cela prouve seulement, bien que le *moindre grain de mil* eût fait mieux son affaire, qu'il a par mégarde avalé une perle, et que son palais est encore moins délicat que celui du coq de la fable, qui ne s'y trompait pas. Sans cela, en effet, si c'est parce qu'ils sont beaux que le public a applaudi certains ouvrages, il aurait, par la raison contraire, en d'autres occasions, manifesté une indignation courroucée, il aurait demandé un compte sévère de leurs œuvres aux hommes qui sont venus si souvent devant lui souffleter l'art et le bon sens. Et il est loin de l'avoir fait. Quelque circonstance étrangère au mérite de l'ouvrage en aura donc amené le succès ; quelque jouet sonore aura amusé ces grands enfants ; ou bien une exécution entraînante de verve ou d'un luxe inaccoutumé les aura fascinés. Car, à Paris du moins, en prenant le public au dépourvu, avant qu'il ait eu le temps de se faire faire son opinion, avec une exécution exceptionnelle *par l'éclat de ses qualités extérieures*, on lui fait tout admettre.

On conçoit maintenant qu'il faille se féliciter de l'abandon où les théâtres de France laissent les partitions monumentales, puisque l'oblitération du sens expressif du public étant évidente et éprouvée comme elle l'est, il ne reste de chances de succès pour des miracles d'expression, comme *La Vestale* et *Cortez*, que dans une exécution impossible à obtenir aujourd'hui.

A l'époque où Spontini vint en France, l'art du chant orné chez les femmes, n'était sans doute pas aussi avancé qu'il l'est maintenant, mais à coup sûr le chant large, dramatique, passionné, existait pur de tout alliage ; il existait, du moins à l'Opéra. Il y avait alors une Julia, une Armide, une Iphigénie, une Alceste, une Hypermnestre. Il avait madame Branchu, type de ces voix de soprano, pleines et retentissantes, douces et fortes, capables de dominer les chœurs de l'orchestre, et pouvant s'éteindre jusqu'au murmure le plus affaibli de la passion timide, de la crainte ou de la rêverie. Cette femme n'a jamais été remplacée. On avait oublié depuis longtemps l'admirable manière dont elle disait les récitatifs et chantait les mélodies lentes et douloureuses, quand Duprez, lors de ses débuts dans *Guillaume Tell*, vint rappeler la puissance de cet art porté à ce degré de perfection. Mais à ces qualités éminentes, madame Branchu joignait encore celles d'une impétuosité irrésistible dans les scènes d'élan et une facilité d'émission de voix qui ne l'obligeait jamais à ralentir hors de propos les mouvements, ou à ajouter des temps à la mesure, comme on le fait à tout propos aujourd'hui. En outre, madame Branchu était une tragédienne du premier ordre, qualité indispensable pour remplir les grands rôles de femmes écrits par Gluck et Spontini ; elle possédait l'entraînement, une sensibilité réelle, et n'avait jamais dû chercher des procédés pour les imiter. Je ne l'ai pas vue dans ce rôle de Julia écrit pour elle ; à l'époque où je l'entendis à l'Opéra, elle avait déjà renoncé à le jouer. Mais ce qu'elle était dans *Alceste*, dans *Iphigénie en Aulide*, dans les *Danaïdes* et dans *Olympie*, me fit juger de ce qu'elle avait dû être quinze ans auparavant dans *la Vestale*. En outre, Spontini eut encore le bonheur, en montant son ouvrage, de trouver un acteur spécial pour le rôle du souverain pontife : ce fut Dérivis père, avec sa voix formidable, sa haute stature, sa diction dramatique, son geste savant et majestueux. Il était jeune alors, presque inconnu. Le rôle du pontife avait été donné à un autre acteur, qui s'en tirait fort mal et, comme de raison, grommelait sans cesse aux répétitions contre les prétendues difficultés de cette musique qu'il ne pouvait comprendre. Un jour qu'au foyer du chant son ineptie et son impertinence se manifestaient plus évidemment que de coutume, Spontini, indigné, lui arracha le rôle des mains et le jeta dans le feu. Dérivis était présent; il s'élance vers la cheminée, plonge sa main dans la flamme et en retire le rôle en s'écriant : « Je l'ai sauvé, je le garde! — Il est à toi, répondit l'auteur, et je suis sûr que tu seras digne de lui! » Le pronostic ne fut pas trompeur; ce rôle fut en effet l'un des meilleurs créés par Dérivis, et même le seul sans doute qui pût permettre à l'inflexibilité de sa rude voix de se montrer sans désavantage.

Cette partition est d'un style, selon moi, tout à fait différent de celui qu'avaient adopté en France les compositeurs de cette époque. Ni Méhul, ni Cherubini, ni Berton, ni Lesueur, n'écrivirent ainsi. On a dit que Spontini procédait de Gluck. Sous le rapport de l'inspiration dramatique, de l'art de dessiner un caractère, de la fidélité et de la véhémence de l'expression, cela est vrai. Mais quant au style mélodique et harmonique, quant à l'instrumentation, quant au coloris musical, il ne procède que de lui-même. Sa musique a une physionomie particulière qu'on ne saurait méconnaître; quelques négligences harmoniques (très-rares) ont servi de prétexte à mille ridicules reproches d'incorrection, fulminés autrefois contre elle par les conservatoriens, reproches attirés bien plus encore par des harmonies neuves et belles que le grand maître avait trouvées et appliquées avec bonheur, avant que les magister du temps eussent songé qu'elles existaient ou trouvé la raison de leur existence. C'était là son grand crime. Y songeait-il en effet? employer des accords et des modulations que l'usage n'avait pas encore vulgarisés, et avant que les docteurs eussent décidé s'il était permis d'en faire usage!... Il y avait aussi, il faut bien le dire, un autre motif à cette levée de boucliers du Conservatoire. Si l'on en excepte Lesueur, dont l'opéra des *Bardes* eut un grand nombre de représentations brillantes, aucun des compositeurs de l'époque n'avait pu réussir à l'Opéra. La *Jérusalem* de Persuis et son *Triomphe de Trajan* obtinrent de ces succès passagers qui ne comptent point dans l'histoire de l'art, et qu'on put, d'ailleurs, attribuer à la pompe de la mise en scène et à des allusions que les circonstances politiques permettaient d'établir alors, entre les héros de ces drames et le héros du drame immense qui faisait palpiter le monde entier. Le grand répertoire de l'Opéra fut donc pendant une longue suite d'années soutenu presque exclusivement par les deux opéras de Spontini (*la Vestale* et *Fernand Cortez*) et par les cinq partitions de Gluck. La vieille gloire du compositeur allemand n'avait de rivale sur notre première scène lyrique que la jeune gloire du maître italien. Tel était le motif de la haine que lui portait l'école dirigée par des musiciens dont les tentatives pour régner à l'Opéra avaient été infructueuses.

On n'eût jamais pu venir à bout, disait-on, de représenter *la Vestale*, sans les corrections que des hommes savants voulurent bien faire à cette monstrueuse partition pour la rendre exécutable! etc., etc. De là les prétentions risibles d'une foule de gens au mérite d'avoir retouché, corrigé, épuré l'œuvre de Spontini. Je connais, pour ma part, quatre compositeurs qui passent pour y avoir mis la main. Quand ensuite le succès de *la Vestale* fut bien assuré, irrésistible et incontestable, on alla plus loin : il ne s'agissait plus de corrections seulement, mais bien de morceaux entiers que chacun des correcteurs aurait composés pour elle ; l'un prétendait avoir fait le duo du second acte, l'autre la marche funèbre du troisième, etc. Il est singulier que, dans le nombre considérable de duos et de marches écrits par ces illustres maîtres, on ne puisse trouver de morceaux de ce genre ni de cette hauteur d'inspiration !..... Ces messieurs auraient-ils poussé le dévouement jusqu'à faire présent à Spontini de leurs plus belles idées ? une telle abnégation passe les bornes du sublime !..... enfin on en vint à cette version longtemps admise dans les limbes musicales de France et d'Italie : Spontini n'était pas du tout l'auteur de *la Vestale*. Cette œuvre, écrite au rebours du bon sens, corrigée par tout le monde, sur laquelle avaient frappé sans relâche pendant si longtemps les anathèmes scolastiques et académiques, cette œuvre indigeste et confuse, Spontini n'eût pas même été capable de la produire ; il l'avait achetée

... faite *chez un épicier*; elle était due à la plume d'un compositeur *allemand* mort de misère à Paris, Spontini n'avait eu qu'à *arranger* les mélodies de ce malheureux musicien sur les paroles de M. de Jouy, et à ajouter quelques mesures pour l'enchaînement des scènes. Il faut convenir qu'il les a habilement arrangées, on jurerait que chaque note a été écrite pour la parole à laquelle elle est unie. M. Castil-Blaze lui-même n'est pas encore allé jusque-là. Vainement demandait-on quelquefois chez quel épicier Spontini avait plus tard acheté la partition de *Fernand Cortez* qui n'est pas, on le sait, sans mérite; nul n'a jamais pu le savoir. Que de gens pourtant à qui l'adresse de ce précieux négociant eût été bonne à connaître, et qui se fussent empressés d'aller chez lui à la provision : ce doit être le même assurément qui vendit à Gluck sa partition d'*Orphée* et à J. J. Rousseau son *Devin du village*. (Ces deux ouvrages de mérites si disproportionnés ont été également contestés à leurs auteurs.)

Mais trêve à ces incroyables folies : personne ne doute que la rage envieuse ne puisse produire, chez les malheureux qu'elle dévore, un état voisin de l'imbécillité.

Maître d'une position disputée avec tant d'acharnement, et connaissant enfin sa force, Spontini se disposait à entreprendre une autre composition dans le style antique. Il s'agissait d'une *Électre;* quand l'empereur lui fit dire qu'il le verrait avec plaisir prendre pour sujet de son nouvel ouvrage *la conquête du Mexique* par Fernand Cortez. C'était un ordre auquel le compositeur s'empressa d'obéir. Néanmoins, la tragédie d'*Électre* l'avait profondément impressionné : la mettre en musique était un de ses plus chers projets, et je l'ai souvent entendu exprimer le regret de l'avoir abandonné.

Je crois pourtant que le choix de l'empereur fut un bonheur pour l'auteur de *la Vestale*, en ce qu'il le détourna de faire une seconde fois de l'antique et l'obligea, au contraire, à chercher pour des scènes tout aussi émouvantes, mais plus variées et moins solennelles, ce coloris étrange et charmant, cette expression si fière et si tendre, et ces heureuses hardiesses qui font de la partition de *Cortez* la digne émule de sa sœur aînée. Le succès du nouvel opéra fut triomphal. Spontini, à partir de ce jour, resta le maître de notre première scène lyrique, et dut s'écrier comme son héros

Cette terre est à moi, je ne la quitte plus !

On m'a souvent demandé lequel des deux premiers grands opéras de Spontini je préférais, et j'avoue qu'il m'a toujours été impossible de répondre. *Cortez* ne ressemble à *la Vestale* que par la fidélité et la beauté constante de l'expression. Quant aux autres qualités de son style, elles sont entièrement différentes de celles du style de son aînée. Mais la scène de la révolte des soldats de *Cortez* est un de ces miracles à peu près introuvables dans les mille opéras écrits jusqu'à ce jour ; miracle auquel le final du second acte de *la Vestale* peut seul, je le crains, servir de pendant. Dans la partition de *Cortez*, tout est énergique et fier, brillant, passionné et gracieux ; l'inspiration y brûle et déborde, et la raison la dirige cependant. Tous les caractères y sont d'une incontestable vérité. Amazily est tendre et dévoué ; Cortez, emporté, fougueux, quelquefois tendre aussi ; Telasco, sombre, mais noble dans son sauvage patriotisme. Il y a là de ces grands coups d'ailes que les aigles donnent seuls, des séries d'éclairs à illuminer tout un monde.

Oh ! qu'on ne vienne pas me parler de *travail pénible*, de prétendues *incorrections harmoniques*, ni des défauts que l'on reproche encore à Spontini : car, quand ils seraient vrais, l'effet produit par son œuvre, mon émotion et celle de mille autres musiciens qu'il n'est pas facile d'éblouir, n'en sont pas moins vraies à leur tour. Si l'on ajoute que, dans notre exaltation, nous avons perdu la faculté de raisonner, c'est le plus immense éloge qui puisse être fait de cette musique. Ah ! parbleu ! je voudrais les y voir tous ceux qui nient la supériorité d'une pareille puissance. Tenez, leur dirais-je, vous n'exigez pas apparemment que la composition musicale et dramatique ait pour but unique de *parler au raisonnement* des auditeurs et de les laisser parfaitement calmes et froids dans leur contemplation méthodique? Eh bien! puisque vous accordez que l'art peut aussi, sans trop se ravaler, tendre à produire sur certaines organisations ces émotions qu'elles préfèrent, voici des choristes nombreux et bien exercés, un excellent orchestre, des chanteurs choisis entre tous, un poëme semé de situations saisissantes, des vers bien coupés pour la musique; allons! à l'œuvre! essayez donc de nous émouvoir, de nous faire perdre la faculté de raisonner, comme vous dites, ce sera chose facile, à votre avis, puisque après un acte de *Cortez*, on nous voit ainsi enfiévrés et palpitants. Ne vous gênez pas, nous nous livrons à vous sans défense : abusez de notre impressionnabilité; nous apporterons des sels, il y aura des médecins dans la salle pour juger le point auquel l'ivresse musicale peut être poussée sans danger pour la vie humaine.

Ah! pauvres gens, nous vous aurions bientôt prouvé, je le crains, que vos efforts sont vains, que la raison nous reste, et que notre main ne tremble pas en promenant le scalpel sur toutes les parties de votre œuvre pour y constater l'absence du cœur. . . . .

Après une des dernières représentations de *Cortez* à Paris, j'écrivis à Spontini la lettre suivante, qui le fit un peu sortir, quand il la lut, de son apparente froideur habituelle.

« CHER MAÎTRE,

» Votre œuvre est noble et belle, et c'est peut-être aujourd'hui, pour les artistes capables d'en apprécier les magnificences, un *devoir* de vous le répéter. Quels que puissent être à cette heure vos chagrins, la conscience de votre génie et de l'inappréciable valeur de ses créations vous les fera aisément oublier.

» Vous avez excité des haines violentes, et, à cause d'elles, quelques-uns de vos admirateurs semblent craindre d'avouer leur admiration. Ceux-là sont des lâches! J'aime mieux vos ennemis.

» On a donné hier *Cortez* à l'Opéra. Tout brisé encore par le terrible effet de la scène de la révolte, je viens vous crier :

Gloire! gloire! gloire et respect à l'homme dont la pensée puissante, échauffée par son cœur, a créé cette scène immortelle! Jamais, dans aucune production de l'art, l'indignation sut-elle trouver de pareils accents? Jamais enthousiasme guerrier fut-il plus brûlant et plus poétique? A-t-on quelque part montré sous un pareil jour, peint avec de telles couleurs, l'*audace* et la *volonté*, ces fières filles du génie? — Non! et personne ne le croit.

» C'est beau, c'est vrai, c'est neuf, c'est sublime! Si la musique n'était pas abandonnée à la charité publique, on aurait quelque part en Europe un théâtre, un panthéon lyrique, exclusivement consacré à la représentation des chefs-d'œuvre monumentaux, où ils seraient exécutés à longs intervalles, avec un soin et une pompe dignes d'eux, par des *artistes*, et écoutés aux fêtes solennelles de l'art par des auditeurs sensibles et intelligents.

» Mais, partout à peu près, la musique, déshéritée des prérogatives de sa noble origine, n'est qu'une enfant trouvée qu'on semble vouloir contraindre à devenir une fille perdue.

» Adieu, cher maître, il y a la religion du beau, je suis de celle-là; et si c'est un devoir d'admirer les grandes choses et d'honorer les grands hommes, je sens, en vous serrant la main, que c'est de plus un bonheur. »

Ce fut un an après l'apparition de *Fernand Cortez* que Spontini fut nommé directeur du Théâtre-Italien. Il avait réuni une troupe excellente, et c'est à lui que l'on dut d'entendre pour la première fois, à Paris, le *Don Giovanni* de Mozart. Les rôles étaient ainsi distribués : don Giovanni, Tacchinardi; Leporello, Barilli; Mazetto, Porto; Ottavio, Crivelli; donna Anna, madame Festa; Zerlina, madame Barilli.

Néanmoins, malgré les services éminents que Spontini rendait à l'art dans sa direction du Théâtre-Italien, une intrigue, d'une espèce assez vulgaire, l'obligea bientôt à l'abandonner. Paër, d'ailleurs, dirigeant à la même époque le petit théâtre italien de la cour, et peu charmé des succès de son rival sur la vaste scène de l'Opéra, affectait de le dénigrer, le traitait de renégat, l'appelant pour le franciser M. *Spontin* et le faisait en mainte circonstance tomber dans ces piéges que le signor Asturio, on le sait, tendait si bien.

Redevenu libre, Spontini écrit un opéra de circonstance, *Pélage ou le Roi de la Paix*, aujourd'hui oublié; puis *les Dieux rivaux*, opéra-ballet, en société avec Persuis, Berton et Kreutzer. Lors de la reprise des *Danaïdes*, Salieri, trop vieux pour quitter Vienne, lui confia le soin de diriger les études de son ouvrage, en l'autorisant à y faire les changements et les additions qu'il jugerait nécessaires. Spontini se borna à retoucher, dans la partition de son compatriote, la fin de l'air d'Hypermnestre : « *Par les larmes dont votre fille,* » en y ajoutant une *coda* pleine d'élan dramatique. Mais il composa pour elle plusieurs airs de danse délicieux et une bacchanale qui restera comme un modèle de verve brûlante et le type de l'expression de la joie sombre et échevelée.

A ces divers travaux succéda la composition d'*Olympie*, grand opéra en trois actes. A sa première apparition, ni à la reprise qu'on en fit en 1827, celui-ci ne put obtenir le succès qui, selon moi, lui était dû. Diverses causes concoururent fortuitement à en arrêter l'essor. Les idées politiques elles-mêmes lui firent la guerre. L'abbé Grégoire occupait alors beaucoup l'opinion. On crut voir une intention préméditée de faire allusion à ce célèbre régicide dans la scène d'*Olympie* où Statira s'écrie :

> Je dénonce à la terre
> Et vous à sa colère
> L'assassin de son roi.

Dès lors le parti libéral tout entier se montra hostile à l'œuvre nouvelle. L'assassinat du duc de Berri, ayant fait fermer le théâtre de la rue Richelieu peu de temps après, interrompit forcément le cours de ses représentations, et porta le dernier coup à un succès qui s'établissait à peine, en détournant violemment des questions d'art l'attention publique.

Quand, huit ans plus tard, *Olympie* fut remise en scène, Spontini, nommé dans l'intervalle directeur de la musique du roi de Prusse, trouva à son retour de Berlin un grand changement dans les idées et dans le goût des Parisiens. Rossini, puissamment appuyé par M. de La Rochefoucauld et par toute la direction des Beaux-Arts, venait d'arriver d'Italie. La secte des dilettanti purs délirait au seul nom de l'auteur du *Barbiere*, et déchirait à belles dents tous les autres compositeurs. La musique d'*Olympie* fut traitée de plain-chant, M. de La Rochefoucauld refusa de prolonger de quelques semaines le séjour à l'Opéra de madame Branchu, qui seule pouvait soutenir le rôle de Statira, qu'elle joua seulement à la première représentation pour son bénéfice de retraite; et tout fut dit. Spontini, l'âme ulcérée par d'autres actes d'hostilité qu'il serait trop long de raconter ici, repartit pour Berlin, où sa position était digne, sous tous les rapports, et de lui-même et du souverain qui avait su l'apprécier.

À son retour en Prusse, il écrivit pour les fêtes de la cour un opéra-ballet, *Nurmahal*, dont le sujet est emprunté au poëme de Thomas Moore, *Lalla-Rouk*. C'est dans cette partition gracieuse qu'il plaça, en la développant et en y ajoutant un chœur, sa terrible bacchanale des *Danaïdes*. Il refit ensuite la fin du dernier acte de *Cortez*. Ce dénoûment nouveau, qu'on n'a pas daigné accueillir à l'Opéra de Paris, quand *Cortez* fut repris il y a six ou sept ans, et que j'ai vu à Berlin, est magnifique et fort supérieur à celui que l'on connaît en France. En 1825, Spontini donna à Berlin l'opéra-féerie d'*Alcidor*, dont les ennemis de l'auteur se moquèrent beaucoup, à cause du fracas instrumental qu'il y avait introduit, disaient-ils, et d'un orchestre d'enclumes dont il avait accompagné un chœur de forgerons. Cet ouvrage m'est entièrement inconnu. J'ai pu en revanche parcourir la partition d'*Agnès de Hohenstaufen*, qui succéda à *Alcidor* au bout de douze ans. Ce sujet dit *romantique* comportait un style entièrement différent des divers styles employés jusque-là par Spontini. Il y a introduit pour les morceaux d'ensemble des combinaisons fort curieuses et très-ardues, telles, entre autres, que celle d'un orage d'orchestre exécutée pendant que cinq personnages chantent sur la scène un quintette, et qu'un chœur de nonnes se fait entendre au loin accompagné des sons d'un orgue factice. Dans cette scène, l'orgue est imité jusqu'à produire la plus complète illusion, par un petit nombre d'instruments à vent et de contre-basses placés dans la coulisse. Aujourd'hui, que l'on trouve autant d'orgues dans les théâtres que dans les églises, cette imitation, intéressante au point de vue de la difficulté vaincue, peut sembler sans but. Il faut enfin compter, pour clore la liste des productions de Spontini, son *Chant du peuple prussien* et divers morceaux de musique destinés aux bandes militaires.

Le nouveau roi, Frédéric-Guillaume IV, a conservé les traditions de bienveillance et de générosité de son prédécesseur pour Spontini; malgré le fâcheux éclat d'une lettre, sans doute imprudente, écrite par l'artiste, et qui attira sur lui un jugement et une condamnation. Le roi, non-seulement lui pardonna, mais consentit à ce que Spontini se fixât en France, lorsque sa nomination à l'Institut vint l'obliger d'y rester, et lui donna une preuve évidente de son affection, en lui conservant le titre et les appointements de maître de chapelle de la cour de Prusse, bien qu'il eût renoncé à en remplir les fonctions. Spontini avait été amené à désirer le repos et les loisirs académiques, d'abord par les persécutions et les inimitiés qu'on commençait à lui susciter à Berlin, ensuite par une étrange maladie de l'ouïe, dont il a ressenti longtemps, à diverses reprises, les atteintes cruelles. Pendant les périodes de cette perturbation d'un organe qu'il avait tant exercé, Spontini entendait à peine, et chaque son isolé qu'il percevait lui semblait une accumulation de discordances. De là une impossibilité absolue pour lui de supporter la musique et l'obligation d'y renoncer jusqu'à ce que la période morbide fût passée.

Son entrée à l'Institut se fit noblement et d'une façon qui, il faut le dire, honora les musiciens français. Tous ceux qui auraient pu se mettre sur les rangs sentirent qu'ils devaient céder le pas à cette grande gloire et se bornèrent, en se retirant, à joindre ainsi leurs suffrages à ceux de toute l'Académie des beaux-arts. En 1811, Spontini avait épousé la sœur de notre célèbre facteur de pianos, Érard. Les soins dont elle l'entoura constamment n'ont pas peu contribué à calmer l'irritation, à adoucir les chagrins dont sa nature nerveuse et des motifs trop réels l'avaient rendu la proie pendant les dernières années de sa vie. En 1842, il avait fait un pieux pèlerinage dans son pays natal, où il fonda de ses deniers divers établissements de bienfaisance.

Dernièrement, pour échapper aux idées tristes qui l'obsédaient, il se décide à entreprendre un second voyage à Majolati. Il y arrive, il rentre dans cette maison déserte où il était né soixante-douze ans auparavant ; il s'y repose quelques semaines en méditant sur les longues agitations de sa brillante, mais orageuse carrière, et s'y éteint tout d'un coup, comblé de gloire et couvert des bénédictions de ses compatriotes. Le cercle était fermé ; sa tâche était finie.

Malgré l'honorable inflexibilité de ses convictions d'artiste et la solidité des motifs de ses opinions, Spontini, quoi qu'on en ait dit, admettait jusqu'à un certain point la discussion ; il y portait ce feu qu'on retrouve dans tout ce qui est sorti de sa plume, et se résignait néanmoins, parfois avec assez de philosophie, quand il était à bout d'arguments. Un jour qu'il me reprochait mon admiration pour une composition moderne dont il faisait peu de cas, je parvins à lui donner d'assez bonnes raisons en faveur de cette œuvre d'un grand maître qu'il n'aimait point. Il m'écouta d'un air étonné ; puis, avec un soupir, il répliqua en latin : *Hei mihi, qualis est !!! Sed de gustibus et coloribus non est disputandum.* Il parlait et écrivait aisément la langue latine, qu'il employait souvent dans sa correspondance avec le roi de Prusse.

On l'a accusé d'égoïsme, de violence, de dureté ; mais, en considérant les haines incessantes auxquelles il s'est trouvé en butte, les obstacles qu'il a dû vaincre, les barrières qu'il a dû forcer, et la tension que cet état de guerre continuel devait produire dans son esprit, il est peut-être permis de s'étonner qu'il soit demeuré sociable autant qu'il l'était : surtout si l'on tient compte de l'immense valeur de ses créations et de la conscience qu'il en avait, mises en regard de l'infirmité de la plupart de ses adversaires et du peu d'élévation des motifs qui les guidaient.

Spontini fut avant tout et surtout, un compositeur dramatique dont l'inspiration grandissait avec l'importance des situations, avec la violence des passions qu'il avait à peindre. De là le pâle coloris de ses premières partitions, écrites sur de puérils et vulgaires livrets italiens; l'insignifiance de la musique qu'il appliqua au genre plat, mesquin, froid et faux dont l'opéra-comique de *Julie* est un si parfait modèle; de là le mouvement ascendant de sa pensée sur les deux belles scènes de *Milton*, celle où le poëte aveugle déplore le malheur qui le prive à jamais de la contemplation des merveilles de la nature, et celle où Milton dicte à sa fille ses vers sur la création d'Ève et son apparition au milieu des calmes splendeurs de l'Éden. De là enfin la prodigieuse et soudaine explosion du génie de Spontini dans *la Vestale*, cette pluie d'ardentes idées, ces larmes du cœur, ce ruissellement de mélodies nobles, touchantes, fières, menaçantes, ces harmonies si chaudement colorées, ces modulations alors inouïes au théâtre, ce jeune orchestre, cette vérité, cette profondeur dans l'expression (j'y reviens toujours), et ce luxe de grandes images musicales présentées si naturellement, imposées avec une autorité si magistrale, étreignant la pensée du poëte avec tant de force qu'on ne conçoit pas que les paroles auxquelles elles s'adaptent aient jamais pu en être séparées.

Il y a, non pas des fautes involontaires, mais quelques duretés d'harmonie faites avec intention dans *Cortez*; je ne vois que de très-magnifiques hardiesses en ce genre dans *Olympie*. Seulement, l'orchestre si richement sobre de *la Vestale* se complique dans *Cortez*, et se surcharge de dessins divers et inutiles dans *Olympie*, au point de rendre parfois l'instrumentation lourde et confuse.

Spontini avait un certain nombre de pensées mélodiques pour toutes les expressions nobles : une fois que le cercle d'idées et de sentiments auxquels ces mélodies étaient prédestinées fut parcouru, leur source devint moins abondante ; et voilà pourquoi on ne trouve pas autant d'originalité dans le style méthodique des œuvres à la fois héroïques et passionnées qui ont succédé à *la Vestale* et à *Cortez*. Mais qu'est-ce que ces vagues réminiscences, comparées au cynisme avec lequel certains maîtres italiens reproduisent les mêmes cadences, les mêmes phrases et les mêmes morceaux dans leurs innombrables partitions? L'orchestration de Spontini, dont on trouve déjà l'embryon et les procédés dans *Milton* et dans *Julie*, fut une invention pure ; elle ne procède d'aucune autre. Son coloris spécial est dû à un emploi des instruments à vent, sinon très-habile au point de vue technique, au moins savamment opposé à celui des instruments à cordes. Le rôle, nouveau autant qu'important, confié par le compositeur aux altos, tantôt pris en masse, tantôt divisés, comme les violons, en premiers et seconds, contribue beaucoup aussi à la caractériser. L'accentuation fréquente des temps faibles de la mesure, des dissonnances détournées de leur voie de résolution dans la partie qui les a fait entendre et se résolvant dans une autre partie, des dessins de basses arpégés largement dans toutes sortes de formes, ondulant majestueusement sous la masse instrumentale, l'emploi modéré mais excessivement ingénieux des trombones, trompettes, cors et timbales, l'exclusion presque absolue des notes extrêmes de l'échelle aiguë des petites flûtes, hautbois et clarinettes, donnent à l'orchestre des grands ouvrages de Spontini une physionomie grandiose, une puissance, une énergie incomparables, et souvent une poétique mélancolie.

Quant aux modulations, Spontini fut le premier qui introduisit hardiment dans la musique dramatique celles dites *étrangères* au ton principal, et les modulations enharmoniques. Mais si elles sont assez fréquentes dans ses œuvres, au moins sont-elles toujours motivées et présentées avec un art admirable. Il ne module pas sans motifs plausibles. Il ne fait point comme ces musiciens inquiets et à la veine stérile qui, las de tourmenter inutilement une tonalité sans y rien trouver, en changent pour voir s'ils seront plus heureux dans une autre. Quelques-unes des modulations excentriques de Spontini sont, au contraire, des éclairs de génie. Je dois mettre en première ligne, parmi celles-là, le brusque passage du ton de *mi* bémol à celui de *ré* bémol, dans le chœur des soldats de *Cortez* : « Quittons ces bords, l'Espagne nous rappelle. » A ce revirement inattendu de la tonalité, l'auditeur est impressionné tout d'un coup de telle sorte, que son imagination franchit d'un bond un espace immense, qu'elle vole, pour ainsi dire, d'un hémisphère à l'autre, et qu'oubliant le Mexique, elle suit en Espagne la pensée des soldats révoltés. Citons encore celle qu'on remarque dans le trio des prisonniers du même opéra, où à ces mots :

Une mort sans gloire
Terminera nos jours.

les voix passent de *sol* mineur en *la* bémol majeur; et l'étonnante exclamation du grand prêtre dans *la Vestale*, où la voix tombe brusquement de la tonalité de *ré* bémol majeur à celle d'*ut* majeur sur ce vers :

Vont-ils dans le chaos replonger l'univers?

C'est encore Spontini qui inventa le crescendo colossal, dont ses imitateurs ne nous ont donné ensuite qu'un diminutif microscopique. Tel est celui du second acte de *la Vestale*, quand Julia, délirante et ne résistant plus à sa passion, sent la terreur s'y joindre et grandir avec l'amour dans son âme bouleversée :

Où vais-je?... ô ciel ! et quel délire
S'est emparé de tous mes sens ?
Un pouvoir invincible à ma perte conspire;
Il m'entraîne... Il me presse... Arrête ! Il en est temps !

Cette progression d'harmonies gémissantes entrecoupées de

sourdes palpitations de plus en plus violentes, est une invention étonnante, dont on ne sent tout le prix qu'à la représentation et non au concert. Il en est de même du crescendo du premier finale de Cortez, quand les femmes mexicaines, éperdues de terreur, accourent se jeter aux pieds de Montezuma :

> Quels cris retentissent !
> Tous nos enfants périssent !

J'ai déjà cité celui du finale de *la Vestale*. Maintenant parlerai-je du duo entre Telasco et Amazily, qui débute par le plus admirable récitatif peut-être qui existe? de celui entre Amazily et Cortez où les fanfares guerrières de l'armée espagnole s'unissent d'une façon si dramatique aux adieux passionnés des deux amants? de l'air grandiose de Telasco : « O patrie! ô lieux pleins de charmes! » de celui de Julia dans *la Vestale* : « Impitoyables dieux! » de la marche funèbre, de l'air du tombeau dans le même opéra, du duo entre Licinius et le grand prêtre, duo que Weber a déclaré l'un des plus étonnants qu'il connût?... Faut-il parler de la marche triomphale et religieuse d'*Olympie*, du chœur des prêtres de Diane consternés quand la statue se voile, de la scène et de l'air extraordinaires où Statira, sanglotante d'indignation, reproche à l'hiérophante de lui avoir présenté pour gendre l'assassin d'Alexandre; de la marche en chœur du cortége de Telasco, dans *Cortez* encore : « *Quels sons nouveaux*, » la première et la seule à *trois temps* qu'on ait jamais faite; de la bacchanale de *Nurmahal*; de ces innombrables récitatifs beaux comme les plus beaux airs, et d'une vérité d'accent à désespérer les maîtres les plus habiles; de ces morceaux lents pour la danse, qui, par les rêveuses et molles inflexions de leur mélodie, évoquent le sentiment de la volupté en la poétisant?... Je me perds dans les méandres de ce grand temple de la MUSIQUE EXPRESSIVE, dans les mille détails de sa riche architecture, dans l'éblouissant fouillis de ses ornements.

La foule inintelligente, frivole ou grossière, l'abandonne

aujourd'hui et refuse ou néglige d'y sacrifier; mais pour quelques-uns, artistes et amateurs, plus nombreux encore qu'on ne paraît le croire, la déesse à laquelle Spontini éleva ce vaste monument est toujours si belle, que leur ferveur ne s'attiédit point. Et je fais comme eux; je me prosterne et je l'adore.

. . . .

— Et nous tous aussi, disent les musiciens en se levant pour sortir, nous l'adorons, croyez-le bien. — Je le sais, messieurs, et c'est parce que j'en suis convaincu que je me suis ainsi livré devant vous à ma passion admirative. On n'expose des idées pareilles et de si vifs sentiments que devant un auditoire qui les partage. Adieu, messieurs!

QUATORZIÈME SOIRÉE

LES OPÉRAS SE SUIVENT ET SE RESSEMBLENT
LA QUESTION DU BEAU — LA MARIE STUART DE SCHILLER
UNE VISITE A TOM-POUCE. nouvelle invraisemblable.

On joue un opéra, etc., etc., etc., intitulé L'ENCHANTEUR MERLIN. La parole, ce soir-là, est à Corsino. Écoutons-le :

CORSINO.

« On dit souvent : les opéras sont comme les jours, ils se suivent et se ressemblent. Il serait plus exact de dire, tout en conservant la même comparaison, qu'ils se suivent et ne se ressemblent pas. Nous avons, en effet, les belles journées d'été, radieuses, calmes, splendides, pleines d'harmonies et de lumières, pendant lesquelles la création semble n'être qu'amour et que bonheur ; le rossignol caché dans le bosquet, l'alouette perdue dans l'azur du ciel, le grillon sous l'herbe, l'abeille sur la fleur, le laboureur à sa charrue, l'enfant qui joue au seuil de la ferme, la beauté aristocratique dont la silhouette élégante se dessine blanche sur la sombre verdure d'un parc plein d'ombre et de mystère. — Ces jours-là, respirer, voir et entendre, c'est être heureux.

Le lendemain, le soleil se lève morose et voilé ; une brume épaisse alourdit l'atmosphère, tout languit sur la montagne et dans la plaine ; les oiseaux chanteurs se taisent ; on n'entend que la sotte voix du coucou, l'aigre et stupide cri des oies, des paons et des pintades; la grenouille coasse, le chien hurle, l'enfant vagit, la girouette grince sur son toit; puis un vent énervant se roule sur lui-même et tombe enfin, avec le jour, sous une pluie silencieuse, tiède et mal odorante comme l'eau des marais. N'avons-nous pas aussi les jours de tempête sublimes, où la foudre et les vents, le bruit des torrents, le fracas des forêts criant sous l'effort de l'orage, l'inondation et l'incendie, remplissent l'âme de grandes et terribles émotions?... Comment donc les jours se ressemblent-ils? Est-ce par leur durée, par leurs degrés de chaleur ou de froid, par la beauté des crépuscules qui précèdent le lever ou suivent le coucher du grand astre? pas davantage. Nous voyons des jours et des opéras mortellement froids succéder à des journées et à des œuvres brûlantes; telle production qui a brillé d'un vif éclat pendant la vie de son auteur, s'éteint brusquement avec lui, comme la lumière au coucher du soleil, dans les contrées équinoxiales; telle autre, qui n'eut d'abord que de pâles reflets, s'illumine, quand l'auteur a vécu, de splendeurs durables, et revêt un éclat merveilleux, comparable aux lueurs crépusculaires, aux aurores boréales qui rendent certaines nuits polaires plus belles que des jours.

Je maintiens donc l'exactitude de ma comparaison : les opéras, ainsi que les jours, se suivent mais ne se ressemblent pas. Les astronomes et les critiques viennent ensuite vous donner une foule d'explications plus ou moins bonnes des phénomènes. Les uns disent : Voilà pourquoi il a tombé hier de la grêle et pourquoi il fera beau demain. Les autres : Voici la raison de la défaveur du dernier opéra et la cause du succès qu'obtiendra le prochain. Quelques autres enfin avouent qu'ils ne savent rien, et qu'à force d'avoir étudié l'inconstance des vents et du public, la variété incessante des goûts et de la température, les caprices infinis de la nature et de l'esprit humain, ils en sont venus à reconnaître l'immensité de leur ignorance, et que les causes, même les plus rapprochées, leur sont inconnues.

MOI.

Vous avez raison, mon cher Corsino, et je dois avouer que je suis de ces savants-là. J'ai cru quelquefois apercevoir au ciel un astre nouveau dont les proportions et l'éclat me paraissaient considérables, et je me suis vu nier, non-seulement l'importance, mais l'existence même de Neptune. Puis, quand je disais : « La lune est un des moindres corps célestes, c'est son extrême rapprochement de la terre qui fait lui attribuer un volume qu'elle n'a point. Sirius, au contraire, est un astre immense. Que parlez-vous de Sirius, me répondait-on, qui ne tient au ciel que la place d'une tête d'épingle! nous aimons bien mieux notre lune majestueuse. »

En suivant à la piste ce raisonnement, j'en suis venu à trouver des gens qui préféraient à la lune un réverbère au gaz, et au réverbère la lanterne du chiffonnier.

Et voilà pourquoi il n'y a pas une seule production de l'esprit humain, une seule, entendez-vous, qui réunisse, je ne dirai pas tous les suffrages de l'humanité, mais seulement tous ceux de l'imperceptible fraction de l'humanité à laquelle elle s'adresse exclusivement. Combien peut contenir la plus vaste salle de spectacle aujourd'hui? deux mille personnes à peine, et la plupart des théâtres en contiennent beaucoup moins. Eh bien! est-il jamais arrivé, une excellente exécution étant donnée, à cinq cents personnes seulement réunies dans un théâtre, de s'accorder sur le mérite de Shakspeare, de Molière, de Mozart, de Beethoven, de Gluck ou de Weber? J'ai vu siffler *le Bourgeois gentilhomme* par les étudiants à l'Odéon. On sait quels combats furent livrés au Théâtre-Français au sujet de la traduction de l'*Othello* de Shakspeare par A. de Vigny; quelles huées accueillirent *Il Barbiere* de Rossini à Rome, *le Freyschütz* à Paris. Je n'ai pas encore assisté à une première représentation de l'Opéra sans trouver parmi les juges du foyer une énorme majorité hostile à la partition nouvelle, quelque grande et belle qu'elle fût. Il n'y en a pas non plus, si nulle, si vide et si plate qu'on la suppose, qui ne recueille en pareil cas quelques suffrages et ne rencontre des prôneurs de bonne foi; comme pour justifier le proverbe : « Il n'est si vilain pot qui ne trouve son couvercle. »

Telle opinion, chaudement soutenue derrière la scène, est combattue non moins vivement à l'orchestre. De quatre auditeurs placés dans la même loge à la représentation d'un opéra, le premier s'ennuie, le second s'amuse, le troisième s'indigne, le quatrième est enthousiasmé. Voltaire avait dénoncé Shakspeare à la France comme un Huron, un Iroquois ivre ; la France avait cru Voltaire. Et pourtant le plus ardent sectateur du philosophe de Ferney, convaincu de la vérité absolue du jugement qui condamnait l'auteur d'*Hamlet*, n'avait qu'à passer la Manche pour trouver établie l'opinion opposée. En deçà du détroit, Shakspeare était un barbare, une brute; au delà il était un dieu. Aujourd'hui en France, si Voltaire pouvait revenir et émettre de nouveau une opinion pareille, tout Voltaire qu'il fût, qu'il est et qu'il sera, on lui rirait au nez; je connais même des gens qui feraient pis. La question du beau serait donc une question de temps et de lieu; c'est triste à penser..... mais c'est vrai. Quant au *beau absolu*, si ce n'est celui qui, dans tous les temps, dans tous les lieux et par tous les hommes, serait reconnu pour beau, je ne sais en quoi il consiste. Or, ce beau-là n'existe pas. Je crois seulement qu'il y a des beautés d'art dont le sentiment devenu inhérent à certaines civilisations durera, grâce à quelques hommes, autant que ces civilisations elles-mêmes. . . . .
. . . .

— Pourquoi, reprend Corsino après un silence et comme pour rompre une conversation qui lui est pénible, n'êtes-vous pas venu avant-hier à la représentation de la *Marie Stuart* de Schiller? Nos premiers acteurs y figuraient et le chef-d'œuvre n'a point été mal rendu, je puis vous l'assurer. — Vous ne m'en compterez pas moins, je l'espère, parmi les plus sincères admirateurs de Schiller; mais il faut vous avouer mon insurmontable antipathie pour les drames dans lesquels figurent le billot, la hache, le bourreau. Je n'y puis tenir. Ce genre de mort et les apprêts qu'il nécessite ont quelque chose de si hideux ! Rien ne m'a jamais inspiré une plus profonde aversion pour la foule, pour la populace de tout rang et de toute classe, que l'horrible ardeur avec laquelle on la voit se ruer à certains jours vers le lieu des exécutions. En me représentant cette multitude pressée, la gueule béante autour d'un échafaud, je songe toujours au bonheur d'avoir sous la main huit ou dix pièces de canon chargées à mitraille, pour anéantir d'un seul coup cette affreuse canaille sans avoir besoin d'y toucher. Car je conçois qu'on verse le sang de cette façon, de loin, avec fracas, avec feux et tonnerres, quand on est en colère; et j'aimerais mieux mitrailler quarante de mes ennemis que d'en voir guillotiner un seul. — Corsino, approuvant de la tête : Vous avez des goûts d'artiste. — Quant à cette pauvre charmante reine Marie, dit Winter, je conviens qu'on pouvait fort bien la détruire, sans aller ainsi gâter son beau col. — Eh ! eh ! réplique Dimski, c'était peut-être précisément à ce beau col qu'en voulait Élisabeth. Au reste, *détruire* est heureusement trouvé ; j'approuve le mot. — Oh ! messieurs ! pouvez-vous rire et plaisanter d'une telle catastrophe, d'un crime si affreux ! — Moran a raison, reprend Corsino ; puisque ces messieurs sont d'humeur joyeuse ce soir, conte-leur quelque bonne bêtise, Schmidt, tu ne nous as rien donné en ce genre depuis longtemps, tu dois être en fonds. »

Schmidt, le troisième cor, a une figure grotesque qui provoque le rire. Il passe pour avoir de l'esprit, et sa taciturnité habituelle donne plus de prix qu'elles n'en ont réellement à ses saillies, qu'il mime d'ailleurs en bouffon de premier ordre.

Schmidt donc, accueillant cette invitation, se mouche, prend une énorme pincée de tabac, et, sans préambule, élevant sa voix grêle, dit :

UNE VISITE A TOM-POUCE

La scène représente.... un provincial français extrêmement naïf, qui se dit grand amateur de musique, et, à ce titre, se désespère de n'avoir pu assister aux soirées données par le nain Tom-Pouce. Il sait que ce phénomène lilliputien a fait les délices de la capitale française pendant un nombre de mois indéterminé ; il a entrepris le voyage de Paris uniquement pour admirer le petit général qu'on dit si spirituel, si gracieux, si galant ; et le malheur veut que les représentations de ce prodige soient en ce moment interrompues. Comment faire ?... Une lettre de recommandation dont notre provincial est pourvu lui ouvre le salon d'un artiste célèbre par son talent de mystification. A l'énoncé de la déconvenue de l'admirateur de Tom-Pouce, l'artiste lui répond : En effet, monsieur, je conçois que pour un ami des arts tel que vous, ce soit un cruel désappointement.... Vous venez de Quimper, je crois ? — De Quimper-Corentin, monsieur. — Faire sans fruit un pareil voyage... Ah! attendez! il me vient une idée; Tom-Pouce, à la vérité, ne donne plus de représentations, mais il est à Paris; et parbleu, allez le voir, c'est un gentilhomme, il vous recevra à merveille. — Oh! monsieur, que ne vous devrai-je pas, si je puis parvenir jusqu'à lui! j'aime tant la musique ! — Oui, il ne chante pas mal. Voici son adresse : rue Saint-Lazare, au coin de la rue de La Rochefoucauld, une longue avenue; au fond, la maison où Tom-Pouce respire; c'est un séjour sacré qu'habitèrent successivement Talma, mademoiselle Mars, mademoiselle Duchesnois, Horace Vernet, Thalberg, et que Tom-Pouce partage maintenant avec le célèbre pianiste. Ne dites rien au concierge, montez jusqu'au bout de l'avenue, et, suivant le précepte de l'Évangile, frappez et l'on vous ouvrira. — Ah! monsieur, j'y cours; je crois le voir, je crois déjà l'entendre. J'en suis tout ému... C'est que vous n'avez pas d'idée de ma passion pour la musique. »

Voilà l'amateur pantelant qui court à l'adresse indiquée ; il monte, il frappe d'une main tremblante ; un colosse vient lui ouvrir. Le hasard veut que Lablache, qui habite avec son gendre Thalberg, sorte à l'instant même. — Qui demandez-vous, monsieur, dit à l'étranger l'illustre chanteur? — Je demande le général Tom-Pouce. — C'est moi, monsieur, réplique Lablache avec un foudroyant aplomb et de sa voix la plus formidable. — Mais... comment... on m'avait dit que le général n'était pas plus haut que mon genou, et que sa voix charmante... ressemblait... à celle... des... cigales. Je ne reconnais pas... — Vous ne reconnaissez pas Tom-Pouce? c'est pourtant moi, monsieur, qui ai l'honneur d'être cet artiste fameux. Ma taille et ma voix sont bien ce qu'on vous a dit; elles sont ainsi *en public*, mais vous comprenez que quand je suis chez moi *je me mets à mon aise.* »

Là-dessus, Lablache de s'éloigner majestueusement, et l'amateur de rester ébahi, rouge d'orgueil et de joie d'avoir vu *le général* Tom-Pouce *en particulier* et dans son entier développement.

> « Ceci, Messieurs, vaut bien
> Notre enchanteur Merlin,
> Et c'est plus vraisemblable. »

Corsino se levant : « J'étais sûr qu'il finirait par *une pointe!* Avec un vers de plus, nous recevions un quatrain en plein visage. Décidément, Schmidt, tu étais né pour faire des vaudevilles... allemands.

QUINZIÈME SOIRÉE

AUTRE VEXATION DE KLEINER L'AÎNÉ

On joue le Fidelio de Beethoven.

Personne ne parle à l'orchestre. Les yeux de tous les artistes étincellent, ceux des simples musiciens restent ouverts, ceux des imbéciles se ferment de temps en temps. Tamberlick, engagé pour quelques représentations par le directeur de notre théâtre, chante Florestan. Il révolutionne la salle dans son air de la prison. Le quatuor du pistolet excite le plus violent enthousiasme. Après le grand finale, Kleiner l'aîné s'écrie : « Cette musique me met du feu dans l'estomac! il me semble avoir bu quinze verres d'eau-de-vie. Je vais au café, demander une... — Il n'y en a plus, lui jette Dimski en l'interrompant, je viens de voir porter la dernière à Tamberlick qui l'a bien gagnée. »

Kleiner s'éloigne en maugréant.

SEIZIÈME SOIRÉE

ÉTUDES MUSICALES ET PHRÉNOLOGIQUES
LES CAUCHEMARS — PURITAINS DE LA MUSIQUE
RELIGIEUSE — PAGANINI, esquisse biographique.

On donne au théâtre un concert mêlé de médiocre et de mauvaise musique; le programme est bourré de cavatines italiennes, de fantaisies pour piano seul, de fragments de messes, de concertos de flûte, de Lieder avec trombone solo obligé, de duos de bassons, etc. Les conversations sont, en conséquence, fort animées sur tous les points de l'orchestre. Quelques musiciens dessinent. On a mis au concours la reproduction au crayon de la scène de Lablache, disant sur le seuil de la porte au provincial qui demande Tom-Pouce : « C'est moi, monsieur! » Kleiner l'aîné obtient le prix. Ceci le console un peu de sa vexation de la veille. En arrivant, je regarde le programme. « Diable! nous avons ce soir une formidable quantité de cauchemars! » — Ah! cauchemar! voilà encore un de vos mots parisiens que nous ne comprenons pas, me dit Winter. Voulez-vous nous l'expliquer? — Prenez garde, jeune Américain, vous êtes sur le point d'en devenir un. — Un quoi? — Un cauchemar! trois fois simple musicastre! réplique Corsino, je vais te le démontrer. Voilà ce que nous autres musiciens d'Europe entendons par ce mot :

Il ne s'agit point d'un de ces rêves affreux pendant lesquels on se sent la poitrine oppressée, où l'on se croit poursuivi par quelque monstre toujours sur le point d'atteindre sa victime, où l'on se sent tomber dans un gouffre sans fond, au milieu de ténèbres épaisses et d'un silence plus effrayant que les rumeurs infernales. Non, ce n'est point cela, et pourtant c'est presque cela. Un cauchemar musical est une de ces réalités inqualifiables qu'on exècre, qu'on méprise, qui vous obsèdent, vous irritent, vous donnent une douleur d'estomac comparable à celle d'une indigestion; une de ces œuvres chargées d'une sorte de contagion cholérique qui se glissent on ne sait comment, malgré tous les cordons sanitaires, au milieu de ce que la musique a de plus noble et de plus beau, et qu'on subit cependant en faisant une horrible grimace, et qu'on ne siffle pas; tantôt parce qu'elles sont faites avec une sorte de talent médiocre et commun, tantôt à cause de l'auteur qui est un brave homme à qui l'on ne voudrait pas causer de peine, ou bien parce que cela se rattache à un ordre d'idées cher à un ami, ou bien encore parce que cela intéresse quelque imbécile qui a eu la vanité de se poser votre ennemi, et que vous ne voudriez pas, en le traitant selon son mérite, avoir l'air de vous occuper de lui. Quand ce damnable morceau commence, vous sortez (si vous le pouvez) de la salle où il se pavane; vous allez dans la rue voir les exercices d'un chien savant ou une représentation de Polichinelle, ou écouter le grand air de *la Favorite*, miaulé par un orgue de Barbarie et terminé sur la note sensible, parce qu'un sou jeté d'une fenêtre a interrompu le virtuose au milieu de sa mélodie. Vous lisez toutes les affiches; puis, en regardant votre montre, vous jugez que le cauchemar du concert ne doit plus être à craindre, et vous osez revenir dans la salle; mais c'est justement là le moment où il sévit quelquefois d'une manière inattendue sur le pauvre musicien qui l'avait fui. Celui-ci rentre, le cauchemar a fini de parler, il est vrai, mais quel est ce bruit? quels sont ces applaudissements? à qui s'adressent-ils? ces marques de satisfaction sont celles du public; elles s'adressent au cauchemar en personne, qui se rengorge, et fait le gros dos, et roucoule, et salue modestement. Mon Dieu oui! le public a trouvé le monstre aimable et agréable, et il remercie le monstre du plaisir qu'il lui a fait.

C'est alors qu'on enrage, et qu'on voudrait être aux antipodes parmi les sauvages, au milieu d'une peuplade de singes de Bornéo, voire même parmi les féroces chercheurs d'or de la Californie! C'est alors qu'on voit le néant de la gloire, le ridicule du succès qu'obtiennent les chefs-d'œuvre auprès de ces juges capables d'applaudir ainsi les cauchemars... Et l'on trouve fort judicieux cet orateur antique, se tournant inquiet vers son ami après un de ses discours bien accueilli de la multitude, et disant : « Le peuple m'applaudit, aurais-je dit quelque sottise? » Avec les compositions-cauchemars, qui pour la plupart sont écrites dans un style qu'il faut bien appeler par son nom, le style bête, nous avons les hommes-cauchemars.

Le cauchemar-orateur, qui vous arrête au coin des rues, ou vous met au carcan devant la cheminée d'un salon pour vous saturer de ses doctrines; celui qui prouve à tout venant la supériorité de la musique des Orientaux sur la nôtre; le vieux théoricien, qui trouve partout des fautes d'harmonie; le découvreur d'anciens manuscrits, devant lesquels il tombe en extase; le défenseur des règles de la fugue; l'adorateur exclusif du style *lié*, du style *plan*, du style *mort*, l'ennemi de l'expression et de la vie; l'admirateur de l'orgue, de la messe du pape Marcel, de la messe de l'Homme armé, des chansons de gestes. Tous ces gens-là sont *les plus grands cauchemars qui se puissent nommer*. Et les mères de famille qui vous présentent leurs enfants-prodiges, et les compositeurs qui veulent bon gré mal gré vous faire lire leurs partitions; et tous les bourgeois qui parlent musique; et tous les ennuyeux, sans oublier les innocents curieux. Et voilà comment, cher Winter, monsieur a le droit de te dire : Vous en êtes un autre! — Écoutez celui-ci, messieurs! (On chante l'*O salutaris* d'un grand maître.) Admirez comment nous est offert ici un exemple de style bête! L'auteur fait prononcer les mots *Da robur, fer auxilium*, sur une phrase énergique, symbole de la force (*robur*). Sur cent compositeurs, qui ont traité ce sujet depuis Gossec, il n'y en a pas deux peut-être qui aient évité le contre-sens dont ce vieux maître a donné le classique modèle. — Comment cela ? dit Bacon. — L'*O salutaris* est une prière, n'est-ce pas ? Le chrétien y demande à Dieu *la force*, il implore son *secours*; mais s'il les demande, c'est qu'il ne les a pas apparemment et qu'il en sent le besoin. C'est donc un être faible qui prie, et sa voix, en prononçant le *Da robur*, doit être aussi humble que possible, au lieu d'éclater en accents qui tiennent plus de la menace que de la supplication.

On appelle ces choses-là des chefs-d'œuvre du genre religieux !!!...

Chefs-d'œuvre de bêtise. Cauchemars !

Et ceux qui les admirent... archicauchemars !!

Les compositions écrites avec des tendances expressives sur les textes sacrés surabondent en niaiseries pareilles.

Ces niaiseries sans doute ont servi de prétexte à la formation d'une secte de la plus singulière espèce, qui, dans ses conventicules aujourd'hui, maintient une plaisante question à l'ordre du jour. Ce schisme innocent, dans le but, dit-il, de faire de la vraie musique *catholique*, tend, dans le service religieux, à supprimer la musique tout à fait. Ces anabaptistes de l'art ne voulaient pas de violons dans les églises, parce que les violons rappellent la musique théâtrale (comme si les basses, les altos, tous les instruments et les voix n'étaient pas dans le même cas), les nouvelles orgues ont ensuite, à leur sens, été pourvues de jeux trop variés, trop expressifs. Puis on en est venu à trouver damnable la mélodie, le rhythme, et même la tonalité moderne. Les modérés admettent encore Palestrina; mais les fervents, les Balfour de Burley de ces nouveaux puritains, ne veulent que le plain-chant tout brut.

L'un d'eux, le Mac-Brier de la secte, va même bien plus loin ; celui-là, d'un bond, a atteint le but vers lequel marchent plus lentement tous les autres, et qui, je viens de le dire, est évidemment la destruction de la musique religieuse. Voici comment j'ai pu connaître le fond de sa pensée à cet égard : peu de temps après la mort du duc d'Orléans, j'assistais dans l'église de Notre-Dame aux obsèques de ce noble prince, objet de si vifs et de si justes regrets. La secte des puritains triomphant ce jour-là, avait obtenu que la messe entière fût chantée en plain-chant et que cette maudite tonalité moderne, *dramatique, passionnée, expressive*, fût radicalement prohibée. Toutefois, le maître de chapelle de Notre-Dame avait cru devoir transiger jusqu'à un certain point avec la corruption du siècle, en mettant en harmonie à quatre parties le funèbre plain-chant. Il ne s'était point senti la force de rompre tout pacte avec l'impiété. La grâce *suffisante* sans doute n'avait pas suffi. Quoi qu'il en soit, je me trouvais assis dans la nef, à côté de notre fougueux Mac-Briar. Tout en exécrant la musique moderne qui *excite les passions*, celui-ci se passionnait d'une manière divertissante pour le plain-chant qui, nous en convenons, est fort loin d'avoir un si grave défaut. Il se posséda assez bien néanmoins jusqu'au milieu de la cérémonie. Un assez long silence s'étant alors établi, et le recueillement de l'assistance étant solennel et profond, l'organiste, par mégarde, laissa tomber une clef sur son clavier ; par suite de la pression accidentelle de la clef sur une touche, un *la* du jeu des flûtes se fit alors entendre pendant deux secondes. Cette note isolée s'éleva au milieu du silence, et roula sous les arceaux de la cathédrale comme un doux et mystérieux gémissement. Mon homme alors, de se lever transporté, en s'écriant sans respect pour le recueillement réel de ses voisins : « C'est admirable ! sublime ! voilà la vraie musique religieuse ! voilà l'art pur dans sa divine simplicité ! Toute autre musique est infâme et impie ! »

Eh bien ! à la bonne heure, voilà un logicien. Il ne faut, selon lui, dans la musique religieuse, ni mélodie, ni harmonie, ni rhythme, ni instrumentation, ni expression, ni tonalité moderne, ni tonalité antique (celle-là rappelle la musique des Grecs, des païens). Il ne lui faut qu'un *la*, un simple *la* un instant soutenu au milieu du silence d'une foule, il est vrai, émue et prosternée. On pourrait pourtant encore troubler son extase en lui affirmant que les théâtres font un emploi usuel et fréquent de ce céleste *la*. Mais il faut convenir que son système de musique monotone (c'est le cas ou jamais d'employer ce mot) est d'une pratique facile et fort peu dispendieuse. De ce côté l'avantage est réel.

Il y a une maladie du cerveau que les médecins italiens appellent *pazzia*, et les anglais *madness* : c'est évidemment celle-là qui règne et sévit parmi les sectateurs de la nouvelle Église musicale. J'en pourrais citer plusieurs aussi complétement fous à cette heure que l'admirateur du *la* solitaire. Ils ont voulu quelquefois m'engager dans une discussion en règle sur la doctrine à eux suggérée par leur maladie ; mais je m'en suis gardé, me bornant à dire aux grégoriens, ambroisiens, palestriniens, presbytériens, puritains, trembleurs, anabaptistes, unitairiens, plus ou moins gravement atteints de *madness*, de *pazzia* : Raca ! pour toute réponse, en ajoutant : Cauchemars ! triples cauchemars ! La plupart de ces gens-là, je le soupçonne, pensent que la mélodie, l'harmonie, le rhythme, l'instrumentation et l'expression étant supprimés dans le style sacré, ils pourront alors faire eux-mêmes de fort belle musique religieuse. En effet, dès qu'il ne faudra rien de tel dans ce genre de composition, ils ont tout ce qu'il faut pour y réussir.

Ah ! mon Dieu ! s'écrie Corsino, voilà Racloski qui va attaquer avec accompagnement de *piano* le rondo en *si mineur* de Paganini ! — Le rondo de la clochette ? Rien que cela ! Il est fou ; il n'en fera pas deux mesures d'une façon supportable. — Joue-t-il juste au moins ? — Sous ce rapport, il faut lui rendre justice ; dans le cours d'un long morceau comme celui-là, il lui arrive souvent de jouer juste. — Merci, je m'en vais. — De grâce ne nous abandonnez pas ainsi dans le danger. Vous avez été très-lié avec Paganini, nous le savons ; dites-nous quelque chose de lui, cela nous empêchera d'entendre écorcher son ouvrage par ce râcleur. Vite ! vite ! le voilà qui commence. — Décidément vous faites de moi un rapsode. Je vous obéis. Mais n'êtes-vous pas d'avis qu'il devrait être défendu, sous des peines sévères, à certains exécutants, d'*attaquer* ainsi, comme vous le dites, certaines compositions? ne pensez-vous pas que les chefs-d'œuvre devraient être protégés contre des profanations pareilles? — Oui, sans doute, ils devraient l'être; et un temps viendra, j'espère, où ils le seront. Des nombreux artistes grecs, Alexandre jugea qu'un seul était digne de retracer ses traits et défendit à tous les autres de tenter de les reproduire. Les plus habiles virtuoses devraient seuls aussi avoir le droit de transmettre au public la pensée des grands maîtres, ces Alexandre de l'art! — (Bacon.) Tiens, c'est une idée! ce compositeur grec n'était point sot! Où diable Corsino peut-il avoir appris cela? — Silence donc!

PAGANINI

Un homme de beaucoup d'esprit, Choron, disait en parlant de Weber : « C'est un météore! » Avec autant de justesse pourrait-on dire de Paganini : « C'est une comète! » car jamais astre enflammé n'apparut plus à l'improviste au ciel de l'art, et n'excita, dans le parcours de son ellipse immense, plus d'étonnement mêlé d'une sorte de terreur, avant de disparaître pour jamais. Les comètes du monde physique, s'il faut en croire les poëtes et les idées populaires, ne se montrent qu'aux temps précurseurs des terribles orages qui bouleversent l'océan humain.

Certes, ce n'est pas notre époque, ni l'apparition de Paganini qui donneront à cet égard un démenti à la tradition. Ce génie exceptionnel et unique dans son genre se développait en Italie au début des plus grands événements dont l'histoire fasse mention; il commençait à se produire à la cour d'une des sœurs de Napoléon à l'heure la plus solennelle de l'empire; il parcourait triomphalement l'Allemagne au moment où le géant se couchait dans la tombe; il fit son apparition en France au bruit de l'écroulement d'une dynastie, et c'est avec le choléra qu'il entra dans Paris.

La terreur inspirée par le fléau fut impuissante néanmoins à contenir l'élan de curiosité d'abord, et d'enthousiasme ensuite, qui entraînait la foule sur les pas de Paganini ; on a peine à croire à une pareille émotion causée par un virtuose en pareille circonstance, mais le fait est réel. Paganini, en frappant l'imagination et le cœur des Parisiens d'une façon si violente et si nouvelle, leur avait fait oublier jusqu'à la mort qui planait sur eux. Tout concourait, d'ailleurs, à accroître son prestige : son extérieur étrange et fascinateur, le mystère dont s'entourait sa vie, les contes répandus à son sujet, les crimes même dont ses ennemis avaient eu la stupide audace de l'accuser, et les miracles d'un talent qui renversait toutes les idées admises, dédaignait tous les procédés connus, annonçait l'impossible et le réalisait. Cette irrésistible influence de Paganini ne s'exerçait pas seulement sur le peuple des amateurs et des artistes ; des princes de l'art eux-mêmes y ont été soumis. On dit que Rossini, ce grand railleur de l'enthousiasme, avait pour lui une sorte de passion mêlée de crainte. Meyerbeer, pendant les pérégrinations de Paganini dans le nord de l'Europe, le suivit pas à pas, toujours plus avide de l'entendre, et cherchant inutilement à pénétrer le mystère de son talent phénoménal.

Je ne connais malheureusement que par les récits qu'on m'en a fait, cette puissance musicale démesurée de Paganini ; un concours fatal de circonstances a voulu qu'il ne se soit jamais produit en public en France quand je m'y trouvais, et j'ai le chagrin d'avouer que, malgré les relations fréquentes que j'ai eu le bonheur d'entretenir avec lui pendant les dernières années de sa vie, *je ne l'ai jamais entendu*. Une seule fois, depuis mon retour d'Italie, il joua à l'Opéra, et, retenu au lit par une indisposition violente, il me fut impossible d'assister à ce concert, le dernier, si je ne me trompe, de tous ceux qu'il a donnés. Depuis ce jour, l'affection du larynx de laquelle il devait mourir, jointe à une maladie nerveuse qui ne lui laissait aucun relâche, devenant de plus en plus grave, il dut renoncer tout à fait à l'exercice de son art. Mais comme il aimait passionnément la musique, comme elle était pour lui un véritable besoin, quelquefois, dans les rares instants de répit que lui laissaient ses souffrances, il reprenait son violon pour jouer des trios ou des quatuors de Beethoven, organisés à l'improviste, en comité secret, et dont les exécutants étaient les seuls auditeurs. D'autres fois, quand le violon le fatiguait trop, il tirait de son portefeuille un recueil de duos composés par lui pour violon et guitare (recueil que personne ne connaît), et prenant pour partenaire un digne violoniste allemand, M. Sina, qui professe encore à Paris, il se chargeait de la partie de guitare et tirait des effets inouïs de cet instrument. Et les deux concertants, Sina le modeste violoniste, Paganini l'incomparable guitariste, passaient ainsi en tête-à-tête de longues soirées, auxquelles nul, parmi les plus dignes, ne put jamais être admis. Enfin sa phthisie laryngée fit de tels progrès qu'il perdit entièrement la voix, et dès lors il dut à peu près renoncer à toutes relations sociales. C'était à peine si, en approchant l'oreille de sa bouche, on pouvait encore comprendre quelques-unes de ses paroles. Et quand il m'est arrivé de me promener avec lui dans Paris, aux jours où le soleil lui donnait envie de sortir, j'avais un album et un crayon; Paganini écrivait en quelques mots le sujet sur lequel il voulait mettre la conversation; je le développais de mon mieux, et de temps en temps, reprenant le crayon, il m'interrompait par des réflexions souvent fort originales dans leur laconisme. Beethoven, sourd, se servait ainsi d'un album pour recevoir la pensée de ses amis, Paganini, muet, l'employait pour leur transmettre la sienne. Un de ces collecteurs *à tout prix* d'autographes, qui hantent les salons d'artistes, m'aura sans doute *emprunté* sans me prévenir celui qui servit à mon illustre interlocuteur; ce qu'il y a de sûr, c'est que je n'ai pu le retrouver lorsqu'un jour Spontini voulut le voir, et que depuis lors je n'ai pas été plus heureux dans mes recherches.

Bien souvent on m'a sollicité de raconter dans tous ses détails l'épisode de la vie de Paganini dans lequel il joua un rôle si cordialement magnifique à mon égard; les incidents variés et si en dehors de toutes les voies ordinaires de la vie des artistes qui précédèrent et suivirent le fait principal aujourd'hui connu de tout le monde, seraient, en effet, je le crois, d'un vif intérêt, mais on conçoit sans peine l'embarras que j'éprouverais à faire un tel récit, et vous me pardonnerez de m'abstenir.

Je ne crois pas même nécessaire de relever les sottes insinuations, les dénégations folles, et les assertions erronées auxquelles la noble conduite de Paganini donna lieu dans la circonstance dont je parle. Jamais, par compensation, certains critiques ne trouvèrent de plus belles formes d'éloges ; jamais la prose de J. Janin surtout n'eut de plus magnifiques mouvements qu'à cette occasion. Le poëte italien, Romani, écrivit aussi plus tard, dans la *Gazette piémontaise,* d'éloquentes pages, dont Paganini, qui les lut à Marseille, fut très-touché.

. . . .
. . . .
. . . .

Il avait dû fuir le climat de Paris ; bientôt après son arrivée à Marseille, celui de la Provence lui paraissant trop rude encore, il alla se fixer pour l'hiver à Nice, où il fut accueilli comme il devait l'être, et entouré des soins les plus affectueux par un riche amateur de musique, virtuose lui-même, M. le comte de Césole. Ses souffrances, néanmoins, ne firent que s'accroître, bien qu'il ne se crût pas en danger de mort, et ses lettres respiraient une tristesse profonde. « Si Dieu le permet, m'écrivait-il, je vous reverrai au printemps prochain. J'espère que mon état va s'améliorer ici ; l'espérance est la dernière qui reste. Adieu, aimez-moi comme je vous aime. »

Je ne le revis plus... Quelques années après, obligé moi-même d'aller demander aux tièdes haleines de la mer de Sardaigne un peu de réconfort, après les âpres fatigues d'une laborieuse saison musicale à Paris, je revenais un jour en barque de Villa-Franca à Nice, quand le jeune pêcheur qui me conduisait, laissant tout à coup tomber ses rames, me montra sur le rivage une petite villa isolée, d'assez singulière apparence : — « Avez-vous entendu parler, me dit-il, d'un monsieur qui se nommait Paganini, qui *sonnait si bien le violon!* — Oui, mon garçon, j'en ai entendu parler. — Eh bien! monsieur, c'est là qu'il a demeuré pendant trois semaines, après sa mort. »

Il paraît qu'en effet, son corps fut déposé dans ce pavillon pendant le long débat qui s'éleva entre son fils et l'évêque de Gênes, débat qui, pour l'honneur du clergé génois et piémontais, n'eût pas dû se prolonger autant, et dont les causes, au point de vue même de l'orthodoxie la plus sévère, n'avaient point la gravité qu'on a voulu leur donner, car Paganini mourut presque subitement.

La nuit qui suivit cette promenade à Villa-Franca, je dormais dans la tour des Ponchettes, appliquée comme un nid d'hirondelle contre un rocher à deux cents pieds au-dessus de la mer, quand les sons d'un violon, jouant les variations de Paganini sur *le Carnaval de Venise*, s'élevèrent jusqu'à mon réduit, paraissant sortir des ondes. Je rêvais justement en ce moment à celui dont le jeune pêcheur m'avait montré, dans la journée, la villa mortuaire... je m'éveillai brusquement... j'écoutai quelque temps avec un sourd battement de cœur... Mes idées au lieu de s'éclaircir devenaient de plus en plus confuses..... *le Carnaval de Venise!*...... qui donc, excepté lui, pourrait savoir ces variations? Est-ce encore un adieu d'outre-tombe qu'il m'adresse?...

Supposez Théodore Hoffmann à ma place : quelle touchante et fantastique élégie il eût écrite sur ce bizarre incident!

C'était M. de Césole, qui, seul au pied de la tour, me donnait une gracieuse sérénade.

Ces fameuses variations sur l'air vénitien font partie des œuvres de Paganini que l'éditeur Schonenberger a récemment publiées à Paris ; et je crois devoir affirmer ici en passant que celles d'Ernst sur le même thème, qu'on l'a souvent accusé d'avoir calquées sur celles de Paganini, ne leur ressemblent nullement.

Parmi les autres œuvres du maître que l'éditeur français

vient de livrer à l'avide curiosité des artistes, on regrette de ne pas voir la fantaisie sur la prière de *Moïse*, l'un des morceaux, dit-on, dans lesquels Paganini produisait les plus poignantes impressions. Sans doute, M. Achille Paganini se réserve de les faire figurer bientôt dans une édition complète des œuvres de son père, édition qu'il a eu raison, sous un rapport, de ne point laisser paraître prématurément, car, malgré les progrès rapides que fait aujourd'hui, grâce à Paganini, l'art du violon du côté du mécanisme, de pareilles compositions sont encore inabordables pour la plupart des violonistes, et c'est à peine même si à leur lecture on comprend comment l'auteur put jamais les exécuter. Il faudrait écrire un volume pour indiquer tout ce que Paganini a trouvé dans ses œuvres d'effets nouveaux, de procédés ingénieux, de formes nobles et grandioses, de combinaisons d'orchestre qu'on ne soupçonnait même pas avant lui. Sa mélodie est la grande mélodie italienne, mais frémissante d'une ardeur plus passionnée en général que celle qu'on trouve dans les plus belles pages des compositeurs dramatiques de son pays. Son harmonie est toujours claire, simple et d'une sonorité extraordinaire.

Il a su faire ressortir et rendre dominateur le timbre du violon solo en accordant ses quatre cordes un demi-ton plus haut que celles des violons de l'orchestre; ce qui lui permettait de jouer ainsi dans les tons brillants de *ré* et de *la*, pendant que l'orchestre l'accompagnait dans les tons moins sonores de *mi bémol* et de *si bémol*. Ce qu'il a découvert dans l'emploi des sons harmoniques simples et doubles, des notes pincées de la main gauche, dans la forme des arpéges, dans les coups d'archet, dans les passages en triple corde, passe toute croyance, d'autant plus que ses devanciers ne l'avaient pas même mis sur la voie. Paganini est de ces artistes desquels il faut dire : ils sont parce qu'ils sont, et non parce que d'autres furent avant eux. Malheureusement ce qu'il n'a pu transmettre à ses successeurs, c'est l'étincelle qui animait et rendait sympathiques ces foudroyants prodiges de mécanisme. On écrit l'idée, on dessine la forme, mais le sentiment de l'exécution ne peut se fixer; il est insaisissable : c'est le génie, c'est l'âme, c'est la flamme de vie qui, en s'éteignant, laisse après elle des ténèbres d'autant plus profondes qu'elle a brillé d'un éclat plus éblouissant. Et voilà pourquoi non-seulement les œuvres des grands virtuoses inventeurs perdent plus ou moins à n'être pas exécutées par leur auteur, mais celles aussi des grands compositeurs originaux et expressifs ne conservent qu'une partie de leur puissance quand l'auteur ne préside pas à leur exécution.

L'orchestre de Paganini est brillant et énergique sans être bruyant. Il employait la grosse caisse dans ses *tutti* et souvent avec une intelligence peu commune. Dans la prière de *Moïse*, Rossini l'a écrite, comme il l'a fait partout ailleurs, en lui faisant frapper les temps forts tout bonnement. Paganini, en composant sa fantaisie sur le même thème, s'est bien gardé de l'imiter en cela. Au début de la mélodie :

Del tuo stellato soglio,

Rossini frappe sur l'avant-dernière syllabe qui se trouve au temps fort; mais Paganini, considérant l'accent mélodique placé sur la syllabe suivante comme incomparablement plus important, fait entrer l'instrument sur le temps faible où elle se trouve, et l'effet qui résulte de ce changement est, selon moi, bien meilleur et original.

Un jour qu'après avoir complimenté Paganini sur ce morceau, quelqu'un ajoutait : « Il faut avouer aussi que Rossini vous a fourni là un bien beau thème! C'est égal, répliqua Paganini, il n'a pas trouvé mon coup de grosse caisse. »

Il me serait fort difficile d'entrer plus avant dans l'analyse des œuvres de cet artiste-phénomène, œuvres toutes d'inspiration, et où il faut voir principalement la manifestation écrite de ses merveilleuses facultés de virtuose. D'ailleurs... ces souvenirs ce soir...

— Et vous ne l'avez jamais entendu, me dit Corsino? — Jamais..... Adieu, messieurs.

DIX-SEPTIÈME SOIRÉE

On joue le Barbier de Séville de Rossini.

Personne ne parle à l'orchestre. Corsino se contente, à la fin de l'opéra, de faire observer que l'acteur *chargé* du rôle d'Almaviva, dans cet étincelant chef-d'œuvre, était né pour être bourgmestre, et que Figaro eût fait un suisse de cathédrale accompli.

DIX-HUITIÈME SOIRÉE

ACCUSATION PORTÉE CONTRE LA CRITIQUE DE L'AUTEUR. — SA DÉFENSE. — RÉPLIQUE DE L'AVOCAT GÉNÉRAL. — PIÈCES A L'APPUI. — ANALYSE DU PHARE. — LES REPRÉSENTANTS SOUS-MARINS. — ANALYSE DE DILETTA — IDYLLE. — LE PIANO ENRAGÉ.

On représente pour la première fois un opéra allemand très, etc.

L'orchestre fait son devoir pendant le premier acte ; au second le découragement semble gagner les musiciens : ils quittent leur instrument les uns après les autres et les conversations commencent.

« Voilà un ouvrage, me dit Corsino, sur lequel vous exerceriez votre talent de ne rien dire, si vous aviez à en rendre compte ; et c'est bien là, il faut en convenir, la pire de toutes les critiques. — Comment cela ? je tâche pourtant de toujours dire quelque chose dans mes malheureux feuilletons. Seulement, je cherche à en varier la forme : ce que vous appelez ne rien dire est souvent une façon fort claire de parler. — Oui, et d'une méchanceté diabolique que des Français seuls pouvaient inventer. Je veux en faire juges ces messieurs. J'ai la collection des *bouquets à Chloris* que vous avez faits jusqu'à ce jour ; je vais la chercher, pour qu'ils apprécient le parfum des fleurs qui les composent. » (Il sort.) Dervinck s'adressant à moi : Je ne sais trop ce qu'il veut dire avec vos *bouquets à Chloris.* Nous autres Allemands, faisons aussi de la critique ; mais notre façon de la faire est toute simple : un nouvel ouvrage paraît, nous allons l'entendre, et si, après l'avoir attentivement écouté, il nous semble beau, grand, original, nous écrivons... — Qu'il est détestable, dit Winter qui a composé un mauvais ballet. (Corsino rentrant, un paquet de journaux à la main.) « Voici, messieurs, ces chefs-d'œuvre d'aménité et de bienveillance. Étudions-les. Vous remarquerez d'abord que, s'il veut bafouer l'auteur d'un livret sans faire la moindre observation sur sa poésie, il emploie le moyen atroce de raconter la pièce en vers qui se suivent comme de la prose. Voyez le flatteur effet que cela produit. Je prends une scène au hasard : voici une troupe d'Arabes, marchant à pas comptés et chantant selon l'usage : « Taisons-nous ! cachons-nous ! faisons silence ! » Le critique décrit ainsi la scène :

Ils s'éloignent sans bruit, dans l'ombre de la nuit ; mais un groupe les suit. Le caïd, gros bonhomme, le dos un peu voûté, assez peu fier, en somme, de son autorité, craint, en faisant sa ronde, quelque encontre féconde en mauvais coups, puis, crac! d'être mis en un sac et lancé des murailles par des gens sans entrailles, et de trouver la mort au port.

Il n'a pas fait vingt pas, que de grands coups de gaules tombant sur ses épaules vous le jettent à bas. « Au secours ! on m'assomme ! au meurtre ! » Un galant homme fait fuir les assassins, appelle les voisins : une jeune voisine, à la mine assassine, en jupon court, accourt. Et le battu de geindre, de crier, de se plaindre, en contant l'accident. « Il me manque une dent ! j'en mourrai ! misérable ! Il m'a rompu le râble ! il a tapé trop dur, c'est sûr.

En voici une autre dans laquelle les vers de l'auteur du livret précèdent et suivent la fausse prose du critique, de manière à produire un grotesque mélange. Il s'agit d'un jeune homme qu'on veut retenir en otage pour dettes.

ALBERT.

Grand Dieu !

RODOLPHE.

C'est juste, et, gage précieux,
La loi veut qu'il demeure en otage en ces lieux.

Zila se désole, Albert la console, mais le temps s'envole, ah! que devenir! Rodolphe l'invite à prendre pour gîte son château. Bien vite, Albert, il faut fuir. Allons, vieux juif, face de suif, prête à ce jeune homme une forte somme; il t'offre en garantie sa liberté, sa vie. Il signe, es-tu content? — Oui, voilà de l'argent. — Maintenant je l'emmène; aubergiste inhumaine! je ne vous dois plus rien! Viens, mon amour, mon bien! — Ah çà! mais, dit le comte, ce jeune gars m'affronte, il faut que je le dompte, ou je perdrai mon nom. Viens çà, fils d'Isaac, et tire de ton sac le billet de ce drôle. Il me le faut! — Comment? sans gain? — Sur ma parole, tu gagnes cent pour cent.

RODOLPHE

Ah! la bonne affaire
Que j'ai faite là! *(Montrant Albert.)*
Ce billet, j'espère,
M'en délivrera.
Oui, par mon adresse,
J'aurai racheté
Sa jeune maîtresse
Ou sa liberté.

MOI

« Vous trouvez cela atroce, mon cher Corsino; il n'y a pas même une arrière-pensée malicieuse là-dedans. C'est l'entraînement du rhythme qui m'a fait écrire ainsi. A l'inverse du *Bourgeois* de Molière, j'ai fait de la poésie sans le savoir. Après avoir entendu un orgue de Barbarie vous jouer le même air pendant une heure, ne finissez-vous pas par chanter cet air malgré vous, si laid qu'il soit? Il est dès lors tout simple qu'en racontant des opéras où de pareils vers se sont mis, les vers se mettent dans ma prose, et que je ne parvienne ensuite qu'avec effort à me désenrimer. D'ailleurs, pourquoi me supposer capable d'ironie à l'égard des *poëtes* d'opéra : leurs fautes, s'ils en commettent, ne sont pas de ma compétence. Je ne suis pas un homme de lettres. Que les hommes de lettres régentent la musique, à la bonne heure! c'est leur droit ; mais jamais, je vous le jure, il ne me viendra en tête de risquer une critique littéraire. Vous me calomniez. La crainte d'être trop fade, trop terne, trop ennuyeux, me fait seulement, ainsi que je viens de vous le dire, chercher à varier un peu la tournure de mes pauvres phrases. Surtout à certaines époques de l'année pendant lesquelles rien de ce qu'on fait ne réussit ; où, artistes et critiques semblent avoir tort de vivre; où aucun de leurs efforts ne peut attirer l'attention ni exciter les sympathies du public; de ce public qui, dans sa somnolence, a l'air de dire : « Que me veulent tous ces gens-là? quel démon les possède? Un opéra nouveau! et d'abord est-ce qu'il y a des opéras nouveaux? Cette forme n'est-elle pas usée, exténuée, épuisée? Peut-il à cette heure y avoir encore en elle quelques éléments de nouveauté? Et quand il n'en serait pas ainsi, que me font les inventions des poëtes et des musiciens? que me font les opinions des critiques? Laissez-moi sommeiller, braves gens, et allez dormir. Nous nous ennuyons, vous nous ennuyez! » Ces jours-là, quand vous supposez les critiques préoccupés de malices et d'amères plaisanteries, ils sont dans le plus profond accablement, les malheureux; la plume vingt fois prise et reprise tombe vingt fois de leur main, et ils se disent dans la tristesse de leur cœur : « Ah! pourquoi sommes-nous si loin de Taïti, et que n'est-elle restée, cette île charmante, dans sa beauté primitive et demi-nue, au lieu de s'affubler de ridicules sacs de toile et d'apprendre à chanter la Bible d'une voix nasillarde, sur de vieux airs anglais! Nous pourrions au moins y aller chercher un refuge contre l'ennui européen, philosopher sous les grands cocotiers avec les jeunes Taïtiennes, pêcher des perles, boire le *Kava*, danser la pyrrhique et séduire la reine Pomaré. Au lieu de ces innocentes distractions trans-océaniques, sous le plus beau ciel du monde, il faut que nous nous donnions la peine de raconter comment on s'y est pris l'autre jour à Paris pour nous faire passer laborieusement cinq mortelles heures dans un théâtre enfumé ! » Car ce n'est pas tout d'entendre un opéra en trois actes, d'assister même à sa dernière répétition; de dîner à moitié le soir de sa première représentation pour ne pas perdre une seule note de l'ouverture; de se faire dire des choses désagréables par M. son portier pour s'être attardé au théâtre jusqu'à une heure du matin, alors qu'on rappelait *tous les* acteurs, que le dernier bouquet tombait aux pieds de la prima donna. Ce n'est pas tout de passer au retour une partie de la nuit à se remémorer les divers incidents de la pièce, la forme des morceaux de musique, les noms des personnages; d'y rêver si l'on s'endort, d'y penser encore quand on se réveille. Hélas! non, ce n'est pas tout : il faut de plus, pour nous autres critiques, raconter d'une façon à peu près intelligible ce que souvent nous n'avons pas compris; faire un récit amusant de ce qui nous a tant ennuyés; dire le pourquoi et le comment, le trop et le pas assez, le fort et le faible, le mou et le dur d'une œuvre croquée au vol, et qui n'a pas posé tranquillement pour ses peintres pendant le temps nécessaire à l'action d'un daguerréotype bien conformé. Pour moi, je l'avoue, j'aimerais presque autant écrire l'opéra entier que d'en raconter un seul acte. Car l'auteur, quel que soit son chagrin d'être obligé de faire des chapelets de cavatines, et de se rappeler si souvent qu'une fois attelé à une partition d'opéra parisien, il ne doit pas s'amuser à enfiler des perles, l'auteur, au moins, travaille un peu quand il veut.

Le narrateur, au contraire, condamné à la critique, *à temps*, narre précisément quand il ne voudrait pas narrer. Il a passé une nuit pénible; il se lève sans pouvoir découvrir de quelle humeur il est; il se dit en outre : « En ce moment, Halévy, Scribe et Saint-Georges dorment du sommeil réparateur et profond des femmes en couches; et me voilà avec leur enfant sur les bras, obligé de cajoler sa nourrice pour qu'elle lui donne le sein, de le laver, de le bichonner, de dire à tout le monde comme il est joli, comme il ressemble à ses pères; de tirer son horoscope et de lui prédire une longue vie. »

Je voudrais bien savoir ce que vous feriez, mon cher Corsino, si, à ces tourments de la critique théâtrale, venaient se joindre encore ceux de la critique des concerts; si vous aviez une foule de gens de talent, de virtuoses remarquables, de compositeurs admirables, à louer! si vos amis vous venaient dire : « Voici neuf violonistes, onze pianistes, sept violoncellistes, vingt chanteurs, une symphonie, deux symphonies, un mystère, une messe, dont vous n'avez encore rien dit; parlez-en donc enfin. Allons! de l'ardeur! de l'enthousiasme! que tout le monde soit content! et surtout variez vos expressions! Ne dites pas deux fois de suite : Sublime! inimitable! merveilleux! incomparable! Louez, mais louez délicatement; n'allez pas lancer la louange avec une truelle. Donnez à entendre à tous que tous sont des dieux, mais pas davantage, et surtout ne le dites pas d'une façon trop crue. Cela pourrait blesser leur modestie; on ne gratte pas des hommes avec une étrille. Vous avez affaire à des gens de cœur qui vous sauront un gré infini des vérités que vous voudrez bien leur dire. Les auteurs, les artistes, ne ressemblent plus à l'archevêque de Grenade. Quelle que soit la dose d'amour-propre qu'on leur suppose, pas un ne serait capable de dire aujourd'hui comme le patron de Gil Blas à son critique trop franc : « Allez trouver mon trésorier, qu'il vous compte cinq cents ducats, etc. » La plupart de nos illustres se borneraient à répéter le mot d'un académicien de l'empire, mot dont on ne saurait assez souvent faire admirer la modestie et la profondeur. On avait offert un banquet à cet immortel. Au dessert, un jeune enthousiaste dit à son voisin de droite : « Allons, portons un toast à M. D. J. qui a surpassé Voltaire! — Ah! fi donc, répondit l'autre, c'est exagéré! bornons-nous à la vérité et disons : A M. D. J. qui a égalé Voltaire! » M. D. J. avait entendu la proposition, et saisissant vivement, à ces mots, la main du contradicteur : « Jeune homme, lui dit-il, j'aime votre rude franchise! » Voilà comment on reçoit la critique aujourd'hui, et pourquoi il est maintenant aisé d'exercer ce sacré ministère. Nous savons bien qu'il y a de ces rudes Francs qui l'exerceraient mieux encore, si les cinq cents ducats de l'archevêque étaient unis au magnifique éloge de l'académicien ; mais ceux-là sont par trop exigeants, et la plupart de vos confrères se contentent de la douce satisfaction que leur procure la conscience d'un devoir bien rempli ; ce qui prouve au moins qu'ils ont une conscience. Tandis qu'en voyant votre silence obstiné, on se demande si vous en avez une. » Que diriez-vous, Corsino, à des gens qui vous gratifieraient d'une telle homélie? Vous leur répondriez sans doute comme je l'ai fait dans l'occasion : « Mes amis, vous allez trop loin. Je n'ai jamais donné à personne le droit de me soupçonner de manquer de conscience. Certes, j'en ai une, moi aussi, mais elle est bien faible, bien chétive, bien souffreteuse, par suite des mauvais traitements qu'on lui fait subir journellement. Tantôt on l'enferme, on lui interdit l'exercice, le grand air, on la condamne au silence ; tantôt on la force à paraître demi-nue sur la place publique, quelque froid qu'il fasse, et on l'oblige à déclamer, à faire la brave, à affronter les observations malséantes des oisifs, les huées des gamins et mille avanies. D'où est résulté, ce qu'on pouvait aisément prévoir, une constitution ruinée, une phthisie déjà parvenue au second degré, avec crachements de sang, étourdissements, inégalité d'humeur, accès de larmes, éclats de fureur, toux opiniâtre, enfin tous les symptômes annonçant une fin prochaine. Mais aussi, dès qu'elle sera morte, on l'embaumera d'après le procédé dont se servit Ruisch pour conserver au corps de sa fille les apparences de la vie ; je la garderai soigneusement. On pourra la voir dans ma bibliothèque, et, ma foi, alors au moins elle ne souffrira plus. »

— (*Corsino.*) Mon cher monsieur, pardonnez-moi de vous faire remarquer que, depuis un quart d'heure, vous divaguez autour de la question. Bien plus, vous recourez à l'ironie pour me prouver que cet arme vous est étrangère. Mais je tiens mes preuves, et, si après en avoir entendu l'exposé, mes confrères ne me donnent pas trois fois raison, je m'engage à vous faire devant eux de très-humbles excuses et à me reconnaître pour un calomniateur. Écoutez tous.

ANALYSE DU PHARE

Opéra en deux actes.

Jeudi 27 décembre 1849.

Le théâtre représente une place du village de Pornic. Des pêcheurs bretons se disposent à prendre la mer avec Valentin le Pilote. Ils chantent en chœur :

> Vive Valentin !
> Tin ! tin !
> A lui la richesse,
> Un brillant butin !
> Tin ! tin !
> Avec la richesse
> On a la tendresse
> D'un joli lutin !
> Tin ! tin !
> Et l'on peut sans cesse
> Vider pièce à pièce
> Beaune ou Chambertin !
> Tin ! tin !

Mais voilà le canon ! bom ! bom ! de la foudre les éclats, cla ! cla ! enflamment tout l'horizon, zon ! zon ! Valentin saute dans sa barque pour essayer d'aborder un vaisseau en perdition, et recommande à son ami Martial de bien veiller sur son fanal, car s'il s'éteint, le navire et le pilote sont perdus. Grand tumulte, tempête, prière, etc., etc., etc.

Je craindrais de fatiguer le lecteur en entrant dans de plus grands détails sur la musique et les paroles de cet ouvrage. Je n'ajouterai plus qu'un mot sur sa *mise en scène*. Pendant qu'on chantait ainsi sur le devant du théâtre, à la première représentation, un autre drame s'agitait au *post-scenium*, et sous les yeux des spectateurs, qui ne s'en doutaient guère. Le décor du fond devant représenter la mer en tourmente, les vagues avaient à bondir et à s'agiter d'une furieuse manière. Or, il faut savoir que cet effet de perspective est produit par une toile peinte étendue horizontalement, et sous laquelle se haussent et se baissent continuellement une foule de petits garçons accroupis, dont la tête, soulevant ainsi le décor, représente la crête de la vague. Se figure-t-on le supplice de ces pauvres petits diables, obligés pendant une heure et demie d'agiter cette lourde mer, à grands efforts de colonne vertébrale, ne devant jamais s'asseoir, ne pouvant se lever tout debout, à demi étouffés, et obliger de sauter comme des singes sans repos ni cesse jusqu'à la fin d'un acte interminable? La fameuse cage inventée par Louis XI, et dans laquelle les prisonniers ne pouvaient étendre leurs membres, n'était rien en comparaison. Seulement, les tritons de l'Opéra, étant nombreux sous leur toile azurée, ont l'agrément de la conversation, et ils en abusent souvent. Témoin la première représentation du *Phare*, pendant laquelle une terrible discussion a bouleversé la mer armoricaine jusque dans ses dernières profondeurs. Les ondes avaient d'abord causé entre elles d'une façon assez raisonnable, et si Neptune eût prêté l'oreille, il n'eût pas trouvé à lancer son *quos ego!* n'entendant que d'innocentes exclamations, interrompues en forme de hoquet par les haut-le-corps de ces malheureux *vaguant* sous la toile; exclamations telles que celles-ci :

« Eh! dis donc, Moniquet, tu ne vas pas, et tu me laisses porter tout-hou-hou-hou mon coin de mer; veux-tu bien te remuer et te lever-hé-hé davantage! — Cré coquin, c'est que j'en-han-ban peux plus. — Allons, ferme, feignant! Crois-tu pas-ha-ha-ha qu'on te donne quinze sous pour faire une mer qui ressemble à la Seine?... — Eh bien-hein-hein, s'il a des dispositions pour la scène, ce moutard-ard-ard-ard-ard (crie un gros flot qui ne se ménage pas), veux-tu pas contrarier sa-ha-ha-ha vocation, toi? Après tout, ça ne va pas mal. Tiens, écoute comme on applaudit; nous avons un fier succès-hè-hè. Si le public nous redemande à la fin-in-in-in, est-ce que-he-he-he nous reparaîtrons? Tiens, par-ar-ar ardi! — Ah ben! non; moi, j'oserai-ai-ai pas. Si tu voyais comme je sue-hue-hue, je dois pas être présentable. — Allons donc, aristo-ho-ho, le public va ben regarder à ça pour des artiss! Voyons, vous autres, voulez-vous reparaître si on-on-on nous redemande? — Non-on-on-on. — Oui-hi-hi-hi. — Allons aux voix. — Non! votons par assis et levés. — Par assis et levés-hé-hé-hé; il y a une heure que nous votons comme ça-a-a; j'en ai assez. — Pierre (dit tout bas un flot qui s'arrête), ne bouge pas, je dirai rien. — Mais ne dis rien, je bougerai pas. — C'est dit, les autres nous voient pas. J'ai les reins qui me craquent. Si nous fumions une pipe pour nous rafraîchir? As-tu d'amadou? — Oh! j'ose pas, rapport au feu. — Ah! oui, m'essieu Ruggieri n'en fait ben d'autre, de feu, et la barraque ne brûle pourtant pas. Gare, v'là le tonnerre... bzz... (Une fusée part sans explosion.) Tiens le tonnerre qu'a pas éclaté. En v'là une farce. C'est donc ça que M. Ruggieri, qui bisquait contre le directeur, disait l'autre jour, je l'ai entendu: Bon! bon! que la *foule* m'écrase si je leur donne pas des tonnerres qui rateront à tout coup. Il y a pas manqué, nous n'avons que des tonnerres qui ratent. Y garde sa poudre. — C'est vrai, mais on applaudit plus du tout depuis que nous travaillons pas. Faut nous y remettre, ou nous serons pas rappelés. — Allons! hardi! hi-hi-hi-ui-hi. » Silence parmi les tritons, ils travaillent en conscience; la tempête est superbe, les ondes bondissent comme des béliers et les vagues comme des agneaux *(sicut agni ovium)*. Tout à coup, un flot courroucé qui n'avait encore rien dit, se redressant de toute sa hauteur et restant immobile, s'écrie: « Ah! qu'il a bien raison, le citoyen Proudhon, et que s'il y avait en France une ombre d'égalité, ces gredins de bourgeois qui nous regardent du haut de leurs loges où ils se carrent, seraient à gigoter ici à notre place, et c'est nous autres qui de là haut les regarderions. — Mais, grand imbécile, réplique une petite lame, en prenant le gros flot par les jambes et le faisant tomber, tu vois bien qu'il n'y aurait pas d'égalité pour ça. On aurait seulement fait basculer l'inégalité! — C'est pas vrai. — Il a raison. — C'est un aristo. — C'est un réac. — Flanquons-lui une danse. » Là-dessus la tempête se change en ouragan effroyable, en véritable raz-de-marée; les vagues se ruent les unes sur les autres avec un fracas inouï, une rage incroyable, on dirait d'une trombe, d'une typhon. Et le public d'admirer ce beau désordre, effet de la politique, et de se récrier sur le rare talent des machinistes de l'Opéra. Fort heureusement, la pièce étant finie, le rideau de l'avant-scène est tombé, et on est parvenu à grand'peine, en roulant la mer sur une longue perche, à mettre fin à cette séance de représentants sous-marins.

— Oh! oh! disent les musiciens en éclatant de rire, c'est là ce que vous appelez analyser un opéra? — Patience, messieurs, reprend Corsino, voici qui est plus fort. C'est toujours notre bienveillant critique qui parle.

ANALYSE DE DILETTA

Opéra-comique en trois actes.

Lundi 22 juillet 1850.

Il est fort triste de s'occuper d'opéras-comiques le lundi, par cette raison seule que le lundi est le lendemain du dimanche. Or, le dimanche, on va au chemin de fer du Nord, on monte dans un wagon et on lui dit : « Mène-moi à Enghien. » En descendant de l'obéissant véhicule vous trouvez de vrais amis, des amis solides, de ceux dont on ne sait pas très-bien le nom, mais qui n'accolent pas au vôtre d'épithète trop injurieuse quand vous avez le dos tourné et qu'on leur demande qui vous êtes.

Et la conversation s'engage dans la forme traditionnelle : « Tiens, c'est vous! — Pas mal, et vous? — Moi, je vais louer un bateau et pêcher dans le lac, et vous? — Oh! moi, je suis un pauvre pêcheur, et je vais à vêpres. J'étais hier à l'Opéra-Comique; et vous? — Moi, je suis vertueux, et dans la crainte de ne pas m'éveiller assez tôt pour voir l'aurore se lever aujourd'hui, je me suis privé hier de la représentation en question. J'ai entendu tout à l'heure un gros monsieur qui portait un melon en dire beaucoup de bien, et vous?... — Je n'ai garde de dire du mal des melons ni des amateurs d'opéras-comiques, et vous?.....» Pas de réponse, on a tourné l'angle d'un champ de groseilliers, vous avez pris d'un côté, l'ami est resté à l'autre, il mange des groseilles et ne songe plus à son ami. Et vous, songez-vous à lui? pas davantage.

Véritable amitié, sœur de la fraternité républicaine! Tout ravi de la liberté qu'elle vous laisse, vous traversez à pied la plaine d'Enghien ; il fait silence. Une brise timide voudrait s'élever, mais elle n'ose, et le soleil dore à loisir les moissons immobiles. Deux cloches fêlées envolent du haut de la colline voisine leurs notes discordantes : c'est l'annonce des vêpres à l'église de Montmorency. Les cloches se taisent, le silence redouble. On s'arrête... on écoute... on regarde au loin... à l'ouest... on pense à l'Amérique, aux mondes nouveaux qui y surgissent, aux solitudes vierges, aux civilisations disparues, aux grandeurs et à la décadence de la vie sauvage. A l'est... les souvenirs de l'Asie viennent vous assaillir ; on songe à Homère, à ses héros, à Troie, à la Grèce, à l'Égypte, à Memphis, aux Pyramides, à la cour des Pharaons, aux grands temples d'Isis, à l'Inde mystérieuse, à ses tristes habitants, à la Chine caduque, à tous ces vieux peuples fous ou tout au moins monomanes. On s'applaudit de n'adorer ni Brama ni Vichenou et d'aller tranquillement, en bon chrétien, à vêpres à Montmorency. Une folâtre fauvette s'élance tout à coup d'un buisson, monte perpendiculairement en lançant au ciel sa chanson joyeuse, trace en l'air vingt zigzags capricieux, saisit un moucheron et l'emporte, en remerciant Dieu, dont la bonté, dit-elle, s'étend sur toute la nature, puisqu'il ne dédaigne pas de donner la pâture aux petits des oiseaux. Reconnaissance naïve que le moucheron très-probablement ne partage pas. Ceci donne beaucoup à réfléchir ; on réfléchit donc! Passent deux jeunes Parisiennes simplement vêtues de blanc, avec cette grâce savante que possèdent les Parisiennes seulement. Quatre petits pieds bien chaussés, bien cambrés, bien tout.... quatre grands yeux veloutés, bien sourcillés... enfin... ceci donne encore beaucoup à réfléchir. Elles disparaissent dans un champ de blé presque aussi haut, aussi droit, aussi flexible que leur taille est haute, flexible et droite. On réfléchit énormément, on réfléchit avec fureur. Mais les deux cloches discordantes envoient un second et dernier appel, et l'on se dit : Bah! allons à vêpres. On arrive enfin sur une colline en mamelon, au sommet de laquelle est fort pittoresquement plantée une charmante église gothique, point trop neuve, mais point trop dégradée non plus ; un très-beau vitrail ; tout autour une pelouse assez peu écorchée ; on voit que le populaire n'y afflue que rarement. Point d'immondices, point de croquis impurs ; trois mots seulement écrits d'une façon discrète dans un coin : *Lucien, Louise, toujours!*

On est tout troublé. Cette église de roman...... son isolement...... la paix qui l'environne.... le merveilleux paysage qui se déroule à ses pieds.... on sent s'agiter le premier amour depuis longtemps couché au fond du cœur et qui se réveille ; votre dix-huitième année se relève à l'horizon. On cherche dans l'air une forme évanouie...... L'orgue joue ; une simple mélodie vous arrive au travers des murs de l'église. On essuie son œil droit et on se dit encore : Bah! allons à vêpres ; et on entre.

Une trentaine de femmes et d'enfants endimanchés. Le curé, le vicaire et les chantres dans le chœur. Tous chantent faux à faire carier des dents d'hippopotame. L'organiste ne sait pas l'harmonie ; il entremêle toutes ses phrases de petites broderies vermiculaires d'un style affreux. On supporte quelque temps néanmoins l'exécution barbare du psaume *In exitu Israel de Ægypto*, et la persistance de cette mélancolique psalmodie dans le mode mineur, revenant toujours la même sur chaque strophe, finit par endormir vos douleurs d'oreille et ramener la rêverie. Cette fois, ce sont des rêves d'art qui vous absorbent. On se dit qu'il serait beau d'avoir à soi cette charmante église, où la musique s'installerait avec ses prestiges les plus doux, où elle pourrait chanter avec tant de bonheur ses hymnes, ses idylles, ses poëmes d'amour ; où elle pourrait prier, songer, évoquer le passé, pleurer et sourire, et préserver sa fierté virginale du contact de la foule, et vivre toujours ange et toujours pure, pour elle-même et pour quelques amis.

Ici, l'organiste joue un petit air de danse appartenant à un vieux ballet de l'Opéra, et le contraste grotesque qu'il produit avec le récit antique du chœur, vous impatiente tellement que vous sortez. Vous voilà de nouveau sur la pelouse ; le murmure des voix du lieu saint y parvient encore. L'orgue continue ses petites drôleries. Vous jurez comme un charretier. Deux ballons s'élèvent au loin dans les airs, une colonne de fumée part du chemin de fer. La prose va vous saisir. Vite, vous tirez un livre de votre poche, et, en avisant dans le modeste cimetière voisin de l'église une pierre tumulaire inclinée d'une certaine façon, vous trouvez qu'on peut être commodément étendu sur cette tombe pour lire le douzième livre de *l'Énéide* une deux-centième fois. Vous allez vous y installer quand des sanglots, partis du chemin creux qui longe le cimetière, vous arrêtent. Une petite fille, s'appuyant sur des béquilles, gravit la colline un panier à la main et pleurant amèrement. On l'interroge : « Qu'as-tu donc, mon enfant?... (Pas de réponse.) Voyons, que t'est-il arrivé? (Les pleurs redoublent.) Veux-tu dix sous pour acheter un pain d'épices? — Ah! oui, je m'en fiche bien de votre pain d'épices! — Mais que t'a-t-on fait? dis-le-moi, et surtout ne te fâche pas, ne me dis pas de sottises, je ne me moque pas de toi, je ne suis pas de Paris, sois tranquille. — Eh ben, m'sieu, ma grand'mère m'avait dit que ça me porterait bonheur, et que ma jambe guérirait le même jour que la sienne, et je la soignais si bien, et je lui donnais tant de mouches dans son panier!... — Comment, ta grand'mère mangeait des mouches? — Mais non, c'est mon hirondelle. Je vous ai pas dit... voilà... l'hirondelle s'était entortillé la jambe dans du crin et des plumes, j'sais pas comment, si bien qu'elle s'avait cassé la cuisse, et puis y restait un gros morceau de terre de son nid qui pendait aux crins de sa patte et qui l'empêchait de voler. Je la pris il y a huit jours, et ma grand'-mère me dit : « C'est du bonheur ces oiseaux-là, vois-tu; il faut en prendre soin, et si elle guérit, tu guériras aussi et tu pourras quitter tes béquilles le même jour. » Moi que ça m'embête tant d'être comme ça gêné, j'ai fait ce que disait ma grand'mère, je l'y ai bien nettoyé sa jambe, je l'y ai bien reficelé sa cuisse avec des allumettes. Et tout le temps qu'elle s'est sentie pas mieux, elle restait tranquillement dans son panier; elle me regardait d'un petit air de connaissance, avec ses gros yeux. Je lui donnais à tous les moments des belles mouches, que je leur-z-arrachais seulement la tête pour qu'elles s'envolent pas. Et ma grand'mère disait toujours : « C'est bien, il faut être bon pour les bêtes quand on veut qu'elles guérissent. Encore trois, quatre jours et tu seras de même guérie. » Et voilà que tout à l'heure elle a entendu c'te troupe des autres hirondelles qui gueulent là-haut à l'entour du clocher, et la petite gueuse elle a poussé le dessus du panier avec sa tête, et pendant que je m'occupais à lui arranger encore des mouches, elle a (hi ! hi !) elle a (ha ! ha !) elle... a fichu le camp. — Je conçois ton chagrin, mon enfant; tu l'aimais, ton hirondelle. — Je l'aimais ? ah ! je m'en moquais bien ! en v'là une idée ! mais elle n'était pas encore bien guérie, et je ne guérirai plus du tout à présent. Les autres, qu'elle est allée retrouver, vont lui recasser sa cuisse ; je le sais bien, allez. — Pourquoi veux-tu que les autres la maltraitent ?... — Pardi ! parce que c'est mauvais comme tous les oiseaux. Je l'ai ben vu c't hiver, qu'il faisait si froid : j'avais plumé vivant un pierrot qu'on m'avait donné, en lui laissant seulement les plumes des ailes et de la queue, et puis je l'avais lâché devant une douzaine d'autres pierrots. Il a volé vers ses camarades, qui lui sont tombés dessus, tous, roide, et l'ont tué à coups de bec; à preuve que (pleurant) je n'ai jamais tant ri... (hi ! hi !) Vous voyez bien que ma jambe ne guérira pas. Me v'là propre. Ah ! si je l'avais su (hu ! hu !), je lui aurais finement tordu le cou tout de suite. »

. . . .

Vous remettez alors dans votre poche le livre que vous aviez à la main. La poésie n'est plus de saison. Vous enragez. Vous allumez un cigare, et vous vous en allez fumant et consterné. Vous n'avez pas fait trente pas que la petite béquillarde vous appelle : Eh! m'sieu! et les dix sous que vous m'aviez promis! — Tu n'aimes pas le pain d'épices. — Non, mais donnez toujours. — Ma foi, je n'ai qu'une pièce de cinq sous, tiens. Vous lui jetez vos cinq sous, l'enfant les ramasse, vous laisse faire encore quelques pas, et vous crie : « Ohé! vieux gredin! aristo! » On fume précipitamment. On retraverse la plaine, tout sot; on remonte en wagon pour revenir à Paris, et on se dit : « Si elle ne m'eût appelé qu'aristo, ou gredin, mais vieux... Bah! décidément je n'irai plus à vêpres à Montmorency. »

Voilà pourquoi je suis si peu disposé à vous conter, aujourd'hui lundi, le nouvel opéra-comique. L'idylle d'hier m'a stupéfié. A demain donc... Vieux gredin!... Elle l'a dit. C'est une enfant!

Mardi, 23 juillet.

Il est toujours fort triste de s'occuper d'opéras-comiques le mardi, par cette raison seule que le mardi est le lendemain du lundi. Les jours se suivant sans se ressembler, il est de toute évidence que si l'on a été mélancolique le lundi, on doit sentir une gaieté quelconque arriver le mardi. Et il n'y a pas de plus terrible rabat-joie qu'une analyse de tels ouvrages à faire, pour celui qui l'écrit; si ce n'est cette même analyse faite pour celui qui la lit. Or, je ne cesse de rire depuis ce matin d'un accident arrivé vendredi dernier à M. Érard, et dont tout le quartier du Conservatoire de musique s'entretient encore. Il faut, vous l'avouerez, qu'il s'agisse d'un événement prodigieux pour qu'il préoccupe si longtemps l'attention publique. C'est d'un prodige, en effet, qu'il s'agit, prodige fatal à un homme célèbre, et que pourtant je ne puis m'empêcher de trouver fort divertissant. C'est mal, j'en conviens. La fréquentation des enfants de Montmorency m'aurait-elle déjà corrompu?...

Voici le fait dans toute son inexplicable et effrayante simplicité.

Les concours du Conservatoire ont commencé la semaine dernière. Le premier jour, M. Auber, décidé, comme on dit, à attaquer le taureau par les cornes, a fait concourir les classes de piano. L'intrépide jury chargé d'entendre les candidats, apprend sans émotion apparente qu'ils sont au nombre de trente et un, dix-huit femmes et treize hommes. Le morceau choisi pour le concours est le concerto en *sol mineur* de Mendelssohn. A moins d'une attaque d'apoplexie, foudroyant l'un des candidats pendant la séance, le concerto va donc être exécuté trente et une fois de suite; on sait cela. Mais ce que vous ne savez peut-être pas encore, et ce que j'ignorais moi-même il y a quelques heures, n'ayant point eu la témérité d'assister à cette expérience, c'est ce que m'a raconté ce matin un des garçons de classes du Conservatoire, au moment où, tout préoccupé de l'épithète de *vieux* dont m'avait gratifié l'Amaryllis de Montmorency, je traversais la cour de cet établissement.

« Ah! ce pauvre M. Érard! disait-il, quel malheur! — Érard, que lui est-il arrivé? — Comment, vous n'étiez donc pas au concours de piano? — Non, certes. Eh bien, que s'y est-il passé? — Figurez-vous que M. Érard a eu l'obligeance de nous prêter, pour ce jour-là, un piano magnifique qu'il venait de terminer et qu'il comptait envoyer à Londres pour l'Exposition universelle de 1851. C'est vous dire s'il en était content. Un son d'enfer, des basses comme on n'en entendit jamais, enfin un instrument extraordinaire. Le clavier était seulement un peu dur; mais c'est pour cela qu'il nous l'avait envoyé. M. Érard n'est pas maladroit, et il s'était dit : Les trente et un élèves, à force de taper leur concerto *égayeront* les touches de mon piano et ça ne peut lui faire que du bien. Oui, oui, mais il ne prévoyait pas, le pauvre homme, que son clavier serait *égayé* d'une si terrible manière. Au fait, un concerto exécuté trente et une fois de suite dans la même journée! qui pouvait calculer les suites d'une semblable répétition? Le premier élève se présente donc, et, trouvant le piano un peu dur, n'y va pas de mains mortes pour tirer du son. Le second, *idem*. Au troisième, l'instrument ne résiste plus autant; il résiste encore moins au cinquième. Je ne sais pas comment l'a trouvé le sixième; il m'a fallu, au moment où il se présentait, aller chercher un flacon d'éther pour un de nos messieurs du jury, qui se trouvait mal, le septième finissait quand je suis revenu, et je l'ai entendu dire en rentrant dans la coulisse : « Ce piano n'est pas si dur qu'on le prétend ; je le trouve excellent, au contraire. » Les dix ou douze autres concurrents ont été du même avis ; les derniers assuraient même qu'au lieu de paraître trop dur au toucher, il était trop doux.

» Vers les trois heures moins un quart, nous étions arrivés au n° 26, on avait commencé à dix heures ; c'était le tour de mademoiselle Hermance Lévy, qui déteste les pianos durs. Rien ne pouvait lui être plus favorable, chacun se plaignant à cette heure qu'on ne pût toucher le clavier sans le faire parler ; aussi elle nous a enlevé le concerto si légèrement qu'elle a obtenu net le premier prix. Quand je dis net, ce n'est pas tout à fait vrai ; elle l'a partagé avec mademoiselle Vidal et mademoiselle Roux. Ces deux demoiselles ont aussi profité de l'avantage que leur offrait la douceur du clavier ; douceur telle, qu'il commençait à se mouvoir rien qu'en soufflant dessus. A-t-on jamais vu un piano de cette espèce? Au moment d'entendre le n° 29, j'ai encore été obligé de sortir pour chercher un médecin ; un autre de nos messieurs du jury devenait très-rouge, et il fallait le saigner absolument. Ah ! ça ne badine pas le concours de piano ! et, quand le médecin est arrivé, il n'était que temps. Comme je rentrais au foyer du théâtre, je vois revenir de la scène le n° 29, le petit Planté, tout pâle ; il tremblait de la tête aux pieds, en disant : « Je ne sais pas ce qu'a le piano, mais les touches remuent toutes seules. On dirait qu'il y a quelqu'un dedans qui pousse les marteaux. J'ai peur. — Allons donc, gamin, tu as la berlue, répond le petit Cohen, de trois ans plus âgé que lui. Laissez-moi passer ; je n'ai pas peur, moi. » Cohen (le n° 30) entre ; il se met au piano sans regarder le clavier, joue son concerto très-bien, et, après le dernier accord, au moment où il se levait, ne voilà-t-il pas le piano qui se met à recommencer tout seul le concerto ! Le pauvre jeune homme avait fait le brave ; mais, après être resté comme pétrifié un instant,

Il a fini par se sauver à toutes jambes. A partir de ce moment, le piano dont le son augmente de minute en minute, va son train, fait des gammes, des trilles, des arpéges. Le public, ne voyant personne auprès de l'instrument et l'entendant sonner dix fois plus fort qu'auparavant, s'agite dans toutes les parties de la salle; les uns rient, les autres commencent à s'effrayer, tout le monde est dans un étonnement que vous pouvez comprendre. Un juré seulement, du fond de la loge ne voyant pas la scène, croyait que M. Cohen avait recommencé le concerto, et s'époumonnait à crier : « Assez! assez! assez! taisez-vous donc! Faites venir le n° 31 et dernier. » Nous avons été obligés de lui crier du théâtre : « Monsieur, personne ne joue; c'est le piano qui a pris l'habitude du concerto de Mendelssohn et qui l'exécute tout seul à son idée. Voyez plutôt. — Ah çà, mais c'est indécent; appelez M. Érard. Dépêchez-vous; il viendra peut-être à bout de dompter cet affreux instrument. » Nous cherchons M. Érard. Pendant ce temps-là, le brigand de piano, qui avait fini son concerto, n'a pas manqué de le recommencer encore, et tout de suite, sans perdre une minute, et toujours, toujours avec plus de tapage; on eût dit de quatre douzaines de pianos à l'unisson. C'étaient des fusées, des tremolo, des traits en sixtes et tierces redoublées à l'octave, des accords de dix notes, de triples trilles, une averse de sons, la grande pédale, le diable et son train.

» M. Érard arrive; il a beau faire, le piano, qui ne se connaît plus, ne le reconnaît pas davantage. Il fait apporter de l'eau bénite, il en asperge le clavier, rien n'y fait : preuve qu'il n'y avait point là de sortilége et que c'était un effet naturel des trente exécutions du même concerto. On démonte l'instrument, on en ôte le clavier qui remue toujours, on le jette au milieu de la cour du Garde-Meuble, où M. Érard furieux le fait briser à coups de hache. Ah bien oui! c'était pire encore, chaque morceau dansait, sautait, frétillait de son côté, sur les pavés, à travers nos jambes, contre le mur, partout, et tant et tant, que le serrurier du Garde-Meuble a ramassé en une brassée toute cette mécanique enragée et l'a jetée dans le feu de sa forge pour en finir. Pauvre M. Érard! un si bel instrument! Ça nous fendait le cœur à tous. Mais qu'y faire? il n'y avait que ce moyen de nous en délivrer. Aussi, un concerto exécuté trente fois de suite dans la même salle le même jour, le moyen qu'un piano n'en prenne pas l'habitude! Parbleu! M. Mendelssohn ne pourra pas se plaindre qu'on ne joue pas sa musique! mais voilà les suites que ça vous a. »

Je n'ajoute rien au récit que l'on vient de lire, et qui a tout à fait l'air d'un conte fantastique. Vous n'en croirez pas un mot sans doute, vous irez jusqu'à dire : C'est absurde. Et c'est justement parce que c'est absurde que je le crois, car jamais un garçon du Conservatoire n'eût inventé une telle extravagance.

Maintenant venons à l'objet principal de cette étude. Ne remettons pas à demain l'affaire sérieuse; il est toujours fort triste d'avoir à s'occuper d'opéras-comiques le mercredi.

Diletta. . . . .
. . . . mais. . . . .
très. . . . . la musique . . . .
. . . . . . toujours . . . .
Pâleur. . . . . platitude.

<small>Le manuscrit de l'auteur est devenu ici tellement indéchiffrable que de tous nos protes, aucun n'a pu en lire davantage. Nous nous voyons donc forcés de donner ainsi un peu incomplète sa critique du charmant opéra de *Diletta*.
(*Note de l'Éditeur.*)</small>

Tous les musiciens en chœur : Affreux! abominable! Corsino a raison. Il n'est pas humain d'user d'aussi cruelles réticences. Peut-on! peut-on! — Mais, messieurs, écoutez-moi donc. Connaissez-vous les opéras dont je me suis ainsi évertué à ne pas parler? — Non. — Personne ici ne les connaît? — Non! non! — Eh bien! si par hasard il vous était prouvé qu'ils sont d'une nullité plus absolue, plus complète que celui que vous vous permettez si cavalièrement d'exécuter à demi-orchestre ce soir, me trouveriez-vous encore trop sévère? — Certes, non. — En ce cas, j'ai gagné ma cause, Corsino a tort. Car je le déclare formellement : en comparaison de ces deux partitions, votre opéra nouveau est un chef-d'œuvre. Que diable! il faut pourtant, avant de prononcer un jugement dans un arbitrage, entendre les deux parties. Si malingre que soit ma conscience de critique, je vous l'ai dit, j'en ai une, elle vit encore. Elle eût été morte, si j'eusse émis une opinion raisonnée, sévère, impitoyable même, sur des choses pareilles, dont, au point de vue de l'art, il n'y a rien à dire, absolument rien. Votre empressement à me condamner m'afflige et me blesse. Je vous croyais de meilleurs sentiments pour moi. Permettez que je me retire. — Voyons, voyons, dit Kleiner l'aîné en essayant de me retenir, il ne faut pas se vexer pour si peu. J'ai été bien plus... — Non. Adieu, messieurs! »

Je sors au milieu du troisième acte.

DIX-NEUVIÈME SOIRÉE

On joue Don Giovanni.

Je reparais à l'orchestre après plusieurs jours d'absence. Mon intention n'était pas d'y rentrer ce soir-là; mais Corsino et quelques-uns de ses confrères sont venus m'exprimer leurs regrets de m'avoir blessé en taxant de cruauté ma critique; j'ai ri, j'étais désarmé, je les ai suivis au théâtre. Les musiciens m'accueillent avec la plus vive cordialité; ils veulent me faire oublier mon mécontentement qu'ils ont cru réel; mais dès le premier coup d'archet de l'ouverture chacun cesse de parler. On écoute religieusement le chef-d'œuvre de Mozart, dignement exécuté par le chœur et par l'orchestre. A la fin du dernier acte : « Que pensez-vous de notre baryton Don Giovanni? me demande Bacon d'un air de fierté nationale. — Je pense qu'il mérite le prix Monthyon. — Qu'est-ce que c'est? dit-il, en se tournant vers Corsino. — *(Corsino,)* C'est le prix de vertu. — (*Bacon*, étonné d'abord, très-flatté ensuite, reprend avec une satisfaction douce :) Oh! c'est vrai, M. K**** est un bien brave homme! »

VINGTIÈME SOIRÉE

GLANES HISTORIQUES. — SUSCEPTIBILITÉ SINGULIÈRE DE NAPOLÉON, SA SAGACITÉ MUSICALE. — NAPOLÉON ET LESUEUR. — NAPOLÉON ET LA RÉPUBLIQUE DE SAN-MARINO.

On joue un opéra, etc., etc., etc.

Tout le monde parle. Corsino raconte des anecdotes. J'arrive au moment où il commence celle-ci :

Le 9 février 1807, il y eut grand concert à la cour de Napoléon. L'assemblée était brillante, Crescentini chantait. A l'heure dite, on annonce l'Empereur; il entre, prend place, le programme lui est présenté. Le concert commence; après l'ouverture, il ouvre le programme, le lit, et pendant que le premier morceau de chant s'exécute, il appelle à haute voix le maréchal Duroc et lui dit quelques mots à l'oreille. Le maréchal traverse la salle, vient à M. Grégoire, que son emploi de secrétaire de la musique de l'Empereur obligeait à faire les programmes des concerts, et l'apostrophant avec sévérité : « Monsieur Grégoire, l'Empereur me charge de vous inviter *à ne pas faire à l'avenir de l'esprit dans vos programmes.* » Le pauvre secrétaire reste stupéfait, ne comprenant pas ce qu'a voulu dire le maréchal et n'osant plus lever les yeux. Dans l'intervalle des morceaux de musique, chacun lui demande à voix basse quel est le sujet de cette algarade, et le malheureux Grégoire, de plus en plus troublé, de répondre toujours : « Je n'en sais pas plus que vous, je n'y comprends rien. » Il s'attend à être destitué le lendemain, et s'arme déjà de courage pour supporter une disgrâce qui lui paraît inévitable, bien qu'il en ignore le motif.

Le concert terminé, l'Empereur en partant laisse le programme sur son fauteuil; Grégoire accourt, le saisit, le lit, le relit cinq ou six fois, sans y rien découvrir de répréhensible; il le donne à lire à MM. Lesueur, Rigel, Kreutzer, Baillot, qui n'y aperçoivent rien non plus que de parfaitement convenable et de fort innocent. Les quolibets des musiciens commençaient à pleuvoir sur le malencontreux secrétaire quand une soudaine inspiration vint lui donner la clef de cette énigme et redoubler ses terreurs. Le programme (manuscrit selon l'usage) commençait par ces mots :

Musique de l'Empereur.

et au lieu de tirer au-dessous une simple ligne, comme à l'ordinaire, je ne sais quelle fantaisie de Grégoire l'avait porté à dessiner une suite d'étoiles d'une grandeur croissante jusqu'au milieu de la page et décroissante jusqu'à l'autre bord. Pouvait-on penser que Napoléon, alors à l'apogée de sa gloire, verrait dans cet inoffensif ornement, une allusion à sa fortune passée, présente et future! allusion désagréable pour lui autant qu'insolente de la part du prophète de malheur qui l'eût faite à dessein, puisqu'elle donnait à entendre par les deux imperceptibles étoiles placées aux extrémités de la ligne, autant que par la largeur démesurée de l'étoile du milieu, que l'astre impérial, si brillant alors, devait successivement décliner, s'amoindrir et s'éteindre dans la proportion inverse de celle qu'il avait suivie jusqu'à ce jour. Le temps a trop bien prouvé qu'il en devait être ainsi; mais le génie du grand homme lui avait-il déjà dévoilé ce que le sort lui réservait, cette bizarre susceptibilité pourrait le faire croire.

Voici, messieurs, la copie du programme qui faillit amener la ruine du brave secrétaire. Grégoire lui-même, en me racontant son aventure, me fit présent de l'original.

VINGTIÈME SOIRÉE

Je vous prie de remarquer épisodiquement que le secrétaire de la musique de l'Empereur ne savait pas l'orthographe du nom de *Guglielmi*.

MUSIQUE DE L'EMPEREUR

GRAND CONCERT
FRANÇAIS ET ITALIEN
Du lundi 9 février 1807

Ouverture des 2 jumeaux........ de Guilielmi.

N° 1. Air de Roméo et Juliette.... de Zingarelli
PAR MADAME DURET.

2. Air des Horaces......... de Cimarosa.
PAR M. CRESCENTINI.

3. Air détaché........... de Crescentini.
PAR MADAME BARILLI.

4. Duo de Cléopâtre........ de Nazolini.
PAR MADAME BARILLI ET M. CRESCENTINI.

5. Air détaché, avec chœurs.... de Jadin
PAR M. LAYS.

6. Duo delle Cantatrice Villane... de Fioravanti
PAR MADAME ET M. BARILLI.

7. Grand Final du Roi Théodore à Venise.............. de Paisiello.

On imagine bien que Grégoire, peu à peu rassuré sur la crainte de perdre sa place, n'eut garde, aux concerts suivants, de reproduire dans ses programmes le moindre trait, la moindre vignette symbolique. C'est à peine s'il osait mettre les points sur les i. La leçon avait été trop forte, il craignait toujours *de faire de l'esprit* SANS LE SAVOIR.

Dans une autre circonstance, Napoléon fit preuve d'un sentiment musical dont, très-probablement, on ne le croyait pas doué. Un concert avait été arrangé pour la soirée aux Tuileries ; sur les six morceaux du programme, le n° 3 était de Païsiello. À la répétition, le chanteur de ce morceau se trouve incommodé et hors d'état de prendre part au concert. Il faut remplacer l'air par un autre du même auteur, l'Empereur ayant toujours témoigné pour la musique de Païsiello une préférence marquée. La chose se trouvant fort difficile, Grégoire imagine de substituer au n° 3 manquant, un air de Generali qu'il met hardiment sous le nom de Païsiello. Il faut avouer, entre nous, monsieur le secrétaire, que vous preniez là une liberté bien grande; c'était une belle et bonne mystification que vous vouliez faire subir à l'Empereur. Mais peut-être, cette fois encore, *faisiez-vous de l'audace sans le savoir*. Quoi qu'il en soit, à la grande surprise des musiciens, l'illustre dilettante ne fut point dupe de la supercherie. En effet, à peine le n° 3 était-il commencé, que l'Empereur, faisant de la main son signe habituel, suspend le concert : « Monsieur Lesueur, s'écrie-t-il, ce morceau n'est pas de Païsiello. — Je demande pardon à Votre Majesté; il est de lui, n'est-ce pas, Grégoire ? — Oui, Sire, certainement. — Messieurs, il y a quelque erreur là-dedans : mais veuillez bien recommencer... » — Après vingt mesures, l'Empereur interrompt le chanteur pour la seconde fois : « Non, non, c'est impossible, Païsiello a plus d'esprit que cela. » Et Grégoire d'ajouter d'un air humble et confit : « C'est sans doute un ouvrage de sa jeunesse, un coup d'essai. — Messieurs, réplique vivement Napoléon, les coups d'essai d'un grand maître comme Paisiello sont toujours empreints de génie, et jamais au-dessous de la médiocrité, comme le morceau que vous venez de me faire entendre..... »

Nous avons eu en France depuis lors bien des directeurs, administrateurs et protecteurs des beaux-arts, mais je doute qu'ils aient jamais montré cette pureté de goût dans les questions musicales auxquelles ils se trouvaient mêlés, pour la damnation des virtuoses et des compositeurs. Beaucoup d'entre eux, au contraire, ont donné des preuves nombreuses de leur aptitude à prendre du Pucita ou du Gaveaux pour du Mozart et du Beethoven, et *vice versâ*.

Et pourtant, à coup sûr, Napoléon ne savait pas la musique.

MOI.

Puisque nous en sommes ce soir à raconter des anecdotes sur le grand empereur, en voici une encore qui montre comment il savait honorer les artistes dont les œuvres lui étaient sympathiques. Lesueur, dont Corsino citait tout à l'heure le nom, et qui fut longtemps surintendant de la chapelle impériale, venait de faire représenter son opéra des *Bardes*. L'étrangeté des mélodies, le coloris antique et l'accent grave des harmonies de Lesueur se trouvaient là parfaitement motivés.

On sait quelle était la prédilection de Napoléon pour les poëmes de Macpherson, attribués à Ossian; le musicien qui venait de leur donner une vie nouvelle, ne pouvait manquer de s'en ressentir. A l'une des premières représentations des *Bardes*, l'Empereur enchanté l'ayant fait venir dans sa loge après le troisième acte, lui dit : « Monsieur Lesueur, voilà de la musique entièrement nouvelle pour moi, et fort belle; votre second acte surtout est *inaccessible*. » Vivement ému d'un pareil suffrage, et des cris et des applaudissements qui éclataient de toutes parts, Lesueur voulait se retirer; Napoléon le prenant par la main le fit avancer sur le devant de sa loge, et, le plaçant à côté de lui : « Non, non, restez;

jouissez de votre triomphe; on n'en obtient pas souvent de pareil. » Certes, on lui rendant ainsi éclatante justice, Napoléon ne fit point un ingrat; jamais l'admiration et le dévouement d'un soldat de la garde ne surpassèrent en ferveur le culte que l'artiste a professé pour lui jusqu'au dernier moment. Il ne pouvait en parler de sang-froid. Je me souviens qu'un jour, en revenant de l'Académie, où il avait entendu amèrement critiquer la fameuse *Orientale* de Victor Hugo, intitulée, *Lui!* il me pria de la lui réciter. Son agitation et son étonnement, en écoutant ces beaux vers, ne peuvent se rendre; à cette strophe :

> Qu'il est grand, là surtout! quand, puissance brisée,
> Des porte-clefs anglais misérable risée,
> Au sort du malheur il retrempe ses droits,
> Tient au bruit de ses pas deux mondes en haleine,
> Et mourant de l'exil, gêné dans Sainte-Hélène,
> Manque d'air dans la cage où l'exposent les rois!

n'y tenant plus, il m'arrêta; il sanglotait.

DIMSKY.

N'est-ce pas à l'occasion de cet opéra que Napoléon envoya à Lesueur une boîte d'or... avec une inscription?... j'ai entendu parler de cela.

MOI.

Oui, la riche boîte, que j'ai vue, porte cette épigraphe :

L'EMPEREUR DES FRANÇAIS A L'AUTEUR DES BARDES

CORSINO.

Il y avait là de quoi faire perdre la tête à un artiste. Quel homme!... Ceci est grandiose. Mais qu'il était gracieusement fin dans l'occasion, et comme il savait allier une douce raillerie à de l'obligeance! Mon frère, qui a servi dans l'armée française pendant la première campagne d'Italie, m'a raconté de quelle façon il *reconnut*, sans rire, l'indépendance de la république de San Marino. En apercevant sur son rocher la capitale de cet *État libre* : « Quel est ce village ? dit-il. — Général, c'est la république de San Marino. — Eh bien ! qu'on n'inquiète pas ces honnêtes républicains. Allez, au contraire, leur dire de ma part que la France *reconnaît leur indépendance*, les prie de recevoir en signe d'amitié deux pièces de canon, et que je leur souhaite le bonjour. »

VINGT ET UNIÈME SOIRÉE

(ÉTUDES MUSICALES. — LES ENFANTS DE CHARITÉ A L'ÉGLISE DE SAINT-PAUL DE LONDRES, CHŒUR DE 6,500 VOIX. — LE PALAIS DE CRISTAL A SEPT HEURES DU MATIN. — LA CHAPELLE DE L'EMPEREUR DE RUSSIE. — INSTITUTIONS MUSICALES DE L'ANGLETERRE. — LES CHINOIS CHANTEURS ET INSTRUMENTISTES A LONDRES; LES INDIENS; L'HIGHLANDER; LES NOIRS DES RUES.

On joue un, etc., etc., etc.

En m'apercevant, quatre ou cinq musiciens m'interpellent au sujet des observations que j'ai dû faire l'an dernier, en Angleterre, sur l'assemblée annuelle des enfants de charité, sur les Indiens, les Highlanders, les hommes noirs chantant dans les rues, et sur les Chinois d'Albert Gate et de la Jonque. « Aucun de nous, dit Moran, n'a pu trouver de témoin auriculaire de ces excentricités musicales dont nous avons tant entendu parler. Nous savons que vous étiez à Londres en 1851, que vous y remplissiez, par ordre du gouvernement français, les fonctions de juré près l'exposition universelle; vous avez dû tout voir et tout entendre. Dites-nous le fin mot des choses, nous sommes on ne peut plus disposés à vous croire. — Vous êtes bien bons! mais, messieurs, c'est long à narrer, et... — Nous avons quatre actes ce soir! — Quatre actes... — Sans compter le ballet! — Pauvres nous! en ce cas je commence.

J'étais en effet à Londres dans les premiers jours de juin,

l'an dernier, quand un lambeau du journal, tombé par hasard entre mes mains, m'apprit que l'*Anniversary meeting of the Charity children* allait avoir lieu dans l'église de Saint-Paul. Je me mis aussitôt en quête d'un billet, qu'après bien des lettres et des démarches je finis par obtenir de l'obligeance de M. Gosse, le premier organiste de cette cathédrale. Dès dix heures du matin, la foule encombrait les avenues de l'église; je parvins, non sans peine, à la traverser. Arrivé dans la tribune de l'orgue destinée aux chantres de la chapelle, hommes et enfants, au nombre de soixante-dix, je reçus une partie de basse qu'on me priait de chanter avec eux, et *un surplis* qu'il me fallut endosser, pour ne pas détruire, par mon habit noir, l'harmonie du costume blanc des autres choristes. Ainsi déguisé en homme d'église, j'attendis ce qu'on allait me faire entendre avec une certaine émotion vague, causée par ce que je voyais. Neuf amphithéâtres presque verticaux, de seize gradins chacun, s'élevaient au centre du monument, sous la coupole et sous l'arcade de l'est devant l'orgue pour recevoir les enfants. Les six de la coupole formaient une sorte de cirque hexagone, ouvert seulement à l'est et à l'ouest. De cette dernière ouverture partait un plan incliné, allant aboutir au haut de la porte d'entrée principale, et déjà couvert d'un auditoire immense, qui pouvait ainsi, des bancs même les plus éloignés, tout voir et tout entendre parfaitement. A gauche de la tribune que nous occupions devant l'orgue, une estrade attendait sept ou huit joueurs de trompettes et de timbales. Sur cette estrade, un grand miroir était placé de manière à réfléchir, pour les musiciens, les mouvements du chef des chœurs, marquant la mesure au loin, dans un angle au-dessous de la coupole, et dominant toute la masse chorale. Ce miroir devait servir aussi à guider l'organiste tournant le dos au chœur. Des bannières plantées tout autour du vaste amphithéâtre dont le seizième gradin atteignait presque aux chapiteaux de la colonnade, indiquaient la place que devaient occuper les diverses écoles, et portaient le nom des paroisses ou des quartiers de Londres auxquels elles appartiennent.

Au moment de l'entrée des groupes d'enfants, les compartiments des amphithéâtres, se peuplant successivement du haut en bas, formaient un coup d'œil singulier, rappelant le spectacle qu'offre dans le monde microscopique le phénomène de la cristallisation. Les aiguilles de ce cristal aux molécules humaines, se dirigeant toujours de la circonférence au centre, étaient de deux couleurs, le bleu foncé de l'habit des petits garçons sur les gradins d'en haut, et le blanc de la robe et de la coiffe des petites filles occupant les rangs inférieurs. En outre, les garçons portant sur leur veste, les uns une plaque de cuivre poli, les autres une médaille d'argent, leurs mouvements faisaient scintiller la lumière réfléchie par ces ornements métalliques, de manière à produire l'effet de mille étincelles s'éteignant et se rallumant à chaque instant sur le fond sombre du tableau. L'aspect des échafaudages couverts par les filles était plus curieux encore ; les rubans verts et roses qui paraient la tête et le cou de ces blanches petites vierges, faisaient ressembler exactement cette partie des amphithéâtres à une montagne couverte de neige, au travers de laquelle se montrent çà et là des brins d'herbe et des fleurs. Ajoutez les nuances variées qui se fondaient au loin dans le clair-obscur du plan incliné, où siégeait l'auditoire, la chaire tendue de rouge de l'archevêque de Cantorbéry, les bancs richement ornés du lord-maire et de l'aristocratie anglaise sur le parvis au-dessous de la coupole, puis à l'autre bout et tout en haut les tuyaux dorés du grand orgue ; figurez-vous cette magnifique église de Saint-Paul, la plus grande du monde après Saint-Pierre, encadrant le tout, et vous n'aurez encore qu'une esquisse bien pâle de cet incomparable spectacle. Et partout un ordre, un recueillement, une sérénité qui en doublaient la magie. Il n'y a pas de mises en scène, si admirables qu'on les suppose, qui puissent jamais approcher de cette réalité que je crois avoir vue en songe à l'heure qu'il est. Au fur et à mesure que les enfants, parés de leurs habits neufs, venaient occuper leurs places avec une joie grave exempte de turbulence, mais où l'on pouvait observer un peu de fierté, j'entendais mes voisins anglais dire entre eux : « Quelle scène! quelle scène!!... » et mon émotion était profonde quand *les six mille cinq cents* petits chanteurs étant enfin assis, la cérémonie commença.

Après un accord de l'orgue, s'est alors élevé en un gigantesque unisson le premier psaume chanté par ce chœur inouï :

> *All people that on earth do dwell*
> *Sing to the Lord with cheerful voice.*
> (Le peuple entier qui sur la terre habite
> Chante au Seigneur d'une joyeuse voix.)

Inutile de chercher à vous donner une idée d'un pareil effet musical. Il est à la puissance et à la beauté des plus excellentes masses vocales que vous ayez jamais entendues, comme Saint-Paul de Londres est à une église de village, et cent fois plus encore. J'ajoute que ce choral, aux larges notes et d'un grand caractère, est soutenu par de superbes harmonies dont l'orgue l'inondait sans pouvoir le submerger. J'ai été agréablement surpris d'apprendre que la musique de ce psaume, pendant longtemps attribuée à Luther, est de Claude Goudimel, maître de chapelle à Lyon au XVIᵉ siècle.

Malgré l'oppression et le tremblement que j'éprouvais, je tins bon, et sus me maîtriser assez pour pouvoir faire une partie dans les psaumes récités *sans mesure (reading psalms)* que le chœur des chantres musiciens eut à exécuter en second lieu. Le *Te Deum* de Boyce (écrit en 1760), morceau sans caractère, chanté par les mêmes, acheva de me calmer. A l'antienne du couronnement, les enfants se joignant au petit chœur de l'orgue de temps en temps, et seulement pour lancer de solennelles exclamations telles que : *God save the king! — Long live the king! — May the king live for ever! — Amen! Hallelujah!* l'électrisation recommença. Je me mis à compter beaucoup de pauses, malgré les soins de mon voisin qui me montrait à chaque instant sur sa partie la mesure où on en était, pensant que je m'étais perdu. Mais au psaume à trois temps de J. Ganthaumy, ancien maître anglais (1774), chanté par toutes les voix, avec les trompettes, les timbales et l'orgue, à ce foudroyant retentissement d'une hymne vraiment brûlante d'inspiration, d'une harmonie grandiose, d'une expression noble autant que touchante, la nature reprit son droit d'être faible, et je dus me servir de mon cahier de musique, comme fit Agamemnon de sa toge, pour me voiler la face. Après ce morceau sublime, et pendant que le lord-archevêque de Cantorbéry prononçait son sermon que l'éloignement m'empêchait d'entendre, un des maîtres des cérémonies vint me chercher, et me conduisait, ainsi tout *lacrymans*, dans divers endroits de l'église, pour contempler sous tous ses aspects ce tableau dont l'œil ne pouvait d'aucun point embrasser entièrement la grandeur. Il me laissa ensuite en bas, auprès de la chaire, parmi le beau monde, c'est-à-dire au fond du cratère du volcan vocal; et quand, pour le dernier psaume, il recommença à faire éruption, je dus reconnaître que, pour les auditeurs ainsi placés, sa puissance était plus grande du double que partout ailleurs. En sortant, je rencontrai le vieux Cramer, qui, dans son transport, oubliant qu'il sait parfaitement le français, se mit à me crier en italien : *Cosa stupenda ! stupenda ! la gloria dell' Inghilterra !*

Puis Duprez... Ah ! le grand artiste qui, pendant sa brillante carrière, émut tant de gens, a reçu ce jour-là le paiement de ses vieilles créances, et ces dettes de la France, ce sont des enfants anglais qui les lui ont payées. Je n'ai jamais vu Duprez dans un pareil état : il balbutiait, il pleurait, il battait la campagne; pendant que l'ambassadeur turc et un beau jeune Indien passaient près de nous froids et tristes comme s'ils fussent venus d'entendre hurler dans une mosquée leurs derviches tourneurs. O fils de l'Orient ! il vous manque un sens : l'acquerrez-vous jamais ?..... Maintenant, quelques détails techniques. Cette institution des *Charity children* fut fondée par le roi Georges III en 1764. Elle se soutient par les dons volontaires ou souscriptions qui lui viennent de toutes les classes riches ou seulement aisées de la capitale. Le bénéfice du *meeting* annuel de Saint-Paul, dont les billets se vendent une demi-couronne et une demi-guinée, lui appartient aussi. Quoique toutes les places réservées au public soient en pareil cas enlevées longtemps d'avance, l'emplacement occupé par les enfants et le sacrifice qu'il faut faire d'une grande partie de l'église pour y établir les admirables dispositions dont je viens de parler, nuisent nécessairement beaucoup au résultat pécuniaire de la cérémonie. Les dépenses en sont d'ailleurs fort grandes. Ainsi l'établissement seul des neuf amphithéâtres et du plancher incliné coûte 450 liv. st. (11,250 fr.). Les recettes s'élèvent ordinairement à 800 liv. st. (20,000 fr.). Il ne reste donc que 8,750 fr. tout au plus, aux six mille cinq cents pauvres petits qui donnent une pareille fête à la cité-mère; mais les dons volontaires forment toujours une somme considérable.

Ces enfants ne savent pas la musique, ils n'ont jamais vu une note de leur vie. On est obligé tous les ans de leur seriner avec un violon, et pendant trois mois entiers, les hymnes et antiennes qu'ils auront à chanter au *meeting*. Ils les apprennent ainsi par cœur, et n'apportent en conséquence à l'église ni livre ni quoi que ce soit pour les guider dans l'exécution : voilà pourquoi ils chantent seulement à l'unisson. Leurs voix sont belles, mais peu étendues; on ne leur donne à chanter, en général, que des phrases contenues dans l'intervalle d'une onzième, du *si* d'en bas au *mi* entre les deux dernières portées (clef de *sol*). Toutes ces notes, qui d'ailleurs sont à peu près communes au soprano, au mezzo soprano et au contralto, et se trouvent en conséquence chez tous les individus, ont une merveilleuse sonorité. Il est douteux qu'on pût les faire chanter à plusieurs parties. Malgré l'extrême simplicité et la largeur des mélodies qu'on leur confie, il n'y a même pas pour l'oreille des musiciens, une simultanéité irréprochable dans les attaques des voix après les silences. Cela vient de ce que ces enfants ne savent pas ce que c'est que les temps d'une mesure et ne songent point à les compter. En outre, leur directeur unique, placé très-haut au-dessus du chœur, ne peut être aperçu aisément que des rangs supérieurs des trois amphithéâtres qui lui font face, et ne sert guère qu'à indiquer le commencement des morceaux, la plupart des chanteurs ne pouvant le voir et les autres ne daignant presque jamais le regarder.

Le résultat prodigieux de cet unisson est dû, selon moi, à deux causes : au nombre énorme et à la qualité de voix d'abord, ensuite à la disposition des chanteurs en amphithéâtres très-élevés. Les réflecteurs et les producteurs du son se trouvent dans de bonnes proportions relatives, l'atmosphère de l'église, attaquée par tant de points à la fois, en surface et en profondeur, entre alors tout entière en vibrations, et son retentissement acquiert une majesté et une force d'action sur l'organisation humaine que les plus savants efforts de l'art musical, dans les conditions ordinaires, n'ont point encore laissé soupçonner. J'ajouterai, mais d'une façon conjecturale seulement, que, dans une circonstance exceptionnelle comme celle-là, bien des phénomènes insaisissables doivent avoir lieu, qui se rattachent aux mystérieuses lois de l'électricité.

Je me demande maintenant si la cause de la différence notable qui existe entre la voix des enfants élevés par charité à Londres et celle de nos enfants pauvres de Paris, ne serait point due à l'alimentation, abondante et bonne chez les premiers, insuffisante et de mauvaise qualité chez les seconds. Cela est très-probable. Ces enfants anglais sont forts, bien musclés, et n'offrent rien de l'aspect souffreteux et débile que présente à Paris la jeune population ouvrière, épuisée par un mauvais régime alimentaire, le travail et les privations. Il est tout naturel que les organes vocaux participent chez nos enfants de l'affaiblissement du reste de l'organisme, et que l'intelligence même puisse s'en ressentir.

En tout cas, ce ne sont pas les voix seulement qui manqueraient aujourd'hui pour révéler à Paris, d'une aussi étonnante façon, la sublimité de la *musique monumentale*. Ce qui manquerait d'abord, c'est la cathédrale aux gigantesques proportions (l'église de Notre-Dame elle-même ne conviendrait pas); c'est, hélas! aussi la foi dans l'art; c'est un élan direct et chaleureux vers lui; c'est le calme, la patience, la subordination des élèves et des artistes; c'est une grande volonté, sinon du gouvernement, au moins des classes riches, d'atteindre le but après en avoir compris la beauté, et, par suite, c'est enfin l'argent qui manquerait, et l'entreprise croulerait par sa base. Nous n'avons qu'à rappeler, pour comparer une petite chose à une immense, la triste fin de Choron, qui, avec de faibles ressources, avait déjà obtenu de si importants résultats dans son institution de musique chorale, et qui mourut de chagrin quand, *par économie*, le gouvernement de Juillet la supprima.

Et pourtant, au moyen de trois ou quatre établissements qu'il serait aisé de fonder chez nous, qui pourrait, dans un certain nombre d'années, nous empêcher de donner à Paris un exemple en petit, mais perfectionné, de la fête musicale anglaise? Nous n'avons pas l'église de Saint-Paul, il est vrai, mais nous avons le Panthéon, qui offre, sinon des dimensions, au moins des dispositions intérieures à peu près semblables. Le nombre des exécutants et celui des auditeurs serait moins colossal; mais l'édifice étant aussi moins vaste, l'effet pourrait être encore fort extraordinaire.

Admettons que le plan incliné, partant du haut de la porte centrale du Panthéon, ne pût contenir que cinq mille auditeurs : une pareille assemblée est encore assez respectable, et me paraît représenter largement cette partie de la population de Paris qui possède l'intelligence et le sentiment de l'art. Supposez maintenant que sur les amphithéâtres, au lieu de six mille cinq cents enfants ignorants, nous ayons *mille cinq cents* enfants *musiciens; cinq cents* femmes musiciennes et armées de véritables voix; de plus, *deux mille* hommes suffisamment doués par la nature et l'éducation; admettez aussi qu'au lieu de donner au public le fond central de l'hexagone, sous la coupole, on y place un petit orchestre de trois ou quatre cents instrumentistes, et qu'à cette masse bien exercée de quatre mille trois cents musiciens soit confiée l'exécution d'une belle œuvre, écrite dans le style convenable à de pareils moyens, sur un sujet où la grandeur est unie à la noblesse, où se retrouve vibrante l'expression de toutes les hautes pensées qui peuvent faire battre le cœur de l'homme; je crois qu'une telle manifestation du plus puissant des arts, aidée du prestige de la poésie et de l'architecture, serait réellement digne d'une nation comme la nôtre et laisserait bien loin derrière elle les fêtes si vantées de l'antiquité.

Avec les ressources françaises seules, dans une dizaine d'années, cette fête serait possible; Paris n'aurait qu'à vouloir. En attendant, et à l'aide des premiers rudiments de la musique, les Anglais veulent et peuvent. Grand peuple, qui a l'instinct des grandes choses!!! l'âme de Shakspeare est en lui!

———

Le jour où j'assistai pour la première fois à cette cérémonie, en sortant de Saint-Paul dans un état de demi-ivresse que vous concevrez maintenant, je me laissai conduire, sans trop savoir pourquoi, sur un bateau de la Tamise où je reçus pendant vingt minutes une pluie battante. Revenu ensuite à pied et tout mouillé de Chelsea, où je n'avais que faire, j'eus la prétention de dormir; mais les nuits qui succèdent à de pareils jours ne connaissent pas le sommeil. J'entendais sans cesse rouler dans ma tête cette clameur harmonieuse : *All people that on earth do dwell*, et je voyais tourbillonner l'église de Saint-Paul; je me retrouvais dans son intérieur; il était, par une bizarre transformation, changé en pandœmonium : c'était la mise en scène du célèbre tableau de Martin; au lieu de l'archevêque dans sa chaire, j'avais Satan sur son trône; au lieu des milliers de fidèles et d'enfants groupés autour de lui, des peuples de démons et de damnés dardaient du sein des ténèbres visibles leurs regards de flamme, et l'amphithéâtre de fer sur lequel ces millions étaient assis vibrait tout entier d'une manière terrible, en répandant d'affreuses harmonies.

Enfin, las de la continuité de ces hallucinations, je pris le parti, bien qu'il fît à peine jour, de sortir et de m'acheminer vers le palais de l'Exposition où m'appelaient dans quelques heures mes fonctions de juré. Londres dormait encore; aucune des Sara, des Mary, des Kate, qui lavent chaque matin le seuil des maisons, n'apparaissait son éponge à la main. Une vieille Irlandaise *aginée* fumait sa pipe, accroupie seule dans un coin de Manchester square. Les vaches nonchalantes ruminaient, couchées sur l'épais gazon de Hyde-Park. Le petit trois-mâts, ce jouet du peuple navigateur, se balançait sommeillant sur la rivière Serpentine. Déjà quelques gerbes lumineuses se détachaient des vitraux élevés du palais ouvert à *all people that on earth do dwell*.

La garde, qui veille aux barrières de ce Louvre, accoutumée de me voir à toutes sortes d'heures indues, me laissa passer, et j'entrai. C'était encore un spectacle d'une grandeur originale que celui de l'intérieur désert du palais de l'Exposition à sept heures du matin : cette vaste solitude, ce silence, ces douces lueurs tombant du faîte transparent, tous ces jets d'eau taris, ces orgues muettes, ces arbres immobiles, et cet étalage harmonieux des riches produits apportés là de tous les coins du monde par cent peuples rivaux. Ces ingénieux travaux, fils de la paix, ces instruments de destruction qui rappellent la guerre, toutes ces causes de mouvement et de bruit semblaient alors converser mystérieusement entre elles, en l'absence de l'homme, dans cette langue inconnue qu'on entend avec *l'oreille de l'esprit*. Je me disposais à écouter leur secret dialogue, me croyant seul dans le palais; mais nous étions trois : un Chinois, un moineau et moi. Les yeux *bridés* de l'Asiatique s'étaient ouverts avant l'heure, à ce qu'il paraît, ou peut-être, comme les miens, ne s'étaient-ils pas fermés. A l'aide d'un petit balai de plume, il époussetait avec soin ses beaux vases de porcelaine, ses hideux magots, ses laques, ses soieries. Puis je le vis prendre un arrosoir, aller puiser de l'eau dans le bassin de la fontaine de verre, et revenir désaltérer avec tendresse une pauvre fleur, chinoise sans doute, qui s'étiolait dans un ignoble vase européen. Après quoi il vint s'asseoir à quelques pas de sa boutique, regarda les tamtams qui y étaient appendus, fit un mouvement comme pour aller les frapper; mais réfléchissant qu'il n'avait ni frères ni amis à réveiller, il laissa retomber sa main qui tenait déjà le marteau du gong, et soupira. « *Dulces reminiscitur Argos,* » me dis-je. Prenant alors mon air le plus gracieux, je m'approche de lui, et supposant qu'il entend l'anglais, je lui adresse un *good morning, sir*, plein d'un intérêt bienveillant auquel il n'y avait pas à se méprendre. Pour toute réponse, mon homme se lève, me tourne le dos, va ouvrir une armoire, et en tire des sandwiches qu'il se met à manger sans me regarder et d'un air assez méprisant pour ce mets des *Barbares*. Puis il soupire encore..... Il pense évidemment à ses succulentes nageoires de requin frites dans de l'huile de ricin dont il se régalait dans son pays, à la soupe aux nids d'hirondelles, et à ces fameuses confitures de cloportes qu'on fait si bien à Canton. Pouah! les pensées de ce gastronome impoli me donnent des nausées, et je m'éloigne.

En passant près d'une grosse pièce de canon de 48, fondue à Séville et qui avait l'air, en regardant la boutique de Sax placée auprès d'elle, de le défier de faire un instrument de cuivre de son calibre et de sa voix, j'effarouche un moineau caché dans la gueule de la brutale Espagnole. » Pauvre échappé du massacre des innocents, ne crains rien, je ne te dénoncerai pas; au contraire, tiens!... — Et, tirant de ma poche un morceau de biscuit que le maître des cérémonies de Saint-Paul m'avait forcé d'accepter la veille, je l'émiette sur le plancher. Lorsqu'on construisit le palais de l'Exposition, une tribu de moineaux avait élu domicile dans l'un des grands arbres qui ornent à cette heure le transsept. Elle s'obstina à y rester malgré les progrès menaçants du travail des ouvriers. Il n'était guère possible, en effet, à ces bêtes d'imaginer qu'elles pussent être prises dans une pareille cage de verre au treillis de fer. Quand elles eurent la conviction du fait, leur étonnement fut grand. Les moineaux cherchaient une issue en voletant de droite et de gauche. Dans la crainte des dégâts que leur présence pouvait causer à certains objets délicats exposés dans le bâtiment, on résolut de les tuer tous, et on y parvint, avec des sarbacanes, vingt sortes de piéges et la perfide noix vomique. Mon moineau, dont je découvris ainsi la retraite et que je me gardai de trabir, était le seul qui eût survécu. C'est le Joas de son peuple, me dis-je,

<blockquote>Et je le sauverai des fureurs d'Athalie.</blockquote>

Comme je prononçais ce vers remarquable, à l'instant même improvisé, un bruit assez semblable au bruit de la pluie se répandit sous les vastes galeries : c'étaient les jets d'eau et les fontaines auxquels leurs gardiens venaient de donner la volée. Les châteaux de cristal, les rochers factices, vibraient sous le ruissellement de leurs perles liquides; les policemen, ces bons gendarmes sans armes, que chacun respecte avec tant de raison, se rendaient à leur poste; le jeune apprenti de M. Ducroquet s'approchait de l'orgue de son patron, en méditant la nouvelle polka dont il allait nous régaler; les ingénieux fabricants de Lyon venaient achever leur admirable étalage; les diamants, prudemment cachés pendant la nuit, reparaissaient scintillants sous leur vitrine; la grosse cloche irlandaise en *ré bémol mineur*, qui trônait dans la galerie de l'est, s'obstinait à frapper un, deux, trois, quatre, cinq, six, sept, huit coups, toute fière de ne point ressembler à sa sœur de l'église d'Albany street, qui donne une résonnance de *tierce majeure*. Le silence m'avait tenu éveillé, ces rumeurs m'assoupirent; le besoin de sommeil devenait irrésistible; je vins m'asseoir devant le grand piano d'Érard, cette merveille musicale de l'Exposition; je m'accoudai sur son riche couvercle, et j'allais m'endormir, quand Thalberg me frappant sur l'épaule : « Eh, confrère! le jury se rassemble. Allons! de l'ardeur! nous avons aujourd'hui trente-deux tabatières à musique, vingt-quatre accordéons et treize bombardons à examiner. »

. . . .

(Les musiciens, que mon récit paraît avoir intéressés, gardent le silence et semblent attendre que je continue.)

. . . .

Je ne puis comparer à l'effet de *l'unisson* gigantesque des enfants de Saint-Paul que celui des belles *harmonies* religieuses écrites par Bortniansky pour la chapelle impériale russe, et qu'exécutent à Saint-Pétersbourg les chantres de la cour, avec une perfection d'ensemble, une finesse de nuances et une beauté de sons dont vous ne pouvez vous former aucune idée. Mais ceci, au lieu d'être le résultat de la puissance d'une masse de voix incultes, est le produit exceptionnel de l'art; on le doit à l'excellence des études constamment suivies par une collection de choristes choisis.

Le chœur de la chapelle de l'empereur de Russie, composé de quatre-vingts chanteurs, hommes et enfants, exécutant des morceaux à quatre, six et huit parties réelles, tantôt d'une allure assez vive et compliqués de tous les artifices du style fugué, tantôt d'une expression calme et séraphique, d'un mouvement extrêmement lent, et exigeant en conséquence une pose de voix et un art de la soutenir fort rares, me paraît au-dessus de tout ce qui existe en ce genre en Europe. On y trouve des voix graves, inconnues chez nous, qui descendent jusqu'au contre-la, au-dessous des portées, clef de fa. Comparer l'exécution chorale de la chapelle Sixtine de Rome avec celle de ces chantres merveilleux, c'est opposer la pauvre petite troupe de racleurs d'un théâtre italien du troisième ordre à l'orchestre du Conservatoire de Paris.

L'action qu'exerce ce chœur et la musique qu'il exécute, sur les personnes nerveuses, est irrésistible. A ces accents inouïs, on se sent pris de mouvements spasmodiques presque douloureux qu'on ne sait comment maîtriser. J'ai essayé plusieurs fois de rester, par un violent effort de volonté, impassible en pareil cas, sans pouvoir y parvenir.

Le rituel de la religion chrétienne grecque interdisant l'emploi des instruments de musique et même celui de l'orgue dans les églises, les choristes russes chantent en conséquence toujours sans accompagnement. Ceux de l'empereur ont même voulu éviter qu'un chef leur fût nécessaire pour marquer la mesure, et ils sont parvenus à s'en passer. S. A. I. madame la grande-duchesse de Leuchtenberg m'ayant fait un jour, à Saint-Pétersbourg, l'honneur de m'inviter à entendre une messe chantée à mon intention dans la chapelle du palais, j'ai pu juger de l'étonnante assurance avec laquelle ces choristes, ainsi livrés à eux-mêmes, passent brusquement d'une tonalité à une autre, d'un mouvement lent à un mouvement vif, et exécutent jusqu'à des récitatifs et des psalmodies non mesurées avec un ensemble imperturbable. Les quatre-vingts chantres, revêtus de leur riche costume, étaient disposés en deux groupes égaux debout de chaque côté de l'autel, en face l'un de l'autre. Les basses occupaient les rangs les plus éloignés du centre, devant eux étaient les ténors, et devant ceux-ci les enfants soprani et contralti. Tous, immobiles, les yeux baissés, attendaient dans le plus profond silence le moment de commencer leur chant, et à un signe, fait sans doute par l'un des chefs d'attaque, signe imperceptible pour le spectateur, et sans que personne eût donné le ton ni déterminé le mouvement, ils entonnèrent un des plus vastes *concerts à huit voix* de Bortniansky. Il y avait dans ce tissu d'harmonie des enchevêtrements de parties qui semblent impossibles, des soupirs, de vagues murmures comme on en entend parfois en rêve, et de temps en temps de ces accents qui, par leur intensité, ressemblent à des cris, saisissent le cœur à l'improviste, oppressent la poitrine et suspendent la respiration. Puis tout s'éteignait dans un decrescendo incommensurable, vaporeux, céleste; on eût dit un chœur d'anges partant de la terre et se perdant peu à peu dans les hauteurs de l'empyrée. Par bonheur, la grande-duchesse ne m'adressa pas la parole ce jour-là, car dans l'état où je me trouvais à la fin de la cérémonie, il est probable que j'eusse paru à Son Altesse prodigieusement ridicule.

Bortniansky (Dimitri Stepanowich), né en 1751 à Gloukoff, avait quarante-cinq ans, lorsque, après un assez long séjour en Italie, il revint à Saint-Pétersbourg et fut nommé directeur de la chapelle impériale. Le chœur des chantres, qui existait depuis le règne du czar Alexis Michaïlowitch, laissait encore beaucoup à désirer quand Bortniansky en prit la direction. Cet homme habile, se consacrant exclusivement à sa nouvelle tâche, mit tous ses soins à perfectionner cette belle institution, et pour atteindre ce but s'occupa principalement de compositions religieuses. Il mit en musique quarante-cinq psaumes à quatre et à huit parties. On lui doit, en outre, une messe à trois parties et un grand nombre de pièces détachées. Dans toutes ces œuvres, on trouve un véritable sentiment religieux, souvent une sorte de mysticisme, qui plonge l'auditeur en de profondes extases, une rare expérience du groupement des masses vocales, une prodigieuse entente des nuances, une harmonie sonore, et, chose surprenante, une incroyable liberté dans la disposition des parties, un mépris souverain des règles respectées par ses prédécesseurs comme par ses contemporains, et surtout par les Italiens dont il est censé le disciple. Il mourut le 28 septembre 1825, âgé de soixante-quatorze ans. Après lui, la direction de la chapelle fut confiée au conseiller privé Lvoff, homme d'un goût exquis et possédant une grande connaissance pratique des œuvres magistrales de toutes les écoles. Ami intime et l'un des plus sincères admirateurs de Bortniansky, il se fit un devoir de suivre scrupuleusement la marche que celui-ci avait tracée. La chapelle impériale était déjà parvenue à un degré de splendeur remarquable, lorsque, en 1836, après la mort du conseiller Lvoff, son fils, le général Alexis Lvoff, en fut nommé directeur.

La plupart des amateurs de quatuors et les grands violonistes de toute l'Europe connaissent ce musicien éminent, à la fois virtuose et compositeur. Son talent sur le violon est remarquable, et son dernier ouvrage, que j'entendis à Saint-Pétersbourg il y a quatre ans, l'opéra d'*Ondine*, dont M. de Saint-Georges vient de traduire le livret en français, contient des beautés de l'ordre le plus élevé, fraîches, vives, jeunes et d'une originalité charmante. Depuis qu'il dirige le chœur des chantres de la cour, tout en suivant la même voie que ses devanciers, en ce qui concerne le perfectionnement de l'exécution, il s'est appliqué à augmenter le répertoire déjà si riche de cette chapelle, soit en composant des pièces de musique religieuse, soit en se livrant à d'utiles et savantes investigations dans les archives musicales de l'Église russe, recherches grâce auxquelles il a fait plusieurs découvertes précieuses pour l'histoire de l'art.

La musique chorale nous a entraînés bien loin, messieurs, mais je ne pouvais passer sous le silence un fait aussi considérable que la perfection d'exécution à laquelle sont parvenus les chantres de l'empereur de Russie. Ce souvenir, d'ailleurs, s'est tout naturellement présenté à mon esprit comme l'antithèse de celui des enfants anglais de Saint-Paul.

Maintenant, pour revenir à Londres, et avant de décrire la musique des Chinois, des Indiens et des Highlanders, que j'ai entendue, je dois vous dire que l'Angleterre (on l'ignore trop sur le continent), a créé depuis quelques années des établissements d'une grande importance, où la musique n'est point un objet de spéculation comme dans les théâtres, et où on la cultive en grand, avec soin, avec talent et un véritable amour. Telles sont *the sacred Harmonic Society, the London sacred Harmonic Society*, à Londres, et les Philharmoniques de Manchester et de Liverpool. Les deux sociétés londoniennes, qui font entendre des oratorios dans la vaste salle d'Exeter-Hall, comptent près de six cents choristes. Les voix de ces chanteurs ne sont pas des plus belles, il est vrai, bien qu'elles m'aient paru de beaucoup supérieures aux voix parisiennes proprement dites; mais de leur ensemble résulte toutefois un effet imposant, essentiellement musical, et, en somme, ces choristes sont capables d'exécuter correctement les œuvres si complexes, aux intonations si dangereuses parfois, de Hændel et de Mendelssohn, c'est-à-dire tout ce qu'il y a, en fait de chant choral, de plus difficile. L'orchestre qui les accompagne est insuffisant par le nombre seulement; eu égard au caractère simple de l'instrumentation des oratorios en général, il laisse peu à désirer sous les autres rapports. C'est par cette masse bien organisée d'amateurs, secondés par un petit nombre d'artistes, que j'ai entendu exécuter à Exeter-Hall, devant deux mille auditeurs profondément attentifs, le magnifique poëme sacré *Élie*, dernière œuvre de Mendelssohn. Entre ces institutions et celles qui ont mis nos ouvriers de Paris à même de chanter une fois l'an en public des ponts-neufs plus ou moins misérables, il y a un abîme. Je ne connais pas encore la valeur de la Société musicale de Liverpool. Celle de Manchester, dirigée en ce moment par Charles Hallé, le pianiste modèle, le musicien sans peur et sans reproche, est peut-être supérieure aux Sociétés de Londres, si l'on en croit les juges impartiaux. La beauté des voix y est du moins extrêmement remarquable, le sentiment musical très-vif, l'orchestre nombreux et bien exercé; et quant à l'ardeur des dilettanti, elle est telle, que quatre cents auditeurs surnuméraires paient une demi-guinée *pour avoir le droit d'acheter* des billets de concert, dans le cas très-rare où, par l'absence ou la maladie de quelques-uns des sociétaires auditeurs en titre, il leur deviendrait possible de s'en procurer. Soutenue par un tel zèle, si dispendieuse qu'elle soit, une institution musicale doit prospérer. La musique se fait belle et charmante pour ceux qui l'aiment et la respectent; elle n'a que dédains et mépris pour ceux qui la vendent. Voilà pourquoi elle est si acariâtre, si insolente et si sotte de notre temps, dans la plupart des grands théâtres de l'Europe livrés à la spéculation, où nous la voyons si atrocement vilipendée.

Parmi les institutions musicales de Londres, je vous citerai encore l'ancienne Société philharmonique de Hanover square, depuis trop longtemps célèbre pour que j'aie à vous en entretenir.

Quant à la *New philharmonic Society*, récemment fondée à Exeter-Hall, et qui vient d'y fournir une carrière si brillante, vous concevrez que je doive me borner à quelques détails de simple statistique; en ma qualité de chef d'orchestre de cette Société, j'aurais mauvaise grâce d'en faire l'éloge. Sachez seulement que les directeurs de l'entreprise m'ont donné les moyens de faire exécuter grandement les chefs-d'œuvre, et la possibilité (à peu près sans exemple jusqu'ici en Angleterre) d'avoir un nombre suffisant de répétitions. L'orchestre et le chœur forment ensemble un personnel de deux cents trente exécutants, parmi lesquels on compte tout ce qu'il y a de mieux à Londres en artistes anglais et étrangers. Tous, a un talent incontestable, joignent l'ardeur, le zèle et l'amour de l'art, sans lesquels les talents les plus réels ne produisent bien souvent que de médiocres résultats.

Il y a encore à Londres plusieurs Sociétés de quatuors et de musique de chambre, dont la plus florissante aujourd'hui porte le titre de *Musical Union*. Elle a été fondée par M. Ella, artiste anglais distingué, qui la dirige avec un soin, une intelligence et un dévouement au-dessus de tout éloge. *The Musical Union* n'a point pour but exclusif la propagation des quatuors, mais celle de toutes les belles compositions instrumentales de salon, auxquelles on adjoint même parfois un ou deux morceaux de chant, appartenant presque toujours aux productions de l'école allemande. M. Ella, bien que violoniste de talent lui-même, a la modestie de n'être que le directeur organisateur de ces concerts, sans y prendre aucune part comme exécutant. Il préfère adjoindre aux virtuoses les plus habiles de Londres ceux des étrangers de grand renom qui s'y trouvent de passage, et c'est ainsi qu'il a pu, cette année, à MM. Oury et Piatty, réunir Léonard, Vieuxtemps, mademoiselle Clauss, madame Pleyel, Sivory et Bottesini. Le public s'accommode fort bien d'un système qui lui procure à la fois et l'excellence de l'exécution et une variété de style qu'on ne pourrait obtenir en conservant toujours les mêmes virtuoses. M. Ella ne se borne point à donner ses soins à l'exécution des chefs-d'œuvre qui figurent dans ces concerts; il veut encore que le public les goûte et les comprenne. En conséquence, le programme de chaque matinée, envoyé d'avance aux abonnés, contient une analyse synoptique des trios, quatuors et quintettes qu'on doit y entendre; analyse très-bien faite en général, et qui parle à la fois aux yeux et à l'esprit, en joignant au texte critique des exemples notés sur une ou plusieurs portées, présentant, soit le thème de chaque morceau, soit la figure qui y joue un rôle important, soit les harmonies ou les modulations les plus remarquables qui s'y trouvent. On ne saurait pousser plus loin l'attention et le zèle. M. Ella a adopté pour l'épigraphe de ses programmes ces mots français, dont, par malheur, on n'apprécie guère chez nous le bon sens et la vérité, qu'il a recueillis de la bouche du savant professeur Baillot :

« Il ne suffit pas que l'artiste soit bien préparé pour le
» public, il faut aussi que le public le soit à ce qu'on va lui
» faire entendre. »

Tristes compositeurs dramatiques, si vous avez du génie et du cœur, comptez donc sur les auditeurs qui se préparent à entendre vos œuvres en se bourrant de truffes et de vin de Champagne, et qui viennent à l'Opéra pour digérer ! Le pauvre Baillot rêvait...

Je dois encore vous faire connaître *The Beethoven quartett Society.* Celle-ci a pour but unique de faire entendre à intervalles périodiques et assez rapprochés les quatuors de Beethoven. Le programme de chaque soirée en contient trois; rien de moins et rien autre. Ils appartiennent en général chacun à l'une des trois manières différentes de l'auteur ; et c'est toujours le dernier, celui de la troisième époque (l'époque des compositions prétendues incompréhensibles de Beethoven), qui excite le plus d'enthousiasme. Vous voyez là des Anglais suivre de l'œil, sur de petites partitions-diamant, imprimées à Londres pour cet usage, le vol capricieux de la pensée du maître ; ce qui prouverait que plusieurs d'entre eux savent à peu près lire la partition. Mais je me tiens en garde contre le savoir de ces dévorants, depuis qu'en lisant par-dessus son épaule, j'en ai surpris un les yeux attachés sur la page n° 4, pendant que les exécutants en étaient à la page n° 6. L'amateur appartenait sans doute à l'école de ce roi d'Espagne dont la manie était de faire le premier violon dans les quintetti de Boccherini, et qui, restant toujours en arrière des autres concertants, avait coutume de leur dire, quand le charivari devenait trop sérieux. « Allez toujours, je vous rattraperai bien ! »

Cette intéressante Société, fondée, si je ne me trompe, il y a dix ou douze ans par M. Alsager, amateur anglais dont la fin a été tragique, est maintenant dirigée par M. Scipion Rousselot, mon compatriote, fixé en Angleterre depuis longtemps. Homme du monde, homme d'esprit, violoncelliste habile, compositeur savant et ingénieux, artiste dans la plus belle acception du mot, M. Rousselot était, mieux que beaucoup d'autres, fait pour mener à bien cette entreprise. Il s'est adjoint trois virtuoses excellents, tous pleins du zèle et de l'admiration qui l'animent pour ces œuvres extraordinaires. Le premier violon est l'Allemand Ernst, rien que cela ! Ernst ! plus entraînant, plus dramatique qu'il ne le fut jamais. La partie de second violon est confiée à M. Cooper, violoniste anglais, dont le jeu est constamment irréprochable et d'une netteté parfaite, même dans l'exécution des traits les plus compliqués. Il ne cherche pas à briller hors de propos, néanmoins, comme le font beaucoup de ses émules, et ne donne jamais à sa partie que l'importance relative qui lui fut dévolue par l'auteur. L'alto est joué par M. Hill, Anglais comme M. Cooper, l'un des premiers altos de l'Europe et qui possède en outre un incomparable instrument. Le violoncelle, enfin, est aux mains sûres de M. Rousselot. Ces quatre virtuoses ont déjà exécuté une vingtaine de fois l'œuvre entière des quatuors de Beethoven; ils n'en font pas moins ensemble de longues et minutieuses répétitions, avant chacune des exécutions publiques. Vous concevrez alors que ce quatuor soit un des plus parfaits que l'on puisse entendre.

Le lieu des séances de la *Beethoven quartett Society* porte le nom de *Beethoven Room*. J'ai quelque temps habité un appartement dans la maison même où il se trouve. Ce salon, capable de contenir deux cent cinquante personnes tout au plus, est en conséquence fréquemment loué pour les concerts destinés à un auditoire peu nombreux; il y en a beaucoup de cette espèce. Or, la porte de mon appartement donnant sur l'escalier qui y conduit, il m'était facile en l'ouvrant d'entendre tout ce qui s'y exécutait. Un soir, j'entends retentir le trio en *ut* mineur de Beethoven... j'ouvre toute grande ma porte... Entre, entre, soit la bienvenue, fière mélodie !... Dieu! qu'elle est noble et belle !... Où donc Beethoven a-t-il trouvé ces milliers de phrases, toutes plus poétiquement caractérisées les unes que les autres, et toutes différentes, et toutes originales, et sans avoir même entre elles cet air de famille qu'on reconnaît dans celles des grands maîtres renommés pour leur fécondité? Et quels développements ingénieux Quels mouvements imprévus!... Comme il vole à tire-d'aile, cet aigle infatigable! comme il plane et se balance dans son ciel harmonieux!... il s'y plonge, il s'y perd, il monte, il redescend, il disparaît... puis il revient à son point de départ, l'œil plus brillant, l'aile plus forte, impatient du repos, frémissant, altéré de l'infini... Très-bien exécuté! Qui donc a pu jouer ainsi la partie de piano?... Mon domestique m'apprend que c'est une Anglaise. Un vrai talent, ma foi!... Aïe! qu'est-ce que c'est! un grand air de prima donna?... John! *shut the door!* fermez la porte, vite, vite. Ah! la malheureuse! je l'entends encore. Fermez la seconde porte, la troisième; y en a-t-il une quatrième?... Enfin... je respire......

La cantatrice d'en bas me rappelait une de mes voisines de la rue d'Aumale, à Paris. Celle-là, s'étant mis en tête de devenir tout à fait une *diva*, travaillait en conséquence tant qu'elle avait la force de pousser un son, et elle est très-robuste. Un matin, une marchande de lait passant sous ses fenêtres pour se rendre au marché, entendit sa voix lancinante, et dit en soupirant : « Ah! tout n'est pas roses dans le mariage! » Vers le milieu de l'après-midi, repassant au même endroit pour s'en retourner, la pitoyable laitière entend encore les élans de l'infatigable cantatrice : « Ah! mon Dieu! s'écrie-t-elle en faisant un signe de croix, pauvre femme! il est trois heures, et elle est en mal d'enfant depuis ce matin! »

La transition ne sera pas trop brusque maintenant, si je vous parle des chanteurs chinois, dont vous paraissez curieux de connaître l'excentrique spécialité.

Je voulus entendre d'abord la fameuse Chinoise *the small footed Lady* (la dame au petit pied), comme l'appelaient les affiches et les réclames anglaises. L'intérêt de cette audition était pour moi dans la question relative aux divisions de la gamme et à la tonalité des Chinois. Je tenais à savoir si, comme tant de gens l'ont dit et écrit, elles sont différentes des nôtres. Or, d'après l'expérience concluante que j'ai faite, selon moi, il n'en est rien. Voici ce que j'ai entendu. La famille chinoise, composée de deux femmes, deux hommes et deux enfants, était assise sur un petit théâtre dans le salon de la *Chinese house*, à Albert gate. La séance s'ouvrit par une chanson en dix ou douze couplets, chantée par le *maître de musique*, avec accompagnement d'un petit instrument à quatre cordes de métal, du genre de nos guitares, et dont il jouait avec un bout de cuir ou de bois, remplaçant le bec de plume dont on se sert en Europe pour attaquer les cordes de la mandoline. Le manche de l'instrument est divisé en compartiments, marqués par des sillets de plus en plus resserrés au fur et à mesure qu'ils se rapprochent de la caisse sonore, absolument comme le manche de nos guitares. L'un des derniers sillets, par l'inhabileté du facteur, a été mal posé, et donne un son trop haut, toujours comme sur nos guitares quand elles sont mal faites. Mais cette division n'en produit pas moins des résultats entièrement conformes à ceux de notre gamme. Quant à l'union du chant et de l'accompagnement, elle était de telle nature, qu'on en doit conclure que ce Chinois-là du moins n'a pas la plus légère idée de l'harmonie. L'air (grotesque et abominable de tout point) *finissait sur la tonique*, ainsi que la plus vulgaire de nos romances, et ne sortait pas de la tonalité ni du mode indiqués dès le commencement. L'accompagnement consistait en un dessin rhythmique assez vif et toujours le même, exécuté par la mandoline, et qui s'accordait fort peu ou pas du tout avec les notes de la voix. Le plus atroce de la chose, c'est que la jeune femme, pour accroître le charme de cet étrange concert et sans tenir compte le moins du monde de ce que faisait entendre son savant maître, s'obstinait à gratter avec ses ongles les cordes *à vide* d'un autre instrument de la même espèce que celui du chanteur pendant toute la durée du morceau. Elle imitait ainsi un enfant qui, placé dans un salon où l'on fait de la musique, s'amuserait à frapper à tort et à travers sur le clavier d'un piano sans en savoir jouer. C'était, en un mot, une chanson accompagnée d'un petit charivari instrumental.

Pour la voix du Chinois rien d'aussi étrange n'avait encore frappé mon oreille : figurez-vous des notes nasales, gutturales, gémissantes, hideuses, que je comparerai, sans trop d'exagération, aux sons que laissent échapper les chiens quand, après un long sommeil, ils étendent leurs membres en bâillant avec effort. Néanmoins, la burlesque mélodie était fort perceptible, et l'on eût pu à la rigueur la noter. Telle fut la première partie du concert.

A la seconde, les rôles ont été intervertis ; la jeune femme a chanté, et son maître l'a accompagnée sur la flûte. Cette fois l'accompagnement ne produisait aucune discordance, il suivait le chant à l'unisson tout bonnement. La flûte, à peu près semblable à la nôtre, n'en diffère que par sa plus grande longueur, et par l'embouchure qui se trouve percée presque au milieu du tube, au lieu d'être située, comme chez nous, vers le haut de l'instrument. Du reste, le son en est assez doux, passablement juste, c'est-à-dire passablement faux, et l'exécutant n'a rien fait entendre qui n'appartînt entièrement au système tonal et à la gamme que nous employons. La jeune femme est douée d'une voix céleste, si on la compare à celle de son maître. C'est un mezzo soprano, semblable par le timbre au contralto d'un jeune garçon dont l'âge approche de l'adolescence et dont la voix va muer. Elle chante assez bien, toujours comparativement. Je croyais entendre une de nos cuisinières de province chantant « Pierre ! mon ami Pierre, » en lavant sa vaisselle. Sa mélodie, dont la tonalité est bien déterminée, je le répète, et ne contient ni *quarts* ni *demi-quarts de ton*, mais les plus simples de nos successions diatoniques, me parut un peu moins extravagante que la *romance* du chanteur, et tellement tricornue néanmoins, d'un rhythme si insaisissable par son étrangeté, qu'elle m'eût donné beaucoup de peine à la fixer exactement sur le papier, si j'avais eu la fantaisie de le faire. Bien entendu que je ne prends point cette *exhibition* pour un exemple de l'état réel du chant dans l'Empire Céleste, malgré la *qualité* de la jeune femme, qualité des plus excellentes, à en croire l'orateur directeur de la troupe, parlant passablement l'anglais. Les cantatrices *de qualité* de Canton ou de Pékin, qui se contentent de chanter chez elles et ne viennent point chez nous se montrer en public pour un shilling, doivent, je le suppose, être supérieures à celle-ci presque autant que madame la comtesse Rossi est supérieure à nos Esmeralda de carrefours.

D'autant plus que la jeune lady n'est peut-être point si *small-footed* qu'elle veut bien le faire croire, et que son pied, marque distinctive des femmes des hautes classes, pourrait bien être un pied naturel, très-plébéien, à en juger par le soin qu'elle mettait à n'en laisser voir que la pointe.

Mais je ne puis m'empêcher de regarder cette épreuve comme décisive en ce qui concerne la division de la gamme et le sentiment de la tonalité chez les Chinois. Seulement appeler *musique* ce qu'ils produisent par cette sorte de bruit vocal et instrumental, c'est faire du mot, selon moi, un fort étrange abus. Maintenant écoutez, messieurs, la description des soirées *musicales* et *dansantes* que donnent les matelots chinois, sur la jonque qu'ils ont amenée dans la Tamise; et croyez-moi si vous le pouvez.

Ici, après le premier mouvement d'horreur dont on ne peut se défendre, l'hilarité vous gagne, et il faut rire, mais rire à se tordre, à en perdre le sens. J'ai vu des dames anglaises finir par tomber pâmées sur le pont du navire céleste; telle est la force irrésistible de cet art oriental. L'orchestre se compose d'un grand tam-tam, d'un petit tam-tam, d'une paire de cymbales, d'une espèce de calotte de bois ou de grande sébile placée sur un trépied et que l'on frappe avec deux baguettes, d'un instrument à vent assez semblable à une noix de coco, dans lequel on souffle tout simplement, et qui fait : Hou! hou! en hurlant; et enfin d'un violon chinois. Mais quel violon! C'est un tube de gros bambou long de six pouces, dans lequel est planté une tige de bois très-mince et longue d'un pied et demi à peu près, de manière à figurer assez bien un marteau creux dont le manche serait fiché près de la tête du maillet au lieu de l'être au milieu de sa masse. Deux fines cordes de soie sont tendues, n'importe comment, du bout supérieur du manche à la tête du maillet. Entre ces deux cordes, légèrement tordues l'une sur l'autre, passent les crins d'un fabuleux archet qui est ainsi forcé, quand on le pousse ou le tire, de faire vibrer les deux cordes à la fois. Ces deux cordes sont discordantes entre elles, et le son qui en résulte est affreux. Néanmoins, le Paganini chinois, avec un sérieux digne du succès qu'il obtient, tenant son instrument appuyé sur le genou, emploie les doigts de la main gauche sur le haut de la double corde à en varier les intonations, ainsi que cela se pratique pour jouer du violoncelle, mais sans observer toutefois aucune division relative aux tons, demi-tons, ou à quelque intervalle que ce soit. Il produit ainsi une série continue de grincements, de miaulements faibles, qui donnent l'idée des vagissements de l'enfant nouveau-né d'une goule et d'un vampire.

Dans les tutti, le charivari des tam-tams, des cymbales, du violon et de la noix de coco est plus ou moins furieux, selon que l'homme à la sébile (qui du reste ferait un excellent timballer), accélère ou ralentit le roulement de ses baguettes sur la calotte de bois. Quelquefois même, à un signe de ce virtuose remplissant à la fois les fonctions de chef d'orchestre, de timballer et de chanteur, l'orchestre s'arrête un instant, et, après un court silence, frappe bien d'aplomb un seul coup. Le violon seul vagit toujours. Le chant passe successivement du chef d'orchestre à l'un de ses musiciens, en forme de dialogue; ces deux hommes employant la voix de tête, entremêlée de quelques notes de la voix de poitrine ou plutôt de la voix d'estomac, semblent réciter quelque légende célèbre de leur pays. Peut-être chantent-ils un hymne à leur dieu Bouddah, dont la statue aux quatorze bras orne l'intérieur de la grand'chambre du navire.

Je n'essaierai pas de vous dépeindre ces cris de chacal, ces râles d'agonisant, ces gloussements de dindon, au milieu desquels, malgré mon extrême attention, il ne m'a été possible de découvrir que quatre *notes appréciables* (*ré, mi, si, sol*). Je dirai seulement qu'il faut reconnaître la supériorité de la *small footed Lady* et de son maître de musique.

Évidemment les chanteurs de la maison chinoise sont des artistes, et ceux de la jonque ne sont que des mauvais amateurs. Quant à la danse de ces hommes étranges, elle est digne de leur musique. Jamais d'aussi hideuses contorsions n'avaient frappé mes regards. On croit voir une troupe de diables se tordant, grimaçant, bondissant, au sifflement de tous les reptiles, au mugissement de tous les monstres, au fracas métallique de tous les tridents et de toutes les chaudières de l'enfer... On me persuadera difficilement que le peuple chinois ne soit pas fou...

Il n'y a pas de ville au monde, j'en suis convaincu, où l'on consomme autant de musique qu'à Londres. Elle vous poursuit jusque dans les rues, et celle-là n'est quelquefois pas la pire de toutes; plusieurs artistes de talent ayant découvert que l'état de musicien ambulant est incomparablement *moins pénible et plus lucratif* que celui de musicien d'orchestre dans un théâtre, quel qu'il soit. Le service de la rue ne dure que deux ou trois heures par jour, celui des théâtres en prend huit ou neuf. Dans la rue, on est au grand air, on respire, on change de place et l'on ne joue que de temps en temps un petit morceau; au théâtre, il faut souffrir d'une atmosphère étouffante, de la chaleur du gaz, rester assis et jouer toujours, quelquefois même pendant les entr'actes. Au théâtre, d'ailleurs, un musicien de second ordre n'a guère que 6 livres (150 fr.) par mois; ce même musicien en se lançant dans la carrière des places publiques est à peu près sûr de recueillir en quatre semaines le double de cette somme, et souvent davantage. C'est ainsi qu'on peut entendre avec un plaisir très-réel, dans les rues de Londres, de petits groupes de bons musiciens anglais, blancs comme vous et moi, mais qui ont jugé à propos, pour attirer l'attention, de se barbouiller de noir. Ces faux Abyssiniens s'accompagnent avec un violon, une guitare, un tambour de basque, une paire de timbales et des castagnettes. Ils chantent de petits airs à cinq voix, très-agréables d'harmonie, d'un rhythme parfois original et assez mélodieux. Ils ont de plus une verve, une animation qui montre que leur tâche ne leur déplaît pas et qu'ils sont heureux. Et les shillings et même les demi-couronnes pleuvent autour d'eux après chacun de leurs morceaux. A côté de ces troupes ambulantes de véritables musiciens, on entend encore volontiers un bel Écossais, revêtu du curieux costume des Highlands, et qui, suivi de ses deux enfants portant comme lui le plaid et la cotte à carreaux, joue sur la cornemuse l'air favori du clan de Mac-Gregor. Il s'anime, lui aussi, il s'exalte aux sons de son agreste instrument; et plus la cornemuse gazouille, bredouille, piaille et frétille, plus ses gestes et ceux de ses enfants deviennent rapides, fiers et menaçants. On dirait qu'à eux trois, ces Gaëliques vont conquérir l'Angleterre.

Puis vous voyez s'avancer, tristes et somnolents, deux pauvres Indiens de Calcutta, avec leur turban jadis blanc et leur robe jadis blanche. Ils n'ont pour tout orchestre que deux petits tambours en forme de tonnelets, comme on en voyait par douzaines à l'Exposition. Ils portent l'instrument suspendu sur leur ventre par une corde, et le frappent doucement des deux côtés avec *les* doigts étendus de chaque main. Le faible bruit qui en résulte est rhythmé d'une façon assez singulière, et, par sa continuité, ressemble à celui d'un rapide tic-tac de moulin. L'un d'eux chante là-dessus, dans quelque dialecte des Indes, une jolie petite mélodie en *mi* mineur, n'embrassant qu'une sixte (du *mi* à l'*ut*), et si triste, malgré son mouvement vif, si souffrante, si exilée, si esclave, si découragée, si privée de soleil, qu'on se sent pris, en l'écoutant, d'un accès de nostalgie. Il n'y a encore là ni tiers, ni, quarts, ni demi-quarts de ton; et c'est du chant.

La musique des Indiens de l'Orient doit néanmoins peu différer de celle des Chinois, si l'on en juge par les instruments envoyés par l'Inde à l'Exposition universelle. J'ai examiné parmi ces machines puériles, des mandolines à quatre et à trois cordes, et même à une corde, dont le manche est divisé par des sillets comme chez les Chinois; les unes sont de petite dimension, d'autres ont une longueur démesurée. Il y avait de gros et de petits tambours, dont le son diffère peu de celui qu'on produit en frappant avec les doigts sur la calotte d'un chapeau ; un instrument à vent à anche double, de l'espèce de nos hautbois, et dont le tube sans trous ne donne qu'une note. Le principal des musiciens qui accompagnèrent à Paris, il y a quelques années, les Bayadères de Calcutta, se servait de ce hautbois primitif. Il faisait ainsi bourdonner un *la* pendant des heures entières, et ceux *qui aiment cette note* en avaient largement pour leur argent. La collection des instruments orientaux de l'Exposition contenait encore des flûtes traversières exactement pareilles à celle du *maître de musique* de la *small footed Lady*; une trompette énorme et grossièrement exécutée, sur un patron qui n'offre avec celui des trompettes européennes que d'insignifiantes différences; plusieurs instruments à archet aussi stupidement abominables que celui dont se servait sur la jonque le démon chinois dont je vous ai parlé ; une espèce de tympanon dont les cordes tendues sur une longue caisse paraissent devoir être frappées par des baguettes ; une ridicule petite harpe à dix ou douze cordes, attachées au corps de l'instrument *sans clefs* pour les tendre, et qui doivent en conséquence se trouver constamment en relations discordantes ; et enfin une grande roue chargée de gongs ou tam-tams de petites dimensions, dont le bruit, quand elle est mise en mouvement, a le même charme que celui des gros grelots attachés sur le cou et la tête des chevaux de rouliers. Admirez cet arsenal ! Je conclus pour finir, que les Chinois et les Indiens auraient une musique semblable à la nôtre, *s'ils en avaient une*; mais qu'ils sont encore à cet égard plongés dans les ténèbres les plus profondes de la barbarie et dans une ignorance enfantine où se décèlent à peine quelques vagues et impuissants instincts ; que, de plus, les Orientaux appellent *musique* ce que nous nommons *charivari*, et que pour eux, comme pour les sorcières de Macbeth, *l'horrible est le beau.*

VINGT-DEUXIÈME SOIRÉE

On joue l'Iphigénie en Tauride de Gluck.

Tout l'orchestre, pénétré d'un respect religieux pour cette œuvre immortelle, semble craindre de n'être pas à la hauteur de sa tâche. Je remarque l'attention profonde et continue des musiciens à suivre de l'œil les mouvements de leur chef, la précision de leurs attaques, leur vif sentiment des accents expressifs, la discrétion de leurs accompagnements, la variété qu'ils savent établir dans les nuances.

Le chœur, lui aussi, se montre irréprochable. La scène des Scythes, au premier acte, excite l'enthousiasme du public spécial qui se presse dans la salle. L'acteur chargé du rôle d'Oreste est insuffisant et presque ridicule; Pylade chante comme un agneau. L'Iphigénie seule est digne de son rôle. Quand vient son air « O malheureuse Iphigénie ! » dont le coloris antique, l'accent solennel, la mélodie et l'accompagnement si dignement désolés rappellent les sublimités d'Homère, la simple grandeur des âges héroïques, et remplissent le cœur de cette insondable tristesse que fait toujours naître l'évocation d'un illustre passé, Corsino pâlissant, cesse de jouer. Il appuie ses coudes sur ses genoux et cache sa figure entre ses deux mains, comme abîmé dans un sentiment inexprimable. Peu à peu je vois sa respiration devenir plus pressée, le sang affluer à ses tempes qui rougissent, et à l'entrée du chœur des femmes avec ces mots : « *Mêlons nos cris plaintifs à ses gémissements!* » au moment où cette longue clameur des prêtresses s'unit à la voix de la royale orpheline et retentit au milieu du conflit des sons déchirants de l'orchestre, deux ruisseaux de larmes jaillissent violemment de ses yeux, il éclate en sanglots tels que je me vois forcé de l'emmener hors de la salle.

Nous sortons......je le reconduis chez lui..... Assis tous les deux dans sa modeste chambre qu'éclaire la lune seulement, nous restons longtemps immobiles... Corsino lève un instant les yeux sur le buste de Gluck placé sur son piano... Nous nous regardons..... la lune disparaît..... Il soupire avec effort..... se jette sur son lit..... Je pars..... nous n'avons pas dit un mot....

VINGT-TROISIÈME SOIRÉE

GLUCK ET LES CONSERVATORIENS DE NAPLES
MOT DE DURANTE

On joue un, etc., etc., etc.

L'orchestre semble encore sous le coup des émotions de la veille; personne ne joue et pourtant on parle peu. On se ressouvient. On rumine le sublime. Corsino m'approche et me tend la main. « Mon pauvre ami, lui dis-je, j'ai été comme vous. Mais l'insensibilité brutale du public au milieu duquel j'ai vécu si longtemps a écrasé mon cœur; il n'a plus aujourd'hui cette force d'expansion que le vôtre possède, et quand le grand art expressif vous émeut comme il vous a ému hier soir, je n'éprouve plus qu'une angoisse cruelle. Songez, mon cher, qu'il m'est arrivé, il y a deux ans à peine, de diriger dans un concert l'exécution de cette même scène d'*Iphigénie*, et que saisi, tout en conduisant, d'une extase comparable à la vôtre, j'ai vu les auditeurs placés près de l'orchestre manifester l'ennui le plus profond; j'ai entendu ensuite la cantatrice, désespérée de son insuccès, maudire l'œuvre et l'auteur; j'ai subi les reproches d'une foule d'amateurs et d'artistes même fort distingués, pour avoir, disaient-ils, *exhumé cette rapsodie!!!*... Mis sur la voie de la vérité par cette rude et dernière épreuve, j'ai acquis bientôt après

la certitude d'un fait aujourd'hui évident : le public des trois quarts de l'Europe est à cette heure aussi inaccessible que les matelots chinois au sentiment de l'expression musicale. *Nous* n'avons pas de plus sûr moyen pour connaître ce qui lui déplaît et l'obsède que d'examiner ce qui nous enivre et nous charme, *et vice versâ*. Ce que nous adorons il le blasphème, il savoure ce que nous..... rejetons.. . .
. . . .

Maintenant admirez le malheur des règles d'harmonie que Gluck a si audacieusement violées dans la péroraison de cet air d'*Iphigénie*. C'est précisément à l'endroit du conflit de sons, prohibé sans réserve par les théoriciens, que l'effet le plus grand et le plus dramatique est produit.

On raconte qu'à ce sujet un jour, à Naples, où l'on représentait la *Clemenza di Tito* d'où ce morceau est tiré, les rapins d'un conservatoire, qui, en leur qualité de rapins, devaient naturellement détester Gluck, ravis de trouver dans son air cette succession d'harmonies dites *fautives*, s'empressèrent de porter à leur maître Durante la partition de l'*asino tedesco*, en la désignant à son indignation sans lui nommer l'auteur. Durante examina longtemps le passage et répondit simplement : « Aucune règle, il est vrai, ne justifie cette combinaison de sons ; mais si c'est une faute, j'avoue qu'elle n'a pu être commise que par un homme d'un rare génie. » (Dimsky) : — A la bonne heure ! Durante a prouvé par ce seul mot qu'il était un vrai maître et un honnête homme. — C'est d'autant plus remarquable, que jamais ses compatriotes ne comprirent aucun des chefs-d'œuvre de cette école. L'accès, d'ailleurs, leur en est interdit, faute de chanteurs propres à les interpréter dans leur vrai style. — Avons-nous bien sujet de nous enorgueillir des nôtres ? reprend Corsino. Excepté madame M***, je ne vois pas qui pouvait paraître supportable parmi les chanteurs d'hier soir. (Se tournant vers moi.) Y en a-t-il jamais eu de réellement dignes de leurs rôles à Paris ? — Oui, Dérivis père, qui n'était point chanteur, faisait pourtant bien comprendre l'Oreste de Gluck ; madame Branchu fut une incomparable Iphigénie, et Adolphe

Nourrit m'a bien souvent électrisé dans le rôle de Pylade. La risible mollesse de votre ténor pastoral ne peut vous avoir laissé apercevoir l'exaltation héroïque de l'air « Divinité des grandes âmes » dans lequel Nourrit n'a jamais été égalé. — Oh! certes, nous avons dû deviner beaucoup de choses, il est vrai, mais quoi de plus difficile à bien rendre que de pareils ouvrages?... On n'attribuera pas pourtant l'effet qu'a produit l'Iphigénie chez nous aux décors ni à la mise en scène. — Non certes, s'écrient plusieurs musiciens, car cette fois la ladrerie de notre théâtre, qui se donne toujours carrière quand il s'agit des anciens chefs-d'œuvre, a été poussée jusqu'à l'inconvenance, jusqu'au cynisme! — Combien coûtent les décors de la vilenie qu'on représente ce soir? — Quatre mille thalers!... — Très-bien. Aux laides femmes le luxe des atours. La nudité ne convient qu'aux déesses

VINGT-QUATRIÈME SOIRÉE

ON JOUE LES HUGUENOTS
Les musiciens n'ont garde de lire ni de parler. » Encore une soirée musicale ! dis-je à mes voisins dans un entr'acte, ce sera pour moi la dernière; je retourne à Paris. — Déjà? — Dans trois jours. — En ce cas, puisqu'après-demain on ferme le théâtre pour *cause de réparations*, il faut que nous dînions tous ensemble. — Volontiers, mais comme demain, en revanche, le théâtre est ouvert et qu'il nous gratifie de ce long et filandreux opéra récemment arrivé d'Italie, notre ami Corsino voudra bien clore nos soirées littéraires en lisant une Nouvelle qu'il vient de terminer, et dont j'ai chez lui parcouru indiscrètement quelques pages. — C'est convenu ! — Silence ! écoutons ce chœur prodigieux, et ce duo qui ne l'est pas moins !...

VINGT-CINQUIÈME SOIRÉE

EUPHONIA, OU LA VILLE MUSICALE

Nouvelle de l'avenir.

On joue, etc., etc., etc.

A peine les premiers accords de l'ouverture sont-ils frappés, que Corsino déroule son manuscrit, et lit ce qui suit avec accompagnement de trombones et de grosse caisse. Nous l'entendons néanmoins, grâce à l'énergie et au timbre singulier de sa voix.

— Il s'agit, messieurs, dit-il, d'une nouvelle de *l'avenir*. La scène se *passera* en 2344, si vous le voulez bien.

EUPHONIA
OU LA VILLE MUSICALE

PERSONNAGES :
- XILEF, compositeur, préfet des voix et des instruments à cordes de la ville d'Euphonia.
- SHETLAND, compositeur, préfet des instruments à vent.
- MINA, célèbre cantatrice danoise.
- Madame HAPPER, sa mère.
- FANNY, sa femme de chambre.

Première lettre.

Sicile, 7 juin 1344.

XILEF A SHETLAND.

Je viens de me baigner dans l'Etna ; ô mon cher Shetland! quelle heure délicieuse j'ai passée à sillonner à la nage ce beau lac frais, calme et pur! son bassin est immense, mais sa forme circulaire et l'escarpement de ses bords en rendent la surface sonore au point que ma voix parvenait sans peine du centre aux parties du rivage les plus éloignées. Je m'en suis aperçu en entendant applaudir des dames siciliennes qui se promenaient en ballon à plus d'une demi-lieue de l'endroit où je m'ébattais comme un dauphin en gaieté. Je venais de chanter en nageant une mélodie que j'ai composée ce matin même sur un poëme en vieux français de Lamartine, que l'aspect des lieux où je suis m'a remis en mémoire. Ces vers me ravissent. Tu en jugeras ; Enner m'a promis de traduire *le Lac* en allemand.

Que n'es-tu là! nous courrions ensemble à cheval ; je me sens plein de verdoyante jeunesse, de force, d'intelligence et de joie. La nature est si belle autour de moi! Cette plaine où fut Messine est un jardin enchanté ; partout des fleurs ; des bois d'orangers, des palmiers inclinant leur tête gra-

'cieuse. C'est l'odorante couronne de cette coupe divine, au fond de laquelle rêve aujourd'hui le lac vainqueur des feux de l'Etna. Étrange et terrible dut être cette lutte! Quel spectacle! La terre frémissant dans d'horribles convulsions, le grand mont s'affaissant sur lui-même, les neiges, les flammes, les laves bouillantes, les explosions, les cris, les râlements du volcan à l'agonie, les sifflements ironiques de l'onde qui accourt par mille issues souterraines, poursuit son ennemi, l'étreint, le serre, l'étouffe, le tue, et se calme soudain, prête à sourire à la moindre brise!... Eh bien! croirais-tu que ces lieux jadis si terribles, aujourd'hui si ravissants, sont presque déserts! les Italiens les connaissent à peine! on n'en parle nulle part; les préoccupations mercantiles sont si fortes parmi les habitants de ce beau pays qu'ils ne s'intéressent aux plus magnifiques spectacles de la nature qu'en raison des rapports qu'ils peuvent apercevoir entre eux et les questions industrielles dont ils sont agités jour et nuit. Voilà pourquoi l'Etna n'est pour les Italiens qu'un grand trou rempli d'eau dormante, et qui ne peut servir à rien. D'un bout à l'autre de cette terre si riche naguère en poëtes, en peintres, en musiciens, qui fut après la Grèce le second grand temple de l'art, où le peuple lui-même en avait le sentiment, où les artistes éminents étaient honorés presque autant qu'ils le sont aujourd'hui dans le nord de l'Europe, dans toute l'Italie enfin, on ne voit qu'usines, ateliers, métiers, marchés, magasins, ouvriers de tout sexe et de tout âge, brûlés par la soif de l'or et par la fièvre d'avarice, flots pressés de marchands, de spéculateurs; du haut en bas de l'échelle sociale on n'entend retentir que le bruit de l'argent; on ne parle que *laines* et *cotons*, machines, denrées coloniales; sur les places publiques sont en permanence des hommes armés de longues-vues, de télescopes, pour guetter l'arrivée des pigeons voyageurs ou des navires aériens.

La France, ce pays de l'indifférence et de la raillerie, est la terre des arts, si on la compare à l'Italie moderne. Et c'est là que notre ministre des chœurs a eu l'idée de m'envoyer pour trouver des chanteurs! Éternité des préjugés! Il faut que nous soyons, nous aussi, étrangement absorbés dans notre personnalité, pour ignorer à ce point les mœurs barbarescentes de cette contrée où *l'oranger fleurit* encore, mais où l'art, mort depuis longtemps, n'a pas même laissé un souvenir.

J'ai rempli ma mission cependant, j'ai cherché des voix, et j'en ai trouvé un grand nombre. Mais quelles organisations! quelles idées! Je ne m'étonnerai plus de rien maintenant. Quand, m'adressant à une jeune femme que je soupçonnais, à la sonorité de sa parole, être douée d'un appareil vocal remarquable, je la priais de chanter : « Chanter! pourquoi? que me donnerez-vous? pour combien de minutes? c'est trop peu, je n'ai pas le temps. » Si j'en déterminais d'autres moins avides à me faire entendre quelques notes, c'étaient des voix souvent puissantes et d'un timbre admirable, mais d'une inculture inouïe! pas le moindre sentiment du rhythme ni de la tonalité. Un jour, accompagnant une femme qui avait commencé un air en *mi* bémol, j'ai, au retour du thème, modulé subitement en *ré*, et, sans s'en étonner le moins du monde, ma jeune barbare a continué dans le ton primitif. Chez les hommes c'est bien pis; ils crient de toutes leurs forces à pleine voix. Quand ils possèdent une note plus sonore que les autres notes, ils cherchent, lorsqu'elle se présente dans la mélodie, à la prolonger autant que possible: ils s'y arrêtent, ils s'y complaisent, ils la soufflent, la gonflent d'une abominable façon; on croit entendre les cris sinistres d'un loup mélancolique. Et ces horreurs représentent seulement l'exagération modérée de la méthode des artistes chanteurs. Ceux-là crient un peu moins mal, voilà tout. C'est pourtant de l'Italie que nous vinrent il y a cinq cents ans, les Rubini, Persiani, Tacchinardi, Crivelli, Pasta, Tamburini, ces dieux du chant orné! Mais pour quoi et pour qui chanteraient-ils, s'ils revenaient au monde aujourd'hui? Il faut voir une représentation des *choses* qu'on appelle opéra en Italie, pour croire à la possibilité d'une insulte pareille faite à l'art et au bon sens. Les théâtres sont des marchés, des rendez-vous d'affaires, où l'on parle tellement haut qu'il est presque impossible d'entendre un son venu de la scène.

(Les anciens critiques prétendent qu'il en était ainsi au temps des grands compositeurs et des grands virtuoses chantants qui firent la gloire de l'Italie, mais je n'en crois rien. A coup sûr, des *artistes* n'eussent pas supporté une telle ignominie.) Pour distraire un peu ces marchands brutaux, après que leurs tripotages de Bourse sont finis, on a eu l'aimable idée de placer des billards au milieu du parterre, et ces messieurs jouent, avec de grands cris à chaque coup inattendu, pendant que le ténor et la prima donna s'époumonnent sur l'avant-scène. Avant-hier, on donnait à Palerme *Il re Murate*, espèce de pasticcio de vingt auteurs, de vingt époques différentes ; après souper (car chacun soupe dans sa loge, toujours pendant la représentation), les dames, impatientées de voir ces messieurs se disposer à aller fumer et jouer dans le parterre, se levèrent toutes, demandant instamment qu'on enlevât les billards pour improviser un bal ; ce qui fut fait. Quelques jeunes gens saisirent des violons et des trompettes, se mirent à sonner des valses dans le coin supérieur de l'amphithéâtre, et les groupes de valseurs tourbillonnèrent au parterre sans que la représentation fût en rien suspendue. Je crus que je mourrais de rire en voyant de mes yeux cet incroyable opéra-ballet.

En conséquence de ce mépris profond des Italiens pour la musique, ils n'ont plus de compositeurs, et les noms des grands maîtres, de 1800 et de 1820 par exemple, ne sont connus que d'un très-petit nombre de *savants*. Ils ont donné la dénomination assez plaisante d'*operatori* (opérateurs, ouvriers, auteurs) aux pauvres diables qui, pour quelques pièces d'argent, vont compiler dans les bibliothèques, les airs, duos, chœurs et morceaux d'ensemble de tous les maîtres, de tous les temps, analogues ou non aux situations, au caractère des personnages et aux paroles, qu'ils assemblent au moyen de soudures grossièrement faites, pour former la musique des opéras. Ces gens-là sont leurs compositeurs, ils n'en ont plus d'autres. J'ai eu la curiosité de questionner un *operatore* pour savoir pertinemment et avec détails de quelle manière se pratiquent leurs *opérations*, et voilà ce qu'il m'a répondu :

« Quand le directeur veut une partition nouvelle, il assemble les chanteurs pour leur soumettre le scenario de la pièce et s'entendre avec eux sur les costumes qu'ils auront à porter. Les costumes sont, en effet, la chose principale pour les chanteurs, puisque c'est la seule qui attire un instant sur eux l'attention du public le jour de la première représentation. De là surgissaient autrefois des discussions terribles entre les virtuoses chantants et les directeurs. (Les auteurs ne sont jamais admis à ces séances, ni consultés au sujet de ces débats. On leur achète un *libretto* comme on fait d'un pâté qu'on est libre de manger ou de jeter aux chiens après l'avoir payé.) Mais aujourd'hui les directeurs sont devenus plus raisonnables, ils ne tiennent plus à la vérité des costumes, ils ont senti qu'il ne fallait pas pour si peu mécontenter les artistes, et leur tâche se borne maintenant à les satisfaire tous à ce sujet, ce qui n'est pas aisé. On vient donc seulement, en lisant le scenario, savoir quel genre de costume les acteurs choisiront, et veiller à ce que deux d'entre eux n'aient pas l'intention de revêtir le même, car de cette coïncidence naissent souvent d'inexprimables fureurs ; et c'est alors que la position de l'impresario devient embarrassante. Ainsi, pour l'opéra nouveau *Il re Murate*, Cretionne, chargé du rôle de Napoléon, a voulu copier une statue antique et paraître sous la cuirasse de Pompée, un ancien général qui vécut plus de trois cents ans avant Napoléon, et qui fut tué d'un coup de canon à la bataille de Pharsale. (Tu vois que mon pauvre *operatore* n'est guère plus fort sur l'histoire ancienne que sur la musique.)

Mais justement Caponetti, qui joue Murat, avait la même idée, et il n'y aurait jamais eu moyen de les mettre d'accord, si Luciola, notre prima donna, n'avait proposé le grand bonnet à poil d'ours avec un panache blanc pour Napoléon, et le turban bleu avec une croix en diamants pour Murat. Ces coiffures ont plu à nos virtuoses et leur ont paru établir entre eux une assez notable différence pour leur permettre de porter tous les deux la cuirasse romaine ; sans cela la pièce n'eût pas été représentée. Une fois la grande affaire des costumes terminée, on passe à celle des morceaux de chant. Alors commence pour l'operatore une tâche bien pénible, je vous assure, et bien humiliante pour lui, s'il a quelque connaissance de la musique et un peu d'amour-propre. Ces messieurs et ces dames examinent l'étendue et le tissu des mélodies, et d'après cette rapide inspection, l'un dit : Je ne veux pas chanter en *fa* ma phrase du trio, ce n'est pas assez brillant. Operatore! tu me la transposeras en *fa* dièse. — Mais, monsieur, c'est un trio, et les deux autres voix devant rester dans le ton primitif, comment faire? — Fais comme tu voudras, module avant et après, ajoute quelques mesures, enfin arrange-toi, je veux chanter ce thème en *fa* dièse. — Cette mélodie ne me plaît pas, dit la prima donna, j'en veux une autre. — Signora, c'est le thème du morceau d'ensemble, et toutes les parties de chant le reprenant successivement après vous, il faut bien que vous daigniez le chanter. — Comment, *il faut!* impertinent! Il faut que tu m'en donnes un autre, et tout de suite! voilà ce qu'il faut. Fais ton métier et ne raisonne pas. — Hum! hum! tromba! tromba! già ribomba la tromba, crie la basse sur le *ré* supérieur. Ah! ah! mon *ré* n'est pas si fort qu'à l'ordinaire depuis ma dernière maladie, je dois le laisser revenir. Operatore! tu auras à m'ôter toutes ces notes, je ne veux plus de *ré* dans mes rôles jusqu'au mois de septembre; tu mettras des *do* et des *si* à la place. — Dis donc, Facchino, gronde le baryton, est-ce que aurais envie de recevoir une application de la pointe de mon pied quelque part? Je m'aperçois que tu oublies mon *mi* bémol! il ne paraît qu'une vingtaine de fois dans mon air; fais-moi le plaisir d'ajouter au moins deux *mi* bémols dans toutes les mesures, je n'ai pas envie de perdre ma réputation! etc., etc. — Et pourtant, continue le malheureux operatore, il y a de bien jolis passages dans ma musique, je puis le dire. Tenez, voyez cette prière qu'on m'a toute gâtée, je n'ai jamais rien trouvé de mieux!

Je regarde!... *sa musique...* juge de mon étonnement en reconnaissant la belle prière du *Moïse* de Rossini, que nous exécutons quelquefois le soir au jardin d'Euphonia, avec un si majestueux effet. Le vieux maître de Pesaro qui faisait si bon marché, dit-on, de ses compositions, eût donné la preuve d'une rare philosophie, ou plutôt d'une bien coupable indifférence en matière d'art, s'il eût pu prévoir sans indignation quel monstre grotesque l'une de ses plus belles inspirations deviendrait un jour! D'abord la simple et vibrante modulation de *sol* mineur en *si* bémol majeur, qui donne tant de splendeur au déploiement de la seconde phrase, a été changée pour celle horriblement dure et sèche de *sol* mineur en *si* naturel majeur; puis au lieu de l'accompagnement de harpe de Rossini, ils ont imaginé de placer une variation de flûte chargée de traits et de broderies ridicules, et enfin, à la dernière reprise du thème en *sol* majeur on a jugé à propos de substituer... quoi? Devine si tu peux et dis-le si tu l'oses!... le refrain de l'air national français : « Aux armes, citoyens! » accompagné d'une douzaine de tambours et de quatre grosses caisses!!!

Il est prouvé que ce vieux Rossini, à qui certes les idées ne faisaient pas faute, ne négligeait pas, dans l'occasion, de s'emparer de celles d'autrui, quand le hasard voulait qu'une mélodie heureuse fût tombée en partage à un malotru; il l'avouait même sans façon, et se moquait encore de celui qu'il dépouillait. « *E troppo buono per questo coglione!* » disait-il, et il faisait ainsi un morceau charmant ou magnifique, selon la nature de l'idée du malotru. C'étaient autant de canons (sans calembour) pris sur l'ennemi, avec lesquels, comme le grand empereur, il érigeait sa colonne. Hélas! aujourd'hui, la colonne est brisée, et de ses fragments dont nous recueillons quelques-uns avec tant de respect, les Italiens fabriquent des ustensiles de cuisine et d'ignobles caricatures.

C'est donc ainsi que passent certaines gloires, sur les peuples même qu'elles ont réchauffés de leurs rayons les plus ardents! Nous conservons, il est vrai, nous autres Euphoniens, toutes celles que l'art a sérieusement consacrées; mais nous ne sommes pas *le peuple*, dans la haute acception du mot; nous formons même, il faut l'avouer, un très-petit fragment du peuple perdu dans la masse des nations civilisées. La gloire est un soleil qui illumine successivement certains points de notre mesquine sphère, mais qui, en se mouvant à travers l'espace, parcourt un cercle d'une telle immensité, que la science la plus profonde ne saurait prédire avec certitude l'époque de son retour aux lieux qu'il abandonne. Ainsi, pour emprunter encore à la nature une autre comparaison, ainsi en est-il des grandes mers et de leurs mystérieuses évolutions. Si, comme il est prouvé, les continents où s'agite à cette heure la triste humanité furent jadis submergés, n'en faut-il pas conclure que les monts, les vallées et les plaines, sur lesquels roulent depuis tant de siècles les sombres vagues du vieil Océan, furent un jour couverts d'une végétation florissante, servant de couche et d'abri à des millions d'êtres vivants, peut-être même intelligents? Quand notre tour reviendra-t-il d'être de nouveau le fond de l'abîme?

Et le jour où cette catastrophe immense s'accomplira, y aura-t-il gloire ou puissance, feux de génie ou d'amour, force ou beauté, qui ne soient éteints et anéantis?..... Qu'importe tout . . . .

Pardonne-moi, cher Shetland, cette digression géologique et cet accès de philosophie découragée... Je souffre, j'ai peur, j'attends, je rougis, mon cœur bat, j'interroge de l'œil tous les points de l'espace; le ballon de la poste n'arrive pas, et celui d'hier ne m'a rien apporté. Point de nouvelles de Mina! que lui est-il arrivé? Est-elle malade ou morte, ou infidèle!... Je l'aime si cruellement! nous souffrons tant, nous autres enfants de l'art aux ailes de flammes, nous, élevés sur son giron brûlant; nous, dont les passions poétisées labourent impitoyablement le cœur et le cerveau pour y semer l'inspiration, cette âpre semence qui doit les déchirer encore quand ses germes se développeront!... Nous mourons tant de fois avant la dernière!... Shetland! je l'aime!... je l'aime, comme tu l'aimerais toi, si tu pouvais ressentir un amour autre que celui dont tu m'as fait la confidence! Et pourtant, malgré la grandeur et l'éclat de son talent, Mina m'apparaît souvent comme une organisation vulgaire. Te le dirai-je? elle préfère le chant orné aux grands élans de l'âme; elle échappe à la rêverie ; elle entendit un jour à Paris ta première symphonie d'un bout à l'autre sans verser une larme ; elle trouve les adagios de Beethoven *trop longs!*...

Femelle d'homme !!!

Le jour où elle me l'avoua je sentis un glaçon aigu me traverser le cœur. Bien plus! Danoise, née à Elseneur, elle possède une villa bâtie sur l'ancien emplacement *et avec les saints débris du château d'Hamlet...* et elle ne voit rien là d'extraordinaire... et elle prononce le nom de Shakspeare sans émotion ; il n'est pour elle qu'un poëte, *comme tant d'autres...* Elle rit, elle rit, la malheureuse, Ces chansons d'Ophélia, qu'elle trouve très-*inconvenantes*, rien de plus.

Femelle de singe !!!

Oh! pardonne-moi, cher ; oui, c'est infâme! mais malgré tout, je l'aime, je l'aime ; et pour dire comme Othello, que j'imiterais si elle me trompait : « *Her jesses are my dearest heart strings.* » Meurent la gloire et l'art!... Elle m'est tout... je l'aime....

Je crois la voir avec sa démarche ondoyante, ses grands yeux scintillants, son air de déesse ; j'entends sa voix d'Ariel, agile, argentine, pénétrante.... Il me semble être auprès d'elle ; je lui parle... dans son dialecte scandinave : « *Mina! sare disitul dolle menos? doer si ment doer? vare, Mina, vare, vare!* » Puis sa tête inclinée sur mon épaule, nous murmurons doucement nos intimes confidences, et nous parlons des premiers jours, et nous parlons de toi...

Elle est très-désireuse de te connaître ; elle voudrait aller à Euphonia, pour cela seulement. On lui a tant parlé de tes étonnantes compositions. Elle se fait de toi un portrait assez étrange, et qui ne te ressemble point, fort heureusement. Je me souviens de l'intérêt avec lequel elle recueillait, avant mon départ de Paris, tous les échos de tes récents triomphes. Je l'en plaisantai même un jour ; et comme elle faisait à ce sujet une observation sur mon humeur jalouse : « Moi jaloux de Shetland, répondis-je, oh non! Je ne crains rien ; il ne t'aimera jamais, celui-là ; il a au cœur un trop puissant amour qu'il faudrait éteindre d'abord, et c'est chose impos-

elbia. » Mina ferma les yeux et se tut..... l'instant d'après les rouvrant plus beaux : « C'est moi qui ne l'aimerai jamais, dit-elle en m'embrassant. Quant à lui, si je voulais, monsieur, je vous prouverais peut-être... » Elle était si belle en ce moment, que je me sentis heureux, je l'avoue, malgré la constance à toute épreuve de mon ami Shetland, de le savoir à trois cents lieues de nous, occupé de trombones, de flûtes et de saxophones. Tu ne m'en voudras pas de ma franchise?

Hélas ! et je suis seul ! et après tant de protestations, tant de serments de ne pas laisser s'écouler huit jours sans m'écrire, pas une ligne de Mina ne m'est parvenue!

Je vois descendre un autre ballon de poste... je cours...

. . . . . . Rien !...

Tu es presque heureux, toi ! Tu souffres, il est vrai, mais celle que tu aimes n'est plus ! Pas de jalousie, tu n'espères ni ne crains : tu es libre et grand. Ton amour est frère de l'art ; il appelle l'inspiration ; ta vie est la vie expansive ; tu rayonnes. Je... Oh ! mais, ne parlons plus de nous ni d'elles. Malédiction sur toutes les femmes belles... que nous n'avons pas !

Je vais essayer de reprendre mon esquisse commencée des mœurs musicales de l'Italie. Il ne s'agit ici ni de passion, ni d'imagination, ni de cœur, ni d'âme, ni d'esprit : ce sont de plates réalités. Or donc, je poursuis. Dans toutes les salles de spectacle, il y a devant la scène une noire cavité remplie de malheureux soufflant et râclant, aussi indifférents à ce qui se crie sur le théâtre qu'à ce qui se bourdonne dans les loges et au parterre, et n'ayant qu'une idée, celle de gagner leur souper. La collection de ces pauvres êtres constitue ce qu'on appelle l'orchestre, et voici comment cet orchestre est en général composé : il y a deux premiers et deux seconds violons ordinairement, très-rarement un alto et un violoncelle, presque toujours deux ou trois contre-basses, et les hommes qui en jouent, pour quelque monnaie qu'on leur donne à la fin de la soirée, sont fort embarrassés quand il s'agit d'exécuter un morceau où leurs trois cordes à vide ne peuvent être employées ; en *si* naturel majeur, par exemple, où les trois notes naturelles *sol, ré, la*, ne figurent point.

(Ils ont conservé les contre-basses à trois cordes accordées en quintes...) Ce formidable bataillon d'instruments à cordes a pour adversaires une douzaine de bugles à clefs, six trompettes à pistons, si trombones à cylindres, deux ténors-tubas, deux basses-tubas, trois ophicléides, un cor, trois petites flûtes, trois petites clarinettes en *mi* bémol, deux clarinettes en *ut*, trois clarinettes basses *pour les airs gais*, et un buffet d'orgue *pour jouer les airs de ballets*. N'oublions pas quatre grosses caisses, six tambours et deux tam-tams. Il n'y a plus ni hautbois, ni bassons, ni harpes, ni timbales, ni cymbales. Ces instruments sont tombés dans l'oubli le plus profond. Et cela se conçoit ; l'orchestre n'ayant pour but que de produire un bruit capable de dominer de temps en temps les rumeurs de la salle, les petites clarinettes et les petites flûtes ont des sons bien plus perçants que ceux des hautbois ; les ophicléides et les tubas sont bien préférables aux bassons, les tambours aux timbales, et les tam-tams aux cymbales. Je ne vois pas même pourquoi on a conservé le cor unique qu'on se plait à faire écraser par les autres instruments de cuivre ; il ne sert vraiment à rien ; et les quatre misérables violons, et les trois contre-basses, on les distingue à peine davantage. Cette singulière agglomération d'instruments nécessite un travail spécial des operatori, pour approprier aux *exigences de l'orchestre moderne* (phrase consacrée) l'instrumentation des maîtres anciens qu'ils *opèrent*, dépècent et accommodent en olla podrida, selon le procédé que je t'ai fait connaître en commençant. Et ces opérations, bien entendu, sont faites d'une façon digne de tout ce qui se manipule ici sous le nom de musique. Les parties de hautbois sont confiées aux trompettes, celles de basson aux tubas, celles de harpe aux petites flûtes, etc.

Les musiciens (les musiciens ! ! !) exécutent à peu près ce qui est écrit, mais sans nuance aucune ; le mezzo-forte est d'un usage variable et permanent. Le *forte* a lieu quand les grosses caisses, les tambours et tam-tams sont employés, le *piano* quand ils se taisent : telles sont les nuances connues et observées. Le chef d'orchestre a l'air d'un sourd conduisant des sourds; il frappe les temps à grands coups de bâton sur le bois de son pupitre, sans presser ni ralentir, qu'il s'agisse de retenir un groupe qui s'emporte (il est vrai qu'on ne s'emporte jamais) ou d'exciter un groupe qui s'endort; il ne cède rien à personne; il va mécaniquement comme la tige d'un métronome; son bras monte et descend; on le regarde si on veut, il n'y tient pas. Cet homme-machine ne fonctionne que dans les ouvertures, les airs de danse et les chœurs; car pour les airs et duos, comme il est absolument impossible de prévoir les caprices rhythmiques des chanteurs et de s'y conformer, les chefs d'orchestre ont depuis longtemps renoncé à marquer une mesure quelconque; les musiciens ont alors la bride sur le cou; ils accompagnent d'instinct, comme ils peuvent, jusqu'à ce que le gâchis devienne par trop formidable. Les chanteurs alors leur font signe de s'arrêter, ce qu'ils s'empressent de faire, et on n'accompagne plus du tout. Je ne suis en Italie que depuis peu, et j'ai eu souvent déjà l'occasion d'admirer ce bel *effet d'orchestre*.

Mais adieu pour ce soir, mon ami, je me croyais plus fort; la plume s'échappe de ma main. Je brûle; j'ai la fièvre. Mina! Mina! point de lettres! Que me font les Italiens et leur barbarie!... Mina! Je vois la lune pure se mirer dans l'Etna!... Silence!... Mina!..... loin.... seul.... Mina!.... Mina!.... Paris!...

Deuxième lettre.

Sicile, 8 juin 2344.

DU MÊME AU MÊME.

Quel martyre notre ministre m'a infligé! rester ainsi en Italie, retenu par ma parole, trop légèrement donnée, de n'en point sortir avant d'avoir engagé le nombre de chanteurs qui nous manquent! quand le moindre navire me transporterait à travers les airs aux lieux où est ma vie!... Mais pourquoi son silence?... Je suis bien malheureux! Et m'occuper de musique dans cet état de brûlant vertige, avec ce trouble de tous les sens, au milieu de cet orageux conflit de mille douleurs !... Il le faut cependant. O mon ami, le culte de l'art n'est un bonheur que pour les âmes sereines ; je le sens bien à l'indifférence et au dégoût que j'éprouve à l'égard des choses mêmes qui, pour moi, furent en d'autres temps des objets d'un si haut intérêt. N'importe ! continuons ma tâche.

Sachant la mission dont je suis chargé et mes fonctions à Euphonia, les membres de l'Académie sicilienne m'ont écrit ce matin pour me demander des renseignements sur l'organisation de notre ville musicale ; ils ont beaucoup entendu parler d'elle, mais aucun d'eux cependant, malgré l'excessive facilité des voyages, n'a encore eu la curiosité de la visiter. Envoie-moi donc, par le prochain courrier, un exemplaire de notre charte, avec une description succincte de la cité conservatrice du grand art que nous adorons. J'irai lire l'une et l'autre à la docte assemblée ; je veux me donner le plaisir de voir de près l'étonnement de ces braves académiciens qui sont si loin de savoir *ce qu'est la musique.*

Je ne t'ai rien dit des concerts ni des festivals en Italie, par la raison que ces solennités y sont tout à fait inusitées ; elles n'exciteraient parmi les populations aucune sympathie, et leur exécution, en tout cas, ne pourrait différer beaucoup de celle que j'ai observée dans les théâtres. Quant à la musique religieuse, il n'y en a pas davantage, eu égard aux idées que nous avons et que nous réalisons si grandement sur l'application de toutes les ressources de l'art au service divin. Les derniers papes ayant prohibé dans les églises toute autre musique que celle des anciens maîtres de la chapelle Sixtine, tels que Palestrina et Allegri, ont, par cette grave décision, fait disparaître à tout jamais le scandale dont se plaignaient si amèrement, il y a quelques siècles, les écrivains dont l'opinion nous paraît avoir eu de la valeur. On ne joue plus, il est vrai, des concertos de violon pendant la messe, on n'y entend plus des cavatines chantées en *voix de fausset* par un homme entier, l'organiste n'exécute plus des fugues grotesques ni des ouvertures d'opéras bouffons ; mais il n'en faut pas moins regretter que cette expulsion, trop bien motivée, de tant de monstruosités choquantes et ridicules, ait entraîné celle des productions nobles et élevées de l'art. Ces œuvres de Palestrina ne sauraient être pour nous, ni pour quiconque possède la connaissance aujourd'hui vulgaire du vrai style sacré, des œuvres complétement musicales, ni absolument religieuses. Ce sont des tissus d'accords consonnants dont la trame est quelquefois curieuse pour les yeux, ou pour l'esprit en considérant les difficultés dont l'auteur s'est *amusé* à trouver la solution, dont l'effet doux et calme sur l'oreille fait naître souvent une profonde rêverie; mais ce n'est point là la musique complète, puisqu'elle ne demande rien à la mélodie, à l'expression, au rhythme ni à l'instrumentation. Les savants siciliens seront fort surpris, j'imagine, d'apprendre avec quel soin il est défendu dans nos écoles de considérer ces puérilités de contre-point autrement que comme des exercices, de voir en elles un but au lieu d'un moyen de l'art, et, en les prenant ainsi au sérieux, de transformer les partitions en tables de logarithmes ou en échiquiers. En résumé cependant, s'il est regrettable qu'on ne puisse entendre dans les églises que des *harmonies vocales calmes*, au moins faut-il se féliciter de la destruction du style effronté, qui a été le résultat de cette décision. Entre deux maux estimons-nous heureux de n'avoir que le moindre. Les papes, d'ailleurs, ont permis depuis longtemps aux femmes de chanter dans les temples, pensant que leur présence et leur participation au service religieux n'avaient rien que de naturel, et devaient paraître infiniment plus morales que le barbare usage de la castration toléré et encouragé même par leurs prédécesseurs. Il a fallu des siècles pour découvrir cela! Autrefois il était bien permis aux femmes de chanter pendant l'office divin, mais à la condition pour elles de chanter mal; dès que leurs connaissances de l'art leur permettaient de chanter bien et de figurer en conséquence dans un chœur artistement organisé, défense était faite aux compositeurs de les y employer. Il semble, en lisant l'histoire, que dans certains moments notre art ait eu à subir l'influence despotique de l'idiotisme et de la folie.

Les chœurs des églises d'Italie sont en général peu nombreux; ils se composent de vingt à trente voix au plus, aux jours des grandes solennités. Les choristes m'ont paru assez bien choisis; ils chantent sans nuances, il est vrai, mais juste et avec ensemble; et il faut évidemment les placer à part fort au-dessus des malheureux braillards des théâtres, dont je m'abstiens de te parler.

Adieu, je te quitte pour écrire encore à Mina; serai-je plus heureux cette fois, et me répondra-t-elle enfin!

Ton ami,   XILEF.

PARIS

(Un salon splendidement meublé).

MINA *(seule)*.

Ah çà! mais, il me semble que je vais m'ennuyer! Ces messieurs se moquent-ils de moi! Comment! pas un d'eux n'a encore songé à me proposer quelque chose d'amusant pour aujourd'hui! Me voilà seule, abandonnée depuis quatre longues heures. Le baron lui-même, le plus attentif, le plus empressé de tous, n'est pas encore venu!... Peut-être ont-ils bien fait, ma foi, de me laisser tranquille, ils sont si cruellement sots tous ces *beaux* qui m'adorent. Ils ne savent jamais me parler que de fêtes, de courses, d'intrigues, de scandales, de toilette; pas un mot qui décèle l'intelligence ou le sentiment de l'art, rien qui vienne du cœur. Et je suis artiste avant tout, moi, et artiste par... l'âme, par le cœur. D'où vient que j'hésite à le dire?... Suis-je bien sûre, dans le fait, d'avoir un cœur et une âme?... Peuh! Voilà déjà que je ne me sens plus le moindre amour pour Xilef. Je n'ai pas même répondu à ses brûlantes lettres. Il m'accuse, il se désespère, et je pense à lui... quelquefois, mais rarement. Allons, ce n'est pas ma faute, si, comme le dit mon imbécile de baron, *les absents ont toujours tort*, et *les présents sont toujours acceptés*. Je ne suis pas chargée de refaire le monde. Pourquoi est-il parti? Un homme qui aime bien ne doit jamais quitter sa maîtresse; il ne doit voir qu'elle au monde, et compter tout le reste pour rien.

FANNY *(entrant).*

Madame, voici vos journaux et deux lettres.

MINA *(ouvrant un journal).*

Voyons!.. Ah! la fête de Gluck à Euphonia dans huit jours! J'y veux aller, j'y chanterai. *(Lisant.)* « L'hymne composé par Shetland occupe toute la ville, est le sujet de toutes les conversations. On n'a jamais encore, pensons-nous, exprimé plus magnifiquement un plus noble enthousiasme. Shetland est un homme à part, un homme différent des autres hommes par son génie, par son caractère, par le mystère de sa vie. » Fanny, appelez ma mère.

FANNY *(en sortant).*

Madame, vous ne lisez pas vos lettres; je crois qu'il y en a une de votre fiancé, M. Xilef.

MINA *(seule).*

Mon fiancé! le drôle de mot. Ah! que c'est ridicule un fiancé! Mais il peut aussi m'appeler sa fiancée! je suis donc ridicule! Sotte fille, avec ses termes grotesques! Tout cela me déplaît, me crispe, m'exaspère . . . . Elle n'a que trop bien deviné. Oui, cette lettre est de mon fidèle Xilef. C'est cela... des reproches... ses souffrances... son amour . . . . toujours la même chanson... Jeune homme! tu m'obsèdes. Décidément, mon pauvre Xilef, te voilà flambé! Eh! au fait, ils sont insupportables ces êtres éternellement passionnés! Qui est-ce qui les prie d'être constants?... qui l'a prié de m'adorer?.. qui?.. eh! mais, c'est moi, ce me semble; il n'y songeait pas. Et maintenant qu'il a perdu pour moi le repos de sa vie (phrase de romans) c'est un peu leste de le planter là! Oui, mais... on ne vit qu'une fois.

Voyons l'autre missive! *(Riant).* Ah! ah! voilà une épître laconique! un cheval, très-bien dessiné, pardieu, et pas un mot. C'est à la fois une signature et une phrase hiéroglyphique! Cela signifie que je suis attendue pour une course au bois par mon animal de baron. Il courra sans moi. *(Madame Happer s'avance pesamment.)* Mon Dieu, ma mère, que vous êtes lente à venir quand je vous appelle! je suis ici à me morfondre depuis plus d'une demi-heure. Je n'ai pas de temps à perdre cependant!

MADAME HAPPER.

De quoi s'agit-il donc, ma fille? quelle nouvelle folie allez-vous entreprendre? vous voilà bien agitée.

MINA.

Nous partons!

MADAME HAPPER.

Vous partez?

MINA.

Nous partons, ma mère!

MADAME HAPPER.

Mais je n'ai pas envie de quitter Paris, je m'y trouve fort bien; surtout si, comme je le soupçonne, c'est pour aller rejoindre votre pâle amoureux. Je le répète, Mina, votre conduite est impardonnable, vous manquez à ce que vous me devez et à ce que vous devez à vous-même. Ce mariage ne nous convient en aucune façon, ce jeune homme n'a pas assez de fortune! Et puis il a des idées, des idées si étranges sur les femmes! Tenez, vous êtes folle, trois fois folle, pardonnez-moi de vous le dire, et même niaise, avec tout votre esprit et tout votre talent. On n'a jamais vu d'exemple d'un tel choix, ni d'une telle manie *d'épousailles*. Je pensais pourtant que la société brillante que vous voyez habituellement ici vous avait remise sur la voie du bon sens; mais il paraît que vos caprices sont des fièvres intermittentes et que voilà l'accès revenu.

MINA *(s'inclinant avec un respect exagéré)*.

Ma respectable mère, vous êtes sublime! Je ne dirai pas que vous improvisez à merveille, car c'est, j'en suis sûre, pour préparer ce sermon que vous m'avez tant fait attendre! N'importe, l'éloquence a son prix. Mais vous prêchiez une convertie. Or donc, nous partons; nous allons à Euphonia;

je chante à la fête de Gluck; je ne pense plus à Xilef; nous changeons de nom pour nous mettre, dans le premier moment, à l'abri de ses poursuites; je m'appelle Nadira, vous passez pour ma tante; je suis une débutante autrichienne, et le grand Shetland me prend sous sa protection; j'ai un succès fou; je tourne toutes les têtes; pour le reste... qui vivra verra.

MADAME HAPPER

Ah! mon Dieu, bénissez-la! je retrouve ma fille. Enfin la raison... embrasse-moi, ma toute belle. Ah! j'étouffe de joie! plus de ces sottes opinions sur les prétendues promesses! à la bonne heure! Oui, partons. Et ce petit niais de Xilef qui se permettait de songer à ma Mina et de vouloir me l'enlever. Ah! que j'aie au moins le plaisir de lui dire son fait, à cet *épouseur*; c'est moi que cela regarde, et je vais... Morveux! une cantatrice de ce talent et si belle! Oui, mon garçon, elle est pour toi, va, compte là-dessus. En dix lignes je le congédie: dans deux heures nos malles sont faites, notre navire de poste est prêt, et demain à Euphonia, où nous triomphons, pendant que le petit monsieur nous poursuivra dans la direction contraire. Ah! je vais lui donner des nœuds à filer. *(Madame Happer sort en soufflant comme une baleine et en faisant des signes de croix).*

FANNY *(qui est rentrée depuis quelques instants).*
Vous le quittez donc, madame?

MINA.

Oui, c'est fini.

FANNY.

O mon Dieu, il vous aime tant, et il comptait tant sur vous! Vous ne l'aimez donc plus, plus du tout?

MINA.

Non.

FANNY.

Cela me fait peur. Il arrivera quelque malheur, il se tuera, madame.

MINA.

Bah!

FANNY

Il se tuera, cela est sûr!

MINA.

Assez, voyons!

FANNY.

Pauvre jeune homme!

MINA.

Ah çà, vous tairez-vous, idiote? Allez rejoindre ma mère et l'aider à faire nos préparatifs de départ. Et pas de réflexions, je vous prie, si vous tenez à rester à mon service. *(Fanny sort).*

MINA *(seule)*.

Il se tuera!... ne dirait-on pas que je suis obligée... D'ailleurs est-ce ma faute... si je ne l'aime plus! »

Elle se met au piano et vocalise pendant quelques minutes; puis ses doigts, courant sur le clavier, reproduisent le thème de la première symphonie de Shetland qu'elle a entendue six mois auparavant. Elle murmure en jouant : « Réellement c'est beau cela! il y a dans cette mélodie quelque chose de si élégamment tendre, de si capricieusement passionné!... » Elle s'arrête... Long silence... Elle reprend le thème symphonique : « Shetland est un homme à part!... différent des autres hommes... par son génie, son caractère *(jouant toujours)* et le mystère de sa vie... *(elle prend le mode mineur) il ne m'aimera jamais*, au dire de Xilef! » Le thème reparait fugué, disloqué, brisé. Crescendo. Explosion dans le mode majeur. Mina s'approche d'une glace, arrange ses cheveux en fredonnant les premières mesures du thème de la symphonie... Nouveau silence. Elle aperçoit la lettre du baron qui contient un cheval dessiné au trait; elle prend une plume, trace sur le col de l'animal une *bride flottante*, et sonne. Un domestique en livrée paraît : « Vous rendrez ceci au baron, lui dit-elle, c'est ma réponse. *(A part.)* Il est assez bête pour ne pas la comprendre.

FANNY *(entrant)*.

Madame, tout est prêt.

MINA.

Ma mère a-t-elle écrit à...?

FANNY.

Oui, madame, je viens de porter sa lettre à la poste.

MINA.

Montez toutes les deux dans le navire, je vous suis.

La femme de chambre s'éloigne. Mina va s'asseoir sur un canapé, croise ses bras sur sa poitrine et demeure un instant absorbée dans ses pensées. Elle baisse la tête, un imperceptible soupir s'échappe de ses lèvres, une légère rougeur vient colorer ses joues; enfin, saisissant ses gants, elle se lève et sort, en disant avec un geste de mauvaise humeur : « Eh! ma foi, qu'il s'arrange! »

Troisième lettre.

Euphonia, 6 juillet 2344.

SHETLAND A XILEF.

Voici, mon cher et triste ami, la charte musicale et la description d'Euphonia. Ces documents sont incomplets sous quelques rapports; mais tes loisirs forcés te permettront de revoir mon rapide travail, et si tu veux consulter tes souvenirs, tu pourras sans trop de peine l'achever. Je ne pouvais t'envoyer simplement le texte de nos règlements de police musicale, il fallait par une description succincte, mais exacte, donner à tes académiciens de Sicile une idée approximative de notre harmonieuse cité. J'ai donc dû prendre la plume et portraire Euphonia tant bien que mal; mais tu excuseras les incorrections de mon œuvre et ce qu'elle a de diffus et d'inachevé, en apprenant les étranges émotions qui depuis quelques jours m'ont troublé si violemment. Chargé, comme tu le sais, de tout ce qui concernait la fête de Gluck, j'ai eu à composer l'hymne qu'on devait chanter autour du temple. Il m'a fallu surveiller les répétitions d'*Alceste* qu'on a jouée dans le palais Thessalien, présider aux études des chœurs de mon hymne et te remplacer, en outre, dans l'administration des instruments à cordes. Mais c'était peu pour moi; les noires préoccupations, les cruels souvenirs, le découragement profond où m'ont plongé d'anciens et incurables chagrins, ont au moins, en le dégageant de toute influence passionnée, donné à mon caractère cette gravité calme qui, loin d'enchaîner l'activité, la seconde au contraire et dont tu es malheureusement si dépourvu. C'est la souffrance qui paralyse nos facultés d'artiste, c'est elle seule qui par sa brûlante étreinte arrête les plus nobles élans de notre cœur, c'est elle qui nous éteint, nous pétrifie, nous rend fous et stupides. Et j'étais exempt, moi, tu le sais, de ces douleurs ardentes, mon cœur et mes sens étaient en repos, ils dormaient du sommeil de la mort, depuis que... la... blanche étoile a disparu de mon ciel... et ma pensée et ma fantaisie n'en vivaient que mieux. Aussi pouvais-je utiliser à peu près tout mon temps et l'employer comme la raison d'art m'indiquait qu'il fallait le faire. Et je n'y ai point manqué jusqu'ici, moins par amour de la gloire que par amour du beau, vers lequel nous tendons instinctivement tous les deux, sans aucune arrière-pensée de satisfaction orgueilleuse.

Ce qui m'a ému, troublé, ravagé ces jours derniers, ce n'est pas la composition de mon hymne, ce ne sont pas les acclamations dont notre population musicale l'a salué, ni les éloges du ministre; ce n'est pas la joie de l'Empereur que ma musique, à en croire Sa Majesté, a transporté d'enthousiasme; ce n'est pas même l'effet très-grand que cette œuvre a produit sur moi, ce n'est rien de tout cela. Il s'agit d'un événement bizarre, qui m'a frappé plus que je ne croyais pouvoir être frappé d'aucune chose, et dont l'impression, par malheur, ne s'efface point.

Comme je respirais la fraîcheur du soir, après une longue répétition, mollement couché dans mon petit navire, et regardant, de la hauteur où je m'étais élevé, s'éteindre le jour, j'entends sortir d'un nuage, dont je longeais les contours, une voix de femme stridente, pure cependant, et dont l'agilité extraordinaire, dont les élans capricieux et les charmantes évolutions semblaient, en retentissant ainsi au milieu des airs, être le chant de quelque oiseau merveilleux et invisible.

J'arrêtai soudain ma locomotive... Après quelques instants d'attente, au travers des vapeurs empourprées par le soleil couchant, je vis s'avancer un élégant ballon dont la marche rapide se dirigeait vers Euphonia; une jeune femme était debout à l'avant du navire, appuyée, dans une pose ravissante, sur une harpe dont, par intervalles, elle effleurait les cordes avec sa main droite, étincelante de diamants. Elle n'était pas seule, car d'autres femmes passèrent plusieurs fois à l'intérieur devant les croisées du bord. Je crus d'abord que c'étaient quelques-unes de nos jeunes coryphées de la rue des Soprani, qui venaient, comme moi, de faire une promenade aérienne. Elle chantait, en l'ornant de toutes sortes de folles vocalises, le thème de ma première symphonie, qui n'est guère connue, pensais-je, que des Euphoniens. Mais bientôt, en examinant de plus près la charmante créature au brillant ramage, je dus reconnaître qu'elle n'était point des nôtres, et que jamais encore elle n'avait paru à Euphonia. Son regard, à la fois distrait et inspiré, m'étonna par la singularité de son expression, et je pensai tout de suite au malheur de l'homme qui aimerait une telle femme sans être aimé d'elle. Puis je n'y songeai plus... Les hautes cimes du Hartz me dérobaient déjà la vue du soleil à l'horizon; je fis monter perpendiculairement mon navire de quelques centaines de pieds pour revoir l'astre fugitif, et je le contemplai quelques minutes encore, au milieu de ce silence extatique dont on n'a pas d'idée sur la terre. Enfin, las de rêver et d'être seul dans l'air, le vent d'ouest m'apportant les lointains accords de la Tour qui sonnait l'hymne de la nuit, je descendis, ou plutôt je fondis comme un trait sur mon pavillon, situé, comme tu le sais, hors des murs de la ville. J'y passai la nuit. Je dormis mal; vingt fois, en quelques heures, je revis en songe cette belle étrangère appuyée sur sa harpe, sortant de son nuage rose et or. Je rêvai même en dernier lieu que je la maltraitais, que mes mauvais traitements, mes brutalités, l'avaient rendue horriblement malheureuse; je la voyais à mes pieds, brisée, en larmes, pendant que je m'applaudissais froidement d'avoir su dompter ce gracieux mais dangereux animal. Étrange vision de mon âme, si éloignée de pareils sentiments !!!! A peine levé, j'allai m'asseoir au fond de mon bosquet de rosiers, et, machinalement, sans avoir la conscience de ce que je faisais, j'ouvris à deux battants la porte de ma harpe éolienne. En un instant, des flots d'harmonie inondèrent le jardin; le *crescendo*, le *forte*, le *decrescendo*, le *pianissimo*, se succédaient sans ordre au souffle capricieux de la folle brise matinale. Je vibrais douloureusement, et n'avais pas la moindre tentation cependant de me dérober à cette souffrance en fermant les cloisons de l'instrument mélancolique. Loin de là, je m'y complaisais, et j'écoutais immobile. Au moment où un coup de vent, plus fort que les précédents, faisait naître de la harpe, comme un cri de passion, l'accord de septième dominante, et l'emportait gémissant à travers le bosquet, le hasard voulut que du *decrescendo* sortît un arpége où se trouvait la succession mélodique des premières mesures du thème que j'avais entendu chanter la veille à mon inconnue, celui de ma première symphonie. Étonné de ce jeu de la nature, j'ouvris les yeux que je tenais fermés depuis le commencement du concert éolien... Elle était debout devant moi, belle, puissante, souveraine, *Dea!* Je me levai brusquement. « Madame! — Je suis heureuse, monsieur, de me présenter à vous au moment où les esprits de l'air vous adressent un si gracieux compliment; ils vous disposeront sans doute à l'indulgence que je viens réclamer, et dont le grand Shetland, dit-on, n'est pas prodigue. — Qui a bien voulu, madame, venir si matin animer ma solitude? — Je me nomme Nadira, je suis cantatrice, j'arrive de Vienne, je veux voir la fête de Gluck, je désire y chanter, et je viens vous prier de me donner place dans le programme. — Madame... — Oh! vous m'entendrez auparavant, c'est trop juste. — C'est inutile, j'ai eu déjà le plaisir de vous entendre. — Et quand, et où donc? — Hier soir, au ciel. — Ah! c'était vous qui voguiez ainsi solitairement, et que j'ai rencontré au sortir de mon nuage, justement quand je chantais votre admirable mélodie? Cette belle phrase était prédestinée sans doute à servir d'introduction musicale à nos deux premières entrevues. — C'était moi. — Et vous m'avez entendue? — Je vous ai vue et admirée. — Oh! mon Dieu! c'est un homme d'esprit, il va me persifler, et il faudra que j'accepte ses railleries pour des compliments! — Dieu me garde de railler, madame; vous êtes belle. — Encore! Oui, je suis belle, et à votre avis je chante? — Vous chantez... trop bien. — Comment, trop bien? — Oui, madame; à la fête de Gluck le chant orné n'est point admis; le vôtre brille surtout par la légèreté et la grâce des broderies, il ne saurait donc figurer dans une cérémonie éminemment grandiose et épique. — Ainsi, vous me refusez? — Hélas! il le faut. — Oh! c'est incroyable, dit-elle en rougissant de colère et en arrachant de sa tige une belle rose qu'elle froissa entre ses doigts. Je m'adresserai au ministre... (je souris) à l'Empereur. — Madame, lui dis-je d'un accent fort calme, mais sérieux, le ministre de la fête de Gluck, c'est moi; l'empereur de la fête de Gluck, c'est encore moi; l'ordonnance de cette cérémonie m'a été confiée, je la règle sans contrôle, j'en suis le maître absolu; et (la regardant avec la moitié de ma colère) vous n'y chanterez pas. » Là-dessus la belle Nadira essuie en tressaillant ses yeux, où le dépit avait amené quelques larmes, et s'éloigne précipitamment.

Ma demi-colère dissipée, je ne pus m'empêcher de rire de la naïveté de cette jeune folle, accoutumée sans doute à Vienne, au milieu de ses adorateurs, à tout voir plier devant ses caprices, et qui avait pensé venir sans résistance détruire l'harmonie de notre fête et me dicter ses volontés.

Pendant quelques jours je ne la revis point. La fête eut lieu. *Alceste* fut dignement exécuté; après la représentation, les six mille voix du cirque chantèrent mon hymne, que je n'ai fait accompagner que par cent familles de clarinettes et saxophones, cent autres de flûtes, quatre cents violoncelles et trois cents harpes. L'effet, je te l'ai déjà dit, fut très-grand. L'orage des acclamations une fois calmé, l'empereur se leva et me complimentant avec sa courtoisie ordinaire, voulut bien me céder son droit de désigner la femme qui aurait l'honneur de couronner la statue de Gluck. Nouveaux cris et applaudissements du peuple. En ce moment de radieux enthousiasme, mes yeux tombèrent sur la belle Nadira, qui, d'une loge éloignée, attachait sur moi un regard humble et attristé. Soudain l'attendrissement, la pitié, une sorte de remords même me saisirent au cœur, à l'aspect de la beauté vaincue, éclipsée par l'art. Il me sembla que, vainqueur généreux, l'art devait maintenant rendre à la beauté une part de sa gloire, et je désignai Nadira, la frivole cantatrice viennoise, pour couronner le dieu de l'expression. L'étonnement général ne peut se dépeindre; personne ne la connaissait. Rougissant et pâlissant tour à tour, Nadira se lève, reçoit des mains du prêtre de Gluck la couronne de fleurs, de feuilles et d'épis, qu'elle doit déposer sur le front divin, s'avance lentement dans le cirque, monte les degrés du temple, et, parvenue au pied de la statue, se tourne vers le peuple en faisant signe qu'elle veut parler. On se tait, on l'admire; les femmes mêmes semblent frappées de son extrême beauté. « Euphoniens, dit-elle, je vous suis inconnue. Hier encore je n'étais qu'une femme vulgaire, douée d'une voix éclatante et agile, rien de plus. Le grand art ne m'avait point été révélé. Je viens, pour la première fois de ma vie, d'entendre *Alceste*, je viens d'admirer avec vous la splendide majesté de l'hymne de Shetland. Je comprends maintenant, j'entends, je vis : je suis artiste. Mais l'instinct du génie de Shetland pouvait seul le deviner. Souffrez donc qu'avant de couronner le dieu de l'expression, je prouve à vous, ses fidèles adorateurs, que je suis digne de cet honneur insigne, et que le grand Shetland ne s'est pas trompé. » A ces mots, arrachant les perles et les joyaux qui ornaient sa chevelure, elle les jette à terre, les foule aux pieds (abjuration symbolique), la main sur son cœur, s'incline devant Gluck, et d'une voix sublime d'accent et de timbre, elle commence l'air d'*Alceste*, « Ah ! divinités implacables ! »

Impossible, cher Xilef, de te décrire avec quelque apparence de fidélité l'immense émotion produite par ce chant inouï. En l'écoutant tous les fronts s'inclinaient peu à peu, tous les cœurs se gonflaient ; on voyait çà et là des auditeurs joindre les mains, les élever machinalement sur leurs têtes ; nos jeunes femmes fondaient en larmes, et à la fin, au retour de l'immortelle phrase

« Ce n'est pas vous faire une offense
« Que de vous conjurer de hâter mon trépas. »

Nadira, accoutumée à l'enthousiasme bruyant de ses Viennois, a dû éprouver un instant d'angoisse horrible : pas un applaudissement ne s'est fait entendre. Le cirque entier s'est tu, terrassé ; mais, après une minute, chacun retrouvant la respiration et la voix (admire encore une fois le sens musical de nos Euphoniens), sans que le préfet des chœurs ni moi nous ayons fait le moindre signe pour désigner l'harmonie, un cri de dix mille âmes s'est élancé spontanément sur un *accord de septième diminué*, suivi d'une pompeuse cadence en *ut* majeur. Nadira, chancelante d'abord, se redresse à cette harmonieuse clameur, et, élevant ses bras antiques, belle d'admiration, belle de joie, belle de beauté, belle d'amour, elle dépose la couronne sur la tête puissante de Gluck l'Olympien. Alors inspiré à mon tour par cette scène auguste, et pour adoucir un enthousiasme qui tournait à la passion, déjà jaloux peut-être, je fis le signe de la marche d'*Alceste*, et tous à genoux, Euphoniens fervents, nous saluâmes le souverain maître de sa religieuse mélopée

En nous relevant, nous cherchons Nadira : elle avait disparu. A peine retiré chez moi, je la vois entrer. Elle s'avance, s'incline et dit : « Shetland, tu m'as initiée à l'art, tu m'as donné une existence nouvelle ; je t'aime... Peux-tu m'aimer ? Je te fais don de tout mon être ; ma vie, mon âme et ma beauté sont à toi. » Je réponds après un instant de doute silencieux, et en songeant à mon ancien amour qui s'évanouissait : « Nadira, tu m'as fait voir hors de l'art un idéal sublime... Sincèrement je t'aime... je t'accepte... Mais si tu me trompes, aujourd'hui ou jamais, tu es perdue. — Aujourd'hui ni jamais je ne puis te tromper ; mais dussé-je payer par une mort cruelle le bonheur de t'appartenir, je le veux,

ce bonheur, je te le demande... Shetland! — Nadira!... »
Nos bras... nos cœurs... nos âmes... l'infini...

Il n'y a plus de Nadira, Nadira c'est moi. Il n'y a plus de Shetland, Shetland c'est elle!

J'ai honte, cher Xilef, de faire un tel récit à toi dont le cœur saigne déchiré par l'absence; mais la passion et le bonheur sont d'un égoïsme absolu. Pourtant mon bonheur a des intermittences, et sa lumineuse atmosphère est traversée quelquefois par d'affreux rayons d'obscurité. Je me souviens qu'au moment où j'ai dit à Nadira : « Sincèrement, je t'aime! » trois cordes de ma harpe se sont rompues avec un bruit lugubre... J'attache à cet incident une idée superstitieuse. Serait-ce un adieu de l'art qui me perd?... Il me semble en effet que je ne l'aime plus. Mais écoute encore :

Hier, journée brûlante d'un été brûlant, nous planions, elle et moi, au plus haut des airs. Mon navire, sans direction, errait au gré d'un faible souffle du vent d'est; éperdûment enlacés, ivres-morts d'amour, gisants sur la molle ottomane de ma nacelle embaumée, nous touchions au seuil de l'autre vie, un seul pas, un seul acte de volonté et nous pouvions le franchir! « Nadira! lui dis-je, en l'étreignant sur mon cœur. — Cher! — Vois, il n'y a rien de plus pour nous en ce monde, nous sommes au faîte, redescendrons-nous! mourons! » Elle me regarda d'un air surpris. « Oui, mourons, ajoutai-je, jetons-nous embrassés hors du navire; nos âmes, confondues dans un dernier baiser, s'exhaleront vers le ciel avant que nos corps, tourbillonnant dans l'espace, aient pu toucher de nouveau la prosaïque terre. Veux-tu? viens! — Plus tard, me répondit-elle, vivons encore! » Plus tard! mais plus tard, pensai-je, retrouverons-nous un semblable moment?.... Oh! Nadira, ne serais-tu qu'une femme!... Je reste donc, puisqu'elle veut rester... Adieu, mon ami, depuis les deux heures employées à t'écrire... je ne l'ai pas vue, et pendant tout le temps que je passe maintenant loin d'elle, je crois sentir une main glacée m'arracher lentement le cœur de la poitrine.   SHETLAND.

La lettre de madame Happer, dans laquelle cette respectable matrone, en déclarant cyniquement à Xilef que sa fille le dégageait de sa promesse et renonçait à lui, annonçait aussi le départ de Mina pour l'Amérique, où l'appelaient les offres avantageuses d'un directeur de théâtre et l'*amitié* d'un riche armateur. On ne peut guère se représenter que vaguement la secousse, le déchirement, l'indignation, la douleur, la rage infinie d'une âme à la fois tendre et terrible comme celle de Xilef, à la lecture d'un tel chef-d'œuvre de brutalité, d'insolence et de mauvaise foi. Il frémit de la tête aux pieds; deux larmes et deux flammes jaillirent ensemble de ses yeux, et l'idée d'une punition digne du crime s'empara immédiatement de son esprit. Il résolut donc aussitôt, après avoir prévenu Shetland de ce qui lui arrivait, de partir pour l'Amérique où il se flattait de découvrir bientôt sa perfide maîtresse. Il brisait ainsi tous les liens qui l'attachaient à Euphonia, il perdait sa place, il anéantissait du même coup son présent et son avenir! mais que lui importait! restait-il pour Xilef dans la vie un autre intérêt que celui de sa vengeance? La lettre de Shetland, et avec elle la description d'Euphonia, lui parvinrent au moment où il allait quitter Palerme : et il n'eut que le temps d'adresser ce document à l'Académie sicilienne, avec quelques lignes dans lesquelles il s'excusait de ne pouvoir pas venir le présenter et le lire lui-même, ainsi qu'il l'avait promis.

Voici le manuscrit de Shetland tel que le président de l'Académie le lut en séance publique; Xilef n'y avait rien changé.

DESCRIPTION D'EUPHONIA

Euphonia est une petite ville de douze mille âmes, située sur le versant du Hortz, en Allemagne.

On peut la considérer comme un vaste conservatoire de musique, puisque la pratique de cet art est l'objet unique des travaux de ses habitants.

Tous les Euphoniens, hommes, femmes et enfants, s'occupent exclusivement de chanter, de jouer des instruments, et de ce qui se rapporte directement à l'art musical. La plupart sont à la fois instrumentistes et chanteurs. Quelques-uns, qui n'exécutent point, se livrent à la fabrication des instruments, à la gravure et à l'impression de la musique. D'autres consacrent leur temps à des recherches d'acoustique et à l'étude de tout ce qui, dans les phénomènes physiques, peut se rattacher à la production des sons.

Les joueurs d'instruments et les chanteurs sont classés par catégories dans les divers quartiers de la ville.

Chaque voix et chaque instrument ont une rue qui porte leur nom, et qu'habite seule la partie de la population vouée à la pratique de cette voix ou de cet instrument. Il y a les rues des soprani, des basses, des ténors, des contralti, des violons, des cors, des flûtes, des harpes, etc., etc.

Il est inutile de dire qu'Euphonia est gouvernée militairement et soumise à un régime despotique. De là l'ordre parfait qui règne dans les études, et les résultats merveilleux que l'art en a obtenus.

L'empereur d'Allemagne fait tout, d'ailleurs, pour rendre aussi heureux que possible le sort des Euphoniens. Il ne leur demande en retour que de lui envoyer deux ou trois fois par an quelques milliers de musiciens pour les fêtes qu'il donne sur divers points de l'empire. Rarement la ville se meut tout entière.

Aux fêtes solennelles dont l'art est le seul objet, ce sont les auditeurs qui se déplacent, au contraire, et qui viennent entendre les Euphoniens.

Un cirque, à peu près semblable aux cirques de l'antiquité grecque et romaine, mais construit dans des conditions d'acoustique beaucoup meilleures, est consacré à ces exécutions monumentales. Il peut contenir d'un côté vingt mille auditeurs et de l'autre dix mille exécutants.

C'est le ministre des beaux-arts qui choisit dans la population des différentes villes d'Allemagne, les vingt mille auditeurs privilégiés auxquels il est permis d'assister à ces fêtes.

Ce choix est toujours déterminé par le plus ou moins d'intelligence et de culture musicale des individus. Malgré la curiosité excessive que ces réunions excitent dans tout l'empire, aucune considération n'y ferait admettre un auditeur reconnu, par son inaptitude, indigne d'y assister.

L'éducation des Euphoniens est ainsi dirigée : les enfants sont exercés de très-bonne heure à toutes les combinaisons rhythmiques; ils arrivent en peu d'années à se jouer des difficultés de la division fragmentaire des temps de la mesure, des formes syncopées, des mélanges de rhythmes inconciliables, etc.; puis vient pour eux l'étude du solfége, parallèlement à celle des instruments, un peu plus tard celle du chant et de l'harmonie. Au moment de la puberté, à cette heure d'efflorescence de la vie où les passions commencent à se faire sentir, on cherche à développer en eux le sentiment juste de l'expression et par suite du beau style.

Cette faculté si rare d'apprécier, soit dans l'œuvre du compositeur, soit dans l'exécution de ses interprètes, la vérité d'expression, est placée au-dessus de toute autre dans l'opinion des Euphoniens.

Quiconque est convaincu d'en être absolument privé, ou de se complaire à l'audition d'ouvrages d'une expression fausse, est inexorablement renvoyé de la ville, eût-il d'ailleurs un talent éminent ou une voix exceptionnelle; à moins qu'il ne consente à descendre à quelque emploi inférieur, tel que la fabrication des cordes à boyaux ou la préparation des peaux de timbales.

Les professeurs de chant et des divers instruments ont sous leurs ordres plusieurs sous-maîtres destinés à enseigner des spécialités dans lesquelles ils sont reconnus supérieurs. Ainsi, pour les classes de violon, d'alto, de violoncelle et de contrebasse, outre le professeur principal qui dirige les études générales de l'instrument, il y en a un qui enseigne exclusivement le pizzicato, un autre l'emploi des sons harmoniques, un autre le staccato, ainsi de suite. Il y a des prix institués pour l'agilité, pour la justesse, pour la beauté du son et même pour la ténuité du son. De là les nuances de *piano* si admirables, que les Euphoniens seuls en Europe savent produire.

Le signal des heures de travail et des repas, des réunions par quartiers, par rues, des répétitions par petites ou par grandes masses, etc., est donné au moyen d'un orgue gigantesque placé au haut d'une tour qui domine tous les édifices de la ville. Cet orgue est animé par la vapeur, et sa sonorité est telle qu'on l'entend sans peine à quatre lieues de distance. Il y a cinq siècles, quand l'ingénieux facteur A. Sax, à qui l'on doit la précieuse famille d'instruments de cuivre à anche qui porte son nom, émit l'idée d'un orgue pareil destiné à remplir d'une façon plus musicale l'office des cloches, on le traita de fou, comme on avait fait auparavant pour le malheureux qui parlait de la vapeur appliquée à la navigation et aux chemins de fer, comme on faisait encore il y a deux cents ans pour ceux qui s'obstinaient à chercher les moyens de diriger la navigation aérienne, qui a changé la face du monde. Le langage de l'orgue de la tour, ce télégraphe de l'oreille, n'est guère compris que des Euphoniens ; eux seuls connaissent bien la téléphonie, précieuse invention dont un nommé Sudre entrevit, au xixe siècle, toute la portée, et qu'un des préfets de l'harmonie d'Euphonia a développée et conduite au point de perfection où elle est aujourd'hui. Ils possèdent aussi la télégraphie, et les directeurs des répétitions n'ont à faire qu'un simple signe avec une ou deux mains et le bâton conducteur, pour indiquer aux exécutants qu'il s'agit de faire entendre, fort ou doux, tel ou tel accord suivi de telle ou telle cadence ou modulation, d'exécuter tel ou tel morceau classique tous ensemble, ou en petite masse, ou en crescendo, les divers groupes entrant alors successivement.

Quand il s'agit d'exécuter quelque grande composition nouvelle, chaque partie est étudiée isolément pendant trois ou quatre jours ; puis l'orgue annonce les réunions au cirque de toutes les voix d'abord. Là, sous la direction des maîtres de chant, elles se font entendre par centuries formant chacune un chœur complet. Alors les points de respiration sont indiqués et placés de façon qu'il n'y ait jamais plus d'un quart de la masse chantante qui respire au même endroit, et que l'émission de voix du grand ensemble n'éprouve aucune interruption sensible.

L'exécution est étudiée, en premier lieu, sous le rapport de la fidélité littérale, puis sous celui des grandes nuances, et enfin sous celui du style et de l'EXPRESSION.

Tout mouvement du corps indiquant le rhythme pendant le chant est sévèrement interdit aux choristes. On les exerce encore au silence, au silence absolu et si profond, que trois mille choristes euphoniens réunis dans le cirque, ou dans tout autre local sonore, laisseraient entendre le bourdonnement d'un insecte, et pourraient faire croire à un aveugle placé au milieu d'eux qu'il est entièrement seul. Ils sont parvenus à compter ainsi des centaines de pauses, et à attaquer un accord de toute la masse après ce long silence, sans qu'un seul chanteur manque son entrée.

Un travail analogue se fait aux répétitions de l'orchestre; aucune partie n'est admise à figurer dans un ensemble avant d'avoir été entendue et sévèrement examinée isolément par les préfets. L'orchestre entier travaille ensuite seul; et enfin la réunion des deux masses vocale et instrumentale s'opère quand les divers préfets ont déclaré qu'elles étaient suffisamment exercées.

Le grand ensemble subit alors la critique de l'auteur, qui l'écoute du haut de l'amphithéâtre que doit occuper le public, et quand il se reconnaît maître absolu de cet immense instrument intelligent, quand il est sûr qu'il n'y a plus qu'à lui communiquer les nuances vitales du mouvement, qu'il sent et peut donner mieux que personne, le moment est venu pour lui de se faire aussi exécutant, et il monte au pupitre-chef pour diriger. Un diapason fixé à chaque pupitre permet à tous les instrumentistes de s'accorder sans bruit avant et pendant l'exécution; les préludes, les moindres bruissements d'orchestre sont rigoureusement prohibés. Un ingénieux mécanisme qu'on eût trouvé cinq ou six siècles plus tôt, si on s'était donné la peine de le chercher, et qui subit l'impulsion des mouvements du chef sans être visible au public, marque, *devant les yeux* de chaque exécutant et tout près de lui, les temps de la mesure, en indiquant aussi d'une façon précise les divers degrés de *forte* ou de *piano*. De cette façon, les exécutants reçoivent immédiatement et instantanément la communication du sentiment de celui qui les dirige, y obéissent aussi rapidement que font les marteaux d'un piano sous la main qui presse les touches, et le maître peut dire alors qu'il *joue de l'orchestre* en toute vérité.

Des chaires de philosophie musicale occupées par les plus savants hommes de l'époque, servent à répandre parmi les Euphoniens de saines idées sur l'importance et la destination de l'art, la connaissance des lois sur lesquelles est basée son existence, et des notions historiques exactes sur les révolutions qu'il a subies. C'est à l'un de ces professeurs qu'est due l'institution singulière des *concerts de mauvaise musique* où les Euphoniens vont, à certaines époques de l'année, entendre les monstruosités admirées pendant des siècles dans toute l'Europe, dont la production même était enseignée dans les Conservatoires d'Allemagne, de France et d'Italie, et qu'ils viennent étudier, eux, pour se rendre compte des défauts qu'on doit le plus soigneusement éviter. Telles sont la plupart des cavatines et finales de l'école italienne du commencement du xixe siècle, et les fugues vocalisées des compositions plus ou moins religieuses des époques antérieures au xxe. Les premières expériences faites par ce moyen sur cette population dont le sens musical est aujourd'hui d'une rectitude et d'une finesse extrêmes, amenèrent d'assez singuliers résultats. Quelques-uns des chefs-d'œuvre de *mauvaise musique*, faux d'expression et d'un style ridicule, mais d'un effet cependant, sinon agréable, au moins supportable pour l'oreille, leur firent pitié; il leur sembla entendre des productions d'enfants balbutiant une langue qu'ils ne comprennent pas. Certains morceaux les firent rire aux éclats, et il fut impossible d'en continuer l'exécution. Mais quand on en vint à chanter la fugue sur *Kyrie eleison* de l'ouvrage le plus célèbre d'un des plus grands maîtres de notre ancienne école allemande, et qu'on leur eut affirmé que ce morceau n'avait point été écrit par un fou, mais par un très-grand musicien, qui ne fit en cela qu'imiter d'autres maîtres, et qui fut à son tour fort longtemps imité, leur consternation ne peut se dépeindre. Ils s'affligèrent sérieusement de cette humiliante maladie dont ils reconnaissaient que le génie humain lui-même pouvait subir les atteintes; et le sentiment religieux, s'indignant chez eux en même temps que le sentiment musical, de ces ignobles et incroyables blasphèmes, ils entonnèrent d'un commun accord la célèbre prière *Parce Deus*, dont l'expression est si vraie, comme pour faire amende honorable à Dieu, au nom de la musique et des musiciens.

Tout individu possédant toujours une voix quelconque, chacun des Euphoniens est tenu d'exercer la sienne et d'avoir des notions de l'art du chant. Il en résulte que les joueurs d'instruments à cordes de l'orchestre, qui peuvent chanter et jouer en même temps, forment un second chœur de réserve que le compositeur emploie dans certaines occasions et dont l'entrée inattendue produit quelquefois les plus étonnants effets.

Les chanteurs à leur tour sont obligés de connaître le mécanisme de certains instruments à cordes et à percussion, et d'en jouer au besoin, en chantant. Ils sont ainsi tous harpistes, pianistes, guitaristes. Un grand nombre d'entre eux savent jouer du violon, de l'alto, de la viole d'amour, du violoncelle. Les enfants jouent du sistre moderne et des cymbales harmoniques, instrument nouveau, dont chaque coup frappe un accord.

Les rôles des pièces de théâtre, les solos de chant et d'instruments ne sont donnés qu'à ceux des Euphoniens dont l'organisation et le talent spécial les rendent les plus propres à les bien exécuter. C'est un concours fait publiquement et patiemment devant le peuple entier qui détermine ce choix. On y emploie tout le temps nécessaire. Lorsqu'il s'est agi de célébrer l'anniversaire décennal de la fête de Gluck, on a cherché pendant huit mois, parmi les cantatrices, la plus capable de chanter et de jouer Alceste; près de mille femmes ont été entendues successivement dans ce but.

Il n'y a point à Euphonia de priviléges accordés à certains

artistes au détriment de l'art. On n'y connaît pas de premiers sujets, de droit en possession des premiers rôles, lors même que ces rôles ne conviennent en aucune façon à leur genre de talent ou à leur physique. Les auteurs, les ministres et les préfets, précisent les qualités essentielles qu'il faut réunir pour remplir convenablement tel ou tel rôle, représenter tel ou tel personnage ; on cherche alors l'individu qui en est le mieux pourvu, et fût-il le plus obscur d'Euphonia, dès qu'on l'a découvert il est élu. Quelquefois notre gouvernement musical en est pour ses recherches et sa peine. C'est ainsi qu'en 2320, après avoir pendant quinze mois cherché une Eurydice, on fut obligé de renoncer à mettre en scène l'*Orphée* de Gluck, faute d'une jeune femme assez belle pour représenter cette poétique figure et assez intelligente pour en comprendre le caractère.

L'éducation littéraire des Euphoniens est soignée ; ils peuvent jusqu'à un certain point apprécier les beautés des grands poëtes anciens et modernes. Ceux d'entre eux dont l'ignorance et l'inculture à cet égard seraient complètes, ne pourraient jamais prétendre à des fonctions musicales un peu élevées.

C'est ainsi que, grâce à l'intelligente volonté de notre empereur et à son infatigable sollicitude pour le plus puissant des arts, Euphonia est devenue le merveilleux conservatoire de la musique monumentale.

Les académiciens de Palerme croyaient rêver en écoutant la lecture de ces notes rédigées par l'ami de Xilef, et se demandaient si le jeune préfet euphonien n'aurait point eu l'intention de se jouer de leur crédulité. En conséquence, il fut décidé, séance tenante, qu'une députation de l'Académie irait visiter la ville musicale, afin de juger par elle-même de la vérité des faits extraordinaires qui venaient d'être exposés.

Nous avons laissé Xilef ne respirant que la vengeance, et prêt à monter en ballon pour aller à la poursuite de son audacieuse maîtresse, en Amérique, où il croyait naïvement qu'elle s'était rendue. Il partit, en effet, silencieux et sombre

comme ces nuages porteurs de la foudre, qui se meuvent
rapidement au ciel à l'instant précurseur des horribles tempêtes. Il dévorait l'espace ; jamais sa locomotive n'avait
fonctionné avec une si furieuse ardeur. Le navire rencontrait-il un courant d'air contraire, il le fendait intrépidement
de sa proue, ou, s'élevant à une zone supérieure, allait
chercher soit un courant moins défavorable, soit même cette
région du calme éternel où nul être humain, avant Xilef,
n'était sans doute encore parvenu. Dans ces solitudes presque inaccessibles, limites de la vie, le froid et la sécheresse
sont tels, que les objets en bois contenus dans le navire se
tordaient et craquaient. Quant au pilote sinistre, quant à
Xilef, il demeurait impassible, à demi mort par la raréfaction de l'atmosphère, regardant tranquillement le sang
lui sortir par le nez et la bouche, jusqu'à ce que l'impossibilité de résister plus longtemps à une douleur pareille le
forçât de descendre chercher l'air respirable, et voir si la
direction des vents lui permettait de ne le plus quitter. L'impétuosité de sa course fut telle, que quarante heures après
son départ de Palerme, il débarquait à New-York. Impossible de dire toutes les recherches auxquelles il se livra, non-
seulement dans les villes, mais dans les villages, dans les
hameaux même des États-Unis, du Canada, du Labrador,
puis dans l'Amérique du Sud, jusqu'au détroit de Magellan,
et dans les îles de l'Atlantique et de l'océan Pacifique. Ce ne
fut qu'après un an de ce labeur insensé qu'il en reconnut
l'inutilité et que l'idée lui vint enfin d'aller chercher les deux
scélérates en Europe, où elles étaient peut-être restées pour
le dépister plus aisément. Il avait d'ailleurs besoin de
revoir son ami Shetland, pour lui demander les ressources
qui bientôt allaient lui manquer. On se doute bien, en effet,
que dans cette furibonde exploration, l'argent n'avait pas été
ménagé. Il se décida, en conséquence, à retourner à Euphonia, où il arriva après trois jours de navigation, précisément un soir où Nadira et Shetland donnaient une fête
dans leur villa. Les jardins et les salons étaient somptueusement illuminés. Xilef, ne voulant se montrer qu'à son

ami, attendit, caché dans un bosquet, l'occasion de le rencontrer seul, et de là, écoutant les bruits de la fête, tressaillit aux accents d'une voix qui lui rappelait celle de Mina. « Imagination, délire! » se dit-il. Shetland sortit enfin, et apercevant l'exilé qui s'offrait subitement à ses yeux : « Dieu! c'est toi! quel bonheur! Ah! rien ne manquera donc à notre fête, puisque te voilà. — Silence, je t'en prie, Shetland; je ne puis me montrer. Je ne suis plus Euphonien; j'ai perdu mon emploi; je viens seulement t'entretenir d'une grave affaire. — A demain les affaires sérieuses, répliqua Shetland; ton emploi te sera rendu, j'en réponds; tu es toujours des nôtres. Suis-moi, suis-moi; il faut que je te présente à Nadira, qui sera ravie de te connaître enfin. » Et avec cette cruelle légèreté des gens heureux, incapables de comprendre chez autrui la souffrance, il entraîna bon gré malgré Xilef vers le lieu de la réunion. Le hasard voulut qu'au moment où les deux amis entraient dans la salle où se trouvait Nadira, celle-ci, occupée sans doute de quelque coquetterie, ne les aperçût point. Elle n'eut pas le temps d'être préparée à la foudroyante apparition de Xilef. Quant à lui, il avait en entrant reconnu sa perfide maîtresse; mais la haine et la souffrance avaient, depuis un an, donné à son caractère une telle fermeté, il était devenu tellement maître de ses impressions, qu'il sut à l'instant même dominer son trouble et le cacher entièrement. Xilef et Nadira furent donc mis en présence brusquement et de la façon la plus propre à déconcerter deux êtres moins extraordinaires. La belle cantatrice, en rencontrant l'amant qu'elle avait si indignement abandonné et trompé, et voyant au premier coup d'œil qu'il ne voulait pas la reconnaître, pensa qu'elle n'avait rien de mieux à faire que de l'imiter, et le salua d'une façon polie, mais froide, sans le plus léger symptôme de surprise ni de crainte : telle était la prodigieuse habitude de dissimulation de cette femme. Shetland n'eut donc aucun soupçon de la vérité, et s'il remarqua une certaine froideur dans la manière dont Xilef et Nadira s'abordèrent, il l'attribua d'un côté, à une sorte de jalousie instinctive, capable de faire voir de mauvais œil à Nadira quiconque pouvait lui enlever la moindre part des affections de son amant, et de l'autre, au douloureux retour que Xilef n'avait pu manquer de faire sur son malheur, en contemplant à l'improviste l'ivresse et le bonheur d'autrui. La fête continua sans que la moindre nuage vint en ternir l'éclat. Mais, longtemps avant sa fin, la pénétration de Xilef avait reconnu à certains signes imperceptibles pour tout autre observateur, à certains gestes, à l'accentuation de certains mots, la vérité irrécusable de ce fait : Nadira trompait déjà Shetland. Dès ce moment, l'idée d'une résignation stoïque à laquelle Xilef s'était d'abord arrêté, pour ne pas détruire le bonheur de son ami et le laisser dans l'ignorance des antécédents de Nadira, cette idée généreuse, dis-je, fit place à des pensées sinistres qui illuminèrent tout d'un coup les plus sombres profondeurs de son âme, et lui dévoilèrent des horizons d'horreur encore inconnus. Son parti fut bientôt pris. Déclarant le lendemain à Shetland qu'il renonçait à continuer son voyage, qu'il était inutile en conséquence de l'entretenir de l'affaire dont il avait d'abord voulu lui parler, il lui annonça son intention de rester à Euphonia, mais caché, mais obscur, mais inactif. Il le pria de ne tenter aucune démarche pour lui faire rendre sa préfecture, le calme et le repos étant les seuls biens nécessaires à sa vie désormais.

Nadira, malgré sa finesse, se laissa prendre à ce faux semblant de douleur résignée, et enjoignit à sa mère d'imiter sa réserve à l'égard de Xilef, qui paraissait vouloir oublier un secret qu'elles et lui connaissaient seuls à Euphonia.

Pour rendre cette situation moins dangereuse, Xilef, sortant rarement, en apparence, de la retraite qu'il avait choisie, ne voulut voir son ami qu'à certains intervalles peu rapprochés ; s'accusant lui-même d'une sauvagerie que d'incurables chagrins pouvaient faire excuser. Mais caché sous divers déguisements, et avec la prudence cauteleuse du chat dans ses expéditions nocturnes, il épiait les démarches de Nadira, la suivait dans ses plus secrets rendez-vous, il parvint ainsi, au bout de quelques mois, à tenir le fil de toutes ses intrigues et à mesurer l'étendue de son infamie. Dès lors, le dénoûment du drame fut arrêté dans son esprit. Shetland devait être arraché à tout prix à une existence ainsi souillée et déshonorée ; sa mort même dût-elle être la suite de son désillusionnement, il fallait que le grand amour, l'amour noble et enthousiaste, le plus sublime sentiment du cœur humain, qui avait embrasé deux artistes éminents pour une si indigne créature, fût vengé, et vengé d'une manière terrible, effroyable, à nulle autre pareille. Et voici comment Xilef sut remplir ce devoir.

Il y avait alors à Euphonia un célèbre mécanicien dont les travaux faisaient l'étonnement général. Il venait de terminer un piano gigantesque dont les sons variés étaient si puissants que, sous les doigts d'un seul virtuose, il luttait sans désavantage avec un orchestre de cent musiciens. De là le nom de piano-orchestre qu'on lui avait donné. Le jour de la fête de Nadira approchait ; Xilef persuada sans peine à son ami qu'un présent magnifique à faire à sa belle aimée, serait le nouvel instrument dont chacun s'entretenait avec admiration. « Mais si tu veux compléter sa joie, ajouta-t-il, joins-y le délicieux pavillon d'acier que le même artiste vient de construire, et dont l'élégance originale ne saurait se comparer à rien de ce que nous connaissons en ce genre. Ce sera un ravissant boudoir d'été, aéré, frais, sans prix dans notre saison brûlante ; tu pourras même l'inaugurer en y donnant un bal que Nadira radieuse présidera. » Shetland, plein de joie, approuva fort l'idée de son ami, et le chargea même de faire l'acquisition de ces deux chefs-d'œuvre. Celui-ci n'eut garde de retarder sa visite au mécanicien. Après lui en avoir fait connaître l'objet, il lui demanda s'il serait possible d'ajouter au pavillon un mécanisme énergique et spécial dont il lui indiqua la nature et l'effet, et dont l'existence ne devait être connue que d'eux seuls. Le mécanicien, étonné d'une telle proposition, mais séduit par sa nouveauté et par la somme considérable que Xilef lui offrait pour la réaliser, réfléchit un instant, et avec l'assurance du génie répondit : « Dans huit jours cela sera. — Il suffit, dit Xilef. » Et le marché fut conclu.

Huit jours après, en effet, l'heureux Shetland put offrir à sa maîtresse le double présent qu'il lui destinait.

Nadira le reçut avec des transports de joie. Le pavillon surtout la ravissait; elle ne pouvait se lasser d'admirer sa structure à la fois élégante et solide, les ornements curieux, les abaresques dont il était couvert, et son ameublement exquis, et sa fraîcheur qui le rendait si précieux pour les ardentes nuits caniculaires. « C'est une idée charmante de Xilef, s'écria-t-elle, de l'inaugurer par un bal d'amis intimes, bal dont mon cher Shetland sera l'âme en improvisant de brillants airs de danse sur le nouveau piano-géant. Mais ce magique instrument est d'une trop grande sonorité pour rester ainsi rapproché de l'auditoire, Xilef aura donc la bonté de le faire enlever du pavillon, et porter à l'extrémité du jardin, dans le grand salon de la villa, d'où nous l'entendrons encore à merveille. Je vais faire mes invitations. »
Cet arrangement, qui paraissait naturel et entrait d'ailleurs parfaitement dans le plan de Xilef, fut bientôt terminé. Le soir même, Nadira parée comme une fée, et son énorme mère couverte de riches oripeaux, recevaient dans le pavillon les jeunes femmes, bien dignes, sous tous les rapports, de l'intimité dont Nadira les honorait, et les jeunes hommes qu'elle avait *distingués*. Le piége était tendu; Xilef voyait avec un sang-froid terrible ses victimes venir s'y prendre successivement. Shetland, toujours sans méfiance, leur fit le plus cordial accueil; mais il se sentait dominé par un sentiment de tristesse singulier en pareille circonstance, et s'approchant de Nadira : « Que tu es belle ! chère, lui dit-il avec extase. Pourquoi ce soir suis-je donc triste? je devrais être si heureux ! Il me semble que je touche à quelque grand malheur, à quelque affreux événement.... C'est toi, méchante péri, dont la beauté me trouble et m'agite ainsi jusqu'au vertige. — Allons, vous êtes fou, trêve de visions ! Vous feriez mieux d'aller vous mettre au piano, le bal au moins pourra commencer. — Oui sans doute, ajouta Xilef, la belle Nadira a raison comme toujours, au piano ! chacun brûle ici d'en venir aux mains. » Bientôt les accents

d'une valse entraînante retentissent dans le jardin, les groupes de danseurs se forment et tourbillonnent. Xilef, debout, la main sur un bouton d'acier placé dans la paroi extérieure du pavillon, les suit de l'œil. Quelque chose d'étrange semble se passer en lui; ses lèvres sont pâles, ses yeux se voilent; il porte de temps en temps une main sur son cœur comme pour en contenir les rudes battements. Il hésite encore. Mais il entend Nadira, passant près de lui au bras de son valseur, jeter à celui-ci ces mots rapides : « Non, ce soir, impossible, ne m'attends que demain. » La rage de Xilef, à cette nouvelle preuve de l'impudeur de Nadira, ne se peut contenir, il appuie de tout son poids sur le bouton d'acier en disant : « Demain ! misérables, il n'y a plus de demain pour vous! » et court à Shetland, qui, tout entier à ses inspirations, inondait la villa et le jardin d'harmonies tantôt douces et tendres, tantôt d'un caractère farouche et désespéré. « Allons donc, Shetland, lui crie-t-il, tu t'endors, on se plaint de la lenteur de ton mouvement. Plus vite! plus vite! les valseurs sont très-animés ! à la bonne heure ! Oh ! la belle phrase, l'étonnante harmonie! quelle pédale menaçante! comme il grince et gémit ce thème dans le mode mineur! on dirait d'un chant de furies! tu es poëte, tu es *devin*. Entends leurs cris de joie: oh ! ta Nadira est bien heureuse !» Des cris affreux partaient en effet du pavillon ; mais Shetland, toujours plus exalté, tirait du piano-orchestre un orage de sons qui couvraient les clameurs et pouvaient seuls en dérober le caractère

Au moment où Xilef avait pressé le ressort destiné à faire mouvoir le mécanisme secret du pavillon, les parois d'acier de ce petit édifice de forme ronde avaient commencé à se rouler sur elles-mêmes lentement et sans bruit ; de sorte que les danseurs voyant l'espace où ils s'agitaient moins grand qu'auparavant, crurent d'abord que leur nombre s'était accru. Nadira étonnée s'écria : « Quels sont donc les nouveaux venus? évidemment nous sommes plus nombreux, on n'y tient plus, on va étouffer, il semble même que les fenêtres plus étroites donnent maintenant moins d'air ! » — Et madame Happer, rouge et pâle successivement : « Mon

Dieu, messieurs, qu'est-ce que cela! emportez-moi hors d'ici! ouvrez, ouvrez! » Mais au lieu de s'ouvrir, le pavillon se roulant sur lui-même par un mouvement qui s'accélère tout à coup, les portes et les fenêtres sont à l'instant masquées par une muraille de fer. L'espace intérieur se rétrécit rapidement; les cris redoublent; ceux de Nadira surtout dominent; et la belle cantatrice, la poétique fée se sentant pressée de toutes parts, repousse ceux qui l'entourent avec des gestes et des paroles d'une horrible brutalité, sa basse nature dévoilée par la peur de la mort se montrant alors dans toute sa laideur. Et Xilef qui a quitté Shetland pour voir de près cet infernal spectacle, Xilef pantelant comme un tigre qui lèche sa proie abattue, tourne autour du pavillon en criant de toute sa force : « Eh bien! Mina, qu'as-tu donc, chère belle, à t'emporter de la sorte? ton corset d'acier te serrerait-il trop? prie un de ces messieurs de le délacer, ils en ont l'habitude! Et ton hippopotame de mère, comment se trouve-t-elle? je n'entends plus sa douce voix! » En effet, aux cris d'horreur et d'angoisse, sous l'étreinte toujours plus vive des cloisons d'acier, vient de succéder un bruit hideux de chairs froissées, un craquement d'os qui se brisent, de crânes qui éclatent; les yeux jaillissent hors des orbites, des jets d'un sang écumant se font jour au-dessous du toit du pavillon; jusqu'à ce que l'atroce machine s'arrête épuisée sur cette boue sanglante qui ne résiste plus.

Shetland cependant joue toujours, oubliant la fête et les danses, quand Xilef, l'œil hagard, l'arrache du clavier, et, l'entraînant vers le pavillon qui vient de se rouvrir en laissant retomber sur les dalles ce charnier fumant où ne se distinguent plus de formes humaines : « Viens maintenant, viens, malheureux, viens voir ce qui reste de ton infâme Nadira qui fut mon infâme Mina, ce qui reste de son exécrable mère, ce qui reste de ses dix-huit amants! Dis si justice est bien faite, regarde! » A ce coup d'œil d'une horreur infinie, à cet aspect que les vengeances divines épargnèrent aux damnés du septième cercle, Shetland s'affaisse sur lui-même. En se relevant, il rit, il court éperdu au travers du jardin, chantant, appelant Nadira, cueillant des fleurs pour elle, gambadant : il est fou.

Xilef s'était calmé au contraire, il avait repris tout d'un coup son sang-froid : « Pauvre Shetland ! il est heureux, dit-il. Maintenant je crois que je n'ai plus rien à faire, et qu'il m'est permis de me reposer. *Othello's occupation's gone!* » Et respirant un flacon de cyanogène qui ne le quittait jamais, il tomba foudroyé.

. . . .

Six mois après cette catastrophe, Euphonia encore en deuil était vouée au silence. L'orgue de la tour élevait seule au ciel d'heure en heure une lente harmonie dissonante, comme un cri de douleur épouvantée.

Shetland était mort deux jours après Xilef, sans avoir retrouvé sa raison un seul instant ; et aux funérailles des deux amis, dont la terrible fin demeura, comme tout le reste de ce drame, incompréhensible pour la ville entière, la consternation publique fut telle, que non-seulement les chants, mais même les bruits funèbres furent interdits.

Corsino roule son manuscrit et sort.

..... Après quelques minutes de silence, les musiciens se lèvent. Le chef d'orchestre, invité par eux au banquet d'adieux qu'ils veulent me donner, les salue en passant et leur dit : « A demain ! » — (Bacon.) « Savez-vous que Corsino me fait peur ? — (Dimski.) Pour écrire des horreurs pareilles, il faut être atteint de la rage. — (Winter.) C'est un Italien ! — (Derwinck.) C'est un Corse ! — (Turuth.) C'est un bandit ! — (Moi.) C'est un musicien ! — (Schmidt.) Oh ! il est clair que ce n'est point un homme de lettres. Quand on n'a en tête que des contes aussi prétentieusement extravagants on ferait mieux d'écrire — (Kleiner l'interrompant.) *Une visite à Tom-Pouce*, n'est-ce pas ? Envieux ! — (Schmidt.) Timbalier ! — (Kleiner.) Bouffon ! — (Schmidt.) Bavarois ! — (Moi.) Messieurs ! messieurs ! pas de ces vérités-là maintenant. Nous avons le temps de nous les dire demain soir, *inter pocula*. — (Bacon, en s'en allant.) Décidément, avec son grec, notre hôte me fatigue. Que le diable l'emporte !... »

ÉPILOGUE

Le dîner de l'étrier. — Toast de Corsino. — Toast de l'orchestre. — Toast de Schmidt. — Toast de l'auteur. — Fin des vexations des frères Kleiner.

A sept heures, j'entre dans la salle choisie pour le *dîner de l'étrier*. J'y trouve réunis tous mes bons amis de l'orchestre de X***, y compris leur digne chef, et même le joueur de grosse caisse qui ne m'a jamais regardé de très-bon œil. Mais c'est un repas de corps, et le brave homme a cru devoir mettre de côté ses antipathies personnelles pour y prendre part. D'ailleurs, puisqu'il s'agit d'un *tutti*, a-t-il pensé, « que serait-ce sans la grosse caisse? » L'assemblée est, comme toutes les réunions d'artistes, gaie et bruyante. Viennent les toasts.

Corsino le premier se lève son verre à la main ; « A la musique, messieurs! s'écrie-t-il, son règne est arrivé! Elle protége le drame, elle habille la comédie, elle embaume la tragédie, elle loge la peinture, elle enivre la danse, elle met à la porte ce petit vagabond de vaudeville; elle mitraille les ennemis de ses progrès; elle jette par les croisées les représentants de la routine; elle triomphe en France, en Allemagne, en Angleterre, en Italie, en Russie, en Amérique même; elle lève partout des tributs énormes; elle a des flatteurs trop peu intelligents pour la comprendre, des détracteurs qui n'apprécient pas mieux la grandeur de ses desseins, la savante audace de ses combinaisons; mais les uns et les autres la craignent et l'admirent d'instinct. Elle a des adorateurs qui lui chantent des odes, des assassins qui la manquent toujours, une garde prête à mourir pour elle et qui ne se rendra jamais. Plusieurs de ses soldats sont devenus princes, des princes se sont faits ses soldats. Devant d'ignobles caricatures qui passent pour ses portraits, à cause du nom qu'elles portent, le peuple se découvre; il se prosterne, il crie, il bat des mains, quand, aux grands jours, il la voit en personne le front resplendissant de gloire et de génie. Elle a traversé la Terreur, le Directoire et le Consulat; parvenue aujourd'hui à l'Empire, elle a formé sa cour de toutes les reines qu'elle a détrônées. *Vive l'empereur!!!* »

Le chef d'orchestre se levant à son tour : « Très-bien, mon brave Corsino! je dis aussi comme toi : *Vive l'empereur!* car j'aime passionnément notre art, quoiqu'il m'arrive rarement d'en parler. Pourtant je suis fort loin de le voir, comme tu le vois, à l'apogée de sa gloire. L'état de fermentation de l'Europe me fait trembler pour lui. Tout est calme en ce moment, il est vrai; mais le dernier orage ne l'a-t-il pas cruellement meurtri et fatigué? Les blessures de la musique sont-elles déjà fermées, et ne portera-t-elle pas longtemps d'affreuses cicatrices?

» Dans la pensée des nations de fourmis en guerre au milieu desquelles nous vivons, à quoi servons-nous poëtes, artistes, musiciens, compositeurs, cigales de toute espèce?... à rien. Voyez comme on nous a traités pendant la dernière tourmente européenne. Et quand nous nous sommes plaints : « Que faisiez-vous hier? nous ont dit les fourmis guerroyantes. — Nous chantions. — Vous chantiez! c'est à merveille! eh bien! dansez maintenant! » Dans le fait, quel intérêt voulez-vous que les peuples trouvent à cette heure à nos élans, à nos efforts, à nos drames les plus passionnés? Qu'est-ce que nos *Bénédictions des poignards*, nos chœurs de *la Révolte*, nos *Rondes du Sabbat*, nos *Chansons de brigands*, nos *Galops infernaux*, nos *Abracadabra* de toutes sortes, à côté de cet hymne immense chanté à la fois par des millions de voix, à la douleur, à la rage et à la destruction!... Qu'est-ce que nos orchestres en comparaison de ces bandes formidables animées par la foudre, qui exécutent l'ouragan, et que dirige l'infatigable maître de chapelle dont l'archet est une faux et qu'on nomme *la Mort?*...

» Que sont aussi les choses et les hommes que ces bouleversements mettent quelquefois tout à coup en évidence?..... Quelles voix se font entendre au milieu de tant de sinistres rumeurs? Le rossignol effarouché, rentré dans son buisson, ferme l'œil aux éclairs et ne répond au tonnerre que par le silence. Nous tous qui ne sommes pas des rossignols, nous en faisons autant : le pinson se tapit au creux de son chêne, l'alouette dans son sillon, le coq rentre au poulailler, le pigeon au colombier, le moineau dans sa grange. La pintade et le paon perchés sur leur fumier, l'orfraie, le hibou sur leur ruine, le freux et le corbeau perdus dans la brume, unissent seuls leurs voix discordantes et saluent la tempête.

» Non, les difficultés sont grandes, les obstacles nombreux, le labeur est âpre et lent pour notre art aujourd'hui. Et pourtant j'espère encore, je crois que, par notre constance, notre courage et notre dignité, l'art peut être sauvé. Unissons-nous donc; soyons patients, énergiques et fiers ! Prouvons aux peuples distraits par tant d'intérêts graves, que si nous sommes les derniers nés de la civilisation, si nous avons eu un instant sa tendresse la plus vive, nous en étions dignes. Ils comprendront peut-être alors combien elle souffrirait si nous périssions.

» Je bois aux artistes que rien ne saurait avilir ni décourager ! aux artistes véritables, aux vaillants, aux forts ! » — Applaudissements. (Bacon bas à Kleiner) : « Il ne parle guère, notre chef, mais quand il prend la parole, il sait s'en servir ! — Oui, dit Kleiner le jeune, mais tout ceci est bien sérieux. (Se levant) : Je bois, moi, à notre camarade Schmidt pour qu'il nous égaye un peu ; car nous tournons à la politique et je ne connais rien de plus... vexant. »

Schmidt fait une grimace et monte sur sa chaise son verre à la main : « Messieurs, dit-il de sa voix de crécelle, pour ne pas sortir trop brusquement du sujet des discours précédents, je vous dirai que la foi et l'enthousiasme de Corsino, et le cramponnement de notre chef à un espoir que je supposais éteint en lui, me font le plus grand plaisir. Peut-être parviendrai-je à croire et à espérer aussi. Attendez ! il me semble même que l'espérance et la foi me reviennent ensemble. Je ne me sens pas encore la force de transporter des montagnes... mais, Dieu me pardonne ! cela va venir, car, ma parole d'honneur, je crois que je crois.

» A quoi tiennent les révolutions de l'esprit humain ! j'étais tout à l'heure plus incrédule qu'un professeur d'algèbre. Je croyais que deux et deux font quatre; et encore, comme Paul-Louis Courier, le vigneron français, n'en étais-je pas bien sûr.

» Et maintenant, par suite des beaux sermons que nous

venons d'entendre, on me dirait que monsieur*** a fait......, que mademoiselle*** n'a pas fait... que madame*** n'a pas dit... je serais capable de le croire.

» Admirez, s'il vous plaît, entre deux parenthèses, la bonté qu'a mon tromblon de ne pas partir! Quelle chance, si j'étais méchant, qu'une phrase ainsi chargée à mitraille, prête à faire feu! Je pourrais prêter de belles actions à des drôles, de beaux ouvrages à des crétins, du bon sens à des sots, du talent à Kleiner... » — Ah! ah! bon! voilà ton affaire, Kleiner, tu as voulu être *égayé* (on siffle), tu l'es. — Schmidt reprenant : « Oui, je pourrais prêter un public à notre théâtre, de la voix et du style à nos chanteurs, de la beauté à nos actrices, le sentiment de l'art à notre directeur; enfin c'est effroyable le ravage que ferait mon tromblon. Pas du tout; sa bouche ouverte restera muette; je le désarme, et pour plus de sûreté (avalant un grand verre de vin) je noie les poudres. Car si l'on a vu partir des fusils qui n'étaient pas chargés, à plus forte raison pourrait-on voir partir un tromblon chargé qui n'est que désarmé. Et je veux être bon aujourd'hui, mais bon comme ces gros canons de nos remparts, inoffensivement couchés au soleil et dans la gueule desquels les poules font leur nid. Je veux porter un toast tout simple, tout cordial, que les deux honorables orateurs qui m'ont précédé à la tribune auraient dû porter avant moi. Ils m'ont laissé cet honneur, j'en profite, tant pis! Je bois à l'hôte que nous aimons et qui va nous quitter, puisse-t-il revenir bientôt nous assister de nouveau pendant nos nocturnes labeurs! » Longs hourras, applaudissements, poignées de main. « Eh! donc, crie Schmidt triomphant, vous voyez que ce sont encore les farceurs qui ont le plus de cœur. »

Je me lève à mon tour : « Merci! mon cher Schmidt. Messieurs, mon opinion sur l'état présent et sur l'avenir de notre art tient un peu de l'opinion de Corsino, et beaucoup de celle de votre savant chef. Je me surprends quelquefois à partager le bouillant enthousiasme du premier, mais les craintes du second viennent bien vite le refroidir, et le souvenir de mainte expérience désolante qu'il m'a été imposé de faire, vient ajouter encore à l'amertume de ma tristesse, sinon de mon découragement. Les agitations politiques, sans doute, sont un terrible obstacle à la prospérité de la musique telle que nous la comprenons. Malheureusement, si elle souffre et languit, les causes premières de ses maux les plus réels sont fort près d'elle, et je crois que c'est là surtout que nous devons les chercher. Notre art, essentiellement complexe, a besoin pour exercer toute sa puissance d'agents nombreux ; il faut pour leur donner l'unité d'action indispensable, l'*autorité*, l'autorité forte et absolue. Gorsino a parfaitement senti cette nécessité dans l'organisation de son Euphonia. Mais à cette autorité artiste que nous devons supposer intelligente et dévouée, il faut aussi le nerf de la guerre et de l'industrie, il faut l'argent. Ces quatre puissances, l'autorité, l'intelligence, le dévouement et l'argent, où se trouvent-elles réunies d'une manière constante? Je ne le vois pas. Leur union n'existe guère que passagèrement et dans des circonstances rares tout à fait exceptionnelles. La vie agitée et précaire que mène aujourd'hui la musique en Europe, est due principalement aux fâcheuses alliances qu'elle s'est laissé imposer, et aux préjugés qui la poussent et la repoussent en sens contraires. C'est la Cassandre de Virgile, la vierge inspirée que se disputent Grecs et Troyens, dont les paroles prophétiques ne sont point écoutées et qui lève au ciel ses yeux, ses yeux seuls, car ses mains sont retenues par des chaînes. Beaucoup de choses tristes et vraies ont été dites à ce sujet à nos dernières soirées de l'orchestre, pendant ce que Schmidt appelle vos *nocturnes labeurs*. Permettez-moi de les résumer ici.

» De son alliance avec le théâtre, alliance qui a produit et pourrait produire encore de si magnifiques résultats, sont nés pour la musique l'esclavage et la honte, et tous les genres d'avilissement. Vous le savez, messieurs, ce n'est plus seulement avec ses sœurs, la poésie dramatique et la danse, qu'elle doit au théâtre s'unir aujourd'hui, mais bien avec une multitude d'arts inférieurs groupés autour d'elle pour exciter une *curiosité* puérile et détourner l'attention de la foule de son véritable objet. Les directeurs des grands théâtres, dits lyriques, ayant remarqué que les œuvres énormes avaient seules le privilége de faire d'énormes recettes, n'ont plus attaché de prix qu'aux compositions d'une longueur démesurée. Mais, persuadés aussi, et avec raison, que l'attention du public, si robuste qu'on la suppose, ne peut être tenue éveillée pendant cinq heures par la musique et le drame seuls, ils ont introduit dans leurs opéras en cinq et six actes, tout ce que l'imagination la plus active a pu inventer de fracas et d'éblouissements p la surexcitation brutale des sens.

Le mérite du directeur d'un grand théâtre lyrique consiste maintenant dans le plus ou moins d'habileté qu'il met à *faire supporter* la musique au public, quand cette musique est belle, et à empêcher ce même public de la remarquer, quand elle ne vaut rien.

» A côté de ce système des spéculateurs, nous devons placer les prétentions des artistes chantants qui visent, eux aussi, à l'argent par tous les moyens. Car la maladie étrange qui semble s'être emparée du peuple entier des chanteurs de théâtre depuis quelques années, maladie dont vous connaissez tous les symptômes, n'a pas pour cause, dans la plupart des cas, l'amour de la gloire, l'émulation, l'orgueil, mais le plat amour du lucre, l'avarice, ou la passion du luxe, l'insatiabilité des jouissances matérielles. On recherche des applaudissements et des éloges hyperboliques, parce que seuls ils ébranlent encore la foule incertaine et la dirigent de tel ou tel côté. Et l'on appelle la foule, parce que seule elle apporte l'argent. Dans ce monde-là, on ne veut pas, comme nous le voudrions, l'argent *pour* la musique, mais *par* la musique et malgré elle. De là, le goût du clinquant, du boursouflé, de la sonorité avant tout, le mépris des premières qualités du style, les affreux outrages faits à l'expression, au bon sens et à la langue, la destruction du rhythme, l'introduction dans le chant de toutes les plus révoltantes stupidités, et l'erreur du gros public, qui croit naïvement aujourd'hui qu'elles sont des *conditions essentielles* de la musique dramatique qu'il confond avec la musique théâtrale. L'enseignement lui-même est dirigé en ce sens. Vous ne vous doutez pas de ce que certains maîtres apprennent à leurs élèves ; et, sauf de très-rares exceptions, on peut dire maintenant : Un maître de chant est un homme, un peu plus bête qu'un autre homme, qui enseigne l'art de tuer la bonne musique et de donner à la mauvaise une apparence de vie.

Quant aux auteurs, poëtes ou musiciens, écrivant pour le théâtre, ce n'est pas de notre temps qu'on en trouverait beaucoup (on en trouve pourtant, je le reconnais) de pénétrés d'un vrai respect pour l'art. Combien d'entre eux sont capables de se borner à produire quelques ouvrages excellents, mais peu lucratifs, et de préférer cette production modérée et soignée à l'exploitation constante de leur esprit, si épuisé qu'il soit ? Exploitation comparable à celle d'une prairie qu'on fauche et refauche jusqu'aux racines, sans laisser à sa toison végétale le temps de repousser. Qu'on ait des idées, qu'on n'en ait pas, il faut écrire, écrire vite et beaucoup ; il faut accumuler des actes, pour accumuler des primes, pour accumuler des droits d'auteur, pour accumuler des capitaux, pour accumuler des intérêts, pour attirer à soi et absorber tout ce qui est d'une absorption possible ; comme font ces animalcules infusoires nommés Vortex, qui établissent un tourbillon au-devant de leur bouche toujours béante, de manière à toujours engloutir les petits corps qui passent auprès d'eux. Et pour se justifier on cite modestement Voltaire et Walter Scott, qui pourtant ne plaignaient ni leur temps ni leurs peines à parachever leurs ouvrages.

D'autres, sans prétendre à la fortune, à laquelle tant de gens se croient des droits aujourd'hui, se bornant à chercher dans l'art des moyens d'existence, n'hésitent point à faire commerce du talent réel qu'ils possèdent, et grattent en conséquence jusqu'au tuf un sol capable de porter de beaux fruits s'il était sagement cultivé. Ceci est moins blâmable, il est vrai ; la nécessité n'est pas mère de l'art. Mais c'est fort déplorable aussi, et cela amène, non-seulement pour la dignité des hommes intelligents, mais pour les jouissances que le public achète, les plus fâcheux résultats, les vendeurs ne livrant trop souvent alors sur le marché que de la pacotille.

Dans l'un et l'autre cas, de cette inexorable et plus ou moins rapide production sortent à la fois, en grouillant dans leurs disgracieux enlacements, les *formules*, la *manière*, le *procédé*, le *lieu commun*, qui font que tous les ouvrages de la plupart des maîtres de la même époque, écrits dans les mêmes conditions, se ressemblent. On trouve trop long d'attendre que les pensées naissent, et de chercher pour elles de nouvelles formes. On sait qu'en assemblant des notes, des mots, de telle ou telle façon, on amène des combinaisons acceptées par le public de toute l'Europe. A quoi bon alors chercher à les assembler autrement? Ces combinaisons ne sont que des enveloppes d'idées; il suffira de varier la couleur des étiquettes, et le public ne s'apercevra pas de sitôt que l'enveloppe ne contient rien. L'important n'est pas de produire quelques ouvrages bons, mais de nombreux ouvrages médiocres, qui puissent réussir et *rapporter* vite. On a observé jusqu'où la tolérance du public pouvait s'étendre, et, bien que cette bénignité, qui ressemble à de l'indifférence, ait de beaucoup dépassé les bornes posées par le bon sens et le goût, on se dit : « Allons jusque-là, en attendant que nous puissions aller au delà. Ne cherchons ni l'originalité, ni le naturel, ni la vraisemblance, ni l'élégance, ni la beauté; ne nous inquiétons ni des vulgarités, ni des platitudes, ni des barbarismes, ni des pléonasmes, si les uns et les autres sont plus promptement écrits que les choses douées des qualités contraires. Le public ne nous saurait aucun gré de notre susceptibilité. Gagnons du temps; car le temps c'est de l'argent, et l'argent c'est tout. » — Et c'est ainsi que, dans des œuvres qui certes ne sont pas sans mérite sous d'autres rapports, les rieurs peuvent relever des fautes incroyables qui n'eussent pas coûté, pour les corriger, vingt minutes d'attention à leur auteur. Mais vingt minutes, cela vaut sans doute 20 francs, et pour 20 francs on se résigne volontiers à laisser chanter dans le septuor du combat au troisième acte des *Huguenots* : « Quoi qu'il *arrive* ou qu'il advienne. » Mot célèbre, non unique, qui m'a fait perdre dernièrement une gageure assez importante. Quelqu'un m'assurant qu'il ne se trouvait point dans l'ouvrage que je viens de citer et qu'on n'oserait chanter à l'Opéra une naïveté aussi remarquable, je soutins le contraire; un pari s'ensuivit; on vérifia le fait, et je perdis. On chante : « Quoi qu'il *advienne* ou qu'il arrive. »

(Éclat de rire des convives. Bacon seul, étonné, demande ce qu'il y a de risible dans ce mot. On a déjà prévenu le lecteur qu'il ne descendait point du Bacon qui inventa la poudre. Je reprends :) « Ces habitudes des théâtres étendent leur influence au dehors sur les artistes même dont les tendances sont les plus élevées, les convictions les plus sincères. Ainsi, nous en voyons qui, pour attirer les applaudissements, non pas seulement sur eux, mais sur les choses qu'ils admirent, commettent de véritables lâchetés. Croiriez-vous que, pendant un grand nombre d'années, dans les concerts du Conservatoire à Paris, l'usage a été d'enchaîner l'ouverture de *Coriolan* de Beethoven, au chœur final du *Christ au mont des Oliviers !* Et cela pourquoi ? parce que l'ouverture finissant *smorzando* par un pizzicato, on craignait pour elle l'affront du silence du parterre, et qu'on comptait sur l'éclat de la péroraison du chœur pour faire applaudir Beethoven. O misère ! ô respect des claqueurs !..... Et quand bien même le parterre n'eût pas applaudi cette héroïque inspiration ! était-ce une raison pour détruire l'impression profonde qu'elle venait incontestablement de produire, pour faire un si choquant potpourri, un anachronisme aussi bouffon, pour accoler Coriolan au Christ, et mêler les rumeurs du Forum romain au chœur des anges sur la montagne de Sion ?... Remarquez en outre qu'on se trompait en ces misérables calculs. J'ai entendu l'ouverture de Coriolan, exécutée ailleurs, *bravement toute seule;* et vingt fois plus applaudie que ne le fut jamais le chœur du Christ qu'on lui donnait jadis pour parachute au Conservatoire. Ces exemples, messieurs, et beaucoup d'autres que je m'abstiens de citer, m'amènent à une conclusion sévère mais que je crois juste.

« *Le théâtre aujourd'hui est à la musique... Sicut amori lupanar.* »

— « Qu'est-ce que c'est ? » disent Bacon et quelques autres. Corsino traduit le second terme de ma comparaison que je n'ai pas osé dire en français. Aussitôt éclate une trombe d'applaudissements, de cris, d'interjections, de : « C'est vrai ! c'est vrai ! » les verres violemment frappés sur la table volent en éclats. C'est un fracas à ne pas s'entendre.

— De là, messieurs, la chaude affection que nous devons toujours montrer pour les compositions de théâtre où la musique est respectée, où la passion est noblement exprimée, où brillent le bon sens, le naturel, la vérité simple, la grandeur sans enflure, la force sans brutalité. Ce sont des filles honnêtes qui ont résisté à la contagion de l'exemple. Une œuvre de bon goût, vraiment musicale et dictée par le cœur, en notre temps d'exagérations, de vociférations, de dislocations, de machinisme et de mannequinisme ! mais il faut l'adorer, jeter un voile sur ses défauts, et la placer sur un piédestal si élevé, que les éclaboussures qui jaillissent autour d'elle ne puissent l'atteindre !

Vous êtes les Caton de la cause vaincue, nous dira-t-on ; soit ! mais cette cause est immortelle, le triomphe de l'autre n'est que d'un instant, et l'appui de ses dieux lui manquera tôt ou tard, avec ses dieux mêmes.

De là aussi le mépris que nous ne devons jamais dissimuler et que vous ne dissimulez guère, j'en conviens, pour les produits de la basse industrie musicale exposés sur l'étal dramatique.

De là enfin notre devoir de ne jamais montrer que dans sa plus majestueuse beauté la musique indépendante des exigences scéniques, la musique libre, la musique enfin. Si elle doit être plus ou moins humiliée au théâtre, qu'elle en soit d'autant plus fière partout ailleurs. Oui, messieurs ! Et c'est ici que je me rallie tout à fait à l'opinion de votre chef. La cause du grand art, de l'art pur et vrai, est compromise par le théâtre, mais elle triomphera dans le théâtre même, si les artistes la défendent et combattent pour elle énergiquement et constamment.

Les opinions de nos juges sont diverses, j'en conviens, les intérêts des artistes paraissent opposés, une foule de préjugés existent encore dans les écoles, le public pris en masse est peu intelligent, frivole, injuste, indifférent, variable. Mais son intelligence, qui s'est éteinte ou affaiblie pour certaines choses de notre art, semble se développer pour d'autres; sa variabilité, qui le fait revenir si souvent sur ses premiers jugements, compense son injustice; et si l'atrophie du sens de l'expression en particulier est évidente en lui, ce sont les méprisables produits de l'art faux qui l'ont amenée. L'audition fréquente d'œuvres douées de qualités poétiques et expressives parviendra sans doute à ranimer ce sens qui semble mort.

Maintenant, si nous examinons la position des artistes dans le milieu social où ils vivent, le malheur a souvent, il est vrai, poursuivi et accablé des hommes inspirés, mais ce n'est pas aux illustrations de notre art et de notre temps seulement qu'il s'est attaché. Les grands musiciens partagent le sort de presque tous les pionniers de l'humanité. Nous avons eu Beethoven isolé, incompris, dédaigné, pauvre; Mozart, toujours courant après le nécessaire, humilié par d'indignes protecteurs, et ne possédant à sa mort que 6,000 francs de dettes; et tant d'autres. Mais si nous voulons regarder à côté du domaine musical, dans celui de la poésie, par exemple, nous verrons Shakspeare, las de la tiédeur de ses contemporains, se retirant à Straford dans la force de l'âge, sans vouloir plus entendre parler de poëmes, de drames ni de théâtre, et écrivant son épitaphe pour léguer sa malédiction à quiconque *dérangera ses os;* nous trouverons Cervantès impotent et misérable; Tasso mourant pauvre aussi et fou, autant d'orgueil blessé que d'amour, dans une prison! Camoëns plus malheureux encore. Camoëns fut guerrier, voyageur aventureux, amant et poëte; il fut intrépide et patient; il eut l'inspiration, il eut le génie, ou plutôt il appartint au génie qui en fit sa proie, qui l'entraîna palpitant par le monde, qui lui donna la force de lutter contre vents, tempêtes, obscurité, ingratitude, proscriptions, et la pâle faim aux joues creuses; flots amers qu'il fendit bravement de sa noble poitrine, en élevant sur eux d'un geste sublime son poëme immortel. Puis il mourut après avoir souffert longuement, et sans qu'un jour il ait pu se dire : « Mon pays me connaît et m'apprécie; il sait quel homme je suis, il voit l'éclat de mon nom rejaillir sur le sien, il comprend mon œuvre et l'admire; je suis heureux d'être venu, d'avoir vu et vaincu; grâces soient rendues à la suprême puissance qui me donna la vie! » Non, loin de là; il vécut perdu dans la foule des souffrants, la *gente dolorosa*, toujours armé et combattant, versant à flots ses pensées, son sang et ses larmes; indigné de son sort, indigné de voir les hommes si petits, indigné contre lui-même d'être si grand, agitant avec fureur la lourde chaîne des besoins matériels, *servo ognor fremente*. Et quand la mort vint le prendre, il dut aller au-devant d'elle avec ce triste sourire des esclaves résignés qui, sous les yeux de César, marchent à leur dernier combat.

Puis la gloire est venue...... la gloire!.... ô Falstaff!

. . . .

Les grands musiciens ne sont donc pas les seuls à souffrir.

D'ailleurs, à ces malheurs trop bien constatés, on peut opposer de nombreux exemples de destinées brillantes et heureuses, fournies par des hommes éminents dans l'art. Il y en eut, il y en a, il y en aura. En tous cas, nous qui n'avons pas de prétentions au rôle ni au sort des Titans, reconnaissons au moins que notre part est encore assez belle. Si nos jouissances sont peu fréquentes, elles sont vives et élevées. Leur rareté même en double le prix. Tout un monde de sensations et d'idées nous est ouvert, qui surajoute une existence de luxe et de poésie au nécessaire de la vie prosaïque, et nous en usons avec un bonheur aux autres hommes inconnu.

Il n'y a point là d'exagération. Ces joies des musiciens, plus profondes que toutes les autres, sont réellement interdites à la majeure partie de la race humaine. Les arts, dont les uns ne s'adressent qu'à l'intelligence, et dont les autres sont *privés du mouvement*, ne sauraient rien produire de comparable. La musique (réfléchissez bien à ce que j'entends par ce mot, et ne confondez pas ensemble des choses qui n'ont de commun que le nom), la musique, dis-je, parle d'abord à un sens qu'elle charme et dont l'excitation se propageant à tout l'organisme, produit une volupté tantôt douce et calme, tantôt fougueuse et violente, qu'on ne croit pas possible avant de l'avoir éprouvée. La musique, en s'associant à des idées qu'elle a mille moyens de faire naître, augmente l'intensité de son action de toute la puissance de ce qu'on appelle vulgairement la poésie; déjà brûlante elle-même, en exprimant les passions, elle s'empare de leur flamme; étincelante de rayons sonores, elle les décompose au prisme de l'imagination; elle embrasse à la fois le réel et l'idéal; comme l'a dit J.-J. Rousseau, elle fait *parler le silence même*. En suspendant l'action du rhythme qui lui donne le mouvement et la vie, elle peut prendre l'aspect de la mort. Dans les jeux harmoniques auxquels elle se livre, elle pourrait se borner (elle ne l'a que trop fait) à être un divertissement de l'esprit, dans ses jeux mélodiques, à caresser l'oreille. Mais quand, réunissant à la fois toutes ses forces sur l'oreille qu'elle charme ou offense habilement, sur le système nerveux qu'elle surexcite, sur la circulation du sang qu'elle accélère, sur le cerveau qu'elle embrase, sur le cœur qu'elle gonfle et fait battre à coups redoublés, sur la pensée qu'elle agrandit démesurément et lance dans les régions de l'infini, elle agit dans la sphère qui lui est propre, c'est-à-dire sur des êtres chez lesquels le sens musical existe réellement; alors son pouvoir est immense et je ne sais trop à quoi autre on pourrait sérieusement le comparer. Alors aussi nous sommes des dieux, et si les hommes comblés des faveurs de la fortune pouvaient connaître nos extases et les acheter, ils jetteraient leur or pour les partager un instant.

Je répète donc le toast de votre maître de chapelle

Aux artistes que rien ne saurait avilir ni décourager, aux artistes véritables, à ceux qui vous ressemblent, aux persévérants, aux vaillants, aux forts! »

Les hourras recommencent, mais cette fois en chœur et en pompeuse harmonie.

A la cadence finale de cette clameur musicale, au moment où tous les verres vides retombent ensemble et frappent à la fois la table, je fais un signe au garçon de café qui attendait depuis quelques minutes à la porte du salon. Le Ganymède s'avance, son tablier blanc relevé sous son bras gauche et son gilet orné d'un énorme bouquet, portant sur un plateau un large et haut couvercle d'argent qui paraît recouvrir quelque friandise. Il se dirige vers les frères Kleiner assis l'un près de l'autre, dépose le plateau devant eux, enlève le couvercle, et l'assemblée reconnaît alors dans ce présent inattendu, DEUX BAVAROISES AU LAIT!!!

« Enfin! enfin! enfin! crie-t-on en crescendo de toutes parts. Voilà la preuve, la voilà, glapit le petit Schmidt en grimpant sur la table, voilà la preuve qu'avec du temps et de la patience les artistes courageux finissent par avoir raison du sort. »

Je m'esquive au milieu du tumulte

DEUXIÈME ÉPILOGUE

LETTRE DE CORSINO A L'AUTEUR — RÉPONSE DE L'AUTEUR A CORSINO

Beethoven et ses trois styles. Inauguration de la statue de Beethoven à Bonn. Biographie de Méhul. Encore Londres. Purcell's commemoration. La chapelle de St-James. Mme Sontag. Suicide d'un ennemi des arts. Mot de Henri Heine. Une fugue de Rossini. La philosophie de Falstaff. M. Conestabile, sa vie de Paganini. Vincent Wallace, ses aventures à la nouvelle Zélande. Les fautes d'impression. Fin.

Après avoir envoyé mon livre à tous mes amis de l'Orchestre de X***, l'édition se trouvait *complétement épuisée*, et j'espérais, on a pu le voir dans le prologue, qu'on n'en parlerait plus. Je me flattais. On en parle. Les auteurs se flattent toujours.

Voici une lettre du fantastique Corsino, lettre toute hérissée de points d'interrogation et pleine d'observations assez désagréables, à laquelle je me vois forcé de répondre catégoriquement.

Cette correspondance oblige mon libraire à faire une nouvelle édition des SOIRÉES DE L'ORCHESTRE ainsi aggravées. Car il y a cinquante musiciens au théâtre de X***, et je ne suis pas de force à copier ma lettre cinquante fois. Or, sur le point d'entreprendre cette seconde édition, M. Lévy me demande si je n'ai pas aussi des amis à Paris et s'il ne serait pas convenable d'augmenter à leur intention le nombre d'exemplaires du prochain tirage. — « Sans doute, lui ai-je répondu, j'ai beaucoup de très-bons amis, même à Paris; pourtant je ne voudrais pas vous engager dans de folles dépenses. Faites donc, croyez-moi, absolument comme si je n'en avais pas. — Et des ennemis? a-t-il répliqué avec un sourire rayonnant d'espoir. Ah! ah! voilà des gens utiles! Ils vont jusqu'à acheter les ouvrages sur lesquels ils ont des intentions... Ce serait drôle, convenez-en, si, grâce à eux, nous venions à vendre quelques centaines de vos *Soirées*, maintenant qu'en fait de livres vendus on ne compte plus que par dizaines. — Des ennemis! moi! allons donc, flatteur!.. Non je n'ai pas d'ennemis; pas un seul, entendez-vous. Mais puisque vous êtes aujourd'hui en proie à cette singulière envie de *me tirer* démesurément, faites comme si j'en avais beaucoup, et tirez mon livre tant qu'il vous plaira; tirez, tirez, on en mettra partout. »

Ces derniers mots rappellent d'une façon assez malencontreuse un vers célèbre de la scène *des petits chiens* dans la comédie des *Plaideurs*. C'est une bagatelle. Continuons. C'est-à-dire, non, ne continuons pas. Reproduisons sur-le-champ, au contraire, la lettre de mon ami Corsino, tâchons de me bien justifier des griefs qui m'y sont reprochés, et aidons, par ma réponse, lui et ses confrères, à conjurer le pressant danger musical qu'un méchant compositeur va leur faire courir.

A L'AUTEUR DES SOIRÉES DE L'ORCHESTRE

A PARIS

CHER MONSIEUR,

Les artistes de la *ville civilisée* ont reçu votre livre. Quelques-uns même l'ont lu. Et voici en résumé ce qu'ils en pensent.

Ces messieurs trouvent que les musiciens de notre orchestre figurent dans votre ouvrage d'une manière peu honorable pour eux. Ils prétendent que vous avez commis un inqualifiable abus de confiance en faisant connaître au public leurs faits et gestes, leurs conversations, leurs mauvaises plaisanteries, et surtout les libertés qu'ils prennent avec les œuvres et les virtuoses médiocres. Franchement, vous les traitez un peu sans façons. Ils ne croyaient pas être si forts de vos amis.

Quant à moi personnellement, je ne puis que vous remercier de m'avoir fait jouer un rôle qui me plaît et que je trouve original autant que vrai. Je n'en paraîtrai pas moins fort ridicule, cela est certain, aux hommes de lettres et aux musiciens de Paris qui vous liront. Mais je m'en moque. Je suis ce que je suis ; honni soit qui sot me trouve !

Notre Dieu-ténor est furieux, tellement furieux, qu'il feint de trouver *charmantes* les malices que vous lui adressez. Cherchant à prouver son bon vouloir à votre égard, il tourmentait hier M. le baron F***, notre intendant, pour qu'il mît à l'étude un opéra de vous, dans lequel il prétend pouvoir remplir le rôle principal à votre entière satisfaction. Et à la sienne aussi, je suppose, car, fît-il de son mieux, il égorgerait l'opéra sans rémission. Heureusement, je connais ce genre de vendetta, et je n'ai pas souffert que vous en devinssiez la victime chez nous. J'ai détourné Son Excellence d'accueillir le projet suggéré par le perfide chanteur, et j'ai répondu aux reproches de celui-ci par un proverbe français, arrangé pour la circonstance, et qu'il a compris, j'en suis sûr, car dès ce moment il s'est tenu tranquille :

« Dis-moi ce que tu chantes et je te dirai qui tu hais. »

Le baryton est tout aise et tout heureux que vous l'ayez trouvé, dans le rôle de Don Juan, digne du prix Monthyon. Cette appréciation le flatte plus que je ne saurais vous dire.

La prima donna de qui vous avez écrit : *nous avons cru qu'elle accouchait !* a fort aigrement répliqué : « En tout cas, il ne sera jamais le père de mes enfants ! » Ce dont je ne puis vous féliciter, car c'est une sotte ravissante.

Le Figaro et l'Almaviva ignorent encore, fort heureusement, l'opinion que vous m'avez attribuée sur eux dans votre livre. Ils sont peu lettrés. Je crois pourtant qu'ils savent lire.

Le cor Moran est d'avis que le calembour fait sur son nom est indigne de vous. Cet avis, je le partage.

Le joueur de grosse caisse, le seul de nos confrères qui n'ait pas reçu votre ouvrage, s'est fait prêter l'exemplaire de Schmidt qui ne s'en servait pas et l'a lu attentivement. Le ton ironique sur lequel vous parlez de lui l'a peiné ; il ne s'est permis, toutefois, qu'une seule réflexion. « L'auteur, a-t-il dit, rend un compte infidèle de mon affaire avec notre directeur, à propos des six bouteilles de vin que celui-ci m'envoya l'hiver dernier, à titre d'encouragement. J'ai bien, il est vrai, répondu que je n'avais pas besoin d'encouragements; mais je me suis gardé de renvoyer les bouteilles. »

Notre chef d'orchestre paraît plus mince depuis que vous avez signalé les *bonds de son abdomen*. Évidemment, il met un corset. Il est assez content de vous.

Les frères Kleiner viennent de se marier; ils ont épousé deux Bavaroises. Ils conservent toujours le plus doux souvenir de *celles* que vous leur avez si galamment offertes, le soir de notre dîner d'adieux. Ils croyaient être ainsi arrivés au terme de leurs *vexations*, mais il leur en restait encore une à supporter : leur père est mort. Du reste votre livre les a peu divertis, ils n'en ont lu que dix pages.

Bacon cherche inutilement à comprendre pourquoi vous informez par deux fois le lecteur, qu'il ne descend point du Bacon inventeur de la poudre.

Enfin Dimski, Dervinck, Turuth, Siedler et moi, je l'avoue, nous nous donnons au diable pour savoir ce que vous avez voulu dire, dans ce passage de votre discours, où il est question de Camoëns : « *Puis la gloire est venue... la gloire... ô Falstaff!* »

Qu'est-ce que Falstaff? quel rapport a-t-il avec Camoëns?... D'où sort ce nom bizarre?... est-ce celui d'un poëte? d'un guerrier? Je me perds, ils se perdent, nous nous perdons en conjectures.

Autres questions plus importantes et dernières : Nous venons de jouer un charmant opéra traduit de l'anglais, intitulé Maritana, l'auteur se nomme Wallace, le connaissez-vous?

Une brochure italienne sur Paganini nous est arrivée dernièrement. Elle complète votre esquisse de la vie de ce grand virtuose. Mais vous y êtes fort maltraité. L'avez-vous lue?

Adieu, cher monsieur; en attendant votre prochaine visite, soyez assez bon pour me répondre une longue lettre, une lettre de deux heures et demie. Elle nous sera précieuse pour la première représentation d'*Angélique et Roland*, opéra très-plat que nous répétons en ce moment, et dont le troisième acte surtout est redoutable.

Votre tout dévoué
co-fanatique musicien,
Corsino.

P. S. Vous n'avez donc pas corrigé les épreuves de votre volume? Il contient des fautes d'impression qui me désespèrent. Je ne parle pas des fautes de français, tout le monde en fait, et vous avez eu raison de ne pas pousser trop loin l'originalité.

RÉPONSE DE L'AUTEUR A M. CORSINO

1er violon de l'orchestre de X***

Mon cher Corsino,

Vous m'effrayez! quoi! un opéra intitulé *Angélique et Roland*, en 1852, et en trois actes encore? Et le rôle d'Angélique est joué sans doute par la jolie sotte dont j'ai su m'attirer les mauvaises grâces, celui de Roland par le vertueux Don Juan, et celui de Médor par mon traître ténor?... Pauvre ami! je connais vos douleurs et j'y sais compatir. Oui, je vous plains, et malgré mon aversion pour les longues lettres, je vois bien qu'il faut de toute nécessité proportionner les dimensions de celle-ci à la longueur de l'opéra *imminent* dont vous me parlez. J'y introduis d'abord quelque chose qui ne vous était pas destiné. Il faut faire flèche de tout bois. Dieu veuille que cela vous plaise. Il s'agit de Beethoven pourtant, et d'une étude sur *ses trois styles* écrite par un Russe passionné pour notre art. A défaut de ce livre, que je regrette de ne pouvoir vous envoyer, et que vous, Corsino, *devrez* faire venir tôt ou tard de Saint-Pétersbourg, nos amis voudront bien se contenter de l'analyse que je viens d'en faire. Elle servira contre le premier acte d'*Angélique et*

Roland. J'ai là des munitions qu'on pourra employer contre le deuxième. Grâce aux questions que vous m'adressez et auxquelles je suis en mesure de répondre, j'espère pouvoir vous faire vaincre aussi le troisième, le plus fort et le plus cruel à ce qu'il paraît. A sept heures du soir, donc, après l'ouverture d'*Angélique et Roland* (car il faut pourtant jouer l'ouverture) vous lirez les pages suivantes :

BEETHOVEN ET SES TROIS STYLES

PAR M. W. DE LENZ.

Voilà un livre plein d'intérêt pour les musiciens. Il est écrit sous l'influence d'une passion admirative que son sujet explique et justifie ; mais l'auteur néanmoins conserve toujours une liberté d'esprit, fort rare parmi les critiques, qui lui permet de raisonner son admiration, de blâmer quelquefois, et de reconnaître des taches dans son soleil.

M. de Lenz est Russe, comme M. Oulibischeff, l'auteur de la biographie de Mozart. Remarquons en passant, que parmi les travaux sérieux de critique musicale publiés depuis dix ans, deux nous sont venus de Russie.

J'aurai beaucoup à louer dans le travail de M. de Lenz ; c'est pourquoi je veux me débarrasser tout d'abord de reproches qu'il me semble avoir encourus en rédigeant son livre. Le premier porte sur les nombreuses citations allemandes dont le texte est hérissé. Pourquoi ne pas traduire en français ces fragments, puisque tout le reste est en langue française? M. de Lenz, en sa qualité de Russe, parle une foule de langues connues et inconnues, il s'est dit probablement : Qui est-ce qui ne sait pas l'allemand? comme ce banquier qui disait : « Qui est-ce qui n'a pas un million? » Hélas ! nous, Français, nous ne parlons pas l'allemand, nous qui avons tant de peine à apprendre notre langue, et qui parvenons si rarement à la savoir. Il nous est, en conséquence, fort désagréable de parcourir avec un fiévreux intérêt les pages d'un livre, pour y tomber à chaque instant en

des chausses-trappes comme celle-ci : Beethoven dit à
M. Rellstab. *Opern, wie don Juan und Figaro, konnte ich
nicht componiren. Dagegen habe ich einen Widerwillen.*
Bon! qu'est-ce qu'il a donc dit Beethoven? Je voudrais le
savoir. C'est impatientant. Encore la citation allemande que
je fais là est-elle mal choisie, puisque l'auteur, par exception,
s'est donné la peine de la traduire, ce qu'il n'a point fait
pour une foule d'autres mots, de phrases, de récits et de documents, dont il est sans doute important pour le lecteur
de connaître la signification. J'aime autant le procédé de
Shakspeare, écrivant dans *Henri IV*, au lieu de la réponse
d'une Galloise à son mari Anglais, ces mots entre deux parenthèses : (Elle lui parle gallois.)

Mon second reproche portera sur une opinion émise par
l'auteur à propos de Mendelssohn, opinion déjà énoncée par
d'autres critiques, et dont je demanderai à M. de Lenz la
permission de discuter avec lui les motifs.

« On ne peut parler de la musique moderne, dit-il, sans
nommer Mendelssohn Bartholdy... Nous partageons autant
que personne le respect qu'un esprit de cette valeur com-
mande, mais nous croyons que l'élément hébraïque, qu'on
connaît à la pensée de Mendelssohn, empêchera sa musique
de devenir l'acquisition du monde entier, sans distinction de
temps ni de lieux. »

N'y a-t-il pas un peu de préjugé dans cette manière d'apprécier ce grand compositeur, et M. de Lenz eût-il écrit ces
lignes s'il eût ignoré que l'auteur de *Paulus* et d'*Élie* descendait du célèbre israélite Moïse Mendelssohn? J'ai peine à le
croire. « Les psalmodies de la synagogue, dit-il encore, sont
des types qu'on retrouve dans la musique de Mendelssohn. »
Or, il est difficile de concevoir comment ces psalmodies de
la synagogue peuvent avoir agi sur le style musical de Félix
Mendelssohn, puisqu'il n'a jamais professé la religion juive :
tout le monde sait qu'il était luthérien, au contraire, et luthérien fervent et convaincu.

D'ailleurs, quelle est la musique qui pourra jamais devenir
*l'acquisition du monde entier, sans distinction de temps
ni de lieux?* Aucune, très-certainement. Les œuvres des
grands maîtres allemands, tels que Gluck, Haydn, Mozart et

Beethoven, qui tous appartenaient à la religion catholique, c'est-à-dire universelle, n'y parviendront pas plus que les autres, si admirablement belles, vivantes, saines et puissantes qu'elles soient.

A part cette question de judaïsme qui me semble soulevée hors de propos, la valeur musicale de Félix Mendelssohn, la nature de son esprit, son amour filial pour Hændel et pour Bach, l'éducation qu'il reçut de Zelter, ses sympathies un peu exclusives pour la vie allemande, pour le foyer allemand, sa sentimentalité exquise, sa tendance à se renfermer dans le cercle d'idées d'une ville, d'un public donnés, sont appréciés par M. de Lenz avec beaucoup de pénétration et de finesse. De la comparaison qu'il établit dans le même chapitre entre Weber, Mendelssohn et Beethoven, il tire aussi des conclusions qui me semblent justes de tout point. Il ose même dire des choses fort sensées sur la fugue, sur le style fugué, sur ce qu'il y a de réel dans leur importance musicale, sur l'usage qu'en ont fait les vrais maîtres, et sur le ridicule abus qu'en font les musiciens dont ce style est la constante préoccupation. Il cite à l'appui de cette théorie l'avis d'un contrepointiste consommé qui a passé sa vie dans la fugue, qui aurait pu trouver plus de raison pour y voir l'unique voie de salut en musique, et qui a mieux aimé être vrai. « C'est une trop honorable exception, dit-il, des idées exclusives du métier pour que nous ne rendions pas au lecteur (qui sait l'allemand) le service de le reproduire. On lit dans un article de M. Fuchs, de Saint-Pétersbourg : *Die fuge, als ein für sich abgeschlossenes Musik-stück*, etc., etc. (Il parle gallois.)

Eh bien ! voyez, je donnerais beaucoup pour savoir à l'instant ce qu'a écrit Fuchs là-dessus, et je suis obligé d'y renoncer...

Après avoir établi des rapprochements fort ingénieux entre Beethoven et les grands maîtres allemands qui furent ses prédécesseurs et ses contemporains, M. de Lenz se livre à l'étude du caractère de son héros, à l'analyse de ses œuvres et enfin à l'appréciation des qualités distinctives des trois styles dans lesquels Beethoven écrivit. Cette tâche était difficile, mais il n'y a que des éloges à donner à la manière dont l'auteur l'a accomplie. Il est impossible de mieux entrer dans l'esprit de tous ces merveilleux poëmes musicaux, d'en mieux embrasser l'ensemble et les détails, de suivre avec plus de vigueur les élans impétueux du vol de l'aigle, de voir plus clairement quand il s'élève ou s'abaisse, et de le dire avec plus de franchise. M. de Lenz a, selon moi, un double avantage sous ce rapport sur M. Oulibischeff, il rend pleine justice à Mozart. M. Oulibischeff est fort loin d'être juste à l'égard de Beethoven. M. de Lenz reconnaît sans hésiter que divers morceaux de Beethoven, tels que l'ouverture des *Ruines d'Athènes* et certaines parties de ses sonates de piano sont faibles et peu dignes de lui; que d'autres compositions à peines connues, il est vrai, manquent absolument d'idées, que deux ou trois enfin lui semblent des logogriphes; M. Oulibischeff admire tout dans Mozart. Et Dieu sait cependant si la gloire de *Don Juan* eût souffert de la destruction de tant de compositions de son enfance qu'on a eu l'impiété de publier. M. Oulibischeff voudrait faire le vide autour de Mozart; il semble souffrir impatiemment que l'on parle des autres maîtres. M. de Lenz est plein d'enthousiasme réel pour toutes les belles manifestations de l'art, et sa passion pour Beethoven, bien qu'elle n'est point aveugle, est peut-être encore plus profonde et plus vive que celle de son émule pour Mozart.

Les recherches infatigables auxquelles il s'est livré pendant vingt ans dans toute l'Europe lui ont fait acquérir bien des notions curieuses, et généralement peu répandues, sur Beethoven et ses œuvres. Quelques-unes des anecdotes qu'il raconte ont cela de précieux, qu'elles expliquent des anomalies musicales clair-semées dans les productions du grand compositeur, et dont on cherchait vainement jusqu'ici à se rendre compte.

Beethoven, on le sait, professait une admiration robuste pour ces maîtres aux figures austères, dont parle M. de Lenz, qui firent un usage exclusif en musique de cet *élément purement rationnel de la pensée humaine qui ne saurait remplacer la grâce*. Son admiration, sait-on bien sur quoi elle se portait, et jusqu'où elle s'étendait? J'en doute. Elle rappelle un peu, à mon sens, le goût de ces riches gastronomes, qui, las de leurs festins de Lucullus, se plaisent à déjeuner de temps en temps avec un hareng saur et une galette de sarrazin.

M. de Lenz raconte que Beethoven, en se promenant un jour avec son ami Schindler, lui dit : « Je viens de trouver deux thèmes d'ouverture. L'un se prête à être traité dans mon style à moi, l'autre convient à la manière de Hændel; lequel me conseillez-vous de choisir? » Schindler (le croira-t-on) conseilla à Beethoven de prendre le second motif. Cet avis plut à Beethoven à cause de sa prédilection pour Hændel; il s'y conforma malheureusement et ne tarda pas à s'en repentir. On prétend même qu'il en voulut beaucoup à Schindler de le lui avoir donné. Les ouvertures de Hændel ne sont pas en effet ce qu'il y a de plus saillant dans son œuvre, et leur comparer celles de Beethoven, c'est mettre en parallèle une forêt de cèdres et une couche de champignons.

« Cette ouverture, op. 124, dit M. de Lenz, n'est point une double fugue, comme on l'a prétendu. Il faut supposer que le motif que Beethoven eût traité dans son style à lui, fût devenu l'occasion d'une œuvre bien plus importante (oh! oui, il faut le supposer!) dans un temps où le génie de l'artiste était à son apogée, alors que l'homme en lui jouissait des derniers jours exempts de souffrances physiques. Schindler aurait dû se dire que le génie de Beethoven régnait sans rival dans le style symphonique libre; que là il n'avait à imiter personne; que le style sévère était au contraire tout au plus pour lui une barrière à sauter; qu'il n'y était point chez lui. L'ouverture ne produisit aucun effet, on la dit inexécutable, ce qu'elle est *peut-être*. »

Elle est difficile, répondrai-je à M. de Lenz, mais très-exécutable par un puissant orchestre. Grâce aux nombreuses saillies du style de Beethoven qui se font sentir sous le gros tissu de l'imitation hændellienne, la *coda* tout entière et une foule de passages émeuvent et entraînent l'auditeur, quand ils sont bien rendus. J'ai dirigé deux exécutions de cette ouverture; la première eut lieu au Conservatoire avec un orchestre de première force. On y trouva le style des ouvertures de Hændel si mal reproduit qu'elle fut applaudie avec transport. Dix ans après, médiocrement exécutée par un orchestre trop faible, elle fut jugée sévèrement; on avoua que le style de Hændel y était parfaitement imité.

M. de Lenz rapporte ici la conversation de Beethoven avec

Schindler à ce sujet : *Wie kommen Sie wieder auf die alte Geschichte!* etc. (Il parle gallois.)

Dans cette revue minutieuse et intelligente des œuvres du grand compositeur, l'histoire des attentats commis sur elles devait naturellement trouver place; elle y est en effet, mais fort incomplète. M. de Lenz, qui traite si rudement les correcteurs de Beethoven, qui les bafoue, qui les flagelle, n'a pas connu le quart de leurs méfaits. Il faut avoir vécu longtemps à Paris et à Londres pour savoir jusqu'où ils ont porté leurs ravages.

Quant à la prétendue faute de gravure que M. de Lenz croit exister dans le *scherzo* de la symphonie en *ut* mineur, et qui consisterait, au dire des critiques qui soutiennent la même thèse, dans la répétition inopportune de deux mesures du thème lors de sa réapparition dans le milieu du morceau, voici ce que je puis dire : D'abord il n'y a pas répétition exacte des quatre notes *ut mi ré fa* dont le dessin mélodique se compose; la première fois elles sont écrites en blanches suivies d'une noire, et la seconde fois en noires suivies d'un soupir, ce qui en change le caractère.

Ensuite l'addition des deux mesures contestées n'est point du tout une anomalie dans le style de Beethoven. Il y a non pas cent, mais mille exemples de caprices semblables dans ses compositions. La raison que les deux mesures ajoutées détruisent la symétrie de la phrase, n'était point suffisante pour qu'il s'abstînt si l'idée lui en est venue. Personne ne s'est moqué plus hardiment que lui de ce qu'on nomme *la carrure*. Il y a même un exemple frappant de ses hardiesses en ce genre dans la seconde partie du premier morceau de cette même symphonie, page 36 de la petite édition de Breitkopf et Härtel, où une mesure de silence, qui paraît être de trop, détruit toute la régularité rhythmique et rend très-dangereuse pour l'ensemble la rentrée de l'orchestre qui lui succède. Maintenant je n'aurai pas de peine à démontrer que la mélodie de Beethoven ainsi allongée, l'a été par lui avec une intention formelle. La preuve en est dans cette même mélodie reproduite une seconde fois immédiatement après le point d'orgue, et qui contient encore *deux mesures supplémentaires* (*ré, ut* dièse, *ré, ut* naturel) dont personne ne parle; mesures différentes de celles qu'on voudrait supprimer, et ajoutées cette fois après la quatrième mesure du thème, tandis que les deux autres s'introduisent dans la phrase après la troisième mesure. L'ensemble de la période se compose ainsi de deux phrases de dix mesures chacune; il y a donc intention évidente de l'auteur dans cette double addition, *il y a donc même symétrie*, symétrie qui n'existera plus si on supprime les deux mesures contestées en conservant les deux autres qu'on n'attaque point. L'effet de ce passage du *scherzo* n'a rien de choquant; au contraire, j'avoue qu'il me plaît fort. La symphonie est exécutée ainsi dans tous les coins du monde où les grandes œuvres de Beethoven sont entendues. Toutes les éditions de la partition et des parties séparées contiennent ces deux mesures; et enfin, lorsqu'en 1850, à propos de l'exécution de ce chef-d'œuvre à l'un des concerts de la société philharmonique de Paris, un journal m'eut reproché de ne les avoir pas supprimées, regardant cette erreur de gravure comme un fait de notoriété publique, je reçus peu de jours après une lettre de M. Schindler. Or, M. Schindler m'écrivait précisément pour me remercier de n'avoir point fait cette correction; M. Schindler, qui a passé sa vie avec Beethoven, ne croit point à la faute de la gravure, et il m'assurait avoir entendu les deux fameuses mesures dans toutes les exécutions de cette symphonie qui avaient eu lieu *sous la direction de Beethoven*. Peut-on admettre que l'auteur, s'il eût reconnu là une faute, ne l'eût pas corrigée immédiatement?

S'il a ensuite changé d'avis à ce sujet dans les dernières années de sa vie, c'est ce que je ne puis dire.

M. de Lenz, fort modéré d'ailleurs dans la discussion, perd son sang-froid quand il vient à se heurter contre les absurdités qu'on écrit encore et qu'on écrira toujours, partout, sur les chefs-d'œuvre de Beethoven. En pareil cas, toute sa philosophie l'abandonne, il s'irrite, il est malheureux, il redevient adolescent. Hélas! je puis le dire, sous ce rapport, j'étais encore à peine au sortir de l'enfance il y a quelques années; mais aujourd'hui je ne m'irrite plus. J'ai lu et entendu tant et tant de choses extraordinaires, non-seulement en France, mais même en Allemagne, sur Beethoven et les plus nobles productions de son génie, que rien en ce genre ne peut maintenant m'émouvoir. Je crois même pouvoir me rendre un compte assez exact des diverses causes qui amènent cette divergence des opinions.

Les impressions de la musique sont fugitives et s'effacent promptement. Or, quand une musique est vraiment neuve, il lui faut plus de temps qu'à toute autre pour exercer une action puissante sur les organes de certains auditeurs, et pour laisser dans leur esprit une perception claire de cette action. Elle n'y parvient qu'à force d'agir sur eux de la même façon, à force de frapper et de refrapper au même endroit. Les opéras écrits dans un nouveau style sont plus vite appréciés que les compositions de concert, quelles que soient l'originalité, l'excentricité même du style de ces opéras, et malgré les distractions que les accessoires dramatiques causent à l'auditeur. La raison en est simple : un opéra qui ne tombe pas à plat à la première représentation est toujours donné plusieurs fois de suite dans le théâtre qui vient de le produire; il l'est aussi bientôt après dans vingt, trente, quarante autres théâtres, s'il a obtenu du succès. L'auditeur, qui, en l'écoutant une première fois, n'y a rien compris, se familiarise avec lui à la seconde représentation; il l'aime davantage à la troisième, et finit surtout par se passionner tout à fait pour l'œuvre qui l'avait choqué de prime abord.

Il n'en peut être ainsi pour des symphonies qui ne sont exécutées qu'à de longs intervalles, et qui, au lieu d'effacer les mauvaises impressions qu'elles ont produites à leur apparition, laissent à ces impressions le temps de se fixer et de devenir des doctrines, des théories écrites, auxquelles le talent de l'écrivain qui les professe donne plus ou moins d'autorité, selon le degré d'impartialité qu'il semble mettre dans sa critique et l'apparente sagesse des avis qu'il donne à l'auteur.

La fréquence des exécutions est donc une condition essentielle pour le redressement des erreurs de l'opinion, lorsqu'il s'agit d'œuvres conçues, comme celles de Beethoven, en dehors des habitudes musicales de ceux qui les écoutent.

Mais si fréquentes, si excellentes, si entraînantes qu'on les suppose, ces exécutions même ne changeront l'opinion ni des hommes de mauvaise foi, ni des honnêtes gens à qui la nature a formellement refusé le sens nécessaire à la perception de certaines sensations, à l'intelligence d'un certain nombre d'idées. Vous aurez beau dire à ceux-là : « Admirez ce soleil levant ! — Quel soleil ! diront-ils tous : nous ne voyons rien. » Et ils ne verront rien en effet; les uns parce qu'ils sont aveugles, les autres parce qu'ils regardent à l'occident.

Si nous abordons maintenant la question des qualités d'exécution nécessaires aux œuvres originales, poétiques, hardies, des fondateurs de dynasties en musique, il faudra reconnaître que ces qualités devront être d'autant plus excellentes que le style de l'œuvre est plus neuf. On dit souvent : « Le public n'aperçoit pas les incorrections légères, les nuances omises ou exagérées, les erreurs de mouvement, les défauts d'ensemble, de justesse, d'expression ou de chaleur. » C'est vrai, il n'est point choqué par ces imperfections, mais alors il demeure froid, il n'est pas ému, et l'idée du compositeur si délicate, ou gracieuse, ou grande et belle qu'on la suppose, ainsi voilée, passe devant lui sans qu'il en aperçoive les formes, parce que le public ne devine rien.

Il faut donc, je le répète, aux œuvres de Beethoven des exécutions fréquentes, et d'une puissance et d'une beauté irrésistibles. Or il n'y a pas, je le crois fermement, six endroits dans le monde où l'on puisse entendre seulement six fois par an ses symphonies dignement exécutées. Ici l'orchestre est mal composé, là il est trop peu nombreux, ailleurs il est mal dirigé, puis les salles de concerts ne valent rien, ou les artistes n'ont pas le temps de répéter; enfin presque partout on rencontre des obstacles qui amènent, en dernière analyse, pour ces chefs-d'œuvre, les plus désastreux résultats.

Quant à ses sonates, malgré le nombre incalculable de gens à qui l'on donne le nom de pianistes, je dois convenir encore que je ne connais pas six virtuoses capables de les exécuter fidèlement, correctement, puissamment, poétiquement, de ne pas paralyser la verve, de ne pas éteindre l'ardeur, la flamme, la vie, qui bouillonnent dans ces compositions extraordinaires, de suivre le vol capricieux de la pensée de l'auteur, de rêver, de méditer, ou de se passionner avec lui, de s'identifier enfin avec son inspiration et de la reproduire intacte.

Non, il n'y a pas six pianistes pour les sonates de piano de Beethoven. Ses trios sont plus accessibles. Mais ses quatuors ! combien y a-t-il en Europe de ces quadruples virtuoses, de ces dieux en quatre personnes, capables d'en dévoiler le mystère ? Je n'ose le dire. Il y avait donc de nombreux motifs pour que M. de Lenz ne se donnât pas la peine de répondre aux divagations auxquelles les œuvres de Beethoven ont donné lieu. L'espèce d'impopularité de ces merveilleuses inspirations est un malheur inévitable. Encore, est-ce même un malheur ?.... j'en doute. Il faut peut-être que de telles œuvres restent inaccessibles à la foule. Il y a des talents pleins de charme, d'éclat et de puissance, destinés, sinon au bas peuple, au moins au tiers état des intelligences : les génies de luxe, tels que celui de Beethoven, furent créés par Dieu pour les cœurs et les esprits souverains.

Il sentait bien lui-même et sa force et la grandeur de sa mission ; les boutades qui lui sont échappées en mainte circonstance ne laissent aucun doute à cet égard. Un jour que son élève Ries osait lui faire remarquer dans une de ses nouvelles œuvres une progression harmonique déclarée fautive par les théoriciens, Beethoven répliqua : « Qui est-ce qui défend cela ? — Qui ? Hé, mais Fuchs, Albresctherger, tous les professeurs. — Eh bien, *moi*, je le permets. » Une autre fois il dit naïvement : « Je suis de nature électrique, c'est pourquoi ma musique est si admirable ! »

La célèbre Bettina rapporte dans sa correspondance que Beethoven lui dit un jour : « Je n'ai pas d'amis ; je suis seul avec moi-même ; mais je sais que Dieu est plus proche de moi dans mon art que dans les autres. Je ne crains rien pour ma musique ; elle ne peut avoir de destinée contraire, celui qui la sentira pleinement sera à tout jamais délivré des misères que les autres hommes traînent après eux. »

M. de Lenz, en rapportant les singularités de Beethoven dans ses relations sociales, dit qu'il ne fut pas toujours aussi sauvage que dans les dernières années de sa vie ; qu'il lui arriva même de figurer dans des bals, et *qu'il n'y dansait pas en mesure*. Ceci me paraît fort, et je me permettrai de ne point le croire. Beethoven posséda au plus haut degré le sentiment du rhythme, ses œuvres en font foi ; et si on a réellement dit qu'il ne dansait pas en mesure, c'est qu'on aura trouvé piquant de faire après coup cette puérile observation, et de la consigner comme une anomalie curieuse. On a vu des gens prétendre que Newton ne savait pas l'arithmétique, et refuser la bravoure à Napoléon.

Il paraît pourtant, à en croire un grand nombre de musiciens allemands qui ont joué les symphonies de Beethoven sous sa direction, qu'il dirigeait médiocrement l'exécution même de ses œuvres. Ceci n'a rien d'incroyable : le talent du chef d'orchestre est spécial, comme celui du violoniste ; il s'acquiert par une longue pratique et si l'on a d'ailleurs pour lui des dispositions naturelles très-prononcées. Beethoven fut un pianiste habile, mais un violoniste détestable, bien qu'il eût dans son enfance pris des leçons de violon. Il aurait pu jouer fort mal de l'un et de l'autre instrument, ou même n'en pas jouer du tout, sans être pour cela un moins prodigieux compositeur.

On croit assez généralement qu'il composait avec une extrême rapidité. Il lui est même arrivé d'improviser un de ses chefs-d'œuvre, l'ouverture de *Coriolan*, en une nuit ; en général cependant il travaillait, retournait, pétrissait ses idées de telle sorte, que le premier jet ressemblait fort peu à la forme qu'il leur imprimait enfin pour l'adopter. Il faut voir ses manuscrits pour s'en faire une idée. Il refit trois fois le premier morceau de sa septième symphonie (en *la*). Il a cherché pendant plusieurs jours, en vaguant dans les champs autour de Vienne, le thème de l'*Ode à la joie*, qui commence le finale de sa symphonie avec chœurs. On possède l'esquisse de cette page.

Après la première phrase qui s'était présentée à l'esprit de Beethoven, on y trouve écrit *en français* le mot *mauvais*. La mélodie modifiée reparaît quelques lignes plus bas, accompagnée de cette observation, en français toujours : « *Ceci est mieux ?* » Puis enfin on la trouve revêtue de la forme que nous admirons, et décidément élue par les deux syllabes que l'opiniâtre chercheur dut tracer avec joie : « *C'est ça !* »

Il a travaillé pendant un temps considérable à sa messe en

rd. Il refit deux ou trois fois son opéra de *Fidelio*, pour lequel il composa, on le sait, quatre ouvertures. Le récit de ce qu'il eut à endurer pour faire représenter cet opéra, par le fait de la mauvaise volonté et de l'opposition de tous ses exécutants, depuis le premier ténor jusqu'aux contre-basses de l'orchestre, offrirait un triste intérêt, mais nous entraînerait trop loin. Quelque variées qu'aient été les vicissitudes de cette œuvre, elle est restée et elle restera au répertoire de plus de trente théâtres en Europe, et son succès serait plus grand, malgré les nombreuses difficultés d'exécution qu'elle présente, sans les inconvénients incontestables d'un drame triste, dont l'action tout entière se passe dans une prison.

Beethoven, en se passionnant pour le sujet de *Léonore ou l'Amour conjugal*, ne vit que les sentiments qu'il lui donnait à exprimer, et ne tint aucun compte de la sombre monotonie du spectacle qu'il comporte. Ce livret, d'origine française, avait été mis en musique d'abord à Paris par Gavaux. On en fit plus tard un opéra italien pour Paër, et ce fut après avoir entendu à Vienne la musique de la *Leonora* de ce dernier, que Beethoven eut la cruauté naïve de lui dire : « Le sujet de votre opéra me plaît, il faut que je le mette en musique. »

Il serait curieux maintenant d'entendre successivement les trois partitions.

Je m'arrête ; j'en ai dit assez, je l'espère, pour donner aux admirateurs de Beethoven le désir de connaître le livre de M. de Lenz. J'ajouterai seulement qu'en outre des excellentes qualités de critique et de biographie qu'il a déployées, ils trouveront dans le catalogue et la classification des œuvres du maître la preuve du soin religieux avec lequel M. de Lenz a étudié tout ce qui s'y rapporte, et du savoir qui l'a guidé dans ses investigations.

Ces pages sont insuffisantes malheureusement. Je viens d'en faire l'expérience ; leur lecture ne dure que trois quarts d'heure. Que pourrais-je donc narrer encore afin de compléter la durée totale de la première partie de votre opéra ? Attendez... j'y suis. Je me souviens d'un voyage que je fis à

DEUXIÈME ÉPILOGUE

Bonn, à l'époque des fêtes organisées pour l'inauguration de la statue de Beethoven. Cela s'enchaîne passablement avec ce qui précède, supposons que nous soyons au lendemain du 14 août 1845 et que je vous écrive des bords du Rhin. Lisez :

SUPPLÉMENT POUR LE 1er ACTE.

FÊTES MUSICALES DE BONN.

Kœnig's Winter, 15 août.

La fête est terminée ; Beethoven est debout sur la place de Bonn, et déjà les enfants, insoucieux de toute grandeur, viennent jouer aux pieds de sa statue ; sa noble tête est battue des vents et de la pluie, et sa main puissante qui écrivit tant de chefs-d'œuvre sert de perchoir à de vulgaires oiseaux. Maintenant les artilleurs essuient la gueule de leurs canons, après tant de hourras lancés au ciel ; les Quasimodo de la cathédrale laissent en repos leurs cloches fatiguées de crier : Hosanna ! les étudiants, les carabiniers ont dépouillé leurs pittoresques uniformes ; la phalange des chanteurs et des instrumentistes s'est dispersée ; la foule des admirateurs, éblouie de l'éclat de cette gloire, s'en va rêveuse, redire à tous les échos de l'Europe avec quels grands coups d'ailes, avec quelle étincelle dans les yeux elle est venue s'abattre sur la cité de Bonn pour y couronner l'image du plus grand de ses fils.

Hâtons-nous donc, avant ce moment inévitable où tout se refroidit et s'éteint, où l'enthousiasme devient traditionnel, où les soleils passent à l'état planétaire, hâtons-nous de dire la piété sincère et pure de cette vaste assemblée, formée au bord du Rhin dans le seul but de rendre hommage au génie. Et certes ! on avait fait peu d'efforts pour l'y réunir ; les invitations adressées aux artistes étrangers par le comité de Bonn n'étaient que de superficielles politesses qui n'assuraient pas même aux invités une place quelconque pour assister aux cérémonies. D'un autre côté, les principales institutions où s'enseigne en Europe la musique, celles même qui n'ont vécu depuis longtemps et ne vivent encore que par les œuvres de Beethoven, se sont montrées, on va le voir, peu soucieuses de s'y faire représenter; et presque tous les artistes, hommes de lettres et savants qu'on y voyait, n'avaient été mus que par l'impulsion de leurs sympathies personnelles et de leur admiration. Peut-être faut-il s'en féliciter, et reconnaître qu'à cette rareté des missionnaires officiels ont été dues la chaleur, la cordialité, la joie religieuse qui unissaient tous les membres de ce meeting presque européen des fils et des amis de l'art musical. Je dis *presque*, à cause de l'absence facile à prévoir et à comprendre, des musiciens de l'Italie. Toutes les autres nations *vraiment initiées* au culte de l'art des sons y avaient des mandataires, artistes, critiques ou amateurs, dans le pêle-mêle le plus original.

Étaient venus de Berlin : LL. MM. le roi et la reine de Prusse, MM. Meyerbeer, le comte Westmoreland (ministre d'Angleterre), Moëser père, Moëser fils, Rellstab, Ganz, Boetticher, Mantius, mesdemoiselles Jenny Lind, Tuczeck.

De Vienne : MM. Fischoff, Joseph Bacher, députés du Conservatoire, le prince Frédéric d'Autriche, Wesque de Püttlingen, Hollz.

De Weimar : MM. Chelard et Montag, représentants de la chapelle ducale.

De Salzbourg : M. Aloys Taux, directeur du Mozarteum.

De Carlsruhe : M. Gassner, directeur de la chapelle ducale.

De Darmstadt : M. Mangolt, directeur de la chapelle ducale.

De Francfort : M. Guhr, directeur et maître de chapelle du théâtre; mesdemoiselles Kratki, Sachs.

De Cassel : M. Spohr, maître de chapelle, appelé par le comité de Bonn.

De Stuttgard : MM. Lindpaintner, maître de chapelle, Pischek.

De Hohenzollern-Hechingen : M. Techlisbeck, maître de chapelle.

D'Aix-la-Chapelle : M. Schindler.

De Cologne : Tout l'orchestre appelé par le comité de Bonn.

De Leipzig : Mademoiselle Schloss.

De Paris : MM. Félicien David, Massart, Léon Kreutzer, Vivier, Cuvillon, Hallé, Seghers, Burgmüler, Elwart, Sax ; mesdames Viardot-Garcia, Seghers.

De Lyon : M. Georges Hainl, chef d'orchestre du grand théâtre.

De Bruxelles : MM. Fétis père, Blaës, Very, de Glimes, représentants du Conservatoire dont M. Fétis est le directeur ; madame Pleyel.

De la Haye : M. Verhulst, maître de chapelle.

De Liége : M. Daussoigne, directeur du Conservatoire.

D'Amsterdam : M. Franco-Mendès.

De Londres : S. M. la reine Victoria, le prince Albert, M. Moschelès, sir Georges Smart, membres de la société Philharmonique, M. Oury, madame Oury-Belleville.

De partout : Franz Liszt, l'âme de la fête.

Parmi les missionnaires de la presse, on remarquait MM. J. Janin, Fiorentino, Viardot, venus de Paris ; le docteur Matew, venu de Mayence ; M. Fétis fils, venu de Bruxelles ; MM. Davison, Gruneizen, Chorley, Hogarth, venus de Londres, et M. Gretsch, rédacteur en chef du journal russe, l'*Abeille du Nord*, venu de Saint-Pétersbourg. Plusieurs littérateurs des plus distingués de la presse anglaise s'y trouvaient encore, dont je n'ai pu recueillir les noms.

Les Conservatoires, les théâtres de Naples, de Milan, de Turin, la chapelle du pape ne figuraient d'aucune façon officielle dans l'assemblée de ces illustres pèlerins. On le comprend : Beethoven est un ennemi pour l'Italie, et partout où son génie domine, où son inspiration a prise sur les cœurs, la muse ausonienne doit se croire humiliée et s'enfuir. L'Italie d'ailleurs a la conscience de son fanatisme national, et peut, en conséquence, redouter le fanatisme hostile de l'école allemande. Il est triste d'avouer qu'elle n'a pas eu tout à fait tort d'en tenir compte, en restant ainsi à l'écart.

Mais notre Conservatoire à nous, le Conservatoire de Paris, qui est ou devrait être imbu de tout autres idées, n'avoir point envoyé de députation officielle à une fête pareille !... Et le

Société des Concerts!... elle qui depuis dix-huit années n'a de gloire, de succès, de vie enfin, que la gloire, le succès et la vie que lui donnent les œuvres de Beethoven, s'être enfermée, elle aussi, dans sa froide réserve, comme elle fit naguère quand Liszt émit le désir qu'elle vînt, par un seul concert, en aide à l'accomplissement du projet que nous venons, grâce à lui, de voir réalisé ! Cela est énorme ! Les principaux de ses membres, conduits par leurs chefs, devaient se trouver à Bonn des premiers, comme il était de son devoir, il y a quelques années, au lieu de répondre par le silence aux sollicitations de Liszt, de les devancer au contraire, et de donner, non pas un, ni deux, mais dix concerts, s'il l'eût fallu, au profit du monument de Beethoven. Ceci n'a pas besoin de démonstration, ou la reconnaissance et l'admiration ne sont que des mots.

Parmi les compositeurs et les chefs renommés dont l'absence de Bonn a étonné tout le monde, et que de graves raisons sans doute en ont seules tenus éloignés, sont MM. Spontini, Onslow, Auber, Halévy, A. Thomas, Habeneck, Benedict, Mendelssohn, Marschner, Reissiger, R. Wagner, Pixis, Ferdinand Hiller, Shuman, Krebbs, Louis Schlosser, Théodore Schlosser, les frères Müller, Stephen Heller, Glinka, Hessens père, Hessens fils, Snel, Bender, Nicolaï, Erckl, les frères Lachner, les frères Bohrer. L'un de ces derniers (Antoine) a été malheureusement retenu à Paris par les inquiétudes que lui donne la santé de sa fille ; sans une considération pareille, celui-là aurait fait la route à pied et couché à la belle étoile plutôt que de manquer au rendez-vous.

Malgré toutes ces lacunes, on ne peut se figurer l'impression que produisait sur les derniers arrivants leur entrée dans la salle du concert, le premier jour. Cette collection de noms célèbres, ces grands artistes accourus spontanément des différents points de l'Allemagne, de la France, de l'Angleterre, de l'Écosse, de la Hollande, de la Belgique et des Pays-Bas ; l'attente des sensations diverses que chacun allait éprouver ; la passion respectueuse dont la foule entière était animée pour le héros de la fête ; son mélancolique portrait apparaissant au haut de l'estrade, à travers les feux de mille bougies ; cette salle immense, décorée de feuillages et d'écussons portant les titres des œuvres nombreuses et variées de Beethoven, l'imposante majesté de l'âge et du talent de Spohr qui allait diriger l'exécution ; l'ardeur juvénile et inspirée de Liszt qui parcourait les rangs, cherchant à échauffer le zèle des tièdes, à gourmander les indifférents, à communiquer à tous un peu de sa flamme ; cette triple rangée de jeunes femmes vêtues de blanc ; et plus que tout cela, ces exclamations se croisant d'un côté de la salle à l'autre entre les amis qui se revoyaient après trois ou quatre ans de séparation, et se retrouvaient presque à l'improviste en pareil lieu, pour la réalisation d'un tel rêve ! Il y avait bien là de quoi faire naître cette belle ivresse que l'art et la poésie, et les nobles passions leurs filles, excitent en nous quelquefois. Et quand le concert a commencé, quand ce faisceau de belles voix bien exercées et sûres d'elles-mêmes a élevé son harmonieuse clameur, je vous assure qu'il fallait une certaine force de volonté pour ne pas laisser déborder l'émotion dont chacun se sentait saisi.

Le programme de ce jour ne contenait, cela se conçoit, que de la musique de Beethoven.

En général, on avait d'avance, et d'après l'impression laissée aux auditeurs par les épreuves préliminaires, inspiré au public des craintes exagérées sur les qualités de l'exécution. D'après tout ce qu'on m'en avait dit, je m'attendais presque à une débâcle musicale, ou tout au moins à une reproduction très-incomplète des partitions du maître. Il n'en a pas été ainsi ; pendant les trois concerts et le jour de l'exécution à l'église de la messe (en *ut*), à une seule exception près, on n'a pu signaler que des fautes légères ; le chœur s'est presque constamment montré admirable de précision et d'ensemble, et l'orchestre, faible, il est vrai, sous plusieurs rapports, s'est maintenu à cette hauteur moyenne qui l'éloignait autant des orchestres inférieurs que des héroïques phalanges d'instrumentistes qu'on peut former à Paris, à Londres, à Vienne, à Brunswick ou à Berlin. Il tenait le milieu entre un orchestre romain ou florentin et celui de la Société des Concerts de Paris. Mais c'est précisément cela qu'on a reproché aux ordonnateurs de la fête, et chacun trouvait que c'eût été le cas ou jamais, d'avoir un orchestre royal, splendide, puissant, magnifique, sans pareil, digne enfin du père et du souverain maître de la musique instrumentale moderne. La chose était non-seulement possible, mais d'une très-grande facilité ; il ne fallait que s'adresser, six mois d'avance, aux sommités instrumentales des grandes villes que je viens de nommer, obtenir de bonne heure (et je ne doute pas qu'on ne l'eût obtenu) leur assentiment positif, et se bien garantir des idées étroites de nationalisme, qui ne peuvent avoir en pareil cas que les plus désastreux résultats et paraissent à tous les esprits droits d'un ridicule infini. Que Spohr et Liszt, Allemands tous les deux, aient été chargés de la direction des trois concerts de cette solennité allemande, rien de mieux ; mais, pour parvenir à former un orchestre aussi imposant par sa masse que par l'éminence de ses virtuoses, il fallait sans hésiter recourir à toutes les nations musicales. Quel grand malheur si, au lieu du mauvais hautbois, par exemple, qui a si médiocrement joué les solos dans les symphonies, on avait fait venir Veny ou Verroust de Paris, ou Barret de Londres, ou Evrat de Lyon, ou tout autre d'un talent sûr et d'un style excellent ! Loin de là, on n'a pas même songé à recourir à ceux des habiles instrumentistes qui se trouvaient parmi les auditeurs. MM. Massard, Cuvillon, Seghers et Very n'eussent pas, j'imagine, déparé l'ensemble assez mesquin des violons ; on avait sous la main M. Blaës, l'une des meilleures clarinettes connues ; Vivier se fût tenu pour très-honoré de faire une partie de cor ; et Georges Hainl qui, pour être devenu un chef d'orchestre admirable, n'en est pas moins resté un violoncelliste de première force, lui qui était accouru de cent quatre-vingts lieues, abandonnant et son théâtre et ses élèves de Lyon, pour venir s'incliner devant Beethoven, n'eût certes pas refusé de s'adjoindre aux huit ou neuf violoncelles qui essayaient de lutter avec les douze contre-basses. Quant à ces dernières, elles étaient à la vérité entre bonnes mains, et j'ai rarement entendu le bruit du *scherzo* de la symphonie en *ut* mineur aussi vigoureusement et aussi nettement rendu que par elles. Toutefois Beethoven valait bien qu'on lui donnât le luxe de faire venir Dragonetti de Londres, Durier de Paris, Müller de Darmstad et Schmidt de Brunswick. Mais les parties graves montées sur ce pied-là eussent fait naître pour tout le reste de l'orchestre de grandes exigences. On eût voulu compter alors Dorus parmi les flûtes, Beerman parmi les clarinettes, Villent et Beauman parmi les bassons, Dieppo à la tête des trombones, Gallay à celle des cors ainsi de suite ; plus une vingtaine de nos foudroyants violons altos et violoncelles du Conservatoire, et peut-être même que pour la cantate de Liszt on fût parvenu à trouver *une harpe* (Parish-Alvars, par exemple) et l'on n'eût pas été obligé de jouer sur le piano, à l'instar de ce qui se pratique dans les petites villes de province, la partie que l'auteur a écrite pour cet instrument. En somme donc, l'orchestre sans être mauvais, ne répondait ni par sa grandeur, ni par son excellence à ce que le caractère de la fête, le nom de Beethoven et les richesses de l'Europe instrumentale donnaient à chacun le droit d'espérer.

Le chœur, en revanche, nous eût paru tout à fait à la hauteur de sa tâche, si les voix d'hommes eussent été en quantité et de qualité suffisantes pour équilibrer les voix de femmes. Les ténors ont fait quelques entrées mal assurées ; on n'a rien eu à reprocher aux basses ; quant aux cent trente soprani, il fallait reconnaître qu'on n'a pas d'idée hors de l'Allemagne d'un pareil chœur de femmes, de son ensemble, de sa riche sonorité, de son ardeur. Il se composait en entier de jeunes dames et de jeunes filles des sociétés de Bonn et de Cologne, la plupart excellentes musiciennes, douées de voix étendues, pures et vibrantes, et toujours attentives, s'abstenant de causer, de minauder, de rire, comme font trop souvent nos choristes françaises, et ne détournant jamais les yeux de leur musique que pour regarder de temps en temps les mouvements du chef. Aussi l'effet des parties hautes du chœur a-t-il été de toute beauté, et la palme de l'exécution musicale des œuvres de Beethoven, à ces trois concerts, revient-elle de droit aux soprani.

La messe solennelle (en *ré*) est écrite, ainsi que la neuvième symphonie, pour chœur et quatre voix récitantes. Trois des solistes se sont bien acquittés de leur tâche dans ces vastes compositions.

Mademoiselle Tuczek a bravement abordé les notes aiguës,

si dangereuses et si fréquentes, dont Beethoven a malheureusement semé les parties des soprano dans tous ses ouvrages. Sa voix est éclatante et fraîche, sans avoir beaucoup d'agilité ; elle était, je crois, la plus propre qu'on pût trouver à remplir convenablement ce difficile et périlleux emploi. Mademoiselle Schloss n'avait pas à courir des chances aussi défavorables, la partie de contralto n'étant pas écrite hors des limites de son étendue naturelle. Elle a fait en outre, depuis l'époque où j'eus le plaisir de l'entendre à Leipzig, des progrès très-sensibles, et l'on peut la considérer aujourd'hui comme l'une des meilleures cantatrices de l'Europe, tant par la beauté, la force et la justesse de sa voix, que par son sentiment musical et l'excellence de son style de chant. Le ténor, dont le nom m'échappe, a paru faible. La basse, Staudigl, mérite bien sa haute réputation ; il chante en musicien consommé, avec une voix superbe et d'une assez grande étendue pour pouvoir prendre à l'occasion le *fa* grave et le *fa* dièze haut, sans hésitation.

L'impression produite par la symphonie avec chœurs a été grande et solennelle ; le premier morceau par ses proportions gigantesques et l'accent tragique de son style, l'*adagio*, expression de regrets si poétiques, le *scherzo* émaillé de si vives couleurs et parfumé de si douces senteurs agrestes, ont successivement étonné, ému et ravi l'assemblée. Malgré les difficultés que présente la partie des soprani, dans la seconde moitié de la symphonie, ces dames l'ont chantée avec une verve et une beauté de sons admirables. La strophe guerrière avec le solo de ténor :

Comme un héros qui marche à la victoire!

a manqué de décision et de netteté. Mais le chœur religieux : *Prosternez-vous, millions!* a éclaté imposant et fort comme la voix d'un peuple dans une cathédrale. C'était d'une immense majesté.

Les mouvements pris par Spohr en conduisant cette œuvre colossale sont les mêmes que prend Habeneck au Conservatoire de Paris, à l'exception seulement du récitatif des contre-basses, que Spohr mène beaucoup plus vite.

Au deuxième concert, l'immortelle ouverture de *Coriolan* a

été vivement applaudie, malgré sa terminaison silencieuse.

Le canon de *Fidelio* est charmant, mais il paraît un peu écourté hors de la scène.

L'air de l'archange du Christ au mont des Oliviers, bien rendu par l'orchestre et le chœur, exige une voix plus agile que celle de mademoiselle Tuczek pour en exécuter sans efforts les vocalises et les broderies.

Le concerto de piano (en *mi bémol*) est généralement reconnu pour l'une des meilleures productions de Beethoven. Le premier morceau et l'*adagio* surtout sont d'une beauté incomparable. Dire que Liszt l'a joué, et qu'il l'a joué d'une façon grandiose, fine, poétique et toujours fidèle cependant, c'est commettre un véritable pléonasme : il y a eu là une trombe d'applaudissements et des fanfares d'orchestre qui ont dû s'entendre jusqu'au dehors de la salle. Liszt ensuite, montant au pupitre-chef, a dirigé l'exécution de la symphonie en *ut mineur*, dont il nous a fait entendre le *scherzo* tel que Beethoven l'écrivit, sans en retrancher au début les contre-basses, comme on l'a fait si longtemps au Conservatoire de Paris, et le finale avec la reprise indiquée par Beethoven, reprise qu'on se permet aujourd'hui encore de supprimer aux concerts de ce même Conservatoire. J'ai toujours eu une si grande confiance dans le goût des correcteurs des grands maîtres, que j'ai été tout surpris de trouver la symphonie en *ut mineur* encore plus belle exécutée intégralement que corrigée. Il fallait aller à Bonn pour faire cette découverte.

Le finale de *Fidelio* terminait la séance ; ce magnifique morceau d'ensemble n'a pas eu l'entraînement qu'il a toujours en scène et qui lui valut sa célébrité. Je crois que la fatigue de l'auditoire et des exécutants entrait pour beaucoup dans cette différence.

. . . .
. . . .
. . . .

Je suis allé me recueillir après les fêtes, dans un village dont le calme et la paix contrastent étrangement avec le tumulte qui, hier encore, régnait dans la ville voisine. C'est Kœnig's-Winter, situé sur l'autre rive du fleuve, en face de Bonn. Ses paysans sont tout fiers de l'illustration qui rejaillit vers eux. Plusieurs vieillards prétendent avoir connu Beethoven dans sa jeunesse. Traversant le fleuve en barque, il venait souvent alors, disaient-ils, rêver et travailler dans leurs plaines. Beethoven eut, en effet, un grand amour pour la campagne; ce sentiment a beaucoup influé sur son style, et il se fait jour quelquefois dans celles mêmes de ses compositions dont la tendance n'a rien de pastoral. Il conserva jusqu'à la fin de sa vie cette habitude d'errer seul dans les champs, sans tenir compte du gîte dont il aurait besoin pour la nuit, oubliant le manger et le dormir, et fort peu attentif, en conséquence, aux enclos réservés et aux ordonnances sur la chasse. On prétend, à ce sujet, qu'un jour, aux environs de Vienne, il fut arrêté par un garde qui s'obstinait à le prendre pour un braconnier tendant des pièges aux cailles dans le champ de blé en fleur où il était assis. Déjà sourd alors, et ne comprenant rien aux récriminations de l'inflexible représentant de la force publique, le pauvre grand homme, avec cette naïveté commune aux poètes et aux artistes célèbres, qui ne doutent jamais que leur célébrité ne soit parvenue jusqu'aux rangs inférieurs de la société, s'époumonnait à répéter : « Mais je suis Beethoven! vous vous trompez! laissez-moi donc! Je suis Beethoven, vous dis-je! » Et le garde de répondre, comme celui des côtes de Bretagne, quand Victor Hugo, revenant d'une promenade en mer, à quelques lieues de Vannes, ne put présenter son passe-port : « Et qu'est-ce que cela me fait que vous soyez Victor Hugo, homme de lettres, et que vous ayez fait *Mon cousin Raymond* ou *Télémaque!* Vous n'avez pas de passe-port, il faut me suivre, et ne résistons pas! »

J'ai failli ne pouvoir entendre la messe exécutée à la cathédrale le second jour, grâce au sans-façon avec lequel le comité traitait tous ses invités, dont il ne s'occupait pas le moins du monde. Impossible d'approcher des portes de l'église, la foule obstruait toutes les avenues, on s'écrasait sans vergogne; et c'est dans cette cohue que les *industriels* venus de Londres et de Paris ont dû faire leurs plus beaux coups de main. Enfin, songeant qu'il devait y avoir quelque part une porte dérobée pour les artistes de l'orchestre et du chœur, je m'en suis mis en quête, et, grâce à un bon Bonnois, membre du comité, qui, en m'entendant nommer, ne m'a point pris pour l'auteur de *Télémaque*, je suis parvenu à entrer avec mon habit entier. A l'autre extrémité de l'église, des cris affreux se faisaient entendre; on eût dit par moments des clameurs d'une ville prise d'assaut. La messe cependant a pu commencer, et j'en ai trouvé l'exécution remarquable. Cette partition, d'un style moins hardi que la messe en *ré* et conçue dans des proportions moins vastes, contient un grand nombre de très-beaux morceaux, et rappelle par son caractère celui des meilleures messes solennelles de Cherubini. C'est franc, vigoureux, brillant; il y a quelquefois même, eu égard à la véritable expression exigée par le texte sacré, excès de vigueur, de mouvement et d'éclat; mais, d'après une opinion fort répandue, la plupart des morceaux de musique qu'on trouve dans cette œuvre furent écrits par Beethoven pour des motets et des hymnes, et parodiés ensuite, avec une grande adresse, il est vrai, sur les paroles du service divin. Le chœur des soprani fit encore là des merveilles et me sembla mieux secondé qu'aux séances précédentes par le chœur d'hommes et par l'orchestre. Le clergé de Bonn, fort heureusement moins rigide que le clergé français, avait cru pouvoir permettre aux dames de chanter à cette solennité religieuse. Je sais bien que sans cela l'exécution de la messe de Beethoven eût été impossible; mais cette raison pouvait paraître de fort peu de poids, malgré la circonstance tout exceptionnelle où l'on se trouvait; elle n'eût été, en tout cas, d'aucune valeur à Paris, où les femmes ne sont admises à se faire entendre dans les églises qu'à la condition expresse, pour elles, de n'être ni chanteuses ni musiciennes. Pendant longtemps on a pu admirer aux cérémonies de l'église Sainte-Geneviève, un cantique chanté par les dames du Sacré-Cœur, sur l'air: *C'est l'amour, l'amour, l'amour*, emprunté au répertoire du théâtre des Variétés; mais on n'eût point permis à des femmes artistes d'y exécuter un hymne de Lesueur ou de Cherubini.

On dirait que nous éprouvons en France, quand il s'agit de nos institutions musicales ou de l'influence qu'elles peuvent exercer sur nos mœurs, un véritable bonheur à n'avoir pas le sens commun.

Immédiatement après la messe, il fallait assister à l'inauguration de la statue sur la place voisine. C'est là surtout que j'ai dû faire un persévérant usage de la vigueur de mes poings. Grâce à elle et en passant bravement par-dessus une barrière, je suis parvenu à conquérir une place dans l'enceinte réservée. De sorte qu'à tout prendre, l'invitation que j'avais reçue du comité directeur des fêtes de Bonn, ne m'a réellement pas empêché de les voir. Nous sommes restés là entassés pendant une heure, attendant l'arrivée du roi et de la reine de Prusse, de la reine d'Angleterre et du prince Albert, qui, du haut d'un balcon préparé pour les recevoir, devaient assister à la cérémonie. LL. MM. ont paru, et les canons et les cloches de recommencer leurs fanfares, pendant que, dans un coin de la place, une musique militaire s'évertuait à faire entendre quelques lambeaux des ouvertures d'*Egmont* et de *Fidelio*. Le silence s'étant à peu près rétabli, M. Breidenstein, président du comité, a prononcé un discours dont l'effet sur l'assistance peut être comparé à celui qu'obtenait sans doute Sophocle, lisant ses tragédies aux jeux Olympiques. Je demande pardon à M. Breidenstein de le comparer au poète grec, mais le fait est que ses voisins seuls ont pu l'entendre, et que pour les neuf cent quatre-vingt-dix-neuf millièmes des auditeurs son discours a été perdu. Il en a été à peu près de même pour sa cantate; si l'atmosphère eût été calme, je n'eusse pas, à coup sûr, saisi grand'chose de cette composition : on connaît l'impuissance de la musique vocale en plein air ; mais le vent soufflait avec force sur les choristes, et ma part de l'harmonie de M. Breidenstein a été injustement portée tout entière aux spectateurs de l'autre bout de la place, qui l'ont trouvée encore, les gloutons, fort exiguë. Un pareil sort était réservé à la chanson allemande, chanson mise au concours et couronnée par un jury qui probablement l'avait entendue.

Comment les auteurs de ces morceaux ont-ils pu se faire un instant illusion sur l'accueil qui les attendait? Une partition qu'on n'exécute pas peut encore passer pour admirable; il y a des gens dont c'est l'état de faire aux œuvres inconnues une réputation ; mais celle qu'on présente au public en *plein air*, ne produisant nécessairement aucun effet, est toujours réputée médiocre et reste sous le coup de cette prévention jusqu'à ce qu'une exécution convenable, *à huis clos*, permette au public d'infirmer, s'il y a lieu, ce premier jugement. Les conversations très-animées des auditeurs qui n'entendaient pas, cessant subitement, ont annoncé la fin des discours et des cantates; alors chacun est devenu attentif pour voir enlever le voile qui couvrait la statue. Lorsqu'elle a paru, applaudissements, vivats, fanfares de trompettes, roulements de tambours, feux de pelotons, volées de canons et de cloches, tout ce fracas admiratif, qui est la voix de la gloire chez les nations civilisées, a éclaté de nouveau et salué l'image du grand compositeur.

C'est aujourd'hui que ces milliers d'hommes et de femmes jeunes ou vieux, à qui ses œuvres ont fait passer tant de douces heures, qu'il a si souvent enlevés sur les ailes de sa pensée aux plus hautes régions de la poésie; ces enthousiastes qu'il a exaltés jusqu'au délire; ces humoristes qu'il a divertis par tant de caprices spirituels et imprévus; ces penseurs pour qui il a ouvert des champs incommensurables à la rêverie; ces amants qu'il a émus en éveillant le souvenir des premiers jours de leur tendresse; ces cœurs serrés par la main d'une destinée injuste, auxquels ses accents énergiques ont donné la force d'une révolte momentanée, et qui, se soulevant indignés, ont trouvé une voix pour mêler leurs cris de rage et de douleur aux accents furieux de son orchestre; ces esprits religieux auxquels il a parlé de Dieu; ces admirateurs de la nature, pour qui il a peint de couleurs si vraies la vie nonchalante et contemplative des champs aux beaux jours de l'été, les joies du village, les terreurs causées par l'ouragan, et le rayon consolateur revenant au travers des lambeaux des nuées sourire au pâtre inquiet et rendre l'espérance au laboureur épouvanté; c'est maintenant que toutes ces âmes intelligentes et sensibles, sur lesquelles rayonna son génie, tendent vers lui comme vers un bienfaiteur et un ami. Mais il est bien tard; ce Beethoven de bronze est insensible à tant d'hommages, et il est triste de penser que Beethoven vivant, dont on honore ainsi la mémoire, n'eût peut-être pas obtenu de sa ville natale, aux jours de souffrance et de dénûment, qui furent nombreux durant sa pénible carrière, la dix-millième partie des sommes prodiguées pour lui après sa mort.

Néanmoins il est beau de glorifier ainsi les demi-dieux qui ne sont plus, il est beau de ne pas les faire trop attendre, et il faut remercier la ville de Bonn, et Liszt surtout, d'avoir compris que le jugement de la postérité était prononcé sur Beethoven depuis longtemps.

Un immense et dernier concert nous était annoncé pour la journée suivante, à neuf heures du matin ; il fallait donc s'y rendre à huit heures et demie. Le départ des rois et des reines, qui devaient y assister et retourner au château de Brûhl dans la journée, avait, dit-on, motivé le choix de cette heure indue. La salle était pleine bien avant le moment désigné ; mais LL. MM. n'arrivaient pas. On les a attendues respectueusement pendant une heure, après quoi force a bien été de commencer sans elles ; et Liszt a dirigé l'exécution de sa cantate. L'orchestre et les chœurs, à l'exception des soprani, ont exécuté cette belle partition avec une mollesse et une inexactitude qui ressemblaient à du mauvais vouloir. Les violoncelles surtout ont rendu un passage très-important de manière à ce qu'on pût le croire confié aux archets d'élèves sans mécanisme et sans expérience ; les ténors et les basses ont fait plusieurs entrées fausses, morcelées ou incertaines. Et cependant il a été possible tout de suite de voir la grande supériorité de cette composition sur toutes les œuvres dites de circonstance, et sur ce qu'on attendait même des hautes facultés de son auteur. Mais à peine le dernier accord était-il frappé, qu'un mouvement extraordinaire à l'entrée de la salle annonçant l'entrée des familles royales, a fait l'auditoire se lever. LL. MM. la reine Victoria, le roi et la reine de Prusse, le prince Albert, le prince de Prusse et leur suite, ayant pris place dans la vaste loge qui leur était destinée à droite de l'orchestre, Liszt a bravement fait recommencer sa cantate. Voilà ce qui s'appelle de l'esprit et du sang-froid. Il avait instantanément fait ce raisonnement dont l'expérience a prouvé la justesse : « Le public va croire que je recommence par ordre du roi, et je serai maintenant mieux exécuté, mieux écouté et mieux compris. » Rien, en effet, de plus dissemblable que ces deux exécutions du même ouvrage à dix minutes de distance l'une de l'autre. Autant la première avait été flasque et incolore, autant la seconde a été précise et animée. La première avait servi de répétition ; sans doute aussi la présence des familles royales excitait le zèle des musiciens et des choristes, et imposait aux malveillances qui, dans les rangs mélangés de cette armée musicale, avaient tout à l'heure essayé de se manifester. On se demandera pourquoi et comment la malveillance a pu exister contre Liszt, le musicien éminent dont la supériorité incontestée est, de plus, allemande, dont la célébrité est immense, la générosité proverbiale, qui passe avec raison pour le véritable instigateur de tout ce qui s'est fait de bien dans ces fêtes de Bonn, qui a parcouru l'Europe en tous sens, donnant des concerts dont le produit était destiné à subvenir aux frais de ces fêtes, qui a même offert de combler le déficit, s'il y en a ; quels autres sentiments pouvaient exister dans la foule que ceux qu'une semblable conduite et des mérites pareils doivent naturellement inspirer ?... Eh ! mon Dieu ! la foule est toujours la même, dans les petites villes surtout. Ce sont précisément ces mérites et cette noble conduite qui l'offusquaient. Les uns en voulaient à Liszt parce qu'il a un talent phénoménal et des succès exceptionnels, les autres parce qu'il est spirituel, ceux-là parce qu'il est généreux, parce qu'il a écrit une trop belle cantate, parce que les autres chants composés pour la fête et exécutés la veille n'ont pas réussi, parce qu'il a des cheveux au lieu de porter perruque, parce qu'il parle trop bien le français, parce qu'il sait trop bien l'allemand, parce qu'il a trop d'amis et sans doute parce qu'il n'a pas assez d'ennemis, etc. Les motifs de l'opposition étaient nombreux et graves, on le voit. Quoi qu'il en soit, sa cantate, vraiment bien exécutée et chaudement applaudie des trois quarts et demi de la salle, est une grande et belle chose qui, d'emblée, place Liszt très-haut parmi les compositeurs. L'expression en est vraie, l'accent juste, le style élevé et neuf, le plan bien conçu et sagement suivi, et l'instrumentation remarquable par sa puissance et sa variété. Il n'y a jamais dans son orchestre de ces séries de sonorités semblables qui rendent certaines œuvres, estimables d'ailleurs, si fatigantes pour l'auditeur ; il sait user à propos des petits et des grands moyens, il n'exige pas trop des instruments ni des voix ; en un mot, il a montré tout d'un coup qu'il avait, ce qu'on pouvait craindre de ne pas encore trouver en lui, du *style* dans l'instrumentation comme dans les autres parties de l'art musical.

Sa cantate débute par une phrase dont l'accent est interrogatif, ainsi que l'exigeait le sens du premier vers, et ce thème, traité avec une rare habileté dans le cours de l'introduction, revient ensuite à la péroraison d'une façon aussi heureuse qu'inattendue. Plusieurs chœurs, du plus bel effet, se succèdent jusqu'à un *decrescendo* de l'orchestre, qui semble appeler l'attention sur ce qui va suivre. Ce qui suit est en effet très-important, c'est l'*adagio* varié du trio en *si* bémol de Beethoven, que Liszt a eu l'heureuse idée d'introduire à la fin de sa propre cantate, pour en faire une sorte d'hymne à la gloire du maître. Cet hymne, présenté d'abord avec son caractère de grandeur triste, éclate enfin avec la majesté d'une apothéose; puis le thème de la cantate reparaît dialogué entre le chœur et l'orchestre, et tout finit par un pompeux ensemble. Je le répète, la nouvelle œuvre de Liszt, vaste dans ses dimensions, est vraiment belle de tout point; cette opinion, que j'exprime sans partialité aucune pour l'auteur, est aussi celle des critiques les plus sévères qui assistaient à son exécution; le succès en a été complet, il grandira encore.

Le programme de ce concert était d'une richesse, on peut le dire, excessive; la durée des morceaux n'avait pas été bien calculée, et l'on a prévu trop tard qu'il ne serait pas possible de l'exécuter en entier. C'est ce qui est arrivé. D'abord le roi, jugeant aussi au premier coup d'œil qu'il ne pourrait rester jusqu'au bout d'une aussi longue séance, avait désigné les pièces qu'il voulait entendre, et après lesquelles il devait partir. On s'est conformé à la volonté royale, et d'après elle on a fait un triage, d'où il est résulté le programme suivant :

1° Ouverture d'*Egmont*, de Beethoven; 2° Concerto de piano, de Weber; 3° Air de *Fidelio*, de Beethoven; 4° Air de Mendelssohn; 5° *Adélaïde*, cantate de Beethoven.

Le roi de Prusse s'entend fort bien à faire des programmes. L'ouverture d'*Egmont* a été supérieurement exécutée; la *coda* à deux temps, enlevée par l'orchestre avec chaleur, a produit un effet électrique. Madame Pleyel a dit avec une prestesse et une élégance rares le ravissant concerto de Weber. Mademoizelle Novello a chanté d'une fière et belle manière le bel air de *Fidelio* avec les trois cors obligés. Mademoiselle Schloss a rendu un morceau de Mendelssohn largement, avec des sons magnifiques d'une justesse irréprochable, et une expression vraie et bien sentie. Quel dommage pour les auteurs d'opéras que cette cantatrice excellente se refuse à la carrière dramatique! Celle-là du moins sait parfaitement le français, et je connais un grand théâtre auquel elle pourrait rendre d'éminents services. Je n'en puis dire autant de mademoiselle Kratky; elle a chanté cette douce élégie, *Adélaïde*, l'une des plus touchantes compositions de Beethoven, d'une manière commune, empâtée, et avec des intonations constamment trop basses. Et Liszt jouait la partie de piano!... Il faut avoir entendu ce morceau chanté par Rubini, qui en tenait les traditions de Beethoven lui-même, pour savoir tout ce qu'il renferme de douloureuse tendresse et de langueur passionnée!...

Après ces morceaux, LL. MM. s'étant retirées, on a voulu continuer l'exécution du programme. M. Ganz, premier violoncelle de l'Opéra de Berlin, a joué avec beaucoup de talent une fantaisie sur des thèmes de *Don Juan*. Le jeune Moëser ensuite, dont on se rappelle le succès au Conservatoire de Paris, il y a un an, est venu dire un concertino de sa composition sur des thèmes de Weber. Quelle que soit l'opinion qu'on puisse avoir de sa composition, il faut reconnaître qu'on n'a pas plus de sûreté dans l'intonation, plus de pureté de style, ni plus d'ardeur concentrée; M. Moëser, en outre, fait avec autant de bonheur que d'aplomb la difficulté; il est incontestablement à cette heure l'un des premiers violonistes de l'Europe. Son succès, qu'on ne pouvait prévoir, car il a joué le morceau tout entier au milieu du plus profond silence, sans un applaudissement, sans le moindre murmure approbateur, a éclaté subitement; les bravos ne finissaient pas; et le jeune virtuose en a été lui-même si surpris, que dans sa stupéfaction joyeuse il ne savait ni comment sortir de la scène, ni quelle contenance faire en y restant. Auguste Moëser est élève de Ch. de Bériot, qui doit être bien fier de lui. M. Franco-Mendès avait eu la malheureuse idée de tenir à son solo de violoncelle, malgré celui de Ganz qui l'avait précédé, et celle plus malencontreuse encore de choisir pour thèmes de sa fantaisie des airs de la *Donna del Lago* de Rossini ; il a donc été très-mal reçu. Et pourtant l'air *O mattutini albori*, est une bien fraîche et poétique inspiration, et M. Franco-Mendès joue délicieusement du violoncelle ; mais il est Hollandais et Rossini est Italien, de là double colère des fanatiques de la nationalité allemande. Ceci est misérable, il faut l'avouer.

Restaient à exécuter encore : un air du *Faust* de Spohr par mademoiselle Sachs ; un chant de Haydn, par Staudigl, et quelques chœurs ; mais la séance avait duré près de quatre heures, la foule s'écoulait lentement sans demander son reste, et le flot m'a entraîné. Il est vrai que je n'ai pas lutté contre lui d'une façon bien désespérée. Un autre concert m'attendait encore le soir. Le roi de Prusse avait bien voulu m'inviter à celui qu'il donnait à ses hôtes au château de Brühl, et j'étais, pour plus d'un motif, fort désireux de conserver la force de m'y rendre et de l'apprécier.

En arrivant à Brühl au milieu de féeriques illuminations et d'une pluie battante, j'ai trouvé une autre foule éblouissante à combattre à armes courtoises. Les éperons bruissaient sur les grands escaliers ; c'était de toutes parts un scintillement de diamants, de beaux yeux, d'épaulettes, de blanches épaules, de décorations, de chevelures emperlées, de casques d'or. Les porteurs de fracs noirs faisaient là, je vous jure, une triste figure. Grâce à la bonté du roi, qui est venu s'entretenir avec eux pendant quelques minutes, et qui les a reçus comme de *vieilles connaissances*, on leur a fait place cependant, et nous avons pu entendre le concert. Meyerbeer tenait le piano. On a d'abord exécuté une cantate qu'il venait de composer en l'honneur de la reine Victoria. Ce morceau, chanté par le chœur et MM. Mantius, Pischek, Staudigl et Bœtticher, est franc, rapide et nerveux dans son laconisme. C'est un hourra harmonieux et vivement lancé. Mademoiselle Tuczek a chanté ensuite une délicieuse romance de l'opéra *Il Torneo*, du comte Westmoreland. Liszt a joué deux morceaux... à sa manière... et nous avons entendu pour la première fois cette tant vantée Jenny Lind, qui fait tourner toutes les têtes de Berlin. C'est en effet un talent supérieur de beaucoup à ce qu'on entend dans les théâtres français et allemands à cette heure. Sa voix, d'un timbre incisif, métallique, d'une grande force, d'une souplesse incroyable, se prête en même temps aux effets de demi-teinte, à l'expression passionnée et aux plus fines broderies. C'est un talent complet et magnifique ; encore, à en croire les juges compétents qui l'ont admiré à Berlin, nous ne pouvions apprécier qu'une face de ce talent, qui a besoin de l'animation de la scène pour se développer tout entier. Elle a chanté le duo du troisième acte des *Huguenots* avec Staudigl, le finale d'*Euryanthe*, et un air avec chœurs ravissant d'originalité, de fraîcheur, semé d'effets imprévus, de dialogues piquants entre le chœur et le soprano solo, d'une harmonie vibrante et distinguée, d'une mélodie coquette et mordante, intitulé sur le programme : *Air de la Niobé* de Paccini. Jamais mystification ne fut plus heureusement trouvée : c'était une cavatine du *Camp de Silésie* de Meyerbeer. Pischeck et Staudigl ont chanté un duo de *Fidelio*; la voix de Pischeck est de toute beauté et rivalisait admirablement avec celle de Staudigl dont j'ai déjà vanté la puissance. Pischeck pour moi, est le plus précieux timbre de voix d'homme que je connaisse. Ajoutez qu'il est jeune, bel homme, qu'il chante avec une verve intarissable, et vous concevrez l'empressement avec lequel le roi de Wurtemberg l'a enlevé au théâtre de Francfort et l'a attaché pour la vie à sa chapelle.

Madame Viardot-Garcia a dit aussi trois morceaux avec sa méthode exquise et sa poétique expression ; c'étaient une jolie cavatine de Ch. de Bériot, la scène des enfers d'*Orphée*, et un air de Hændel, demandé par la reine d'Angleterre, qui savait la supériorité avec laquelle madame Viardot sait interpréter le vieux maître saxon. Minuit sonnait! *et les astres tombants invitaient au sommeil*. J'ai trouvé place fort heureusement dans une diligence du chemin de fer pour retourner à Bonn ; je me suis couché à une heure, j'ai dormi jusqu'à midi, ivre-mort d'harmonie, las d'admirer, succombant à un besoin irrésistible de silence et de calme, et convoitant déjà la chaumière de Kœnig's-Winter où je suis, et où je me propose de rêver encore pendant quelques jours avant de retourner en France.

. . . .

N'admirez-vous pas ma mémoire, cher Corsino, et la facilité avec laquelle j'ai pu, après sept ans, coordonner mes souvenirs pour ce récit antidaté?... L'impression que j'ai reçue des fêtes de Bonn a été si vive et si profonde!..... Je me sens maintenant noyé dans la tristesse, pour vous l'avoir retracée..... Il n'y a plus de Beethoven!... Notre monde poétique est désert!... Nous ne retrouverons plus ces grands ébranlements, ces incendies de l'âme que firent naître en nous les premières auditions de ses symphonies!... Les belles réalités de notre jeunesse me semblent des rêves pour jamais évanouis. Le printemps et l'été ont-ils réellement existé pour nous?... L'aquilon souffle jour et nuit avec une si cruelle persistance..... Plus de vertes prairies, de ruisseaux murmurants, de forêts mystérieuses; plus d'azur au ciel..... l'herbe est brûlée, l'onde glacée, la forêt nue; les feuilles et les fleurs et les fruits sont tombés, la terre froide les a recueillis... et nous allons... bientôt... les suivre.

Mais pardon, je m'oublie. J'ai à m'occuper de votre seconde heure d'angoisses. La première s'est écoulée tant bien que mal, n'est-ce pas? Quand je dis tant bien que mal, j'ai tort. Qui d'entre vous oserait se plaindre! Pendant tout ce premier acte d'Angélique et Roland, vous n'avez eu que du Beethoven!...

Voulez-vous du Méhul maintenant?... Voici une notice sur ce classique compositeur, que j'ai écrite à l'intention des artistes parisiens. Peut-être est-elle un peu à l'adresse de vos confrères; car souvent, dans mes voyages, j'ai remarqué combien peu de connaissances biographiques possèdent les artistes étrangers sur nos maîtres français de la grande époque.

Changez de lecteur, le premier doit être fatigué.

POUR LE SECOND ACTE

MÉHUL

Il pourra paraître singulier à beaucoup de gens que l'on s'avise, en 1852, d'écrire en France une biographie de Méhul. Comment, dira-t-on, les Français sont-ils à ce point oublieux de leurs gloires nationales, qu'il faille déjà leur rappeler quel fut l'auteur d'*Euphrosine*, à quelle époque il vécut, le titre de ses œuvres et le style de ses compositions! Heureusement non, nous n'oublions pas tout à fait si vite, et il y a certes très-peu de personnes, parmi celles qui s'occupaient de musique il y a trente ans, à qui nous puissions dire là-dessus quelque chose de nouveau. Mais la génération actuelle, celle qui depuis quinze ou dix-huit ans fréquente assidûment l'Opéra-Comique, qui s'est accoutumée aux allures de la muse moderne de Paris, muse dont on pourrait dire qu'elle a pour Pinde la butte Chaumont et pour Permesse la rivière de Bièvre, n'étaient les quelques œuvres aimables qu'elle a inspirées; cette génération, ignorante du monde musical comme le souriceau de La Fontaine était ignorant de l'univers, qui prend, elle aussi, des taupinières pour les Alpes, a peur des coqs et se sent pleine de sympathie pour les chats, ne sait en conséquence que fort peu de chose sur Méhul. Sans les concerts même, où l'ouverture de *la Chasse du jeune Henri* et le premier air de *Joseph* ont été quelquefois entendus et dont les affiches lui sont tombées sous les yeux, c'est à peine si elle connaîtrait de réputation ce grand maître. De Gluck et de Mozart, ce peuple-là ne sut et ne saura jamais rien; il attribuera même volontiers *Don Juan* à Musard qui, sur les thèmes de cet opéra, fit en effet des quadrilles. Encore peut-on affirmer que des érudits seuls sauront qu'il existe un opéra de Don Juan *de Musard*. Mais il faut excuser ces amateurs; ils vont à l'Opéra-Comique se *délasser* de temps en temps. Ils s'y délassent en écoutant des pièces plus ou moins amusantes, où le dialogue, écrit dans leur langue à eux, est entremêlé de morceaux de musique plus ou moins piquants ou plus ou moins... simples, dont ils retiennent aisément la mélodie, parce que c'est de la mélodie à eux. Si par hasard la mélodie telle quelle ne brille, dans un ouvrage, que par son absence, auquel cas il leur est impossible de la retenir, ils ont alors le plaisir de croire à une musique *savante*, et d'appeler ainsi celle de cet opéra; puis ils s'y accoutument, telle est leur bonne volonté; ils l'adoptent, et en parlant de l'auteur, ils ne disent plus: *Un tel*, tout court, comme pour les compositeurs qui leur sont agréables, mais : *Monsieur* un tel. Ceux-là sont des amis, celui-ci est un supérieur. Non, il ne faut ni attaquer ni railler ce public, la perle des publics, toujours content, toujours joyeux, incapable de blâmer quoi que ce soit à l'Opéra-Comique, redemandant à chaque première représentation tous les acteurs, tous les auteurs, à moins qu'ils ne soient morts (et encore...); public inoffensif et inoffensable, qui prend son plaisir où il le trouve et même où il ne le trouve pas. Ce qui me semble impardonnable, c'est l'ignorance des jeunes musiciens, ou tout au moins des jeunes gens qui cherchent à se faire admettre pour tels. Il y a de leur part une haute imprudence à ne pas s'informer un peu des choses passées de l'art; car ils doivent supposer que, parmi les gens du monde avec lesquels ils ont ou auront des relations, plusieurs sont assez bien instruits de ce qu'ils ignorent, et que ces érudits ne se feront pas faute de les humilier dans l'occasion. Il ne leur en coûterait pas beaucoup plus d'apprendre le nom des œuvres des grands maîtres (je ne vais pas jusqu'à leur demander de connaître les œuvres elles-mêmes) que de se gorger la mémoire de tant de noms honteux, de l'exercer à retenir ce qui se passe journellement dans les tripots dramatiques, et de se la salir par tant de vilenies, au milieu desquelles ils vivent et meurent parce qu'ils y sont nés. On ne verrait plus alors, comme nous le voyons, des professeurs, des lauréats couronnés et pensionnés, attribuer le *Mariage de Figaro* à Rossini, appeler Gluck l'auteur de *Didon*, croire que Piccini était un chef d'orchestre de la Porte-Saint-Martin, savoir par cœur, chanter ou faire chanter à leurs élèves tous les produits de la basse musique contemporaine, et ne pas connaître huit mesures des chefs-d'œuvre qui firent dans l'Europe entière, qui font et qui feront toujours partout la vraie gloire de l'art.

Je m'abstiens d'entrer ici dans les considérations auxquelles un semblable état de choses pourrait donner lieu; elles m'entraîneraient trop loin. Je dirai seulement, sans remonter aux causes, qu'en général l'ignorance historique de la jeune génération vivant dans la musique, ou autour d'elle, à Paris, est déplorable, qu'elle dépasse tout ce qu'on pourrait citer d'analogue, en littérature ou dans les arts du dessin, et qu'on est forcé d'en tenir compte toutes les fois qu'un nom illustre, disparu de l'horizon depuis un petit nombre d'années, vient à y reparaître. En ce cas, la critique doit se figurer qu'elle s'adresse à des lecteurs élevés en Tasmanie, à Borabora, ou dans l'île d'Ombay, et leur dire que Napoléon Bonaparte est né en Corse, île entourée d'eau de toutes parts, qu'il fut un grand capitaine, qu'il gagna une foule de batailles, parmi lesquelles il ne faut pas compter celle de Fontenoy; qu'il fut bien réellement empereur des Français et roi d'Italie, et non point marquis de Buonaparte, général des armées de Sa Majesté Louis XVIII, ainsi que l'ont affirmé quelques historiens.

En conséquence, nous allons répéter ici, à propos de Méhul, de vieilles anecdotes que tous les musiciens et tous les amateurs de musique *civilisés* savent fort bien, mais qui, pour des milliers de jeunes barbares, sont de véritables nouvelles *nouvelles*.

C'est donc à eux que je m'adresse en disant : Méhul est un célèbre compositeur français. J'ai entendu en province des amateurs *forts* le compter parmi les maîtres allemands, et prétendre qu'il fallait prononcer Méhoul et non Méhul, mais c'est une erreur. De récentes et consciencieuses recherches m'ont donné la certitude que Méhul est né à Givet, département des Ardennes; département français, soyez-en certains. Quant à l'époque de sa naissance, je ne puis la préciser, n'ayant point compulsé moi-même les registres de l'état civil de Givet. MM. Fétis et Choron, ses biographes, s'accordent à le faire naître en 1763, mais M. Fétis dit positivement que le jour de sa naissance fut le 24 juin, et Choron, dédaignant ce détail, n'en dit rien du tout. L'ex-secrétaire perpétuel de l'Académie des beaux-arts de l'Institut, M. Quatremère de Quincy, a écrit une notice sur Méhul dans laquelle il lui donne pour père un inspecteur des fortifications de Charlemont. Il est avec la vérité des accommodements; cette assertion de M. Quatremère en fournit la preuve. Le père de Méhul fut un simple cuisinier, qui, beaucoup plus tard, quand son fils eut acquis de la célébrité, dut à son influence la place subalterne dont le titre, proclamé en séance publique à l'Institut, sonnait mieux que l'autre incontestablement, et brillo et d'un léger vernis scientifique assez flatteur.

Un pauvre organiste aveugle donna au jeune Méhul les premières leçons de musique, et les progrès de l'enfant furent assez rapides pour qu'à l'âge de dix ans on lui confiât l'orgue de l'église des Récolets, à Givet.

Une circonstance heureuse ayant amené et fixé dans l'abbaye de Lavaldieu, située dans les Ardennes, non loin de Givet, un musicien allemand de mérite, dit-on, nommé Guillaume Hauser, le petit Méhul parvint à obtenir de lui qu'il l'adoptât pour élève. Il fut même admis tout à fait comme commensal de l'abbaye. Ses parents espérèrent dès lors l'y voir devenir moine : ce qui fût peut-être arrivé, sans le colonel d'un régiment en garnison à Charlemont, qui, pressentant ce que le jeune organiste devait être un jour, le décida à le suivre Paris. Je ne sais depuis combien de temps il y était, luttant très-probablement contre une gêne voisine de la misère, quand un incident assez singulier vint le mettre en présence d'un maître bien autrement savant et d'un protecteur bien plus puissant que ceux qu'il avait eus jusque-là. Je tiens le fait d'un habitué de l'Opéra, ami intime du vieux Gardel (fameux maître des ballets de ce théâtre) lequel avait beaucoup connu le personnage principal de la scène que je vais vous raconter.

Il y avait dans ce temps-là à Paris un compositeur allemand nommé Gluck (prononcez Glouck), dont les œuvres préoccupaient l'attention publique à un point que vous ne sauriez imaginer. Croyez-moi, si vous voulez, mais le fait est qu'il était plus glorieux à lui tout seul, plus admiré et plus admirable que ne pourraient l'être aujourd'hui ensemble trois compositeurs populaires, voire même trois membres de l'Institut. Ce Gluck n'avait pourtant encore écrit pour le théâtre de l'Opéra qu'un très-petit nombre d'ouvrages ; à cette époque, on ne comptait pas les partitions comme des gros sous. Il venait d'en terminer une intitulée *Iphigénie en Tauride*, dont vous n'avez jamais entendu parler très-probablement, mais qui excita cependant à Paris un enthousiasme plus grand que toutes les précédentes productions de ce même Gluck et pour laquelle, aujourd'hui encore, beaucoup de gens éprouvent une de ces passions féroces qui vous épouvanteraient, si vous en étiez témoins. Inutile de vous dire les raisons de cette anomalie. Or donc, Méhul s'étant glissé, je ne sais comment, à la répétition de cette *Iphigénie en Tauride*, fut si frappé de ce qu'il entendit, si ému, si bouleversé, qu'il voulut à toute force l'entendre encore le lendemain à la première représentation. Mais comment faire ? tous les billets étaient pris ! et d'ailleurs Méhul, en sa qualité de jeune compositeur, logeait le diable en sa bourse. Il imagina alors de se blottir au fond d'une loge, espérant y rester inaperçu jusqu'au lendemain soir et se trouver ainsi tout introduit à l'heure solennelle. Malheureusement un inspecteur de la salle le découvrit dans sa cachette, l'interpella vivement et voulut le mettre à la porte. Gluck se trouvait encore sur l'avant-scène, occupé à régler quelques détails du ballet des Scythes (un morceau extraordinaire que vous ne connaissez pas), car ce diable d'homme se mêlait de tout ; il voulait que non-seulement les paroles, mais la mise en scène, la danse, les costumes et le reste s'accordassent complétement avec sa musique ; il tourmentait tout le monde à ce sujet. On est bien revenu de ces idées-là, n'est-ce pas ? Quoi qu'il en soit, l'altercation qui avait lieu dans la loge ayant attiré son attention, Gluck s'informa de ce qui pouvait y donner lieu. Méhul alors de s'avancer tout tremblant et d'expliquer l'affaire, en disant au grand maître : *Monseigneur*. Ce Gluck était un bon homme au fond, quoiqu'il eût de l'esprit, du génie, une volonté de fer, et qu'il eût accompli une révolution musicale. Il fut touché de l'enthousiasme du jeune intrus, lui promit un billet pour la première représentation d'*Iphigénie*, l'engagea à venir chez lui le chercher, désireux qu'il était, disait-il, lui, Gluck, de faire la connaissance de Méhul. Vous devinez le reste et concevez l'influence que les conseils d'un tel homme durent exercer sur le talent de son protégé ; car ce Gluck, je vous le répète, fut réellement un compositeur d'un grand mérite, et *chevalier* qui plus est, et très-riche, ce qui doit pour vous, prouver surabondamment sa valeur.

On ne passerait guère aujourd'hui plus de deux heures dans une loge, sans boire ni manger, pour entendre un chef-d'œuvre. C'est, sans doute, qu'autrefois les chefs-d'œuvre étaient rares, ou qu'il y a peu de Méhul maintenant. Quant au *monseigneur*, il est tout à fait en désuétude. En parlant à un compositeur illustre, on dit plutôt *mon vieux*. Il est vrai que seigneur vient de *senior*, comparatif du mot latin *senex* (vieux); de là les expressions *mon aîné*, *mon ancien*, *mon senior*, *mon vieux*. Le respect est tout aussi profond, il est seulement exprimé d'autre sorte.

Ce fut sous la direction de Gluck que Méhul écrivit alors, sans avoir l'intention de les faire jamais représenter, et comme études seulement, trois opéras : *Psyché*, *Anacréon* et *Laure et Lydie*. Aujourd'hui, quand on a écrit trois romances, avec l'intention de les publier, on commence à se croire des droits incontestables à l'attention des directeurs des théâtres lyriques.

Méhul avait vingt ans quand il présenta au comité d'examen de l'Opéra une partition sérieuse : *Alonzo et Cora*. Les *Incas* de Marmontel avaient sans doute fourni le sujet du poëme. *Cora* fut reçue, mais non jouée; et quand au bout de six ans le jeune compositeur vit qu'il n'était pas plus avancé de ce côté que le premier jour, il s'adressa à l'Opéra-Comique et lui porta un opéra de genre en trois actes, *Euphrosine et Coradin*, dont, si je ne me trompe, Hoffmann avait écrit la pièce, et qui valut à Méhul, pour son début, un éclatant succès. Ce fut un bonheur pour lui de n'avoir pu obtenir la mise en scène de son premier opéra; car, lorsqu'après le triomphe d'*Euphrosine*, l'Académie royale de Musique se décida enfin à représenter *Cora* qu'elle avait depuis si longtemps dans ses cartons, cette œuvre pâle et froide, dit-on, ne réussit pas.

Malgré le nombre considérable de beaux et charmants ouvrages qui lui ont succédé, je suis obligé d'avouer qu'*Euphrosine et Coradin* est resté pour moi le chef-d'œuvre de son auteur. Il y a là-dedans à la fois de la grâce, de la finesse, de l'éclat, beaucoup de mouvement dramatique, et des explosions de passion d'une violence et d'une vérité effrayantes. Le caractère d'Euphrosine est délicieux, celui du médecin Alibour, d'une bonhomie un peu railleuse; quant au rude chevalier Coradin, tout ce qu'il chante est d'un magnifique emportement. Dans cette œuvre, apparue en 1790, et toute radieuse encore de vie et de jeunesse à l'heure qu'il est, je me borne à citer en passant l'air du médecin : « Quand le comte se met à table, » celui du même personnage : « Minerve! ô divine sagesse! » le quatuor pour trois soprani et basso, où figure avec tant de bonheur le thème si souvent reproduit : « Mes chères sœurs, laissez-moi faire, » et le prodigieux duo : « Gardez-vous de la jalousie, » qui est resté le plus terrible exemple de ce que peut l'art musical uni à l'action dramatique, pour exprimer la passion. Ce morceau étonnant est la digne paraphrase du discours d'Iago : « Gardez-vous de la jalousie, ce monstre aux yeux verts, » dans l'*Othello* de Shakespeare, grand poëte anglais qui vivait au temps de la reine Élisabeth. On raconte qu'assistant à la répétition générale d'*Euphrosine*, Grétry (vous savez, Grétry, un ancien compositeur né à Liége, en Belgique, et dont l'Opéra-Comique de Paris vient de remonter l'ouvrage si spirituellement mélodieux, *le Tableau parlant*); on raconte, dis-je, que Grétry, après avoir entendu le duo de la jalousie, s'écria : « C'est à ouvrir la voûte du théâtre avec le crâne des auditeurs! » et le mot ne dit rien de trop. La première fois que j'entendis *Euphrosine*, il y a vingt-cinq ou vingt-six ans, il m'arriva de causer un étrange scandale au théâtre Feydeau, par un cri affreux que je ne pus contenir à la péroraison de ce duo : « Ingrat, j'ai soufflé dans ton âme! » Comme on ne croit guère dans les théâtres à des émotions aussi naïvement violentes qu'était la mienne, Gavaudan, qui jouait encore alors le rôle de Coradin, où il excellait, ne douta point qu'on n'eût voulu le railler par une farce indécente, et sortit de la scène courroucé. Il n'avait pourtant jamais peut-être produit d'effet plus réel. Les acteurs se trompent plus souvent en sens inverse.

Il faut des voix très-puissantes pour exécuter ce duo! Je voudrais y voir aux prises mademoiselle Cruvelli et Massol. Méhul écrivit un peu plus tard *Stratonice*, où il avait à peindre les douleurs du grand amour concentré qui donne la mort. Il faut citer dans cette œuvre l'ouverture d'abord, une charmante invocation à Vénus, l'air : « Versez tous vos chagrins, » le quatuor de la consultation : « Je tremble! mon cœur palpite! » pendant lequel le médecin Érasistrate, à l'aspect du trouble que cause à Antiochus expirant la présence de Stratonice, découvre la passion du jeune prince pour elle, et reconnaît la cause de sa maladie ; et encore un bel air d'Erasistrate, et la dernière phrase du roi Séleucus, si vraie et si touchante :

> Accepte de ma main ta chère Stratonice,
> Et par le prix du sacrifice
> Juge de tout l'amour que ton père a pour toi !

Après avoir écrit *Horatius Coclès*, *le jeune Sage et le vieux Fou*, espèce de vaudeville mesquin ; *Doria*, aujourd'hui inconnu ; *Adrien*, belle partition non publiée (nous en possédons un exemplaire manuscrit à la bibliothèque du Conservatoire), *Phrosine et Mélidore*, dont la musique, souvent pleine d'inspiration, contient des effets d'orchestre entièrement inconnus à cette époque, tels que celui de quatre cors employés dans leurs notes dites *bouchées* les plus sourdes, pour accompagner d'une sorte de râle instrumental la voix d'un mourant ; Méhul, dans l'espoir de terrasser Lesueur, qu'il détestait, et dont l'opéra *la Caverne* venait d'obtenir un succès immense... (J'oubliais de vous dire que Lesueur fut un célèbre compositeur français, né à Drucat-Plessiel, près d'Abbeville, la même année que Méhul ; il fut surintendant de la chapelle de l'empereur Napoléon, de celles de Louis XVIII et de Charles X, écrivit une foule de messes, d'oratorios, d'opéras, et a laissé en portefeuille un *Alexandre à Babylone* qui n'a jamais été représenté) ; Méhul, irrité du succès de *la Caverne* de Lesueur, mit en musique un opéra sur le même sujet et portant le même titre. *La Caverne* de Méhul tomba. Je sais que la bibliothèque de l'Opéra-Comique possède ce manuscrit, et je serais, je l'avoue, fort curieux de pouvoir juger par mes yeux de ce qu'il y avait de mérite dans cette catastrophe.

Une autre chute vint mettre le sceau à la renommée et à la gloire de Méhul, la chute de *la Chasse du jeune Henri*, opéra dont l'ouverture, redemandée avec transports, produisit une telle impression sur l'auditoire qu'on ne voulut pas entendre après elle le reste, assez ordinaire, dit-on, de la partition.

Parmi les très-beaux ouvrages de Méhul qui réussirent

peu il faut mettre en première ligne *Ariodant*. Le sujet de cet opéra est à peu près le même que celui de *Montano et Stéphanie* de Berton (musicien français, né à Paris, où il s'est fait une belle réputation par ses compositions théâtrales). Ils sont l'un et l'autre empruntés à une tragi-comédie de ce poëte anglais, Shakespeare, dont je vous parlais tout à l'heure, qui a pour titre : *Much ado about nothing*. Dans *Ariodant* se trouve un duo de jalousie presque digne de faire le pendant de celui d'*Euphrosine*, un duo d'amour d'une vérité crue jusqu'à l'indécence, un air superbe : « Oh ! des amants le plus fidèle ! » et la célèbre romance que vous connaissez très-certainement :

<small>Femme sensible, entends-tu le ramage
De ces oiseaux qui célèbrent leurs feux ?</small>

Bion, où l'on trouve un joli rondo, *Epicure*, *le Trésor supposé*, *Héléna*, *Johanna*, *l'Heureux malgré lui*, *Gabrielle d'Estrées*, *le Prince troubadour*, *les Amazones*, ne réussirent point et appartiennent probablement à la catégorie des ouvrages justement condamnés à l'oubli. *L'Irato*, *une Folie*, *Uthal*, *les Aveugles de Tolède*, *la Journée aux Aventures*, *Valentine de Milan* et *Joseph* sont au contraire de ceux auxquels le succès a été dispensé assez exactement, ce me semble, dans la proportion de leur mérite. Le moins connu de ces opéras, *les Aveugles de Tolède*, a pour préface une jolie ouverture dans le style des boléros espagnols. *L'Irato* fut écrit pour mystifier le premier Consul et tout son entourage, qui ne reconnaissaient de facultés mélodiques qu'aux seuls Italiens et les refusaient surtout à Méhul. L'ouvrage fut donné comme une traduction d'un opéra napolitain. Napoléon n'eut garde de manquer la première représentation ; il applaudit de toutes ses forces, et déclara bien haut que jamais un compositeur français ne pourrait écrire d'aussi charmante musique. Puis le nom de l'auteur ayant été demandé par le public, le régisseur vint jeter à la salle étonnée celui de Méhul. Mystification excellente, qui réussira toujours, en tout temps et en tout lieu, et rendra manifeste l'injustice des préventions, sans jamais les détruire.

Uthal, avec son sujet ossianique, vint se heurter encore

contre les *Bardes* de Lesueur, qui poursuivaient à l'Opéra une brillante carrière, et que Napoléon d'ailleurs avait pris sous son patronage. Méhul, pour donner à l'instrumentation d'*Uthale* une couleur mélancolique, nuageuse, ossianique enfin, eut l'idée de n'employer que des altos et des basses pour tous instruments à cordes, en supprimant ainsi la masse entière des violons. Il résultait une monotonie plus fatigante que poétique de la continuité de ce timbre clair-obscur, et Grétry, interrogé à ce sujet, répondit franchement : « Je donnerais un louis pour entendre une chanterelle. »

Joseph est celui des opéras de Méhul qu'on connaît le mieux en Allemagne. La musique en est presque partout simple, touchante, riche de modulations, heureuse sans être bien hardies, d'harmonies larges et vibrantes, de gracieux dessins d'accompagnement, et son expression est toujours vraie. La seconde partie de l'ouverture ne me paraît pas digne de l'introduction si colorée qui la précède. La prière « Dieu d'Israël ! » où les voix ne sont soutenues que par de rares accords d'instruments de cuivre, est complétement belle sous tous les rapports. Dans le duo entre Jacob et Benjamin : « O toi, le digne appui d'un père ! » on trouve des réminiscences assez fortes d'*Œdipe à Colonne* ; réminiscences amenées sans doute dans l'esprit de Méhul par la similitude de situation et de sentiments qu'offre ce duo avec plusieurs parties de l'opéra de Sacchini (*Œdipe à Colonne* est de Sacchini).

Méhul a écrit encore beaucoup d'autre musique que celle des opéras que je viens d'énumérer. Il a fait ou plutôt arrangé trois partitions de ballets : *le Jugement de Pâris*, *la Dansomanie* et *Persée et Andromède*. Il a composé des chœurs et une bonne ouverture pour la tragédie de Joseph Chénier, *Timoléon*, plusieurs symphonies, un grand nombre de morceaux pour le solfége du Conservatoire, des cantates, des opéras dont je m'abstiens de citer les titres, puisqu'ils ne furent point représentés ; des opéras de circonstance, tels que *le Pont de Lodi*, et d'autres pour lesquels il eut des collaborateurs ; une scène à deux orchestres dont le second imite *canoniquement* le premier comme un écho, exécutée au Champ de Mars dans une fête publique à l'occasion de la victoire de Marengo ; il a fait la musique d'un mélodrame pour le théâtre de la Porte Saint-Martin, et des chansons patriotiques, entre autres *le Chant du Départ* (« La victoire en chantant »), dont la popularité s'est maintenue à côté de celle de *la Marseillaise*.

Méhul mourut le 18 octobre 1817, à l'âge de cinquante-quatre ans. Il avait, dit-on, une conversation attachante, de l'esprit, de l'instruction, et le goût de l'horticulture et des fleurs. Son système en musique, si tant est que l'on puisse appeler système une doctrine semblable, était le système du gros bon sens, si dédaigné aujourd'hui. Il croyait que la musique de théâtre ou toute autre destinée à être unie à des paroles doit offrir une corrélation directe avec les sentiments exprimés par ces paroles; qu'elle doit même quelquefois, lorsque cela est amené sans effort et sans nuire à la mélodie, chercher à reproduire l'accent de voix, l'accent déclamatoire, si l'on peut ainsi dire, que certaines phrases, que certains mots appellent, et que l'on sent être celui de la nature; il croyait qu'une *interrogation*, par exemple, ne peut se chanter sur la même disposition de notes qu'une *affirmation*; il croyait que pour certains élans du cœur humain il y a des accents mélodiques spéciaux qui seuls les expriment dans toute leur vérité, et qu'il faut à tout prix trouver, sous peine d'être faux, inexpressif, froid, et de ne point atteindre le but suprême de l'art. Il ne doutait point non plus que, pour la musique vraiment dramatique, quand l'intérêt d'une situation mérite de tels sacrifices, entre un joli effet musical étranger à l'accent scénique ou au caractère des personnages, et une série d'accents vrais, mais non provocateurs d'un frivole plaisir, il n'y a point à hésiter. Il était persuadé que l'expression musicale est une fleur suave, délicate et rare, d'un parfum exquis, qui ne fleurit point sans culture et qu'on flétrit d'un souffle; qu'elle ne réside pas dans la mélodie seulement, mais que tout concourt à la faire naître ou à la détruire: la mélodie, l'harmonie, les modulations, le rhythme, l'instrumentation, le choix des timbres graves ou aigus des voix et des instruments, le degré de vitesse ou de lenteur de l'exécution, et les diverses nuances de force dans l'émission du son. Il savait qu'on peut se montrer musicien savant ou brillant et être entièrement dépourvu du sentiment de l'expression; qu'on peut posséder, au contraire, au plus haut degré ce sentiment et n'avoir qu'une valeur musicale fort médiocre ; que les vrais maîtres de l'art dramatique ont toujours été doués plus ou moins de qualités très-musicales unies au sentiment de l'expression.

Méhul n'était imbu d'aucun des préjugés de quelques-uns de ses contemporains, à l'égard de certains moyens de l'art qu'il employait habilement lorsqu'il les jugeait convenables, et que les routiniers veulent proscrire en tout cas. Il était donc réellement et tout à fait de l'école de Gluck ; mais son style, plus châtié, plus poli, plus académique que celui du maître allemand, était aussi bien moins grandiose, moins saisissant, moins *âpre au cœur ;* on y trouve bien moins de ces éclairs immenses qui illuminent les profondeurs de l'âme. Puis, si j'ose l'avouer, Méhul me semble un peu sobre d'idées ; il faisait de la musique excellente, vraie, agréable, belle, émouvante, mais sage jusqu'au rigorisme. Sa muse possède l'intelligence, l'esprit, le cœur et la beauté ; mais elle garde des allures de ménagère, sa robe grise manque d'ampleur, elle adore la sainte économie.

C'est ainsi que dans *Joseph* et dans *Valentine de Milan*, la simplicité est poussée jusqu'à des limites qu'il est dangereux de tant approcher. Dans *Joseph* aussi, comme dans la plupart de ses autres partitions, l'orchestre est traité avec un tact parfait, un bon sens extrêmement respectable ; pas un instrument n'y est de trop, aucun ne laisse entendre une note déplacée ; mais ce même orchestre, dans sa sobriété savante, manque de coloris, d'énergie même, de mouvement, de ce je ne sais quoi qui fait la vie. Sans ajouter un seul instrument à ceux que Méhul employa, il y avait moyen, je le crois, de donner à leur ensemble les qualités qu'on regrette de ne pas y trouver. J'ai hâte d'ajouter que ce défaut, s'il est réel, me paraît mille fois préférable à l'abominable et repoussant travers qu'il faut renoncer à corriger chez la plupart des compositeurs dramatiques modernes, et grâce auquel l'art de l'instrumentation fait trop souvent place, dans les orchestres de théâtre, à des bruits grossiers et ridicules, grossièrement et ridiculement placés, ennemis de l'expression et de l'harmonie, exterminateurs des voix et de la mélodie, propres seulement à marquer davantage des rhythmes d'une vulgarité déplorable, destructeurs même de l'énergie, malgré leur violence; car l'énergie du son n'est que relative et ne résulte que des contrastes habilement ménagés; bruits qui n'ont rien de musical, qui sont une critique permanente de l'intelligence et du goût du public capable de les supporter, et qui ont enfin rendu nos orchestres de théâtre les émules de ceux que font entendre dans les foires de village les saltimbanques et les marchands d'orviétan.

. . . .
. . . .

Avouez-le, malgré votre haute estime pour Méhul et ses œuvres, vous ne saviez pas tout cela. Et c'est à *Angélique et Roland* que vous devez cette instruction inattendue. A quelque chose le mauvais est bon.

Votre second acte n'est pas terminé, j'en ai peur. Eh bien causons un peu. Je reviens encore de Londres. Cette fois, à part l'exception que je dois faire en faveur de deux cantatrices, je n'y ai rien observé en musique que d'assez laid. J'ai vu une représentation au théâtre de la Reine du *Figaro* de Mozart, mais trombonisé, ophicléidé, en un mot *doublé en cuivre* comme un vaisseau de haut bord. C'est ainsi que cela se pratique en Angleterre. Ni Mozart, ni Rossini, ni Weber, ni Beethoven n'ont pu échapper à la *réinstrumentation*. Leur orchestre n'est pas assez épicé, et l'on se croit obligé de pourvoir à ce défaut. D'ailleurs, si les théâtres ont des joueurs de trombone, d'ophicléide, de grosse caisse, de triangle et de cymbales, ce n'est pas apparemment pour qu'ils se croisent les bras! Cette charge est vieille. Il serait temps d'y renoncer.

Mademoiselle Cruvelli jouait le page, et pour la première fois de ma vie j'ai entendu ce rôle chanté d'une façon intelligible. Mademoiselle Cruvelli le dit pourtant avec une passion un peu trop accentuée; elle fait de Cherubino un trop grand garçon; elle en fait presque un jeune homme. Madame Sontag *était* Suzanne. L'existence d'un pareil talent est à peine croyable pour ceux même qui en éprouvant le charme. Voilà une cantatrice qui entend l'art des nuances, qui en possède un clavier complet, et qui sait les choisir et les appliquer!

> Donnez des Ut pour elle,
> Des Ut à pleines mains.

J'ai assisté, dans Westminster-Abbey, à la *Purcell's commemoration*. Un petit chœur de voix médiocres chantait avec accompagnement d'orgue des hymnes, antiennes et motets de ce vieux maître anglais. Un petit auditoire recueilli assistait à la cérémonie. C'était froid, stagnant, somnolent, lent. Je m'évertuais à ressentir de l'admiration, et j'éprouvais le sentiment contraire. Puis le souvenir du chœur des enfants de l'église de Saint-Paul étant venu m'assaillir, j'ai fait mentalement une comparaison fâcheuse, et je suis sorti, laissant Purcell sommeiller avec ses fidèles.

Sir George Smart a bien voulu, un dimanche, me faire les honneurs de la chapelle de Saint-James, dont il est l'organiste. Hélas! la musique a abandonné ce réduit, depuis que les rois et les reines ont cessé d'habiter le palais. Quelques chantres sans voix, huit enfants de chœur qui en ont trop, un orgue primitif, c'est tout ce qu'on y entend. Cette chapelle fut construite par Henri VIII, et sir George m'a montré la petite porte par laquelle ce bon roi venait rendre grâce à Dieu et chanter les *alleluia* composés par lui-même, chaque fois qu'il avait inventé une nouvelle religion ou fait couper le cou à une de ses femmes...

J'ai entendu aussi dans un concert le brillant *Stabat* de Rossini... Vous ne connaissez pas l'histoire de la fugue qui termine cette partition? la voici.

Rossini, ce grand musicien de tant d'esprit, a pourtant eu la faiblesse de croire qu'un *Stabat* respectable, un vrai *Stabat*, un *Stabat* digne de succéder à ceux de Palestrina et de Pergolèse, devait absolument finir par une fugue sur le mot *Amen*. C'est en réalité, vous le savez tous, le plus abominable et le plus indécent des contre-sens; mais Rossini ne se sentait pas le courage de braver le préjugé établi là-dessus. Or, comme la fugue n'est pas son fort, il alla trouver son ami Tadolini, qui passe pour un contre-pointiste à tous crins, et il lui dit de son air le plus câlin: *Caro Tadolini, mi manca la forza ; fammi questa fuga!* Le pauvre Tadolini se dévoua et fit la fugue. Puis quand le *Stabat* parut, les professeurs de contre-point la trouvèrent détestable, ces messieurs ayant toujours été dans l'usage de n'accorder la science de la fugue qu'à eux ou à leurs élèves. De sorte qu'en fin de compte, Rossini, à les en croire, eût tout aussi bien fait d'écrire sa fugue lui-même.

Telle est l'anecdote qui circule ; mais la vérité vraie, c'est, entre nous soit dit, que la fugue est de Rossini.

Un malheur sérieux vient de nous frapper à Paris, et vous serez bien heureux de ne pas en ressentir le contre-coup. Z..., ce grand insulteur de l'art et des artistes, désespéré d'avoir, par un coup de bourse, perdu les trois quarts de l'énorme fortune qu'il avait amassée, vous savez comment, n'a pu résister à une tentation de suicide. Il a fait son testament, légué, dit-on, ce qui lui restait à la directrice d'une maison d'éducation pour les filles jeunes, et, ce pieux devoir rempli, s'est acheminé vers la place Vendôme, où il s'est fait ouvrir la porte de la colonne. Parvenu sur la galerie qui couronne le sommet du monument, il a quitté son chapeau, sa cravate, ses gants, je tiens ces affreux détails du gardien de la colonne, il a jeté un regard calme sur l'abîme ouvert autour de lui, puis s'éloignant de quelques pas de la balustrade, comme pour mieux prendre son élan, il a brusquement renoncé à son projet.

Henri Heine, que je viens de voir, m'a récité en prose française un petit poëme élégiaque allemand qu'il a composé sur cette catastrophe. C'est à mourir de rire.

Pauvre Heine! cloué sur son lit depuis six ans par une incurable paralysie ; presque aveugle ; il garde néanmoins sa terrible gaîté. Il ne consent pas encore à mourir, dit-il. Il faut que le bon Dieu attende. Il veut voir auparavant comment *tout ceci finira.* Il fait des mots, sur ses ennemis, sur ses amis, sur lui-même. Avant-hier, en m'entendant annoncer, il s'est écrié de son lit, avec sa faible voix qui semble sortir d'une tombe : « Eh! mon cher! quoi, c'est vous! entrez. Vous ne m'avez donc pas abandonné?... toujours original! »

Si votre second acte n'est pas terminé, j'en suis fâché, Corsino, mais je n'ai plus rien à vous conter pour le moment. Ainsi résignez-vous, prenez votre violon et jouez le final comme s'il était bon. Vous n'en mourrez pas. D'ailleurs, j'ai besoin de relire encore votre lettre ; je veux y répondre de façon à ne pas être obligé de vous quitter avant la fin du troisième acte, que vous me dénoncez comme le plus dangereux.

. . . .

POUR LE DERNIER ACTE.

Je n'ai pas voulu, en commençant ma lettre, faire la moindre observation sur certains passages de la vôtre. J'y arrive maintenant.

Ah! mes quatre ou cinq lecteurs trouvent que j'ai mal agi en racontant les délassements auxquels ils se livrent, eux et leurs confrères, quand il s'agit d'exécuter la musique qu'ils n'aiment point! délassements que j'avoue avoir moi-même partagés!

Voilà bien les artistes! s'ils font la moindre chose passable, il faut que les cinq cent trente mille voix de la renommée, sans compter sa trompette, l'annoncent aux cinq parties du monde ; et en quels termes! et avec quelles fanfares! je le sais trop. Mais, s'il leur arrive de se laisser entraîner à quelque action ou production qui donne tant soit peu de prise à la critique, malgré tous les ménagements, tous les sourires de cette pauvre critique, en dépit des formes aimables qu'elle prend pour se faire bénigne et douce et bonne fille, en parler seulement est, de sa part, un crime abominable ; à les en croire, c'est une infamie, que dis-je, une platitude, un *abus de confiance :* et chacun de ces indignés de s'écrier comme Othello : « Il n'y a donc point de carreaux au ciel! »

Sur ma foi, très-chers, vous m'inspirez de la pitié.

Je vous supposais moins arriérés, et je me croyais, moi, bien plus de vos amis.

Allons! je vais mettre des gants pour vous écrire, je ne me montrerai désormais dans votre orchestre qu'en cravate blanche, avec *toutes mes décorations*, et ne vous parlerai, Messeigneurs, que chapeau bas. . . . .

Plaisanterie à part, une telle susceptibilité est enfantine, (sachez-moi gré de ne pas dire puérile); mais comme je vous tiens pour incapables de n'en pas rire à présent, brisons-là, et qu'il n'en soit plus question.

Pour vous, Corsino, qui pensez paraître *ridicule aux yeux des hommes de lettres et des musiciens de Paris qui me liront*, sachez-le bien, votre crainte est absolument chimérique ; par cette excellente raison, que les hommes de lettres de Paris lisent seulement leurs propres livres et que les musiciens ne lisent rien.

Je vous remercie sincèrement de m'avoir soustrait à la *vendetta transversale* du ténor outragé, et de ne *vouloir pas qu'on me joue*. Je vous en ai même une double obligation, car le danger serait double pour moi, si l'opéra en question était donné à X***. Je crois vos confrères fort capables d'en faire un *opéra où l'on parle*, et de commencer la lecture de *Clarisse-Harlowe* à sa première représentation.

J'avoue la mesquinerie de mon calembour sur Moran, mais votre jeu de mots sur les Bavaroises ne vaut pas mieux.

Il m'est impossible de croire au corset de votre chef d'orchestre. Ce sont plutôt les répétitions d'*Angélique et Roland* qui l'auront fait maigrir. C'est donc bien mauvais?

Si j'ai dit par deux fois que le bon Bacon (admirez l'euphonie!) ne descendait pas de l'homme célèbre dont il porte le nom, c'est que sa rare intelligence et la profondeur de son esprit pourraient faire croire le contraire, et qu'une telle supposition de descendance serait calomnieuse pour le savant Roger Bacon, inventeur de la poudre, puisqu'il fut moine et que les moines ne se marient pas. Cette explication, je l'espère, satisfera complétement notre ami.

Dimski, Dervinck, Turuth, Siedler et vous, Corsino, vous ignorez ce qu'est Falstaff. Vous osez le dire! Mais vous êtes donc tous plus B. B. B. B. Bacon que Bacon lui-même! Falstaff un poëte! un guerrier! et vous avez prétendu souvent connaître Shakespeare !... Sachez donc, Messieurs mes amis les musiciens, que sir John Falstaff est un personnage important de trois pièces du poëte anglais, des deux tragédies de *Henri VI* et de la comédie des *Joyeuses commères de Wind*.

sor; qu'il occupe encore l'attention du public dans un quatrième drame du même auteur, où il ne paraît point, mais où l'on vient raconter ses derniers moments. Sachez qu'il fut le favori de la reine Élisabeth, qu'il est l'idéal du bouffon anglais, du gascon anglais, du matamore anglais ; qu'il faut voir en lui le vrai polichinelle anglais, le représentant de cinq ou six péchés capitaux ; que gourmandise, paillardise, couardise, sont ses qualités dominantes ; que, malgré son obésité, sa rotondité, sa ladrerie et sa poltronnerie, il ensorcelle des femmes et leur fait mettre en gage leur argenterie pour satisfaire ses appétits gloutons ; que Shakespeare l'a donné au prince Henri pour compagnon de ses orgies et de ses escapades nocturnes dans les rues de Londres ; lequel prince permet à Falstaff de traiter Son Altesse avec la plus incroyable familiarité ; jusqu'au moment où devenu roi sous le nom de Henri V, et désireux de faire oublier les folies de sa jeunesse, le *Royal Hal*, comme Falstaff a l'insolence de l'appeler par abréviation, interdit l'accès de sa cour à son gros compagnon de débauches et l'envoie en exil. Sachez enfin que cet incomparable cynique, auquel on s'intéresse malgré soi et dont la triste fin vous tire presque des larmes, obligé de prendre part à une grande bataille, à la tête d'une bande de vagabonds dépenaillés dont il est le capitaine, s'enfuit au moment de l'action et prononce dans le réduit où il est allé se cacher le monologue que voici :

Honour pricks me on. Yea, but how, if honour prick me off when I come on ? how then ? can honour set to a leg ? No. Or an arm ? No. Or take away the grief of a wound ? No. Honour hath no skill in surgery then ? No. What is honour ? A Word. Wath is in that word, honour ? Wat is that honour ? Air. A trim reckoning ! — Who hath it ? He that died o' Wednesday. Doth he feel it ? No. Doth he hear it ? No. Is it insensible then ? Yea, to the dead. But will it not live with the living ? No. Why ? Detraction will not suffer it. — Therefore I'll none of it : Honour is a mere scutcheon, and so ends my catechism.

J'ai transcrit l'original de ce discours célèbre, pour ceux d'entre vous, Messieurs, qui ne savent pas l'anglais et qui voudraient se donner l'air de le savoir. Mais en voici la traduction, destinée à ceux qui bornent leurs prétentions à comprendre la langue française.

L'honneur me pique pour me faire avancer. Oui, mais quoi, si l'honneur me pique à terre quand j'avance! Que faire alors? L'honneur peut-il me raccommoder une jambe? Non. Ou un bras? Non. Ou dissiper la douleur d'une blessure? Non. L'honneur ne sait donc rien en chirurgie? Qu'est-ce que l'honneur? Un mot. Qu'est-ce que ce mot, honneur? Qu'est-ce que cet honneur? De l'air. Une facture acquittée. Qui possède cela? Celui qui mourut mercredi. Le sent-il? Non. L'entend-il? Non. C'est insensible alors? Oui, pour les morts. Mais cela ne vivra-t-il pas avec les vivants? Non. Pourquoi? La médisance ne le souffrira pas. — En ce cas je m'en passerai: L'honneur est un simple écusson, et ainsi finit mon catéchisme.

Vous devinez maintenant, n'est-ce pas, comment à propos des labeurs de Camoëns et de sa gloire tardive, j'ai pu m'écrier: *O Falstaff*, et songer à sa philosophie. Vous êtes d'une rare pénétration.

Venons enfin, cher Corsino, à vos dernières questions.

L'auteur de cette vie de Paganini dont vous me parlez, écrivait récemment à un de mes amis, en le priant d'obtenir de moi une analyse de son ouvrage dans le *Journal des Débats*; espérant, disait-il, que je ne me laisserais pas influencer dans cette appréciation par ma haine pour la musique italienne et pour les Italiens. J'ai donc lu sa brochure. Il m'a été facile de répondre aux reproches violents qui m'y sont adressés. Mais cette réplique faite, on m'a détourné de la publier dans un journal, afin de ne pas donner lieu à une polémique qui, n'intéressant que moi, y serait nécessairement déplacée. Ici le cas n'est plus le même, et je ne suis pas fâché, puisque vous avez lu l'accusation, de vous faire connaître la défense.

RÉPONSE A M. CARLO CONESTABILE

auteur du livre intitulé :

VITA DI NICCOLO PAGANINI DA GENOVA

M. Conestabile de Pérouse en appelle à mon impartialité en me demandant de faire l'analyse de ce petit ouvrage, dans lequel il me traite de la plus vilaine façon. Je le remercie de m'avoir cru, néanmoins, capable de rendre pleine justice à son travail. Je le ferais bien volontiers, accoutumé que je suis à me trouver dans cette piquante position. Malheureusement l'œuvre est de telle nature, qu'il m'est impossible d'émettre à son sujet une opinion de quelque valeur. Je ne puis juger ni du mérite historique du livre, n'étant point en mesure de connaître la vérité des faits qui y sont énoncés; ni du style de l'auteur, les finesses de la langue italienne devant m'échapper nécessairement; ni de la justesse avec laquelle il apprécie le talent du grand virtuose, *car je n'ai jamais entendu Paganini*. J'étais en Italie, à l'époque où cet artiste extraordinaire enthousiasmait la France. Quand je l'ai connu, plus tard, il avait déjà renoncé à se faire entendre en public, l'état de sa santé ne le lui permettant plus; et je n'osai point alors, cela se conçoit, lui demander de jouer pour moi seul une fois encore. Si je me suis formé de lui une opinion si haute, c'est d'après sa conversation d'abord; c'est éclairé par ces irradiations que projettent certains hommes d'élite et qui semblaient entourer Paganini d'une poétique auréole; c'est d'après l'admiration ardente autant que raisonnée qu'il avait inspirée à des artistes dans le jugement desquels j'ai une confiance absolue.

J'aime à penser que M. Conestabile a puisé aux sources les plus pures pour écrire la vie de l'illustre virtuose, dont l'apparition produisit en Europe une émotion si extraordinaire. Je reconnais même qu'en ce qui touche mes relations avec Paganini, il a recueilli quelques renseignements exacts et qu'il n'a guère laissé échapper que des erreurs de détail peu importantes. Peut-être devrais-je borner là mon appréciation. Mais ce livre contient un passage bien fait pour me faire ressentir une violente indignation, si la calomnie qu'il contient n'était tempérée par tant d'absurdité; et je ne puis, le lecteur me le pardonne, m'abstenir d'y répondre brièvement.

Après avoir raconté ce qui est de notoriété publique d'une anecdote qui me concerne, et dans laquelle Paganini joua à mon égard un rôle si cordialement magnifique, après avoir même accordé bénévolement une valeur trop grande à mes compositions, M. Conestabile s'écrie : « Maintenant, qui le
» croirait !!! ce même homme qui doit à un Italien le triom-
» phe de son propre génie, *l'acquisition* (*conseguimento*)
» d'une somme considérable[1], ce Berlioz, qui appartient
» à une nation si redevable à la très-chère patrie des Pales-
» trina, des Lulli, des Viotti, des Spontini, NE SE SOUVIENT
» PLUS, Paganini mort, des bienfaits qu'il a reçus; et, après
» avoir sucé le venin de l'ingratitude, se plaît à vomir des
» paroles acerbes contre *notre* musique, contre *nous*, qui,
» par antique bonté, sommes habitués à souffrir les injures
» et les outrages des nations étrangères (je traduis textuelle-
» ment), n'opposant à leurs grossiers sarcasmes qu'un dédai-
» gneux silence! Mais non, le nom d'Hector Berlioz ne
» périra pas (vous êtes trop bon!), ni celui de Paganini
» (à fortiori, c'est un pléonasme); et si les contemporains
» se taisent (ils ne se taisent pas tous), au moins nos suc-
» cesseurs, en apprenant l'aventure que je viens de ra-
» conter, récompenseront par leurs applaudissements la
» philanthropie italienne, et consacreront une page à l'in-
» gratitude française !!! »

En vérité, Monsieur, lui répondrai-je, si vous pouviez savoir combien cette tirade est ridicule, vous seriez très-fâché de l'avoir laissé échapper. Vous vivez, je le vois, dans un monde exclusif et qui veut rester en dehors du mouvement musical

---

1. M. Conestabile fait ici allusion au mouvement d'enthousiasme de Paganini, qui, après avoir entendu (en 1838) au Conservatoire, les deux premières symphonies de M. Berlioz, lui envoya, *en signe d'hommage* (telle fut l'expression dont il se servit), une somme de 20,000 francs. Ce présent était accompagné d'une lettre de l'illustre virtuose, lettre qui parut à cette époque dans tous les journaux de l'Europe et excita partout la plus vive admiration.

(*Note de l'éditeur*, M. LÉVY.)

de l'Europe. Vous vous passionnez pour *votre musique*, comme vous dites, sans pouvoir établir entre son caractère et celui de la musique des autres peuples d'utiles comparaisons. De là, votre foi religieuse dans l'art italien et votre irritation quand on ose mettre ses dogmes en discussion. Vous oubliez que la plupart des artistes et critiques de quelque valeur connaissent, au contraire, plus ou moins, les chefs-d'œuvre de tous les pays ; que ces mêmes critiques et artistes n'attachent de prix réel qu'à la musique vraie, grande, originale, belle ; qu'ils l'aiment pour ses qualités ou la détestent pour ses vices, sans s'inquiéter d'où elle vient. Peut-être ne l'avez-vous jamais su. Eh bien ! en ce cas, je vous l'apprends. Que l'auteur d'une œuvre musicale soit Italien, Français, Anglais ou Russe, il leur importe peu. Les questions de nationalité sont à leurs yeux tout à fait puériles.

Et la preuve en est dans votre livre même, lorsqu'à propos de la mort de Spontini, vous dites que je *n'ai pu m'empêcher* (il y a vingt-cinq ans que je ne le puis) *de payer à ses œuvres un large tribut d'admiration.*

Maintenant, permettez-moi de vous montrer l'injustice de l'accusation blessante que vous portez contre moi, les conséquences qu'il en faudrait tirer si elle était méritée, et l'erreur matérielle que vous avez commise sur le fond de la question.

Je vois d'abord, dans cette accusation même, la preuve que, vous au moins, vous n'opposerez pas *aux sarcasmes un dédaigneux silence*, et que vous êtes à peu près exempt de *l'antique bonté* de vos compatriotes.

Vous croyez qu'un grand artiste italien ayant fait pour moi ce que fit Paganini, je suis tenu par cela seul de trouver excellent, parfait, irréprochable, tout ce qui se pratique en Italie, de louer les habitudes théâtrales de ce beau pays, les prédilections musicales de ses habitants, les résultats que ces prédilections et ces habitudes ont amenés dans l'exercice du plus libre des arts, et la compression qu'elles exercent fatalement sur lui.

Quoique Français, Monsieur, je dois beaucoup à la France ; d'après vous, il me serait donc imposé de trouver bonne toute la musique qu'elle produit. Ce serait fort grave, car on en fait, en France, presque autant de mauvaise que chez vous. Je dois beaucoup aussi à la Prusse, à l'Autriche, à la Bohême, à la Russie, à l'Angleterre ; je suis criblé de dettes semblables, contractées un peu partout. Il me faut donc déclarer que tout est pour le mieux dans le meilleur des mondes possibles, et m'écrier : « Vous êtes tous sublimes, embrassons-nous ! » sans ajouter : « Et que cela finisse ! »

Vous prétendez enfin qu'à l'égard de toutes les nations dont un seul homme même aurait bien voulu me reconnaître quelque mérite, je dois ne plus tenir compte de ma conscience d'artiste et jouer, en tout état de cause, une sotte comédie d'admiration

Paganini, Monsieur, qui n'était point de votre avis, m'eût méprisé, si j'en eusse été capable. Je sais fort bien, en outre, ce qu'il pensait des mœurs musicales de son pays, quoiqu'il ne se soit jamais trouvé, fort heureusement pour lui et peut-être pour vous, dans le cas d'exprimer par écrit son opinion à ce sujet. Je tremble de vous laisser soupçonner ce qu'en pensaient également Cherubini et Spontini, dont vous revendiquez maintenant comme vôtres la célébrité et les œuvres, bien que l'Italie ne se soit guère souciée de l'une ni des autres. Paganini, Spontini et Cherubini furent donc, eux aussi, et plus que moi, des monstres d'ingratitude ; car si le reste de l'Europe, en leur donnant à parcourir une carrière plus vaste que celle imposée à ses musiciens par l'Italie, a forcé leur génie de prendre un vol plus puissant et plus fier, et les a comblés ensuite d'or, d'honneurs et de gloire, l'Italie leur donna.... naissance, et ce présent, peu coûteux, a bien son prix. D'ailleurs, remarquez, je vous prie, que Paganini n'est point l'Italie, pas plus que je ne suis la France. Ces deux pays, dont vous glorifiez justement l'un, en flagellant l'autre outre mesure, ne sauraient être solidaires des sentiments privés de deux artistes. Admettons même, si vous voulez, que tous les Italiens soient des *philanthropes*, selon votre naïve expression, il m'est impossible de vous accorder que tous les Français soient des *ingrats*.

De plus, je veux vous faire un important aveu : quelque passionné que vous soyez pour votre musique, je suis presque sûr de l'être encore davantage pour la musique. A ce point que je me sens très-capable d'éprouver une sympathie dévouée pour un brigand de génie, eût-il tenté de m'assassiner, et assez peu pour un honnête homme auquel la nature aurait refusé l'intelligence et le sentiment de l'art.

Sans doute, vos convictions sont sincères et vous êtes un parfait honnête homme. Mais, croyez-le bien, les idées de Paganini ne différaient guère de ma monstrueuse manière de voir à ce sujet. Enfin, pour compléter ma profession de foi, sachez que si je suis profondément reconnaissant envers les hommes dont les œuvres m'inspirent de l'admiration, je n'admirerai jamais des hommes médiocres, lors même que leurs procédés envers moi m'auraient inspiré la plus vive reconnaissance. Jugez de la valeur du droit que je m'attribue de ne point louer les œuvres et les talents médiocres ou pires, de gens auxquels je ne dois rien.

Maintenant relevons une erreur de date qui a bien aussi son importance. Celle de mes critiques que vous citez, et dont vous changez d'ailleurs la signification, en mettant *sens mélodique* au lieu de *sens de l'expression*, ce qui est fort différent, je vous l'assure, cette étude sur les tendances musicales de l'Italie, qui a motivé le réquisitoire au sujet duquel j'ai le plaisir de vous entretenir, a été écrite en 1830, à Rome. Elle fut imprimée pour la première fois à Paris, dans le courant de la même année, par la *Revue européenne*, reproduite ensuite dans diverses publications, dans l'*Italie pittoresque*, entre autres, et dans la *Revue musicale* de M. Fétis, qui taxa d'abord mon opinion d'exagérée et en reconnut lui-même, plus tard, la justesse et la justice. Vous pouvez vous en convaincre par le récit que M. Fétis a publié dans la *Gazette musicale* de Paris, de son voyage en Italie. Or, j'ai vu Paganini pour la première fois en 1833. Vous voyez donc bien qu'il ne peut y avoir absolument aucune ingratitude dans le fait de cet écrit, puisqu'il fut rédigé, imprimé et reproduit longtemps avant que j'eusse seulement rencontré l'immortel virtuose dont vous êtes le biographe, et qu'il m'eût honoré de son amitié. Ceci, je le suppose, suffira pour ôter un peu de sa valeur à votre accusation, mais n'empêche point que j'aie encore à cette heure les mêmes idées sur ce que l'Italie peut avoir conservé de ses mœurs musicales de 1830, et que je prétendt être toujours en droit de les exprimer, sans mériter le moins du monde le reproche d'ingratitude que vous avez eu le patriotisme de m'adresser.

Voilà, Monsieur, tout ce que je puis dire sur votre livre, qui me semble écrit, du reste, dans un but honorable et avec les meilleures intentions.

———

. . . .

Je vais répondre maintenant, caro Corsino, à l'autre question *importante* contenue dans votre lettre.

Oui, je connais Wallace, et j'apprends avec plaisir que vous aimez son opéra de *Maritana*. Cet ouvrage, si bien accueilli à Vienne et à Londres, m'est pourtant encore inconnu. Quant à l'auteur, voici quelques détails invraisemblables sur lui, qui pourront vous intéresser. Admettez-les pour vrais, car je les tiens de Wallace lui-même, et il est trop indolent, malgré son humeur vagabonde, pour se donner la peine de mentir.

V. WALLACE

compositeur anglais.

SES AVENTURES A LA NOUVELLE-ZÉLANDE

Vincent Wallace naquit en Irlande. Il fut d'abord un violoniste distingué, et obtint comme tel de beaux succès à Londres et dans les colonies des Indes et de l'Australie. Il a ensuite renoncé au violon pour se livrer à l'enseignement du piano, instrument qu'il possède parfaitement, et à la composition. C'est un excellent *Excentric man*, flegmatique en apparence comme certains Anglais, téméraire et violent au fond comme un Américain. Nous avons passé ensemble, à Londres, bien des demi-nuits autour d'un bol de punch, occupés, lui à me raconter ses bizarres aventures, moi à les écouter avidement. Il a enlevé des femmes, il a compté plusieurs duels malheureux pour ses adversaires, il a été sauvage... Oui, sauvage, ou à peu près, pendant six mois. Et voici en quels termes je l'ai entendu me narrer, avec son flegme habituel, cet étrange épisode de sa vie :

« J'étais à Sydney (Wallace dit : J'étais à Sydney, — ou bien : Je vais à Calcutta, — comme nous disons à Paris : Je pars pour Versailles — ou : Je reviens de Rouen), j'étais à Sydney, en Australie, quand un commandant de frégate anglais, de ma connaissance, m'ayant rencontré sur le port, me propose, entre deux cigares, de l'accompagner à la Nouvelle-Zélande. — Qu'allez-vous faire là? lui dis-je. — Je vais châtier les habitants d'une baie de Tavaï-Pounamou, les plus féroces des Néo-Zélandais, qui se sont permis, l'an dernier, de piller un de nos baleiniers et de manger son équipage. Venez avec moi, la traversée n'est pas longue et l'expédition sera amusante. — Je vous suivrai volontiers. Quand partons-nous? — Demain. — C'est convenu, je suis des vôtres. — Le lendemain nous mîmes à la voile, en effet, et le voyage se fit rapidement. Arrivés en vue de la Nouvelle-Zélande, notre commandant, qui avait cinglé droit sur sa baie, ordonne de mettre le navire en désarroi, de déchirer quelques voiles, de briser deux ou trois vergues, de fermer les sabords, de masquer soigneusement nos canons, de cacher les soldats et les trois quarts de l'équipage dans l'entrepont, de donner enfin à notre frégate l'air d'un pauvre diable de navire à moitié désemparé par la tempête et ne gouvernant plus.

Dès que les Zélandais nous eurent aperçus, leur méfiance ordinaire les fit se tenir coi. Mais, en ne comptant qu'une dizaine d'hommes sur le pont de la frégate, et croyant reconnaître, à notre apparence misérable et à l'incertitude de nos allures, que nous étions des naufragés suppliants plutôt que des agresseurs, ils saisissent leurs armes, sautent dans leurs pirogues et se dirigent vers nous de tous les coins du rivage. Je n'ai jamais tant vu de pirogues de ma vie. Il en sortait de la terre, de l'eau, des buissons, des rochers, de partout. Et notez que plusieurs de ces embarcations portaient jusqu'à cinquante guerriers. On eût dit d'un banc de poissons énormes nageant de notre côté, en rapprochant leurs rangs. Nous nous sommes ainsi laissé entourer comme des gens incapables de se défendre. Mais quand les pirogues, divisées en deux masses, se sont trouvées à une demi-portée de pistolet et serrées à ne pouvoir virer de bord, un petit coup donné à la barre fait notre frégate présenter ses flancs aux deux flottilles, et le commandant de crier aussitôt : « En bataille sur le pont! ouvrez les sabords! et feu partout sur cette vermine! » — Les canons de babord et de tribord avançant alors hors du navire toutes leurs têtes à la fois, comme des curieux qui se mettent aux fenêtres, ont commencé à cracher sur les guerriers tatoués une pluie de mitraille, de boulets et d'obus des mieux conditionnés. Nos quatre cents soldats accompagnaient ce concert d'une fusillade nourrie et bien dirigée. Tout le monde travaillait; c'était superbe. Du haut d'une vergue du grand mât, où j'étais grimpé avec mes poches pleines de cartouches, mon fusil à deux coups et une douzaine de grenades, que le maître canonnier m'avait données, j'ai, pour ma part, ôté l'appétit à bien des Zélandais, qui avaient déjà peut-être creusé le four où ils comptaient me faire cuire. J'en ai tué je ne pourrais dire combien. Vous le savez, dans ces pays-là, cela ne fait rien de tuer des hommes. On ne se figure pas surtout l'effet de mes grenades. Elles éclataient entre leurs jambes et les faisaient sauter en l'air et retomber à la mer comme des dorades, pendant que les pièces de vingt-quatre et de trente-six, avec leurs gros boulets, vous enfilaient des séries de pirogues et les coupaient par le milieu avec des craquements comparables à ceux du tonnerre quand il tombe sur un arbre. Les blessés hurlaient, les fuyards se noyaient, et notre commandant trépignait en criant dans son porte-voix : « Encore une bordée! à boulets ramés! feu sur ce chef aux plumes rouges! A la mer la chaloupe maintenant! le canot, la yole! Achevez les nageurs à coups d'anspect! allons, raide! mes garçons! *God save the queen!* »

La mer était couverte de cadavres, de membres, de casse-tête, de pagaies, de débris d'embarcations; et çà et là se dessinaient sur l'eau verte de larges flaques rouges. Nous commencions à être las, quand nos hommes de la chaloupe, moins enragés que le commandant, se contentant d'expédier à coups de pistolet et d'aviron encore une douzaine de nageurs, ont tiré de l'eau deux Zélandais magnifiques, deux chefs qui n'en pouvaient plus. On les a hissés à demi morts sur le pont de la frégate. Au bout d'une heure, les deux Goliath étaient debout et vigoureux comme des panthères. L'interprète que nous avions amené de Sydney s'est approché d'eux pour leur assurer qu'ils n'avaient plus rien à craindre; les blancs n'étant pas dans l'usage de tuer leurs prisonniers. — « Mais, a dit alors l'un des deux dont la taille était énorme et l'aspect effrayant, pourquoi les blancs ont-ils tiré sur nous leurs gros et leurs petits fusils? Nous n'étions pas encore en guerre. — Vous rappelez-vous, a répondu l'interprète, ces pêcheurs de baleine que vous avez tués et mangés l'année dernière? Ils étaient de notre nation, nous sommes venus les venger. — Ah! s'écrie le grand chef en frappant un violent coup de talon sur le plancher et regardant son compagnon avec un sauvage enthousiasme, très-bon! les blancs sont grands guerriers! » Notre procédé les remplissait évidemment d'admiration. Ils nous jugeaient au point de vue de l'art, en connaisseurs, en nobles rivaux, en grands artistes.

La flotte zélandaise abîmée, la tuerie d'hommes achevée, le commandant nous apprend, un peu tard, qu'il doit aller maintenant en Tasmanie, au lieu de retourner à la Nouvelle-Galles. J'étais fort contrarié de faire forcément ce nouveau voyage, dont la durée devait être assez longue. Mais voilà le chirurgien de la frégate qui exprime le désir de rester à Tavaï-Pounamou, pour y étudier la flore de la Nouvelle-Zélande et enrichir ses herbiers, si le commandant peut venir le reprendre en revenant à Sydney : ce à quoi celui-ci s'engage sans difficulté. Alors l'idée de voir de près ces terribles sauvages me séduit, et j'offre au chirurgien de l'accompagner. On peut rendre la liberté aux deux chefs, à la condition pour eux de garantir notre sûreté. Ceux-ci, à qui l'arrangement convient fort, promettent de nous protéger auprès de leur nation, qui, à les en croire, nous recevra bien. « Tayo! tayo! » (amis) disent-ils en venant selon l'usage frotter leur nez contre le nôtre. « Tayo rangatira! » (amis des chefs).

Le traité est conclu. On nous conduit à terre, le chirurgien, les deux chefs et moi.

J'avais bien un certain serrement de cœur en mettant le pied sur cette plage maintenant déserte, mais couverte d'ennemis en armes quelques heures auparavant, et où nous venions, nous vainqueurs, sans autre sauvegarde contre la fureur des vaincus que la parole et l'autorité douteuse de deux chefs anthropophages.

— Sur l'honneur, dis-je à Wallace en l'interrompant, vous méritiez d'être cuits vivants à petit feu et mangés l'un et l'autre. Conçoit-on une aussi outrecuidante folie! — Eh bien, pourtant il ne nous arriva rien. En rencontrant leur peuplade, nos chefs expliquèrent que la paix était faite et qu'ils nous devaient leur liberté. Après quoi, nous faisant mettre à genoux devant eux, ils nous donnèrent à chacun un petit coup de casse-tête sur la nuque, en faisant des signes et prononçant des paroles qui nous rendaient *sacrés*.

Hommes, femmes et enfants, criant : Tayo! à leur tour, nous approchèrent aussitôt avec curiosité, mais sans la moindre apparence hostile. Notre confiance paraissait les flatter, et tous y répondirent. Le chirurgien, d'ailleurs, nous fit bien venir d'eux, en pansant le petit nombre de blessés qui avaient survécu à la mitraille, et dont plusieurs avaient des plaies et des fractures affreuses. Au bout de quelques jours il me laissa pour aller, sous la conduite de Koro le grand chef, explorer une forêt de l'intérieur.

J'avais déjà, un an auparavant, appris aux îles Haouaï quelques mots de la langue kanacke, en usage, malgré les énormes distances qui séparent ces divers archipels, à Haouaï, à Taïti et à la Nouvelle-Zélande. Je m'en servis tout d'abord pour séduire deux petites Zélandaises charmantes, vives comme des grisettes parisiennes, avec de grands yeux noirs étincelants et des cils de la longueur de mon doigt. Une fois apprivoisées, elles me suivirent comme deux lamas, Moré portant ma poudre et mon sac à balles, Moïanga, le gibier que j'abattais dans nos excursions ; et me servant tout à tour l'une et l'autre d'oreiller, la nuit, quand nous dormions à la belle étoile. Quelles nuits! Quelles étoiles! Quel ciel! C'est le paradis terrestre que ce pays-là.

Croiriez-vous que j'y fus atteint néanmoins par le plus inattendu et le plus infernal des chagrins! Emaï, mon chef protecteur, avait une fille de seize ans, qui ne s'était pas montrée d'abord, et dont la beauté piquante, quand je l'aperçus, me planta au cœur un amour terrible, avec tous les frémissements, tous les étouffements et tous les abominables maux de nerfs qui s'en suivent.

Dispensez-moi de vous faire son portrait... Je crus n'avoir qu'à me présenter à elle pour trouver deux bras ouverts. Méré et Moïanga m'avaient gâté. Je voulus en conséquence, après quelques mots tendres, la conduire dans un champ de phormium (le lin du pays) pour y filer des heures d'or et de soie. Mais point. Résistance, résistance obstinée. Alors, je me résignai à faire une cour en règle et assidue. Le père de Tatéa (c'est son nom) prit mes intérêts avec chaleur; il adressa devant moi maintes fois de vifs reproches à la belle rebelle. J'offris à Tatéa l'un après l'autre et tous ensemble les boutons de cuivre doré de mon gilet, puis mon couteau, ma pipe, mon unique couverture, plus de cent grains de verre bleus et roses; je tuai une douzaine d'albatros, pour lui faire un manteau de duvet blanc; je lui proposai de me couper elle-même le petit doigt. Ceci parut l'ébranler un moment, mais elle refusa encore. Son père indigné voulait lui casser un bras; je l'en détournai à grand'peine. Mes deux autres femmes s'en mêlèrent à leur tour et tentèrent de combattre son obstination.

La jalousie est ridicule dans la Nouvelle-Zélande, et mes femmes n'étaient point ridicules.

Rien n'y fit.

Alors, ma foi, le spleen s'empara de moi. Je cessai de manger, de fumer, de dormir. Je ne chassai plus, je ne disais plus un mot à Moïanga, ni à Méré; les pauvres filles pleuraient, je n'y prenais pas garde; et j'allais me tirer un coup de fusil dans l'oreille, quand j'eus l'idée d'offrir à Tatéa un baril de tabac que je portais toujours attaché sur mon dos.

C'était cela!!! et je ne l'avais pas deviné!!!

Le plus consolant des sourires accueillit ma nouvelle offrande; on me tendit la main, et en la touchant, je crus sentir mon cœur fondre, comme fond un morceau de plomb dans un feu de forge. Le cadeau de noces était accepté. Méré et Moïanga coururent, pleines de joie, annoncer à Emaï la bonne nouvelle; et Tatéa, ravie de posséder le précieux baril qu'elle s'était obstinée par coquetterie à ne pas demander, dénoua enfin sa chevelure et m'entraîna palpitant vers le champ de phormium...

Ah! mon cher, ne me parlez pas de nos Européennes!...

Au coucher du soleil, mes deux petites premières, ma reine Tatéa et moi, nous fîmes au coin d'un bois le plus délirant souper de famille, avec des racines de fougère, des kopanas (pommes de terre), un beau poisson, un guana (grand lézard) et trois canards sauvages, cuits les uns et les autres au four, entre des pierres rougies, selon la méthode des naturels, et arrosés de quelques verres d'eau-de-vie qui me restaient.

On m'eût proposé, ce soir-là, de me transporter en Chine, dans le palais de porcelaine de l'Empereur, et de me donner la céleste princesse, sa fille, pour épouse, avec cent mandarins décorés du bouton de cristal pour me servir, que j'aurais refusé.

Le lendemain de ces noces intimes, le chirurgien revint de son exploration botanique. Il était couvert de végétaux plus ou moins secs; il avait l'air d'une meule de foin ambulante. Son chef et le mien, Koro et Emaï, nos deux cornacs, convinrent de célébrer cette réunion et mon mariage par un festin officiel splendide. Ils avaient justement surpris en flagrant délit de vol dans leur Pà (village) une jeune esclave, et l'on convint de la punir de mort pour cette solennité. Ce qui fut fait, bien que je protestasse que nous avions déjà un très-beau dîner et que je n'en mangerais pas.

Dans le fait, vous pouvez m'en croire, au risque de désobliger nos chefs qui s'étaient mis en frais pour nous traiter, au risque même d'irriter Tatéa qui trouvait absurdes mes répugnances, on eut beau m'offrir la meilleure épaule de l'esclave, servie sur une fraîche feuille de fougère et entourée de succulentes koranas, il me fut impossible d'y toucher. Notre éducation est vraiment singulière, en Europe! J'en suis honteux. Mais ce sentiment d'horreur pour l'homme, inculqué dès l'enfance, devient une seconde nature et c'est en vain qu'on chercherait à le contrecarrer.

Le chirurgien essaya par bravade de goûter à l'épaule que j'avais refusée; presqu'aussitôt des nausées violentes le punirent de sa tentative, à la grande colère de Kaé, le cuisinier de Koro, qui se trouvait ainsi blessé dans son amour-propre. Mais mes deux petites premières, ma chère Tatéa, Koro et mon beau-père, l'eurent bientôt calmé, en rendant à sa science culinaire un éclatant hommage.

Après le dîner, le chirurgien, possesseur d'une assez respectable bouteille d'eau-de-vie, la présenta d'abord à Émaï qui, après avoir bu, lui dit d'un air grave :

« Ko tinga na, hia ou owe. »

(*Puisses-tu te bien porter, être content.*)

Tant est naturel l'usage des toasts qu'on reproche parfois à l'Angleterre. — Koro l'imita, et, s'adressant à moi, répéta le souhait bienveillant d'Émaï. Méré et Moïanga me regardaient d'un air tendre. Alors, pendant que les chefs fumaient quelques pincées de tabac du petit baril, dont la nouvelle mariée les avait gratifiés généreusement, Tatéa se serra contre moi, appuya nonchalamment sa tête contre la mienne et me chanta à l'oreille, comme une confidence, trois couplets dont voici le refrain que je n'oublierai jamais :

E takowa e o mo tokou mai raugui
Ka tai Ki raira, akou raugui auraki.

(*Quand tu seras arrivé au port où tu veux aller, mes affections y seront avec toi*).

Honte sur notre froide musique, sur notre mélodie effrontée, sur notre pesante harmonie, sur notre chant de Cyclopes!!! Où trouver en Europe cette mystérieuse voix d'oiseau amoureux, dont le secret murmure faisait frissonner tout mon être d'une volupté effrayante et nouvelle! Quels gazouillements de harpe sauront l'imiter? Quel fin tissu de *sons harmoniques* en donnera l'idée?... Et ce refrain si triste dans lequel Tatéa associant, par un caprice étrange, l'expression de son amour à la pensée de notre séparation, me parlait *du port lointain... où ses affections me suivraient.....*

Beloved Tatea! Sweet bird!... Tout en chantant, comme chante à midi un bengali sous la feuillée, de la main gauche elle enlaçait mon col dans une longue tresse de ses splendides cheveux noirs, et jouait de la droite avec les blancs osselets du pied de l'esclave qu'elle venait de manger... Ravissant mélange d'amour, d'enfantillage et de rêverie!... Le vieux monde soupçonna-t-il jamais une poésie pareille?... Shakespeare, Beethoven, Byron, Weber, Moore, Shelley, Tennyson, vous n'êtes que de grossiers prosateurs.

Pendant cette scène, Kaé avait, presque sans interruption, chuchoté de son côté avec la bouteille, qui lui avait dit tant de choses, que Koro et le chirurgien durent le conduire, en le soutenant, jusqu'à sa case, où il tomba ivre mort.

Plus ivre que le cuisinier, mais ivre d'amour, j'emportai, moi, plutôt que je n'emmenai Tatéa; et mes deux petites premières, encore cette nuit-là, dormirent d'un paisible sommeil.

Tatéa avait remarqué que souvent dans mes moments de rêverie, quand nous étions assis ensemble au bord de la mer, je traçais avec la baguette de mon fusil, sur le sable la lettre T.

Elle finit par me demander pourquoi je m'obstinais à dessiner ce signe, et je parvins, non sans peine, à lui faire comprendre qu'il me rappelait son nom. Je l'étonnai beaucoup. Elle doutait probablement encore que cela fût possible, car, ayant elle-même un jour, en mon absence, marqué grossièrement ce T sur un rocher, elle me le montra et battit des mains en m'entendant dire aussitôt : Tatéa!

Vous croyez peut-être que je vais, à propos de ces détails, me moquer de moi-même et dire que je tournais au pastoral, au Daphnisme. Mais non, j'étais heureux et ne suis pas Français.

Bien des jours et des nuits semblables se succédèrent. Ils avaient fait à mon insu des semaines et des mois; j'avais oublié le monde et l'Angleterre, quand la frégate reparut dans la baie et vint me rappeler *qu'il y avait un port où je devais aller*. Chose étonnante! après le premier froid que sa vue répandit dans mes veines, j'eus presque du courage. Le pavillon anglais flottant au haut du grand mât produisit sur moi l'effet du bouclier de diamant sur Renaud, et il me parut aussitôt possible, sinon facile, de m'arracher aux bras de mes Armide. A l'annonce de mon départ, pourtant, que de pleurs! quel désespoir! quelles convulsions de cœur!...... Tatéa se montra d'abord la plus résignée. Mais quand le canot de la frégate eut abordé, quand elle vit le chirurgien y entrer et m'attendre, quand j'eus fait à Emaï et à Koro mes derniers présents, se précipitant éperdue à mes pieds, elle me conjura de lui accorder encore une preuve d'amour, la dernière; preuve étrange, dont je ne me fusse jamais avisé. « Oui oui, tout, lui dis-je en la relevant et la serrant frénétiquement dans mes bras; que veux-tu? mon fusil? ma poudre? mes balles? prends, prends, tout ce qui me reste n'est-il pas à toi? » Elle fit un mouvement négatif. Saisissant alors le couteau de son père, impassible témoin de nos adieux, elle en approcha la pointe de ma poitrine nue et me fit comprendre, ne pouvant plus parler, qu'elle désirait y tracer un signe. J'y consentis. En deux coups, Tatéa me balafra d'une incision cruciale, d'où le sang jaillit à flots. Aussitôt la pauvre enfant de se jeter sur ma poitrine ruisselante, d'y appliquer ses lèvres, ses joues, son col, son sein, sa chevelure, de boire mon sang mêlé à ses larmes, avec des cris et des sanglots... O vieille Angleterre, j'ai prouvé ce jour-là que je t'aimais!

Méré et Moïanga s'étaient élancées à la mer avant le départ du canot; je les retrouvai auprès de l'échelle de la frégate.

Là, autre scène, autres cris déchirants. J'eus beau tenir mes yeux fixés sur le pavillon britannique, un instant la force me manqua. J'avais laissé sur le rivage Tatéa évanouie; à mes pieds les deux autres chères créatures, nageant d'une main, me faisaient de l'autre des signes d'adieux, en répétant, de leur voix gémissante : O Walla! Walla! (C'était leur manière de prononcer mon nom.) Quels efforts je dus faire pour monter! à chacun des derniers échelons que je gravis, il me sembla qu'on me cassait un membre. Parvenu sur le pont, je n'y tins plus, je me retournai : et j'allais sauter à l'eau, gagner la terre à la nage, les embrasser toutes les trois, m'enfuir avec elles dans les bois et laisser partir la frégate chargée de mes malédictions, quand le commandant, devinant ce coup de tête, fit un signe aux musiciens du régiment qui était à bord, le *Rule Britannia* retentit, une déchirante et suprême révolution se fit en moi, et, aux trois quarts fou, je me précipitai dans la grande chambre, où je restai jusqu'au soir étendu, cadavre vivant, sur le plancher.

Quand je revins à moi, mon premier mouvement fut de remonter à la course sur le pont, comme si j'allais y retrou-

ver....... Nous étions déjà loin..... plus de terre en vue.....
rien que le ciel et l'eau........ Alors seulement je poussai un
long cri de douleur furieuse, qui me soulagea.

Ma poitrine saignait toujours. Voulant rendre la cicatrice
ineffaçable, je me procurai de la poudre à canon et du corail,
que je pilai ensemble et que j'introduisis ensuite dans la plaie.
J'avais appris d'Emaï ce procédé de tatouage. Il réussit parfaitement. Voyez! (dit le narrateur en ouvrant son gilet et sa
chemise, et me montrant sur sa poitrine une large croix bleuâ-
tre) cela veut dire pour moi Tatéa en néo-zélandais. Si vous
trouvez jamais une Européenne capable d'avoir naïvement
une idée pareille, je vous permets de croire à son affection et
de lui rester fidèle! » . . . .

Il eût été difficile à Wallace de pousser plus loin ses confidences cette nuit-là. Il ne pleurait pas, mais des filets rouges
sillonnaient le blanc de ses yeux, ses lèvres écumaient, il se
plaça devant un miroir et resta longtemps à contempler d'un
air sombre la signature de Tatéa. Il était trois heures du matin; je sortis en proie à une oppression pénible. Rentré chez
moi, je ne m'endormis pas sans faire de longues réflexions
sur l'hospitalité des guerriers zélandais, sur le préjugé des
Européens contre les esclaves, sur l'influence des petits barils
de tabac, sur la polygamie, sur les amours sauvages et le patriotisme effréné des Anglais.

Deux ans plus tard, Wallace vint me voir à Paris. Frédé-
rick Beale, ce roi des éditeurs anglais, cet intelligent et généreux ami des artistes, l'avait chargé de composer un opéra
en deux actes pour l'un des théâtres de Londres. Wallace
comptait utiliser ses loisirs de Paris en écrivant cette petite
partition; mais une ophthalmie aiguë dont il fut atteint presque à son arrivée et qui faillit lui faire perdre la vue, l'en em-
pêcha en le contraignant à une longue et triste inaction.

Enfin rétabli, grâce aux soins du savant docteur Sichel que
je lui avais amené, il retourna à Londres avec l'intention,
après avoir terminé son opéra, de faire un nouveau tour du
monde pour se désennuyer; un peu aussi pour revoir la Nouvelle-Zélande, j'aime à le croire. Il a, en effet, entrepris ce
voyage; seulement des motifs que j'ignore l'ont fait s'arrêter
à New-York, où sous prétexte qu'il gagne des milliers de

dollars par ses compositions de salon dont raffolent les Américains, il oublie ses amis et ses amies, et se résigne à vivre platement avec des gens plongés dans la plus profonde civilisation.

Je donnerais beaucoup pour savoir si le tatouage de sa poitrine est toujours visible.

Pauvre Tatéa, je crains bien que tu n'aies pas enfoncé le couteau assez avant !

Ceci n'empêche que je lui dise à travers l'Atlantique : Bonjour, mon cher Wallace, pensez-vous aussi que j'aie commis un *abus de confiance* en publiant votre odyssée ? Je parie que non.

―――

P. S. Vous êtes un lecteur attentif, Corsino. Oui, il n'est que trop vrai, beaucoup d'erreurs typographiques ont été commises dans la première édition de nos *Soirées*, et quelques-unes se sont encore reproduites dans la seconde. Cela me cause un véritable tourment. Deux de ces fautes surtout m'exaspèrent. La première a l'air d'une raillerie dirigée contre moi. Elle consiste dans l'omission de la lettre *h* dans le mot *ortographe*; omission qui me fait commettre une faute d'orthographe précisément dans le mot orthographe et dans une phrase où je reproche à quelqu'un une faute d'orthographe.

La seconde erreur est dans ces trois mots : *boire le Kava*. Elle est grammaticale et géographique. Il convenait d'abord d'écrire « boire *du* Kava. » De plus il faut n'avoir pas fait seulement un demi-tour du globe pour ignorer que Kava est le nom de la boisson en usage aux îles Carolines et à la Nouvelle-Zélande, mais qu'à Taïti, dont il s'agit dans le passage inculpé, cette même boisson se nomme Ava.

Je vais passer pour un canotier d'Asnières [1].

Mais qu'est-ce que ces fautes insectes en comparaison des monstres que nous voyons éclore journellement dans les imprimeries. Je ne veux vous en faire connaître qu'un ; il vous consolera, je pense, comme il m'a consolé.

[1]. Quelle gasconnade ! le plus long voyage que j'aie jamais fait sur mer est celui de Marseille à Livourne. (*Note de l'auteur.*)

DEUXIÈME ÉPILOGUE

Dans une revue littéraire de Paris, l'un de nos prosateurs les plus distingués publiait une Nouvelle. Cette Nouvelle contenait la phrase suivante, amenée je ne sais comment :

« L'on vit reparaître sur la planche le bocal de cornichons. »

La première épreuve portant :

« L'on vit reparaître sur la planche CE BOCAGE de cornichons, » le correcteur fit cette observation judicieuse qu'il était peu exact de dire *sur la planche*, et mit :

L'on vit reparaître SUR LES PLANCHES CE BOAGE de cornichons.

Enfin, avant de donner le bon à tirer, il découvrit là encore une autre faute et de plus une inversion forcée incompatible avec l'esprit de la langue française. En conséquence, il fit ce dernier changement, dont les lecteurs de la *Revue* purent jouir le lendemain :

L'on vit paraître SUR LES PLANCHES CE CORNICHON DE BOCAGE.

Jugez de l'étonnement de l'auteur en se lisant travesti de la sorte, et de la stupéfaction du célèbre tragédien Bocage ainsi traité de *cornichon* à propos de rien !

J'ose me flatter, Messieurs, que votre opéra touche à sa fin. En tous cas, si ma lettre ne dure pas deux heures et demie, j'en suis désolé, mais je ne saurais l'allonger ; elle me semble, à moi, durer dix longues heures.

Adieu donc, Corsino, adieu, Dervinck, adieu, Dimski, adieu tous. We may meet again..... Mon Dieu? que je suis triste !

Assez épilogué.

TABLE

	Pages
Prologue	1
Première soirée. — Le premier opéra, nouvelle du passé. — Vincenza, nouvelle sentimentale. — Vexations de Kleiner l'aîné	5
Le premier opéra, nouvelle du passé, 1555. — Alphonso della Viola à Benvenuto Cellini.	7
Vincenza, nouvelle sentimentale	20
Deuxième soirée. — Le harpiste ambulant, nouvelle du présent. — Exécution d'un Oratorio. — Le sommeil des justes.	32
Le harpiste ambulant, nouvelle du présent.	39
Troisième soirée.	55
Quatrième soirée. — Un début dans le Freyschütz, nouvelle nécrologique. — Marescot, étude d'équarisseur.	57
Un début dans le Freyschütz.	58
Cinquième soirée. — L'S de Robert le Diable, nouvelle grammaticale	65
Sixième soirée. — Étude astronomique, révolution du ténor autour du public. — Vexation de Kleiner le jeune.	69
Le ténor au zénith.	74
Le soleil se couche. Ciel orageux.	77
Septième soirée. — Étude historique et philosophique. De viris illustribus urbis Romæ. — Une Romaine, Vocabulaire de la langue des Romains.	83
De viris illustribus urbis Romæ.	84
Mme Rosenhain, autre fragment de l'histoire romaine.	99
Huitième soirée. — Romains du nouveau monde. — M. Barnum. — Voyage de Jenny Lind en Amérique.	109
Neuvième soirée. — L'Opéra de Paris. — Les théâtres lyriques de Londres. Étude morale.	117

Dixième soirée. — Quelques mots sur l'état présent de la musique, ses défauts, ses malheurs et ses chagrins. — L'institution du tack. — Une victime du tack. 131
Quelques mots sur l'état présent de la musique, ses défauts, ses malheurs et ses chagrins. 132
Une victime du tack, nouvelle d'avant-scène. 143
Onzième soirée. 147
Douzième soirée. — Le suicide par enthousiasme, nouvelle vraie 149
Treizième soirée. — Spontini, esquisse biographique. . . 169
Quatorzième soirée. — Les opéras se suivent et se ressemblent. — La question du beau. — La Marie Stuart de Schiller. — Une visite à Tom-Pouce, nouvelle invraisemblable. . 201
Une visite à Tom-Pouce. 206
Quinzième soirée. — Autre vexation de Kleiner l'aîné . . 209
Seizième soirée. — Études musicales et phrénologiques. — Les cauchemars. — Les puritains de la musique religieuse. — Paganini, esquisse biographique. 211
Paganini 217
Dix-septième soirée. 225
Dix-huitième soirée. — Accusation portée contre la critique de l'auteur. — Sa défense. — Réplique de l'avocat général. — Pièces à l'appui. — Analyse du Phare. — Les représentants sous-marins. — Analyse de Diletta. Idylle. — Le piano enragé 227
Analyse du Phare. 234
Analyse de Diletta. 237
Dix-neuvième soirée. 249
Vingtième soirée. — Glanes historiques. — Susceptibilité singulière de Napoléon, sa sagacité musicale. — Napoléon et Lesueur. — Napoléon et la république de San-Marino. 251
Musique de l'Empereur. 253
Vingt et unième soirée. — Études musicales. — Les enfants de charité à l'église de Saint-Paul de Londres, chœur de 6,500 voix. — Le palais de cristal à 7 heures du matin. — La chapelle de l'empereur de Russie. — Institutions musicales de l'Angleterre. — Les Chinois chanteurs et instrumentistes à Londres; les Indiens; l'Highlander; les Noirs des rues. 259
Vingt-deuxième soirée. 287
Vingt-troisième soirée. — Gluck et les conservatoriens de

TABLE

	Pages
Naples. mot de Durante.	289
Vingt-quatrième soirée.	293
Vingt-cinquième soirée. — Euphonia ou la ville musicale, nouvelle de l'avenir.	295
Épilogue.	339
Deuxième épilogue. — Lettre de Corsino à l'auteur. — Réponse de l'auteur à Corsino.	352
Beethoven et ses trois styles.	357
Fêtes musicales de Bonn.	370
Réponse à M. Constabile.	411
V. Wallace. Ses aventures à la Nouvelle-Zélande.	416

F. Aureau. — Imprimerie de Lagny

www.ingramcontent.com/pod-product-compliance
Lightning Source LLC
Chambersburg PA
CBHW050914230426
43666CB00010B/2153